EUROPA-FACHBUCHREIHE
für wirtschaftliche Bildung

Lernfeld 2

Multifunktionale Arbeitsplätze effizient organisieren

Arbeitsheft mit Lernarrangements
für die bürowirtschaftliche Kompetenz
und Achtsamkeit am Arbeitsplatz

1. Auflage

Brämer · Blesius · Klemmer

VERLAG EUROPA-LEHRMITTEL
Nourney, Vollmer GmbH & Co. KG
Düsselberger Straße 23
42781 Haan-Gruiten

Europa-Nr.: 27405

Autoren:
Ulrike Brämer
Karin Blesius
Andrea Klemmer

1. Auflage 2019

Druck 5 4 3 2 1

Alle Drucke derselben Auflage sind parallel einsetzbar, da bis auf die Behebung von Druckfehlern untereinander unverändert.

ISBN 978-3-8085-2740-5

Alle Rechte vorbehalten. Das Werk ist urheberrechtlich geschützt. Jede Verwertung außerhalb der gesetzlich geregelten Fälle muss vom Verlag schriftlich genehmigt werden.

© 2019 by Verlag Europa-Lehrmittel, Nourney, Vollmer GmbH & Co. KG, 42781 Haan-Gruiten
http://www.europa-lehrmittel.de

Layout, Grafik, Satz: Punkt für Punkt GmbH · Mediendesign, 40549 Düsseldorf
Umschlagkonzept: tiff.any GmbH, 10609 Berlin
Umschlagfoto: © peshkova – stock.adobe.com
Druck: Himmer GmbH, 86167 Augsburg

Handhabung des Arbeitsbuches

Lernsituation

Das Arbeitsbuch enthält Lernsituationen, in denen Sie Ihre berufliche Handlungskompetenz erweitern. Sie werden problemorientierte Situationen rund um den beruflichen Alltag analysieren und bewältigen.

Warm-up

Die Lernsituation startet mit einem Warm-up. Dabei werden die in der Lernsituation angestrebten Kompetenzen visualisiert, sodass Sie einen strukturierten Überblick bekommen, was Sie in den nächsten Unterrichtsstunden erwartet. Sie sollen den Lernstoff im Kontext sehen und neue Informationen in Ihr bestehendes Wissen integrieren. Sie erhalten schnell einen Überblick, welches Vorwissen Sie aktivieren müssen, um den Lernstoff möglichst effizient zu bearbeiten. Sie integrieren somit leichter neue Informationen in bestehendes Wissen.

Lernarrangement

Zu Beginn jeder **Lernaufgabe** steht eine authentische Situation, die Sie zunächst lesen und anschließend mit eigenen Worten konkretisieren.

Aus der Situation heraus, bilden Sie eine **Leitfrage**, an der Sie sich beim Erledigen des Arbeitsauftrages orientieren sollten. Bei der abschließenden Präsentation ist die Leitfrage ausführlich zu beantworten.

Der **Arbeitsauftrag** ist methodisch nach dem Modell der vollständigen Handlung (informieren – planen – entscheiden – ausführen – kontrollieren – auswerten) konzipiert.

Die neu zu erschließenden **Fachinhalte** sind **farbig hervorgehoben** und im Manual nachzuschlagen.

Recherchieren

Nachdem Sie neue Informationen erhalten und sich gedanklich damit auseinandergesetzt haben (Ich-Phase), tauschen Sie sich **kooperativ** aus, planen verschiedene Umsetzungskonzepte und entscheiden sich für einen Lösungsweg (Du-Phase). In der Regel führen Sie Aktionen alleine aus (Ich-Phase) und kontrollieren mit einem Partner die Umsetzung Ihres Lösungsansatzes (Du-Phase).

Im Plenum kontrollieren Sie Ihr **Handlungsprodukt** und werten Ihren Lernprozess aus. Hier soll nun konstruktiv das erarbeitete Produkt oder der Vortrag beurteilt werden (Wir-Phase). Nach der Präsentation eines oder mehrerer Handlungsprodukte sollten Sie dann ggf. Ihr eigenes Handlungsprodukt optimieren bzw. die eigenen Schlüsse daraus ziehen (Ich-Phase).

Während bzw. nach der Bearbeitung der Lernaufgaben steuern Sie mithilfe des Kompetenzrasters eigenverantwortlich Ihren Lernprozess. Durch Ihre Einschätzung des Levels sehen Sie Ihren Lernbedarf.

Reflexion

In den letzten Lernaufgaben der Lernsituationen reflektieren Sie schriftlich Ihren Lernzuwachs. Einerseits setzen Sie sich noch einmal intensiv mit fachlichen Inhalten auseinander, und andererseits reflektieren Sie Ihren Lernprozess.

Manual

Zur Unterstützung des selbstorganisierten Lernens stehen Ihnen in den Manualen Informationen zur Bewältigung der Arbeitsaufträge zur Verfügung.

Vorwort

Liebe Lernende, liebe Leser,

dieses Lernfeld fördert die Kompetenz, dass Sie die Büroprozesse im Büro eigenverantwortlich und effizient planen und gestalten sowie gesundheitliche und rechtliche Aspekte, auch im Umgang miteinander, berücksichtigen.

In den fünf Lernsituationen werden Sie in den Büroalltag versetzt. Sie erledigen typische Büroprozesse, um sich für Ihren Ausbildungsberuf zu qualifizieren. Zum Beispiel bereiten Sie Sitzungen vor und protokollieren sie, halten in einem Job-Dossier Maßnahmen fest, um Mobbing, Burn-out, Stress und Konflikten vorzubeugen. Sie lernen Tätigkeiten eines papierlosen Büros kennen und mit der Methode des Projektmanagements Veranstaltungen zu organisieren. Sie erwerben so schrittweise eine berufsbezogene und berufsübergreifende Handlungskompetenz, also die Bereitschaft und Befähigung, sich in beruflichen, gesellschaftlichen und privaten Situationen sachgerecht durchdacht sowie individuell und sozial verantwortlich zu verhalten. Der Erwerb der normgerechten Textverarbeitungs-Kompetenz ist integrierter Bestandteil einzelner Lernaufgaben.

In jeder Lernaufgabe werden Sie zu selbstständigem Planen, Durchführen und Beurteilen von Handlungsprodukten bzw. Büroprodukten befähigt. So beginnt jede Lernaufgabe mit einer Situation, die für die Berufsausübung bedeutsam ist. Sie lernen in vollständigen Handlungen – möglichst selbst ausgeführt oder zumindest gedanklich nachvollzogen.

In den berufsbezogenen Lernsituationen erwerben Sie durch die eigenverantwortliche Bearbeitung der Aufgaben nicht nur Fachkompetenz, sondern wenden mithilfe der erreichten Sozial-, Kommunikations-, Handlungs- oder Selbstkompetenz gezielt Lern- und Arbeitsstrategien an. Lern- und Arbeitsstrategien sind z. B. das Verarbeiten von Informationen, die Motivation und Konzentration über einen längeren Zeitraum, der Umgang mit der Zeit, das Arbeiten und Lernen in Gruppen, das Präsentieren, die Selbstkontrolle/-reflexion.

Sie führen in jeder Lernaufgabe zur Lösung der Lernsituationen eine vollständige Handlung durch und erstellen ein Handlungsprodukt. Eine vollständige Handlung bedeutet, dass Sie sich zur Lösung einer beruflichen Situation oder eines Problems erst einmal fachlich informieren, dann die weitere Vorgehensweise planen – allein, mit einem Partner oder in der Gruppe –, eine Entscheidung treffen, wie Sie die Situation lösen werden bzw. Ihr Handlungsprodukt/Büroprodukt aussehen sollte. Dann erstellen Sie Ihr Handlungsprodukt, präsentieren es und reflektieren es – selbst, in der Gruppe oder im Plenum. Sie haben dabei immer einen Handlungsspielraum, den Sie zur Entfaltung Ihrer Kreativität benötigen und um Ihre Persönlichkeit weiterzuentwickeln.

Aufbau der Lernsituationen

Jede Lernsituation ist nach dem gleichen Schema aufgebaut. Zu Beginn finden Sie einen Überblick über die zu erreichenden Kompetenzen, Inhalte, Handlungsprodukte für das Portfolio und einen ungefähren Zeitansatz. Die Lernsituation beginnt mit einem Warm-up. Mithilfe der grafischen Darstellungen, Fachbegriffe usw. wird im Plenumsgespräch bekanntes Fachwissen abgerufen. Die Lernaufgaben beginnen zunächst mit einem berufsorientierten Einstiegsszenario, aus welchem sich eine Leitfrage ergibt. In dem anschließenden Arbeitsauftrag werden kooperativ die Phasen Informieren – Planen – Entscheiden – Durchführen – Präsentieren und Reflektieren durchlaufen.

Vorwort

In der Informationsphase erarbeiten Sie sich mithilfe der entsprechenden Theorie neues Fachwissen, in der Planungs- und Entscheidungsphase überlegen Sie sich Wege, um die Aufgabenstellung zu lösen, in der Durchführungsphase fertigen Sie das Handlungsprodukt. Das Kompetenzraster bietet Ihnen eine Unterstützung den Ablauf Ihres Lernprozesses zu steuern. In der Präsentationsphase stellen Sie das Handlungsprodukt mit Ihrem neu erworbenen Fachwissen vor. Ihre Mitschüler werden Ihre Präsentation mithilfe von Bewertungskriterien besprechen und beurteilen. Ihre Lehrkraft lenkt die Besprechung durch anregende Impulse; falls Fehler, Lücken oder Unstimmigkeiten auftreten, steht sie Ihnen hilfreich zur Seite.

Durch die Vielfalt der unterschiedlichen Handlungsprodukte innerhalb Ihrer Klasse erhalten Sie neue Ideen und Anregungen. Dadurch werden Sie inspiriert, Ihre eigenen Ergebnisse zu optimieren. Sammeln Sie Ihre Handlungsprodukte in einer sogenannten Portfolio-Mappe bzw. speichern Sie Ihre Handlungsprodukte systematisch nach Lernfeldern – Lernsituationen – Lernaufgaben in eine Ordnerstruktur ab.

Damit haben Sie die Umsetzung der fachlichen Themen auf eine kaufmännische Handlung festgehalten. Wichtig für den Lernprozess ist es aber auch, über den Lernprozess nachzudenken. Dazu werden Sie im letzten Arbeitsauftrag jeder Lernsituation aufgefordert. Sie reflektieren schriftlich Ihren Lernzuwachs. Hier fassen Sie noch einmal die Weiterentwicklung der Fachkompetenz zusammen und äußern sich umfangreich über den vergangenen Lernprozess, Lernbehinderungen und zukünftige Ziele. Durch diese intensive Auseinandersetzung mit dem Lernstoff erfolgt eine weitere Steigerung bzw. Verinnerlichung des Lernzuwachses.

Mithilfe Ihrer Portfolio-Mappe können Sie sehr gut ein Gespräch mit Ihrer Lehrkraft führen, ob Ihre Selbsteinschätzung mit der Fremdeinschätzung übereinstimmt. Ebenso können Sie bei späteren Vorbereitungen auf Prüfungen oder im Berufsalltag auf Ihre Mappe zurückgreifen.

Aufgrund besserer Lesbarkeit wurde die männliche Form gewählt, nichtsdestoweniger beziehen sich die Angaben auf Angehörige beider Geschlechter.

Wir hoffen, dass Sie mit dem Arbeitsbuch Ihre berufsbezogenen Kompetenzen und Ihr eigenständiges Lernen entwickeln, viel Spaß bei der Arbeit haben und durch die regelmäßigen Partner- und Gruppenarbeiten Ihre Sozialkompetenz gestärkt wird.

Ihr Feedback ist uns wichtig

Wenn Sie mithelfen möchten, dieses Buch für die kommenden Auflagen zu verbessern, schreiben Sie uns unter lektorat@europa-lehrmittel.de
Ihre Hinweise und Verbesserungsvorschläge nehmen wir gerne auf.

Frühjahr 2019   Ulrike Brämer, Karin Blesius und Andrea Klemmer

Inhaltsverzeichnis

Modellunternehmen Büromöbel Hauser & Schulte GmbH XV
    Firmenporträt XV
    Organigramm XVI
    Kundenverzeichnis (Auszug) XVII
    Lieferantenverzeichnis (Auszug) XVIII
    Allgemeine Geschäftsbedingungen (AGB) XIX

Lernsituation 1: Multifunktionale Arbeitsplätze effektiv und sicher nutzen — 1

1.1 Lernaufgabe 2
Wie gestalte ich Texte normgerecht und leserfreundlich? 2

1.2 Lernaufgabe 4
Wie kürze ich Wörter korrekt und normgerecht ab? 4

1.3 Lernaufgabe 7
Welche Voraussetzungen sollte mein multifunktionaler Arbeitsplatz haben, um Informationen
inner- und außerbetrieblich effektiv zu verarbeiten? 7

1.4 Lernaufgabe 9
Wie muss mein Arbeitsplatz aussehen, um mich wohlzufühlen? 9

1.5 Lernaufgabe 11
Welche Büroräume eignen sich für die neuen Arbeitskollegen? 11

1.6 Lernaufgabe 13
Wie richten Sie einen Bildschirmarbeitsplatz nach ergonomischen, ökologischen und
sicherheitstechnischen Aspekten ein? 13

1.7 Lernaufgabe 15
Welche Maßnahmen muss Büromöbel Hauser & Schulte zum Schutz der personenbezogenen
Daten ergreifen? 15

1.8 Lernaufgabe 18
Welche Regeln sind bei der betrieblichen Datensicherheit zu beachten? 18

1.9 Lernaufgabe – Reflexion des Lernzuwachses 20
Welche Voraussetzungen müssen gegeben sein, um effektiv und sicher mit einem
multifunktionalen Arbeitsplatz Kundenaufträge zu bearbeiten? 20

Lernsituation 2: Arbeitsprozesse systematisch, effizient und stressfrei bewältigen — 21

2.1 Lernaufgabe 22
Wie kann ich eine gesunde Ernährung und Entspannungsübungen als Gesundheitsprophylaxe
am Büroarbeitsplatz einbauen? 22

2.2 Lernaufgabe 24
Welche Maßnahmen kann ich ergreifen, um Suchterkrankungen vorzubeugen? 24

2.3 Lernaufgabe 26
Welche Maßnahmen schützen mich vor psychischen Belastungen am Arbeitsplatz? 26

2.4 Lernaufgabe 28
Wie kann ich mein Zeitmanagement optimieren? 28

2.5 Lernaufgabe 30
Wie kann ich mein Zeitmanagement mithilfe des Pareto-Prinzips verbessern? 30

2.6 Lernaufgabe 32
Welche weiteren Methoden des Zeitmanagements steigern meine Arbeitseffizienz? 32

2.7 Lernaufgabe 34
Welche Hilfsmittel zur Terminüberwachung kann ich nutzen? 34

2.8 Lernaufgabe 36
Wie garantieren Sie eine reibungslose Terminplanung? 36

2.9 Lernaufgabe – Reflexion des Lernzuwachses 39
Wie bewältige ich Arbeitspozesse systematisch effizent und stressfrei? 39

Lernsituation 3: Eingehende Informationen digital aufbereiten und verwalten — 40

3.1 Lernaufgabe 41
Welcher Nutzen ergibt sich durch die digitale Aufbereitung von Daten und wie werden
eingehenden E-Mails effizient und sicher bearbeitet? 41

3.2 Lernaufgabe 43
Wie werden eingehende Informationen digital aufbereitet? 43

3.3	**Lernaufgabe**	45
	Wie werden betriebsinterne Informationen allen Mitarbeitern digital zur Verfügung gestellt?	45
3.4	**Lernaufgabe**	47
	Wie bereite ich das Protokollführen effizient vor?	47
3.5	**Lernaufgabe**	49
	Wie protokolliere ich Besprechungen korrekt?	49
3.6	**Lernaufgabe**	51
	Welche gesetzlichen und betrieblichen Vorgaben sind bei der Speicherung ein- und ausgehender Informationen zu beachten?	51
3.7	**Lernaufgabe**	54
	Wie schreibe ich eine geschäftliche E-Mail mit Empfehlungen zu neuen Trends der innerbetriebliche Team-Kommunikation?	54
3.8	**Lernaufgabe – Reflexion**	57
	Welche Arbeitsprozesse erwarten mich bei der innerbetrieblichen Weitergabe eingehender Informationen?	57

Lernsituation 4: Ausgehende Informationen professionell übermitteln — 58

4.1	**Lernaufgabe**	59
	Welche Richtlinien gelten bei der E-Mail-Korrespondenz hinsichtlich CI und gesetzlichen Vorgaben?	59
4.2	**Lernaufgabe**	62
	Wie verfasse ich eine der E-Mail-Policy entsprechende E-Mail?	62
4.3	**Lernaufgabe**	64
	Wie informiere ich Kunden gezielt über neue Entwicklungen, Produkte oder Aktionen?	64
4.4	**Lernaufgabe**	66
	Welche Anforderungen stelle ich an ein Fax-Formular?	66
4.5	**Lernaufgabe**	68
	Welche Vervielfältigungs- und Kommunikationsmöglichkeiten empfehle ich Frau Thome, um die Kosten und Umweltbelastungen zu minimieren?	68
4.6	**Lernaufgabe**	71
	Wie telefoniere ich kundenorientiert?	71
4.7	**Lernaufgabe**	74
	Wie kann ich zeitsparend und ortsunabhängig ein Meeting mit mehreren Geschäftspartnern und Mitarbeitern durchführen?	74
4.8	**Lernaufgabe**	77
	Wie verschicke ich ausgehende Informationen in Papierform schnell, kostengünstig, sicher, vertraulich und rechtsverbindlich?	77
4.9	**Lernaufgabe**	84
	Welches Kommunikationsmittel wähle ich, um den Anforderungen an Schnelligkeit, Sicherheit, Rechtsverbindlichkeit, Kosteneinsparung sowie Vertraulichkeit zu beachten?	84
4.10	**Lernaufgabe – Reflexion des Lernzuwachses**	87
	Was müssen Sie bei ausgehenden Informationen aus Betriebs- und Kundensicht berücksichtigen? .	87

Lernsituation 5: Interne Veranstaltungen mithilfe des Projektmanagements organisieren — 88

5.1	**Lernaufgabe**	89
	Welche Veranstaltungsarten eignen sich zur Verbesserung des „Wir-Gefühls der Mitarbeiter?"	89
5.2	**Lernaufgabe**	91
	Welche Maßnahmen müssen ergriffen werden, um die Veranstaltung erfolgreich zu planen?	91
5.3	**Lernaufgabe**	93
	Welche Ziele und Aufgaben bringen den gewünschten Erfolg, um das Corporate Behaviour des Unternehmens innerhalb der Mitarbeiter noch intensiver zu leben?	93
5.4	**Lernaufgabe**	95
	Wie überzeugen wir die Geschäftsleitung im Start-up-Meeting von unserem Veranstaltungskonzept?	95
5.5	**Lernaufgabe**	97
	Wie planen wir eine professionelle Schulung mit unterschiedlichen Aktivitäten?	97
5.6	**Lernaufgabe**	99
	Welche Methoden und Instrumente erleichtern uns die Durchführungsphase des Projektes „Veranstaltung – Stärkung des Wir-Gefühls"?	99

Inhaltsverzeichnis

5.7	**Lernaufgabe**	101
	Welche Erkenntnisse ergeben sich aus Ihrem Projekt „Veranstaltung – Stärkung des Wir-Gefühls"?	101
5.8	**Lernaufgabe – Reflexion des Lernzuwachses**	102
	Welche Instrumente des Projektmanagements garantieren einen reibungslosen Ablauf von Projekten?	102
5.9	**Arbeitsauftrag für weitere Projekte**	103

6. Manual: Normgerechtes Schreiben und Gestalten – DIN 5008 — 104

Texte normgerecht erfassen — 104
- Satzzeichen und Schreibweisen von Wörtern — 104
- Gliederung von Zahlen und Zeichen — 106

Texte normgerecht gestalten (LA 1.1) — 108
- Gliederung von Texten — 108
- Absätze — 108
- Einrücken und Zentrieren — 108
- Nummerierung — 108
- Aufzählung — 108

Typografie (LA 1.1) — 109
- Corporate Design für betriebliche Schriftstücke — 109
- Formatvorlagen verwenden — 110

Tabellen normgerecht gestalten (LA 1.3) — 110
- Tabstopp setzen — 111
- Formulargestaltung (Vordrucke) (LA 1.6) — 112

7. Manual: Multifunktionale Arbeitsplätze — 113

Büroübliche Applikationen (LA 1.3) — 113
- PC-Einzel-Arbeitsplatz — 113
- Netzwerkarbeitsplatz – Client-Server-Netzwerk — 113
- Betriebssysteme — 113
- Anwendersoftware — 114
- (Enterprise Resource Planning) — 115
- Extranet — 115
- Internet — 115
- Cloud-Computing — 116
- Fernzugriff – Virtual Network Computing (VNC) — 116

Speichermedien — 117
- Magnetische Speicherung: — 117
- Festplatte am eigenen PC — 117
- Festplatte im Internet — 117
- Optische Speicherung — 118
- Elektronische Speicherung: — 118

Datenschutz und Datensicherheit — 119
- Datenschutz-Grundverordnung (DSGVO) (LA 1.7) — 119
- Gegenstand und Ziele (Kapitel 1 DSGVO) — 119
- Anwendungsbereich — 119
- Grundsätze für die Verarbeitung personenbezogener Daten (Kapitel 2 Art. 5 DSGVO Abs. 1) — 120
- Rechte der betroffenen Personen (Kapitel 3 DSGVO) — 121
- Schlussbemerkungen — 121
- Betriebliche Datenssicherheit (LA 1.8) — 122
- Datensicherheit (LA 1.8) — 123
- Datenschutzbeauftragter — 124
- Unterweisung der Mitarbeiter — 124

Umweltfaktoren (LA 1.4) — 125
- Lärm — 125
- Licht — 125
- Klima — 126
- Farbgestaltung — 126

Raumformen (LA 1.5) 127
    Einpersonen-Büro 127
    Mehrpersonen-Büro 127
    Großraum-Büro 127
    Kombi-Büro (Open Space) 128
    Reversibles Büro (New Work) 128
    Desk-Sharing (Non-territoriales Office) 128
    Business Club 129
    Telearbeit (Office at Home) 129

Gestaltung von Bildschirmarbeitsplätzen (LA 1.6) 129
    Bildschirmarbeitsplatz 129
    Monitor 129
    Standort des Bildschirms 130
    Tastatur 130
    Vorlagenhalter 130
    Fußstütze 130
    Bürodrehstuhl 131
    Büroarbeitstisch 131

Arbeitssicherheit im Büro (LA 1.6) 132
    Berufsgenossenschaft 132
    Sicherheitsbeauftragter 132

Ökologische Erfordernisse/Büroökologie (LA 1.6) 133
    PC, Bildschirm, Kopierer 133
    Papier 133
    Tinte, Toner 133
    Umweltlabels 134

Gesundheitsprophylaxe am Bildschirmarbeitsplatz (LA 2.1) 134
    Sitzhaltung 134
    Sehtraining 135
    Entspannungsübungen am Arbeitsplatz 135
    Ernährung/Trinkverhalten 136
    Suchtprävention (LA 2.2) 137
    Burn-out (LA 2.3) 138
    Konfliktmanagement (LA 2.3) 140
    Mobbing (LA 2.3) 142

Zeitmanagement 145
    Zeitdiebe und Störenfriede (LA 2.4) 145
    Pareto-Prinzip (LA 2.5) 146
    Eisenhower-Prinzip (LA 2.6) 147
    ABC-Analyse (LA 2.6) 148
    Hilfsmittel für die Terminüberwachung (LA 2.7) 149
    Terminplanung (LA 2.8) 150

Papierloses Büro – Digitale Aufbereitung (LA 3.1) 152
    E-Mail-Kommunikation (LA 3.1) 152
    Dokumenten-Management-System (LA 3.2) 156

Digitale Verwaltung von Daten (LA 3.3) 157
    Intranet (Unternehmensweites Mitarbeiterportal) 157
    Wiki 158

Protokoll (LA 3.4) 160
    Verlaufsprotokoll 160
    Ergebnisprotokoll 160

Alphabetische Ordnung nach der DIN 5007 (LA 3.6) 163
    Regeln zur alphabethischen Ordnung (LA 3.6) 163
    Ordnungssysteme (LA 3.6) 164
    Gründe zur Aufbewahrung von Schriftgut (LA 3.6) 165
    Wertstufen (LA 3.6) 167

Interne Kommunikation – E-Mail (LA 3.7) 167
    Aufbau einer E-Mail (LA 3.7) 167

Inhaltsverzeichnis

Kommunikation im Team (3.7)	170
Interner Newsletter	170
Interner Blog	171
Chat- bzw. Instant Messaging	171
Social Media	171
Apps für Mitarbeiterfeedback	171
Corporate Identity (LA 4.1)	172
Corporate Design (CD	172
Corporate Communication (CC)	172
Corporate Behaviour (CB)	173
Corporate Design innerhalb der E-Mail-Korrespondenz	175
Corporate Communication innerhalb der E-Mail-Korrespondenz	176
Corporate Behavior innerhalb der E-Mail-Korrespondenz	178
E-Mail-Netiquette	178
Newsletter (LA 4.3)	179
Inhalt	179
Design	180
Rechtliche Hinweise	181
Versandzeit	181
Telefax (LA 4.4)	181
Postbearbeitung	183
Posteingang	183
Postausgang	184
E-Brief (elektronischer/digitaler Brief)	186
Papierformate	187
Regulärer Transport (LA 3.8)	188
Falzarten	188
Briefprodukte national (LA 4.8)	189
Rechtssicherer Transport (LA 4.8)	189
Günstiger Transport (LA 4.8)	190
De-Mail (LA 4.9)	192
Betriebstintere Veranstaltungsarten (LA 5.1)	193
Besprechungen und Sitzungen	194
Innerbetrieblicher Schriftverkehr	196
Aktennotiz	196
Telefonnotiz	196
Aktenvermerk	197
Interne Mitteilung	198
Schriftstücke vervielfältigen (LA 4.5)	199
Vervielfältigungsmöglichkeiten	199
Scanner	199
PDF-Dokumente	199
PC-Fax	200
Drucker	200
Plotter	201
Kopierer	201
Multifunktionsgeräte	202
Kommunikationssysteme	202
Telefonanlage (LA 4.7)	202
Ortsunabhängige Meetings (LA 4.7)	205
Kundenorientiertes Verhalten am Telefon (LA 4.6)	208
8. Projektmanagement	**212**
Was ist ein Projekt?	212
Projektmanagement (PM)	212
Ablauf von Projekten	213
1. Phase: Projekte definieren	214
Projektziele	214

Zielformulierungen nach dem SMART-Prinzip	215
Meilensteine definieren	216
Projektantrag	217
Projektauftrag	217
Projektauftrag	220
Projektbeteiligte	222
Start-up-Workshop	224
Meilenstein-Meeting	225
Jour-fixe-Besprechung	226
Weitere Meetings	226

2. Phase: Projekte planen **227**

Arbeitspaketentwicklung	227
Formular für Arbeitspaketbeschreibung	229
Projektstrukturplan	230
Projektablaufplan	231
Zeit- und Terminplanung	231
Ressourcenplanung	232
Hauptgruppen der Ressourcenplanung	232
Aufgabe der Ressourcenplanung	232
Optimierung	232
Kostenplanung	233
Qualitätssicherungsplan	234
Risikoplan	235
Kick-off-Meeting	236
Ende der Planungsphase	236

3. Phase: Projekte durchführen **237**

Projektsteuerung	237
Führung des Projektteams	238
Formular für Protokolle	239
Projektcontrolling	240
Meilenstein-Trend-Analyse	242
Projektdokumentation	243
Projekt-Berichtswesen (Report)	243
Projektberichtsplan	243
Formular für den Projektstatusbericht	245

4. Phase: Projekte abschließen **246**

Projektabschlusspräsentation	246
Formular für das Projektabnahmeprotokoll	247
Auflösung der Projektorganisation	248
Formular für den Projektabschlussbericht	249
Resümee des Projektablaufs (lessons learned)	250
Interview	251
Dokumentenanalyse	252
Beobachtung	252
Aufgabenanalyse	253
Prozessanalyse	254
Stakeholderanalyse – Umfeldanalyse (LA 5.2)	255
Nutzwertanalyse	256
Nutzwertanalyse: Beispiel zur Bewertung verschiedener Maschinen	256
Kosten-Nutzen-Analyse	257
Checklistentechnik/Prüffragenkatalog	258
Balkendiagramm – Gantt-Darstellung	259
Morphologische Analyse	260
Szenariotechnik	261

9. Manual: Arbeitstechniken und Methoden **262**

Arbeitstechniken 262

Texte markieren	262
Inhalte strukturieren und visualisieren	263

Inhaltsverzeichnis

MindMaps erstellen (LA 1.2)	264
Checklistentechnik anwenden (LA 1.2)	266
Informationsblätter erstellen (LA 1.1)	267
Referate halten	268
Referate vorbereiten, durchführen und nachbereiten	268
Referaten zuhören	268
Kreativitätstechniken einsetzen	269
Brainstorming organisieren	269
Kartenabfrage arrangieren	270
Clustering im Team durchführen	271
Placemat	272
Medien gestalten	273
Plakate gestalten	273
Dokumente gestalten und projizieren	274
Professionell präsentieren	275
Präsentation planen	275
Wer sitzt im Publikum	276
Inhalte gekonnt aufbereiten	277
Präsentation gestalten	277
Unterstützen Sie mit Schrift, Farbe und Layout	278
Aus Texten mehr machen	279
Gestaltungsregeln für digitale Präsentationen	280
Präsentationsmöglichkeiten nutzen	282
Präsentation vorbereiten	283
Nonverbale Kommunikation	284
Stimme	285
Andere optische Zeichen	285
Präsentation durchführen	286
Sei immer du selbst	286
Versprecher sind kein Problem	286
Ohne Lampenfieber geht es nicht	287
Den Auftritt vorbereiten	287
Präsentation nachbereiten	288
Reflexion des Vortragenden	288
Reflexion der Teilnehmer	288
Lernfortschritt kontrollieren	289
Lernzuwachs reflektieren	289
Lernprozess planen	290
Portfolio erstellen	290
Methoden	290
Leittext**m**ethode	290
Kugellager	292
Gruppenpuzzle	293

10. Manual: Word-Funktionen — 294

Dokument vorbereiten	294
Startbildschirm	294
Menüband	294
Backstage-Ansicht	294
Statuszeile	295
Symbolleiste	295
für den Schnellzugriff	295
Seite einrichten	296
Rechtschreibprogramm	296
Silbentrennung aktivieren	297
Absatzkontrolle aktivieren	297
Kopf- und Fußzeilen gestalten	298
Kopf- und Fußzeilen schließen	298

Inhaltsverzeichnis

Kopf- und Fußzeilen bearbeiten	299
Absender in der Kopfzeile gestalten	299
Symbole einfügen	299
Kopf- und Fußzeilen in Abschnitte einteilen	300
Aktuelle Abschnittsüberschriften anzeigen	300
Dokumentvorlagen erstellen	301
Speichern	301
Öffnen	301
Formatvorlagen einrichten	302
1. Möglichkeit	302
2. Möglichkeit	302
Formatvorlagen zuweisen	303
Formatvorlagen anzeigen	303
Neue Formatvorlagen anlegen	304
Formatvorlagen verwalten	304
Seitenzahl einfügen	305
Datei speichern	305
Text erfassen	306
Neue Seite einfügen	306
Neuer Abschnitt	306
Befehle rückgängig machen	306
Ausschneiden von Texten	307
Kopieren von Texten	307
Einfügen von Texten	307
Text suchen	308
Weitere Suchmöglichkeiten	308
Texte ersetzen	309
Mathematische Formeln einfügen	310
Verschieben oder löschen	310
Zeichenformatierung	311
Absatzformatierung	311
Spaltenformatierung	311
Format übertragen	312
Initial einfügen	312
Symbole einfügen	312
Schattierung einstellen	313
Schattierung einstellen	313
Seitenrand gestalten	313
Aufzählung bzw. Nummerierung einfügen	314
DIN 1421	314
Liste neu nummerieren	314
Liste mit mehreren Ebenen	315
Ebenen einstellen	315
Dokument erstellen	**316**
Tabstopp setzen	316
Arbeiten Sie rationell	316
Tabstopp verschieben	316
Tabellen gestalten	317
Tabelle positionieren	318
Tabellarischen Lebenslauf	318
gestalten	318
Lebenslauf mit mehreren Seiten	319
Neue Seite einfügen	319
Formulare gestalten	319
Loch- und Falzmarke einfügen	320
Grafiken und Bilder einfügen	322
Bildgröße verändern	322
Screenshot erstellen	322
Fußnoten anlegen	323

Inhaltsverzeichnis

Schaubilder erstellen	324
Abbildungen einfügen	325
Datei einfügen	325
Objekt einfügen	325
Bildgröße verändern	326
Abbildungen beschriften	326
Logo erstellen	326
Gliederung erstellen	327
Gliederung in der Gliederungsansicht erstellen	327
Bausteine erstellen	328
Textbausteine definieren	328
Schnellbausteine einfügen	329
Bausteine organisieren	329
Seriendruck	330
Seriendruck – Bedingungsfeld	332
Seriendruck – Filtern von Daten	332
Inhaltsverzeichnis	333
Inhaltsverzeichnis aktualisieren	333
Abbildungsverzeichnis	334
Index erstellen	334
Index aktualisieren	335
Dokumente überprüfen	335
Kommentar einfügen	336
Änderungen bearbeiten	336
Drucken	337
PDF-Datei erstellen	337

Literaturverzeichnis 338

Index 342

Modellunternehmen Büromöbel Hauser & Schulte GmbH

Firmenporträt

Anschrift	**Büromöbel Hauser & Schulte GmbH** Hausanschrift · Postanschrift Balduinstraße 15 · Postfach 123 54296 Trier · 54207 Trier
Kommunikation	Telefon: 0651 487-0 (Zentrale) Freecall: 0800 428737 Telefax: 0651 487-1345 E-Mail: info@hauser-schulte.de Internet: www.hauser-schulte.de
Gesellschafter	Nadine Hauser Joachim Schulte
Rechtsform	Gesellschaft mit beschränkter Haftung (GmbH)
Gründungsjahr	1997
Handelsregister	Amtsgericht Trier, HR B 40392
Umsatzsteuer-Identifikationsnummer (gemäß § 27 a Umsatzsteuergesetz):	10/201/0204/5 USt-ID DE 190453342
Mitarbeiter(innen)	50 Mitarbeiter(innen)
Jahresumsatz	12 Mio. €
Bankverbindung	Sparkasse Trier IBAN DE67 2630 0000 0923 5487 00 BIC: RLade21NOH
Abteilungen	■ Einkauf/Beschaffung ■ Produktion ■ Lager/Versand ■ Verkauf/Marketing ■ Verwaltung ■ Personal
Büromöbel (Fertigung)	■ Schreibtische in unterschiedlichen Ausführungen ■ Konferenztische ■ Aktenablage ■ Rollcontainer ■ Stellwände zur Gestaltung von Bürolandschaften ■ Besucherstühle ■ Drehstühle ■ Konferenzstühle
Bürobedarf (Handelsware)	■ Schreibtischlampen ■ Aktenvernichter ■ Papierkörbe ■ FlipChart, FlipChart-Schreiber und FlipChart-Blöcke ■ Moderationsmaterialien ■ Schreibtischzubehör ■ Schreibutensilien ■ Drucker, Kopierer, Scanner

© Verlag Europa-Lehrmittel

Modellunternehmen Büromöbel Hauser & Schulte GmbH

Organigramm

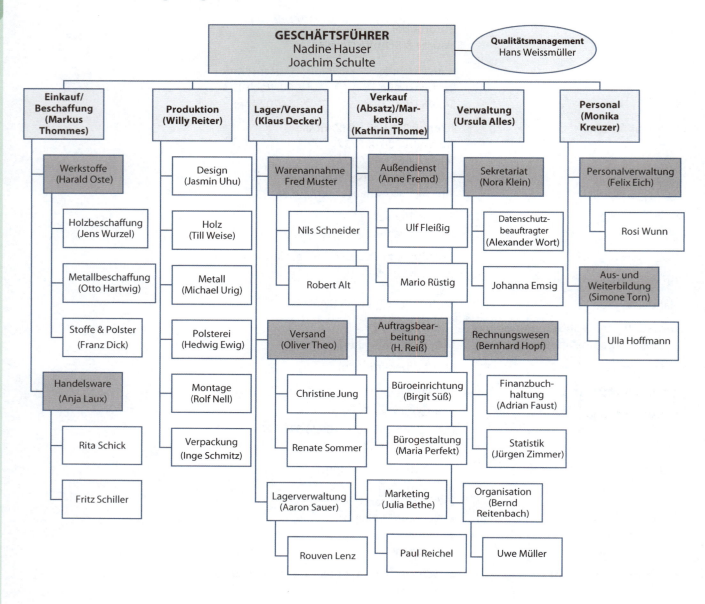

Modellunternehmen Büromöbel Hauser & Schulte GmbH

Kundenverzeichnis (Auszug)

Kd.-Nr.	Firma Anschrift	Ansprechpartner	Bankverbindung	Rabatt	Bemerkungen
14130	Rothenberg & Baumann GmbH Im Blegel 28 60328 Frankfurt	Paul Weber Tel. 069 66100-10 Fax 069 66100-99 E-Mail: weber@rothenberg-baumann.de	Commerzbank Frankfurt IBAN DE89 4664 0018 0371 0556 49	25 %	Vorjahresumsatz: ca. 80.000 € Zahlungsmoral: gut
14131	Fortbildungsinstitut Gruber Am Hauptbahnhof 5 54290 Trier	Marianne Mondschein Tel. 0651 25890-12 Fax 0651 25890-20 E-Mail: mondschein@wb-gruber.de	Sparkasse Trier IBAN DE60 5855 0130 0000 4467 88	15 %	Vorjahresumsatz: ca. 40.000 € Zahlungsmoral: gut
14201	Allday office supplies Sinfin Central Business Park Unit 4a Derby UNITED KIINGDOM	Victor Brown Tel. +44 9352 90535-90 Fax +44 9352 90535-99 E-Mail: sales@allday.co.uk	Barclays Bank PLC London SWIFT: BARCGB22 Sort Code: 20-57-06 IBAN GB84 BARC 2057 0683 1363 11	10 %	Vorjahresumsatz: ca. 90.000 € Zahlungsmoral: befriedigend
14302	Steuerberatungsbüro Kirsten Kapellenstr. 14 54439 Saarburg	Ute Kirsten Tel. 06581 589323 Fax 06581 589324 E-Mail: ukirsten@t-online.de	Deutsche Bank IBAN DE07 7585 7002 4004 0582 95	10 %	Vorjahresumsatz: ca. 25.000 € Zahlungsmoral: gut
14303	Bellissimo Anne-Frank-Str. 77 82538 Geretsried	Martin Gunnesch Tel. 08171 2353923 Fax 08171 9935352 E-Mail: bellissimo@gmx.eu	HypoVereinsbank Geretsried IBAN DE54 7002 0270 0010 1139 85	20 %	Vorjahresumsatz: ca. 80.000 € Zahlungsmoral: schleppend
14304	DRK-Sozialwerk Bernkastel-Wittlich gGmbH Wittlicher Str. 3 54470 Bernkastel-Kues	Günther Frings Tel. 06531 3535-20 Fax 06531 3535-99 E-Mail: drk@sozialwerk.de	Sparkasse Mittelmosel IBAN DE54 5875 1230 0000 1311 76	10 %	Vorjahresumsatz: ca. 150.000 € Zahlungsmoral: gut
14312	Conipa Bürosysteme GmbH Potsdamer Weg 8–10 // 4. Stock 13127 Berlin	Rüdiger Kubis Tel. 030 486523532 Fax 030 500239523 E-Mail: kontakt@conipa-online.de	Berliner Sparkasse IBAN DE23 1005 0000 1823 5339 43	25 %	Vorjahresumsatz: ca. 35.000 € Zahlungsmoral: gut
14315	Elektrosysteme Schwarz e. K. Rue de Cessange 312 1321 Luxembourg	Daniela Winter Tel. 00352 4291574 Fax 00352 5353532 E-Mail: win@elektroschwarz.lu	Banque et Caisse d'Espargne de l'Etat Luxembourg IBAN LU31 0019 0181 6243 5350 00 SWIFT-BIC BCEELULL	20 %	Vorjahresumsatz: ca. 250.000 € Zahlungsmoral: sehr gut
14322	Kinderarztpraxis Dr. Benjamin Sonne Friedrich-Ebert-Str. 4 76437 Rastatt	Dr. Benjamin Sonne Silke Weiler (Med. Fachang.) Tel. 07222 901088 Fax 07222 901089 E-Mail: sonne@t-online.de	Volksbank Baden-Baden/Rastatt IBAN DE12 6629 0000 3088 2300 44	15 %	Vorjahresumsatz: ca. 130.000 € Zahlungsmoral: gut
14328	Bildungs- und Medienzentrum OHG Am Riff 25 a 04651 Bad Lausick	Anne Liebetrau Tel. 034345 7235-53 Fax 034345 7235-25 E-Mail: a.liebetrau@bmz.de	Sparkasse Muldental IBAN DE43 6464 0964 3940 0034 23	25 %	Vorjahresumsatz: ca. 60.000 € Zahlungsmoral: gut

Modellunternehmen Büromöbel Hauser & Schulte GmbH

Lieferantenverzeichnis (Auszug)

Liefe-rer-Nr.	Firma Anschrift	Ansprechpartner	Kd.-Nr.	Bankverbindung
60001	Schreinerei Leo Mock e. K. Am Riff 25 a 51147 Köln	Leo Mock Sabine Weinreich Tel. 02203 955353 Fax 02203 955343 E-Mail: weinreich@web.de	39273/09	Stadtsparkasse Köln IBAN DE45 3704 0198 1103 9923 34
50101	Broy Lichttechnik GmbH Gewerbegebiet Saarufer 54439 Saarburg	Manfred Elsen Tel. 06581 9494-34 Fax 06581 9494-39 E-Mail: manfred.elsen@broy.de	HS 353	Sparkasse Trier IBAN DE60 2535 0930 3053 5350 39
70102	Bürohandel Crummenauer Am Sägeweg 54338 Schweich	Ina Eckert Tel. 06502 345235 Fax 06502 363953 E-Mail: ieckert@arcor.de	H 903	Volksbank Trier IBAN DE67 2395 3050 3500 0000 33
70103	Bürotechnik Salm GmbH Simeonstraße 2 54290 Trier	Jean-Paul Gemp Tel. 0651 395902 Fax 0651 903532 E-Mail: gemp@salm.de	09325	Commerzbank AG Trier IBAN DE68 5856 5024 7535 2330 00
70201	Saartec Kommunikation e. K. Graf-Siegfried-Str. 3 66343 Saarbrücken	Olaf Brünicke Tel. 0681 999092 Fax 0681 9990233 E-Mail: bruenicke@yahoo.com	24993	Sparkasse Saarbrücken IBAN DE66 5309 2030 3053 3002 98
70212	Büroshop Schnell und direkt GmbH Birnbaumstraße 23 55252 Mainz	Olaf Brenner Hotline 0800 1118883 Fax 0800 1118889 E-Mail: kundenservice@bueroshopsud.de	09092	Postbank IBAN DE56 8353 2030 3000 3301 56
80301	Logo-Quick Bert Höll e. K. Postfach 3 59 38104 Braunschweig	Tanja Morscheit Tel. 0531 708-2305 Fax 0531 708-5959 E-Mail: info@logoquick.de	124-7	Deutsche Bank Hannover IBAN DE82 2505 0953 2003 3992 09
80302	Druckhaus Neu GmbH Hochhäuser Str. 3 97941 Tauberbischofsheim	Thomas Schmitt Tel. 09341 38530 Fax 09341 39593 E-Mail: thschmitt72@aol.com	660646	Sparkasse Tauberfranken IBAN DE32 6735 2565 2003 3005 30
50401	Elektro Kugel GmbH Wilhelmsfelder St. 1 a 16278 Angermünde	Nicola Reyther Tel. 03331 30102535 Fax 03331 905239 E-Mail: info@elektrokugel.de	46/12	Volksbank Uckermark IBAN DE09 1509 1704 2050 2003 58
60402	Möbeltischlerei UNIKAT e. K. Lindenstr. 30 47012 Duisburg	Kristina Eiden Tel. 0203 347-16 Fax 0203 347-99 E-Mail: k.eiden@unikat.de	636-01	Sparkasse Duisburg IBAN DE78 3002 0900 4064 9000 92

Modellunternehmen Büromöbel Hauser & Schulte GmbH

Allgemeine Geschäftsbedingungen (AGB)
„Büromöbel Hauser & Schulte GmbH"

Balduinstraße 15
54296 Trier
Deutschland

Telefon:	0651 487-0 (Zentrale)
Fax:	0651 487-1345
Freecall:	0800 42 87 37
E-Mail:	info@hauser-schulte.de
Internet:	www.hauser-schulte.de
Handelsregister:	Amtsgericht Trier, HR B 40392
Umsatzsteuer-Identifikationsnummer (gemäß § 27 a Umsatzsteuergesetz):	DE 190453342
Vertreten durch die Gesellschafter:	Nadine Hauser und Joachim Schulte

§ 1 Geltungsbereich

Die nachstehenden Allgemeinen Geschäftsbedingungen (AGB) gelten für alle Bestellungen des Online-Shops der Büromöbel Hauser & Schulte GmbH.

Zusätzliche Allgemeine Geschäftsbedingungen unserer Kunden erkennen wir nicht an.

§ 2 Vertragspartner und Vertragsschluss

Der im Online-Shop geschlossene Kaufvertrag kommt zustande mit der Büromöbel Hauser & Schulte GmbH.

Die für den Kaufvertrag zur Verfügung stehende Sprache ist Deutsch.

Der Vertragstext des entstehenden Kaufvertrages wird von der Büromöbel Hauser & Schulte GmbH nicht gespeichert.

Die im Online-Shop dargestellten Produkte stellen kein rechtlich bindendes Angebot dar, sondern einen unverbindlichen Online-Katalog. Zunächst haben Sie die Möglichkeit unsere Ware in den Warenkorb zu legen. Ihre Eingaben können Sie vor Absenden Ihrer verbindlichen Bestellung korrigieren. Hierfür haben Sie im Bestellablauf die Möglichkeit die Korrekturhilfen wie „Löschen" zu nutzen.

Durch Anklicken des Buttons „Zahlungspflichtig bestellen" geben Sie eine verbindliche Bestellung der zu diesem Zeitpunkt im Warenkorb enthaltenen Waren ab. Der Eingang Ihrer Bestellung erfolgt unmittelbar per E-Mail nachdem Sie Ihre Bestellung abgesandt haben. Diese E-Mail stellt keine Vertragsannahme dar. Innerhalb von zwei Werktagen können wir Ihnen entweder in einer separaten E-Mail oder durch Auslieferung der Ware das Zustandekommen des Kaufvertrages bestätigen.

Ein Kaufvertrag kommt lediglich bei der Zahlungsart „Paypal" zum Zeitpunkt der Bestätigung Ihrer Zahlungsanweisung an Paypal zustande.

§ 3 Warenverfügbarkeit

Ist bestellte Ware zum Zeitpunkt der Bestellung nicht verfügbar, behält sich die Büromöbel Hauser & Schulte GmbH vor, die Bestellung der Ware nicht anzunehmen. Es kommt kein Vertrag zustande. Hierüber werden Sie per E-Mail informiert. Bereits geleistete Zahlungen werden Ihnen unverzüglich rückerstattet.

Modellunternehmen Büromöbel Hauser & Schulte GmbH

§ 4	**Lieferbedingungen**

Zu den angegebenen Produktpreisen können Versandkosten anfallen. Die genauen Versandkosten sind dem jeweiligen Angebot (Anpreisung) zu entnehmen.

Die Lieferung der Ware erfolgt ausschließlich innerhalb der Bundesrepublik Deutschland.

§ 5	**Bezahlungsarten**

Alle Preise auf www.hauser-schulte.de sind in Euro und verstehen sich einschließlich der jeweils gültigen gesetzlichen Mehrwertsteuer.

Bei Abschluss eines Kaufvertrages im Online-Shop der Büromöbel Hauser & Schulte GmbH stehen Ihnen die nachstehenden Zahlungsalternativen zur Verfügung:

Paypal: Den anfallenden Rechnungsbetrag zahlen Sie über den Anbieter „Paypal". Dazu müssen Sie bei „Paypal" registriert sein oder sich zunächst registrieren. Detaillierte Hinweise erhalten Sie beim Bestellvorgang.

Sofortüberweisung: Bei der Bezahlart Sofortüberweisung stellen Sie noch während Ihrer Bestellung bequem eine Überweisung über den jeweiligen Betrag in Ihr Online-Banking-Konto ein.

Rechnung: Der Käufer muss ein Händler, eine Schule/Bildungseinrichtung oder nachweislich ein Lehrer sein.

§ 6	**Eigentumsvorbehalt**

Die an Sie ausgelieferte Ware bleibt bis zur vollständigen Bezahlung unser Eigentum.

§ 7	**Gewerbliche Abnehmer**

Die im Online-Shop der Büromöbel Hauser & Schulte GmbH angebotene Ware wird lediglich an Verbraucher und Unternehmen als Endverbraucher verkauft. Die gewerbliche Weiterveräußerung von Ware ist nicht gestattet. Bei im Online-Shop abgegebenen Angeboten, die den Anschein erwecken, zum Zwecke des gewerblichen Weiterverkaufs getätigt worden zu sein, behält sich die Büromöbel Hauser & Schulte GmbH vor, das Angebot abzulehnen.

§ 8	**Widerrufsrecht des Verbrauchers**

Ist der Kunde ein Verbraucher, d. h. eine natürliche Person, die ein Rechtsgeschäft zu einem Zweck abschließt, der überwiegend weder ihrer gewerblichen noch ihrer selbstständigen beruflichen Tätigkeit zugerechnet werden kann, steht dem Kunden ein Widerrufsrecht gemäß § 312g i. V. m. § 355 BGB zu.

Bei Kaufverträgen gilt:

Sie haben das Recht, binnen vierzehn Tagen ohne Angabe von Gründen diesen Vertrag zu widerrufen.

Die Widerrufsfrist beträgt bei einem Kaufvertrag vierzehn Tage ab dem Tag, an dem Sie oder ein von Ihnen benannter Dritter, der nicht der Beförderer ist, die Waren in Besitz genommen haben bzw. hat.

Im Falle eines Vertrags über mehrere Waren, die Sie im Rahmen einer einheitlichen Bestellung bestellt haben und die getrennt geliefert werden, beträgt die Widerrufsfrist vierzehn Tage ab dem Tag, an dem Sie oder ein von Ihnen benannter Dritter, der nicht der Beförderer ist, die letzte Ware in Besitz genommen haben bzw. hat.

Im Falle eines Vertrags über die Lieferung einer Ware in mehreren Teilsendungen oder Stücken, beträgt die Widerrufsfrist vierzehn Tage ab dem Tag, an dem Sie oder ein von Ihnen benannter Dritter, der nicht der Beförderer ist, die letzte Teilsendung oder das letzte Stück in Besitz genommen haben bzw. hat.

Modellunternehmen Büromöbel Hauser & Schulte GmbH

Im Falle eines Vertrags zur regelmäßigen Lieferung von Waren über einen festgelegten Zeitraum hinweg beträgt die Widerrufsfrist vierzehn Tage ab dem Tag, an dem Sie oder ein von Ihnen benannter Dritter, der nicht der Beförderer ist, die erste Ware in Besitz genommen haben bzw. hat.

Um Ihr Widerrufsrecht auszuüben, müssen Sie uns – Büromöbel Hauser & Schulte GmbH, Balduinstraße 15, 54296 Trier, Telefon 0651 487-0, Fax: 0651 487-1345, E-Mail info@hauser-schulte.de, – mittels einer eindeutigen Erklärung (z. B. per Post, Telefax oder E-Mail) über Ihren Entschluss, diesen Vertrag zu widerrufen, informieren. Sie können dafür das beigefügte Muster-Widerrufsformular verwenden, das jedoch nicht vorgeschrieben ist.

Zur Wahrung der Widerrufsfrist reicht es aus, dass Sie die Mitteilung über die Ausübung des Widerrufsrechts vor Ablauf der Widerrufsfrist absenden.

Folgend des Widerrufs:

Widerrufen Sie diesen Vertrag, so haben wir Ihnen alle Zahlungen, die wir von Ihnen erhalten haben, einschließlich der Lieferkosten unverzüglich und spätestens binnen vierzehn Tagen ab dem Tag zurückzuzahlen, an dem die Mitteilung über Ihren Widerruf dieses Vertrags bei uns eingegangen ist. Die Lieferkosten beziehen sich auf die von uns angebotene, günstige Standardlieferung, zusätzliche Kosten, die sich aus der Lieferung ergeben, tragen wir nicht. Für diese Rückzahlung verwenden wir dasselbe Zahlungsmittel, das Sie bei der ursprünglichen Transaktion eingesetzt haben, es sei denn, mit Ihnen wurde ausdrücklich etwas anderes vereinbart. Entgelte werden Ihnen wegen der Rückzahlung keine berechnet.

Im Falle eines Widerrufes haben Sie die Waren unverzüglich und in jedem Fall spätestens binnen vierzehn Tagen ab dem Tag, an dem Sie uns über den Widerruf dieses Vertrags unterrichten, an – „Büromöbel Hauser & Schulte GmbH", Balduinstraße 15, 54296 Trier – zurückzusenden. Die Frist ist gewahrt, wenn Sie die Waren vor Ablauf der Frist von vierzehn Tagen absenden.

Für einen eventuellen Wertverlust müssen Sie aufkommen, wenn der Wertverlust auf einen zur Prüfung der Beschaffenheit, Eigenschaften und Funktionsweise der Waren nicht notwendigen Umgang zurückzuführen ist.

Für diese Rückzahlung verwenden wir dasselbe Zahlungsmittel, das Sie bei der ursprünglichen Transaktion eingesetzt haben, es sei denn, mit Ihnen wurde ausdrücklich etwas anderes vereinbart; in keinem Fall werden Ihnen wegen dieser Rückzahlung Entgelte berechnet.

Muster-Widerrufsformular

Möchten Sie einen Vertrag widerrufen, füllen Sie bitte das nachstehende Musterformular aus und senden es an:

Büromöbel Hauser & Schulte GmbH
Balduinstraße 15
54296 Trier
Fax: 0651 487-1345
E-Mail: info@hauser-schulte.de

Hiermit widerrufe(n) ich/wir (*) den von mir/uns (*) abgeschlossenen Vertrag über den Kauf der folgenden Waren (*)/die Erbringung der folgenden Dienstleistung (*):

- Bestellt am (*)/erhalten am (*)
- Name des/der Verbraucher(s)
- Anschrift des/der Verbraucher(s)
- Unterschrift des/der Verbraucher(s) (nur bei Mitteilung auf Papier)
- Datum

(*) Unzutreffendes streichen.

Modellunternehmen Büromöbel Hauser & Schulte GmbH

§ 9	Transportschäden
	Bei Lieferung von Waren mit offensichtlichen Transportschäden reklamieren Sie bitte sofort beim Zusteller und kontaktieren uns (Büromöbel Hauser & Schulte GmbH) unverzüglich. Versäumen Sie eine Reklamation oder Kontaktaufnahme, wirkt sich dies nicht negativ auf Ihre gesetzlichen Ansprüche und deren Durchsetzung, insbesondere auf Ihre Gewährleistungsrechte aus. Reagieren Sie unverzüglich und unterstützen Sie uns dabei, unsere Ansprüche gegenüber dem Frachtführer bzw. der Transportversicherung geltend zu machen.
§ 10	Gewährleistung und Garantien
	Für alle unsere Waren gilt das gesetzliche Mängelhaftungsrecht.
	Zusätzliche Garantien und deren genaue Bedingungen finden Sie beim jeweiligen Produkt. Die jeweilige Garantie wird vom Produkthersteller übernommen, nicht von der Büromöbel Hauser & Schulte GmbH.
§ 11	Gerichtsstand und Erfüllungsort
	Gerichtsstand sowie Erfüllungsort ist Trier.
§ 12	Beschwerdeverfahren
	Zur Online-Streitbeilegung stellt die Europäische Kommission eine Plattform zur Verfügung. Diese ist abrufbar unter: https://ec.europa.eu/consumers/odr/main/index.cfm?event=main.home2.show&lng=DE.
	Zur Teilnahme an einem Streitbeilegungsverfahren vor einer Verbraucherschlichtungsstelle sind wir nicht verpflichtet und grundsätzlich nicht bereit.
§ 13	Verhaltenskodex
	Die „Büromöbel Hauser & Schulte GmbH" fühlt sich freiwillig dem Ehrenkodex der PBS (Unternehmen der Papier-, Büro- und Schreibwaren) verpflichtet. Die entsprechenden Verhaltenskodizes sind abrufbar unter:
	http://www.pbs-ehrenkodex.de/

1. Lernsituation: Multifunktionale Arbeitsplätze effektiv und sicher nutzen

Arbeitsplan

Kompetenzen	- Gestaltungsregeln der Typografie anwenden - Informationsblätter gestalten - Gestaltung des multifunktionalen Arbeitsplatzes unter rechtlichen und ergonomischen Aspekten beurteilen - Technische Infrastruktur eines Arbeitsplatzes kundenorientiert und effektiv nutzen

Inhalte	- Normgerechte Gestaltung (DIN 5008) und Typografie
	- Büroübliche Applikationen
	  – Einzel- und Netzwerkarbeitsplatz
	  – Betriebssystem
	  – Branchen- und Standardsoftware
	  – Intranet u. Internet
	  – Cloud-Computing
	- Gestaltung von Bildschirmarbeitsplätzen
	- Datenschutz
	- Datensicherheit

Portfolio	- Regelwerk zur Text- und Tabellengestaltung für das firmeninterne Wiki - Glossar zu den büroüblichen Applikationen - Empfehlungsschreiben zum Wohlfühl-Arbeitsplatz - Checkliste für Bildschirmarbeitsplätze und die Arbeitssicherheit im Büro - Handout zur Datenschutz-Grundverordnung - Arbeitsanweisung „Betrieblicher Datenschutz"
Textverarbeitung	- Gliederung von Texten, Logo erstellen, Zeichen- und Absatzformatierung, Typografie - Tabellenfunktion - Bilder bzw. SmartArt - Spalten, Kopf- und Fußzeile, - Inhaltsverzeichnis, Deckblatt und Seitennummerierung
Zeit	- ca. 25 Stunden

Warm-up

Wie hat sich der Bildschirmarbeitsplatz in den letzten Jahren verändert?

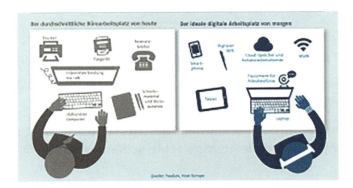

Lernfeld: Multifunktionale Arbeitsplätze effizient organisieren

1.1 Lernaufgabe

Im Rahmen meiner schulischen Ausbildung in der HBF-Wirtschaft absolviere ich derzeit mein Pflichtpraktikum bei Büromöbel Hauser & Schulte GmbH und bin in der Abteilung Verkauf eingesetzt. Frau Thome, die Abteilungsleiterin, betreut mich während dieser Phase. Direkt am ersten Tag in dieser Abteilung zeigt sie mir die Räumlichkeiten und stellt mir die Mitarbeiter in der Abteilung vor.

Nach dem Rundgang erklärt Frau Thome, dass im Intranet ein sogenanntes Wissensportal eingerichtet werden soll. Von dem internen Wiki (Glossar) sollen alle Mitarbeiter profitieren, da es eine neue Methode des Wissensmanagements sei. Wie bei einem Onlinelexikon verfassen die Mitarbeiter, die sich gut mit einem Thema auskennen, selbst die Beiträge. Wikis sind wartungsarm, nicht kostenintensiv und entwickeln sich ständig weiter.

Bei der Gestaltung dieser Beiträge legt die Büromöbel Hauser & Schulte GmbH großen Wert auf den Grundsatz der Leserfreundlichkeit, was im Leitbild des Unternehmens im Rahmen des Corporate Design verankert ist. Frau Thome erläutert, dass Texte Aufmerksamkeit beim Leser wecken sollen und das Bedürfnis, diesen unbedingt lesen zu wollen. Frau Thome rät mir, mich zunächst mit der Gestaltung von Texten auseinanderzusetzen und ein Regelwerk zur Textgestaltung anzulegen. Dieses soll den Mitarbeitern im Intranet zur Information zugänglich gemacht werden.

Arbeitsauftrag

Wie gestalte ich Texte normgerecht und leserfreundlich?

Partnerarbeit

1. **Erschließen** Sie arbeitsteilig den Informationstext Texte normgerecht gestalten (Seite 108) und Informationsblätter erstellen (Seite 267).

Einzelarbeit

2. **Halten** Sie die wichtigsten Regeln Ihres Infotextes auf einem Spickzettel fest.

Partnerarbeit

3. **Informieren** Sie sich mithilfe Ihrer Spickzettel gegenseitig über den Inhalt des jeweiligen Infotextes. Achten Sie auf die sorgfältige Weitergabe der Informationen, damit auch Ihr Partner alle erforderlichen Informationen erhält.

4. **Erstellen** Sie ein leserfreundliches, aussagekräftiges Informationsblatt zur Textgestaltung. Formulieren Sie jeweils sieben Regeln zur normgerechten Gestaltung und zur Typografie.

5. **Schreiben** Sie die Satzzeichen (Seite 104) direkt hinter das Wort. Anschließend kommt ein Leerzeichen.

6. **Nummerieren** Sie die Regeln mithilfe der Funktion Aufzählung/Nummerierung (Seite 314). Achten Sie auf die normgerechte Schreibweise von Ordnungszahlen.

DIN 5008
Ordnungszahlen

1. Lernsituation: Multifunktionale Arbeitsplätze effektiv und sicher nutzen

7. **Gestalten** Sie das Informationsblatt entsprechend der Absatzgestaltung und den typografischen Regeln.

8. **Fügen Sie in der** Kopf- und Fußzeile (Seite 298) die gewünschten Daten (Firmenname, Firmenlogo, Ersteller, Datum …) ein. Gestalten Sie sie ansprechend. Gestalten Sie einen Seitenrand (Seite 313) wie folgt ein: Kontur, Farbe: schwarz, Breite: 3/4 pt.

9. **Bereiten** Sie sich auf die Präsentation vor, indem Sie ausführlich mithilfe Ihres Informationsblattes die Leitfrage beantworten. Jeder übernimmt einen Part beim Präsentieren! Überprüfen Sie die richtige Erfassung der Satzzeichen.

Plenum

10. **Präsentieren** Sie Ihr Regelwerk für das firmeninterne Wiki (erläutern Sie jeweils die Regeln frei mit eigenen Worten).

11. **Binden** Sie nach der Präsentation das Plenum in ein Gespräch/eine Diskussion ein. Lassen Sie Fragen stellen, Kritik äußern, Verbesserungsvorschläge machen oder Vorschläge, in welchen Situationen die erarbeiteten Regeln noch genutzt werden sollten.

Partnerarbeit

12. **Ergänzen** Sie bei Bedarf Ihr Informationsblatt im Anschluss an die Präsentation.

Einzelarbeit

13. **Heften** Sie Ihr Informationsblatt zur normgerechten Gestaltung in Ihre Portfolio-Mappe ab.

14. **Schätzen** Sie Ihre Kompetenzen zu Normgerecht Texte gestalten ein. Seien Sie ehrlich mit sich selbst. Sie können **nur** über einen längeren Zeitraum das 4. Level erreichen. Füllen Sie Ihre Levelstufe aus.

Kompetenzen	Normgerechte Texte gestalten	Level
Informieren	Ich kann Regeln zur normgerechten Absatzgestaltung, zu den Schreibweisen von Satzzeichen und zur Typografie erläutern.	○○○○
Planen	Ich kann die neu erworbenen Informationen in eine Struktur bringen.	○○○○
Entscheiden	Ich kann Entscheidungen treffen, welche Regeln ich in mein Informationsblatt aufnehme.	○○○○
Durchführen	Ich kann die Regeln zur Absatzgestaltung nach den typografischen Regeln normgerecht und leserfreundlich darstellen. Ich kann die automatische Aufzählung und Nummerierung anwenden und die Satzzeichen korrekt setzen.	○○○○
Kontrollieren	Ich kann überprüfen, ob ich alle notwendigen Informationen zusammengefasst und leserfreundlich dargestellt habe.	○○○○
Bewerten	Ich kann die Qualität meines Informationsblattes sowie die Angemessenheit meiner Darstellung einschätzen und ggf. korrigieren.	○○○○

Lernfeld: Multifunktionale Arbeitsplätze effizient organisieren

1.2 Lernaufgabe

Frau Thome ist sehr zufrieden mit meinem ersten Informationsblatt zur normgerechten Gestaltung. Sie möchte das Wiki mit Abkürzungen erweitern, damit alle Mitarbeiter diese einheitlich verwenden.

Abkürzungen sind praktisch und sparen dem Schreiber in der Regel Zeit. Allerdings sollten nicht zu viele bzw. unbekannte Abkürzungen verwendet werden, sonst wird das Lesen der Nachrichten erschwert und der Lesefluss gehemmt.

Wie kürze ich Wörter korrekt und normgerecht ab?

Arbeitsauftrag

Einzelarbeit

1. **Erstellen** Sie für das Wiki ein Informationsblatt, indem Sie einen kurzen Einführungstext für die Mitarbeiter schreiben und Richtlinien zur Schreibung von Abkürzungen (Seite 5) normgerecht erfassen. Nutzen Sie die Formatierung des Informationsblattes von LA 1.1.

2. **Verwenden** Sie, wenn es notwendig ist, die Abkürzungen mit einem geschützten Leerzeichen (Strg + Shift + Leertaste).

3. Soll ein Leerzeichen auf keinen Fall einen Zeilenumbruch auslösen, so müssen Sie ein geschütztes Leerzeichen mit der Tastenkombination STRG + SHIFT + Leertaste eingeben. Wörter bzw. Textteile, die beim Zeilenumbruch auf keinen Fall auseinandergerissen werden sollen, z. B. Währungsbeträge, Abkürzungen, geben Sie auf diese Weise ein.

4. **Setzen** Sie für die Beispiele einen linksbündigen Tabulator bei 8 cm (Seite 316), und zwar mit Füllzeichen (...). Ergänzen Sie die Beispiele mit den Wörtern des Abkürzungstestes.

5. **Gestalten** Sie das Informationsblatt entsprechend der Absatzgestaltung und den typografischen Regeln. Orientieren Sie sich am Bewertungsraster (Seite 6). Übernehmen Sie das Layout des Informationsblattes von LA 1.1.

Partnerarbeit

6. **Kontrollieren** Sie das Informationsblatt zur Schreibung von Abkürzungen Ihres Partners bzw. Ihrer Partnerin hinsichtlich

   a) der vorgenommenen Formatierungen und
   b) des Abkürzungstestes.

1. Lernsituation:
Multifunktionale Arbeitsplätze effektiv und sicher nutzen

Richtlinien zur Schreibung von Abkürzungen

Hinter Abkürzungen, die im vollen Wortlaut gesprochen werden, steht ein Punkt.

Abteilung	Abt.
eventuell	evtl.
Dezember	Dez.

Folgen zwei oder mehr Abkürzungen aufeinander, so werden sie mit Leerzeichen geschrieben. Es muss ein geschütztes Leerzeichen (STRG + ⇧ + Leerzeichen) geschrieben werden, um die Abkürzung gegen einen unbeabsichtigten Zeilenumbruch zu sichern.

zum Beispiel	z.°B.
das heißt	d.°h.

Ausnahmen:

und so weiter	usw.
und so fort	usf.
et cetera	etc.

Steht eine Abkürzung mit Punkt am Satzende, dann ist der Abkürzungspunkt zugleich Schlusspunkt des Satzes.

Er verwendet gerne Zitate von Goethe, Schiller u. a.
Ihr Vater ist Regierungsrat a. D.

Keinen Punkt setzt man dagegen bei sogenannten Initialwörtern und Kürzeln, d. h. Abkürzungen, die man buchstäblich oder wie selbstständige Wörter spricht.

Bürgerliches Gesetzbuch	BGB
Frankfurter Allgemeine Zeitung	FAZ
Berufsinformationszentrum	BIZ
Technischer Überwachungsverein	TÜV

Ebenfalls ohne Punkt schreibt man national oder international festgelegte Abkürzungen der metrischen Maße und Gewichte, der Himmelsrichtungen und der meisten Währungseinheiten.

Zentimeter	cm
Kilogramm	kg
Nordost	NO
Norwegische Kronen	nkr

Abkürzungstest:

Kürzen Sie die Wörter ab. Schreiben Sie die Wörter und positionieren Sie die Abkürzungen dazu mithilfe des Tabulators bei 8 cm.

September, Europäische Gemeinschaft, unter anderem, beziehungsweise, Personenkraftwagen, North Atlantic Treaty Organization, Dänische Krone, Südwest, Februar, dieses Jahres, Gesellschaft mit beschränkter Haftung, Aktiengesellschaft, im Auftrag

Lernfeld: Multifunktionale Arbeitsplätze effizient organisieren

Bewertungsraster Infoblatt „Abkürzungen"			
Aspekt	**Kriterien**		
Gestaltung	Kopf- und Fußzeile beschriften		
	Überschriften mindestens 1/3 größer als der Text		
	Tabstopp korrekt gesetzt		
	Seitenrand formatiert		
	Gleichmäßige Aufteilung des Blattes		
	Corporate Design verwendet (Farbe, Schriftart, Logo …)		
	…		

Plenum

7. **Überprüfen** Sie die Abkürzungen des Abschlusstestes.

Einzelarbeit

8. **Gestalten** Sie Ihr Informationsblatt für Ihr Portfolio fertig und achten Sie auf eine einheitliche Formatierung.

9. **Schätzen** Sie Ihre Kompetenzen zu Abkürzungen regelkonform schreiben ein. Seien Sie ehrlich mit sich selbst. Sie können **nur** über einen längeren Zeitraum das 4. Level erreichen. Füllen Sie Ihre Levelstufe aus.

Kompetenzen	Abkürzungen regelkonform schreiben	Level
Informieren	Ich kann Abkürzungsregeln und die Notwendigkeit des geschützten Leerzeichens erläutern.	○○○○
Planen	Ich kann die Abkürzungen den einzelnen Regeln zuordnen.	○○○○
Entscheiden	Ich kann Beispielwörter gemäß den Regeln abkürzen und situationsbezogen darstellen.	○○○○
Durchführen	Ich kann Abkürzungsregeln und das geschützte Leerzeichen normgerecht anwenden und mithilfe des Tabulators übersichtlich darstellen.	○○○○
Kontrollieren	Ich kann überprüfen, ob die Abkürzungen korrekt geschrieben sind und ggf. korrigieren.	○○○○
Bewerten	Ich kann die Qualität eines Informationsblattes einschätzen und für die Zukunft vergleichbare Instrumente als Arbeitserleichterung erstellen.	○○○○

1. Lernsituation:
Multifunktionale Arbeitsplätze effektiv und sicher nutzen

1.3 Lernaufgabe

Meine Informationsblätter haben Frau Thome gezeigt, dass ich ihre Aufträge gewissenhaft ausführe. So kann sie mir eine neue Aufgabe erteilen:

Frau Thome möchte, dass ich von Anfang an rationell an meinem Computerarbeitsplatz arbeite und die entsprechenden Tools nutze. Sie überträgt mir deshalb die Aufgabe, mich mit den büroüblichen Applikationen (EDV-Struktur, Software, ...) auseinanderzusetzen und ihr einen Entwurf für das Wiki/Intranet vorzulegen, damit alle Kollegen – vor allem neue – sich dort informieren können.

Welche Voraussetzungen sollte mein multifunktionaler Arbeitsplatz haben, um Informationen inner- und außerbetrieblich effektiv zu verarbeiten?

Arbeitsauftrag

Partnerarbeit

1. **Teilen** Sie sich die Texterschließung in zwei gleiche Teile und erschließen Sie arbeitsteilig den Text Büroübliche Applikationen. (Seite 113)

Einzelarbeit

2. **Erstellen** Sie ein Glossar in Form einer normgerechten Tabelle (Seite 317). Dieses soll Fachbegriffe, Ihre Erläuterungen und in einer dritten Spalte ggf. eigene Beispiele enthalten. Mithilfe dieses Glossars sollen sich vor allem neue Mitarbeiter über die im Betrieb zur Verfügung stehenden büroüblichen Applikationen informieren können. Bevor Sie beginnen, informieren Sie sich bitte über die normgerechte Tabellengestaltung (Seite 110).

Partnerarbeit

3. **Erläutern** Sie sich gegenseitig Ihre Infotexte bzw. Fachbegriffe. Klären Sie Fragen und Unklarheiten.

4. **Einigen** Sie sich auf ein gemeinsames Layout für Ihr Glossar und fügen Sie Ihre beiden Glossare zu einer Datei zusammen (Seite 325). Achten Sie auf typografische Gestaltung und die DIN-Regeln zur Tabellenerstellung.

5. **Überprüfen** Sie Ihr gemeinsames Glossar kritisch auf Vollständigkeit und Richtigkeit. Recherchieren Sie ggf. im Internet.

6. **Bereiten** Sie sich mithilfe Ihres Glossars auf die Präsentation bei Frau Thome vor, indem Sie mindestens sechs übliche Applikationen erläutern, die auf Ihrem Computerarbeitsplatz das rationelle Arbeiten von Kundenaufträgen erleichtern. Erläutern Sie Textverarbeitungsfunktion: Tabelle und Ihre Anwendung der normgerechten Textgestaltung.

Lernfeld: Multifunktionale Arbeitsplätze effizient organisieren

Plenum

7. **Präsentieren** Sie Frau Thome überzeugend Ihr Glossar und erläutern Sie kompetent und gut verständlich, mindestens sechs übliche Applikationen, die Sie für einen mulitfunktionalen Arbeitsplatz benötigen, um Kundenaufträge rationell zu bearbeiten. Zeigen Sie, dass Sie sich sehr gut auskennen. Unterlegen Sie die Anwendungen aus Ihren bisherigen eigenen Erfahrungen. Denken Sie an die Erläuterung der Tabellenfunktion.

8. **Lassen** Sie sich vom Plenum ein konstruktives Feedback bezüglich des Inhalts und der typografischen normgerechten Gestaltung geben.

Einzelarbeit

9. **Ergänzen** oder überarbeiten Sie Ihr Glossar bei Bedarf auf Basis des Feedbacks durch das Plenum. Heften Sie es in Ihrer Portfolio-Mappe ab.

10. **Schätzen** Sie Ihre Kompetenzen zu Applikationen vom mulitfunktionalen Arbeitsplatz effektiv nutzen ein. Seien Sie ehrlich mit sich selbst. Sie können nur über einen längeren Zeitraum das 4. Level erreichen. Füllen Sie Ihre Levelstufe aus.

Kompetenzen	Applikationen vom multifuntionalen Arbeitsplatz effektiv nutzen	Level
Informieren	Ich kann verschiedene Applikationen eines multifunktionalen Arbeitsplatzes beschreiben.	○○○○
Planen	Ich kann bürotypische Applikationen eines multifunktionalen Arbeitsplatzes übersichtlich darstellen.	○○○○
Entscheiden	Ich kann situationsbedingt eine geeignete Applikation auswählen, um einen konkreten Kundenauftrag rationell zu bearbeiten.	○○○○
Durchführen	Ich kann situationsbedingt geeignete Applikationen auswählen, um verschiedene Kundenaufträge rationell zu bearbeiten und dies in einem Glossar (normgerechten Tabelle) festhalten.	○○○○
Kontrollieren	Ich kann überprüfen, ob die ausgesuchten Applikationen den Anforderungen entsprechen und mein Glossar aussagekräftig und normgerecht gestaltet ist.	○○○○
Bewerten	Ich kann den Nutzen eines Glossars einschätzen und für die Zukunft vergleichbare Instrumente als Arbeitserleichterung erstellen.	○○○○

1. Lernsituation:
Multifunktionale Arbeitsplätze effektiv und sicher nutzen

1.4 Lernaufgabe

Frau Thome war mit meinen Ausarbeitungen bezüglich der Büroapplikationen sehr zufrieden. Sie erinnert heute im Gespräch daran, dass ihr während des Rundganges durch die Büros verschiedene Dinge aufgefallen seien, z. B. dass die Temperatur in einigen Räumen zu hoch ist. Dort kann man sich doch nicht wohlfühlen und effektiv arbeiten? Sie möchte dies ändern und allgemeine Empfehlungen für die Verkaufsabteilung aussprechen. So bittet sie mich ein Empfehlungsschreiben für einen Wohlfühl-Arbeitsplatz auszuarbeiten, das später im Intranet veröffentlicht werden soll.

Wie muss mein Arbeitsplatz aussehen, um mich wohlzufühlen?

Arbeitsauftrag

Tandem

1. **Erschließen** Sie arbeitsteilig dsd Thema Umweltfaktoren (Seite 125).

2. **Erstellen** Sie eine gemeinsame MindMap über die Umweltfaktoren und die Gestaltung am Arbeitsplatz. Bedenken Sie, dass jeder später eine eigene MindMap abheften soll.

3. **Konzipieren** Sie mithilfe der MindMap ein Empfehlungsschreiben fürs Intranet, indem Sie den Mitarbeitern Tipps für Ihren Wohlfühl-Arbeitsplatz geben, die die Kollegen selbst umsetzen können. Schreiben Sie mitarbeiterorientiert (Sie-Stil). Nutzen Sie die Funktion Aufzählung/Nummerierung (Seite 314).

   - **Beginnen** Sie das Empfehlungsschreiben mit einer Einleitung, die den Grund für dieses Schreiben liefert.
   - **Erläutern** Sie im Hauptteil die Umweltfaktoren und Farbgestaltung am Arbeitsplatz (Fakten – Auswirkungen – Tipps).
   - **Beenden** Sie Ihr Empfehlungsschreiben mit einem Fazit und einem freundlichen Schlusssatz.

4. **Beachten** Sie die typografischen Gestaltungsregeln. Fügen Sie Grafiken ein, die die Textaussage verdeutlichen. Orientieren Sie sich am Bewertungsraster auf der nachfolgenden Seite.

5. **Bereiten** Sie sich auf die Präsentation vor, indem Sie mit lebendigen Beispielen die Anforderungen an die Umweltfaktoren erläutern. Jedes Gruppenmitglied übernimmt einen Schwerpunkt. Erläutern Sie die TV-Funktion Aufzählung/Nummerierung und Ihre Anwendung der normgerechten Textgestaltung (DIN 5008).

Plenum

6. **Präsentieren** Sie Ihr Empfehlungsschreiben zum Wohlfühl-Arbeitsplatz. Denken Sie an die eingesetzten TV-Funktionen.

7. **Reflektieren** Sie in Ich-Botschaften mithilfe Ihrer MindMap den fachlichen Inhalt des Vortrages (Was). Geben Sie anschließend ein Feedback zur Präsentation und Gestaltung (Wie) mithilfe des Bewertungsrasters.

Lernfeld: Multifunktionale Arbeitsplätze effizient organisieren

Bewertungsraster Empfehlungsschreiben „Gestaltung eines Wohlfühlarbeitsplatzes"				
Aspekt	**Kriterien**		=	−
Gestaltung	Kopf- und Fußzeile beschriften			
	Überschriften mindestens 1/3 größer als der Text			
	Tabstopp korrekt gesetzt			
	Seitenrand formatiert			
	Gleichmäßige Aufteilung des Blattes			
	Corporate Design verwendet (Farbe, Schriftart, Logo ...)			
	Textaussage durch Grafiken unterlegen			
	Text mithilfe von Teilüberschriften strukturiert			
	Aufzählung und Nummerierung angewendet			
Inhalt	Einleitung, aus der der Nutzen der Empfehlung hervorgeht und zum Thema hinführt			
	Alle Umweltfaktoren angesprochen			
	Wesentliche Tipps genannt, die die Mitarbeiter umsetzen können			
	Empfänger in der Sie-Form angesprochen			
	...			

Tandem

8. **Überarbeiten** Sie Ihr Empfehlungsschreiben bei Bedarf auf Basis der Rückmeldungen des Publikums.

9. **Schätzen** Sie Ihre Kompetenzen zu Wohlfühl-Arbeitsplatz gestalten ein. Seien Sie ehrlich mit sich selbst. Sie können **nur** über einen längeren Zeitraum das 4. Level erreichen. Füllen Sie Ihre Levelstufe aus.

Kompetenzen	Wohlfühl-Arbeitsplätze gestalten	Level
Informieren	Ich kann die Umweltfaktoren und Farbgestaltung am Arbeitsplatz erläutern.	○○○○
Planen	Ich kann Kriterien zu den Umweltfaktoren und der Farbgestaltung am Arbeitsplatz strukturieren.	○○○○
Entscheiden	Ich kann situationsbedingt Empfehlungen zur Verbesserung eines umweltfreundlichen Arbeitsplatzes festlegen.	○○○○
Durchführen	Ich kann situationsbedingt ein Empfehlungsschreiben zu einem umweltfreundlichen Arbeitsplatz mit stichhaltigen Argumenten formulieren und unter Nutzung der Funktion Aufzählung/Nummerierung strukturiert darstellen.	○○○○
Kontrollieren	Ich kann überprüfen, ob das Empfehlungsschreiben relevante Argumente enthält und leserfreundlich mit korrekter Zeichensetzung formatiert ist.	○○○○
Bewerten	Ich kann die Qualität meines Empfehlungsschreibens einschätzen und künftig ggf. verbessern.	○○○○

1. Lernsituation: Multifunktionale Arbeitsplätze effektiv und sicher nutzen

1.5 Lernaufgabe

Aufgrund der guten Auftragslage sollen neue Mitarbeiter eingestellt werden.

Es handelt sich um eine Mitarbeiterin für die Personalabteilung (eine ihrer Aufgaben ist es, Mitarbeitergespräche zu führen), drei Mitarbeiter für die Einkaufsabteilung, einen Abteilungsleiter für den Verkauf, fünf Mitarbeiter kehren aus dem Erziehungsurlaub zurück. Sie wollen künftig auch von zu Hause aus arbeiten. Allerdings sollen diese Mitarbeiter an einem Tag pro Woche im Unternehmen präsent sein. Für die Pflege der nationalen und der internationalen Kontakte in der EU ist jeweils ein weiterer Mitarbeiter erforderlich.

Es ist noch nicht klar, welche Büroräume ihnen zugewiesen werden. Zur schnelleren Entscheidungsfindung erhalte ich den Auftrag, eine Übersicht zur nachfolgenden Frage zu erstellen:

Welche Büroräume eignen sich für die neuen Arbeitskollegen?

Arbeitsauftrag

Einzelarbeit

1. **Erschließen** Sie den Infotext Raumformen (Seite 127).
2. **Strukturieren** Sie die Informationen mithilfe einer MindMap (wahlweise handschriftlich oder mithilfe einer Software – Seite 263). Notieren Sie auf den Hauptästen die Raumform, in der nächsten Ebene eine Definition sowie die jeweiligen Vor- und Nachteile.

Partnerarbeit

3. **Vergleichen** Sie Ihre MindMaps. Nehmen Sie ggf. Verbesserungen vor.
4. **Entscheiden** Sie sich auf dieser Basis für die jeweils passende Raumform für die neuen Mitarbeiter und begründen Sie die Zuordnungen. Stellen Sie Ihre Entscheidung tabellarisch dar. Beachten Sie die Gestaltungsregeln.
5. **Bereiten** Sie sich auf die Präsentation vor, begründen Sie Ihre Entscheidung. Jedes Gruppenmitglied übernimmt einen Schwerpunkt. Zeigen Sie, dass Sie an die normgerechte Formatierung der Tabelle gedacht haben.

Plenum

6. **Präsentieren** Sie überzeugend Ihre Entscheidung bezüglich der Raumzuordnung. Gehen Sie dabei zunächst auf die Definition, Vor- und Nachteile der Raumformen ein. Anschließend begründen Sie die Zuordnung der Mitarbeiter zu der entsprechenden Raumform. Denken Sie an die TV-Funktion.
7. **Lassen** Sie sich Feedback zu Ihrer Entscheidung und zu Ihrer Präsentationstechnik geben.

Lernfeld: Multifunktionale Arbeitsplätze effizient organisieren

Einzelarbeit

8. **Überarbeiten** Sie Ihr Handlungsprodukt bei Bedarf.

9. **Schätzen** Sie Ihre Kompetenzen zu Büroräume situationsbedingt zuordnen ein.

Kompetenzen	Büroräume situationsbedingt zuordnen	Level
Informieren	Ich kann die verschiedenen Raumformen für Büroräume erläutern.	☐☐☐☐
Planen	Ich kann die Vor- und Nachteile der verschiedenen Raumformen in Bezug auf die Tätigkeit der Mitarbeiter und Unternehmen gegenüberstellen.	☐☐☐☐
Entscheiden	Ich kann situationsbedingt Empfehlungen für eine entsprechende Raumform geben.	☐☐☐☐
Durchführen	Ich kann eine Empfehlung zur Raumform je nach Tätigkeit der neuen Mitarbeiter in einer normgerechte Tabelle strukturiert darstellen und überzeugend präsentieren.	☐☐☐☐
Kontrollieren	Ich kann überprüfen, ob das Empfehlungsschreiben die relevanten Daten enthält und die Tabelle normgerecht darstellen.	☐☐☐☐
Bewerten	Ich kann die Qualität meines Empfehlungsschreibens und meine Argumentation einschätzen und künftig ggf. verbessern.	☐☐☐☐

© Dariusz Jarzabek – stock.adobe.com

1. Lernsituation:
Multifunktionale Arbeitsplätze effektiv und sicher nutzen

1.6 Lernaufgabe

Nachdem ich über Raumformen informiert bin, erläutert mir Frau Thome, dass in den nächsten Monaten die Büros der Abteilung Verkauf nach ergonomischen und sicherheitstechnischen Aspekten neu eingerichtet werden sollen. Sie erzählt, dass die Büromöbel Hauser & Schulte GmbH darauf bedacht ist, ihre Mitarbeiter(innen) in das unternehmerische Handeln mit einzubeziehen. Das Unternehmen räumt den Mitarbeitern daher Vorschlagsrechte z. B. bei der Planung von Bauten, Arbeitsplätzen, Arbeitsverfahren und -abläufen nach § 90 BetrVG (Betriebsverfassungsgesetz) ein. Als Mitglied des Betriebsrates verweist Frau Thome auf die Auszüge folgender Paragrafen:

> § 90 BetrVG „[…] Arbeitgeber und Betriebsrat sollen dabei auch die gesicherten arbeitswissenschaftlichen Erkenntnisse über die menschengerechte Gestaltung der Arbeit berücksichtigen."

> § 87 (1) 7 BetrVG „Der Betriebsrat hat, soweit eine gesetzliche oder tarifliche Regelung nicht besteht, in folgenden Angelegenheiten mitzubestimmen: […] Regelungen über die Verhütung von Arbeitsunfällen und Berufskrankheiten sowie über den Gesundheitsschutz im Rahmen der gesetzlichen Vorschriften oder der Unfallverhütungsvorschriften."

Zur Erleichterung der Auswahl ergonomischer Büromöbel wünscht Frau Thome eine Checkliste zur Überprüfung und Feststellung der ergonomischen und sicherheitstechnischen Anforderungen an einen Bildschirmarbeitsplatz. Ich soll mich mit den Vorschriften beschäftigen und die Checkliste erstellen.

Wie richten Sie einen Bildschirmarbeitsplatz nach ergonomischen, ökologischen und sicherheitstechnischen Aspekten ein?

Arbeitsauftrag

Gruppenarbeit

1. **Erschließen** Sie arbeitsteilig die arbeitswissenschaftlichen Erkenntnisse bei der Gestaltung von Bildschirmarbeitsplätzen (Bildschirmrichtlinie, Bildschirmarbeitsverordnung, …) und über Arbeitssicherheit im Büro (Seite 132) ökologischen Erfordernisse/Büroökologie.

Einzelarbeit

2. **Halten** Sie die gefundenen Richtlinien, Vorschriften, Verordnungen, Empfehlungen in Form einer Checkliste mit dem Titel „Ergonomische, arbeitsmedizinische und sicherheitstechnische Aspekte bei der Einrichtung eines Büroarbeitsplatzes" fest, um mithilfe dieser einen Arbeitsplatz planen bzw. überprüfen zu können. Arbeiten Sie mit der Tabellenfunktion und dem Formularsteuerelement Kontrollkästchen (Seite 319). Informieren Sie sich ebenso kurz über die Formulargestaltung (Seite 112).

3. **Definieren** Sie in der Fußnote (Seite 323) Fachbegriffe (z. B. ergonomisch).

Gruppenarbeit

4. **Fassen** Sie die Checklisten zu einer gemeinsamen zusammen, strukturieren Sie diese thematisch. Formulieren Sie die Kriterien so, dass Sie überprüfbar sind.

Lernfeld: Multifunktionale Arbeitsplätze effizient organisieren

5. **Beachten** Sie die typografischen Regeln und die normgerechte Tabellengestaltung.
6. **Bereiten** Sie sich auf die Präsentation Ihres Ergebnisses vor. Präsentieren Sie Ihrem Ausbilder Ihre Checkliste, verwenden Sie dabei das Fachvokabular und erläutern Sie, welche Regelungen Sie für den Gesundheitsschutz und die Sicherheit den Gesetzen, Verordnungen und Richtlinien entnommen haben und wie diese umzusetzen sind.

Plenum (Auszubildender – Ausbilder)

7. **Präsentieren** Sie Frau Thome, worauf bei der Einrichtung zu achten ist und wodurch ergonomische und sicherheitstechnische Aspekte erfüllt werden. Verwenden Sie das Fachvokabular. Denken Sie an die Erläuterung der TV-Funktionen.
8. **Bitten** Sie Frau Thome um ein Feedback bezüglich Inhalt Ihrer Präsentation, aber auch zur Präsentationstechnik (Artikulation, Körpersprache etc.).

Partnerarbeit

9. **Ergänzen** bzw. überarbeiten Sie ggf. Ihre Checkliste. Denken Sie an die Kopf- und Fußzeile.

Einzelarbeit (Situation im Praktikumsbetrieb)

10. **Analysieren** Sie Ihren Arbeitsplatz im Praktikumsbetrieb und machen Sie mithilfe der Checkliste einen Soll-Ist-Vergeich.
11. **Schätzen** Sie Ihre Kompetenzen zu Bildschirmarbeitsplätze ergonomisch einrichten ein. Seien Sie ehrlich mit sich selbst. Sie können **nur** über einen längeren Zeitraum das 4. Level erreichen. Füllen Sie Ihre Levelstufe aus.

Kompetenzen	Bildschirmarbeitsplätze ergonomisch einrichten	Level
Informieren	Ich kann allgemein die Gestaltung von Bildschirmarbeitsplätzen, die ökologischen Gesichtspunkte und und die Arbeitssicherheit im Büro erläutern.	☐☐☐☐
Planen	Ich kann Aspekte über die Gestaltung von Bildschirmarbeitsplätzen und die Arbeitssicherheit im Büro strukturieren.	☐☐☐☐
Entscheiden	Ich kann wesentliche Aspekte über die Gestaltung von Bildschirmarbeitsplätzen, die ökologische Gesichtspunkte und die Arbeitssicherheit im Büro für eine Checkliste zusammentragen.	☐☐☐☐
Durchführen	Ich kann eine Checkliste mit wesentlichen Aspekten zur ergonomischen Gestaltung des Bildschirmarbeitsplatzes und zur Arbeitssicherheit im Büro mithilfe der Formularsteuerelemente erstellen und diese mit dem entsprechenden Fachvokabular erläutern.	☐☐☐☐
Kontrollieren	Ich kann mithilfe der Checkliste überprüfen, ob ein Arbeitsplatz den ergonomischen, den ökologischen Gesichtspunkte und sicherheitstechnischen Anforderungen entspricht.	☐☐☐☐
Bewerten	Ich kann die Qualität meiner Checkliste einschätzen und die Checklistentechnik künftig als Instrument nutzen.	☐☐☐☐

1. Lernsituation: Multifunktionale Arbeitsplätze effektiv und sicher nutzen

1.7 Lernaufgabe

Mittlerweile bin ich dem Datenschutzbeauftragten, Alexander Wort, zugeteilt. Der betriebliche Datenschutzbeauftragte ist direkt dem Geschäftsführer unterstellt, jedoch nicht weisungsbefugt. Er kontrolliert, ob die Vorgaben des betrieblichen Datenschutzes eingehalten werden und meldet Missstände an den Geschäftsführer. Er schult außerdem die Mitarbeiter in allen Belangen des Datenschutzes und versucht alle Betroffenen bei der Wahrnehmung ihrer Datenschutzrechte zu unterstützen.

Kommt er seiner Verpflichtung nicht nach, so haftet er sowohl für wirtschaftliche als auch moralische Schäden. Insofern ist es Herrn Wort ein besonderes Anliegen die Mitarbeiter entsprechend zu informieren. Im Zuge dessen plant Herr Wort eine Datenschutzunterweisung für die Mitarbeiter. Er ist der Meinung, dies sei eine gute Gelegenheit für mich, sich in die Materie einzuarbeiten und beauftragt mich ein Handout zum Schutz der personenbezogenen Daten auf Basis der EU-Datenschutzgrundverordnung (DSGVO) vorzubereiten.

Welche Maßnahmen muss Büromöbel Hauser & Schulte zum Schutz der personenbezogenen Daten ergreifen?

Arbeitsauftrag

Dreierteam

1. **Entscheiden** Sie sich für einen Teilbereich des Infotextes Datenschutz-Grundverordnung (DSGVO) (Seite 119) wie folgt:
   - Datenschutzgrundverordnung, Gegenstand und Ziele, Anwendungsbereich
   - Grundsätze für die Verarbeitung personenbezogener Daten
   - Rechte der betroffenen Personen und Schlussbemerkungen

Einzelarbeit

2. **Erschließen** Sie Ihren Teilbereich.
3. **Strukturieren** Sie die gewonnenen Informationen mit eigenen Worten in geeigneter Form (Aufzählung, MindMap, Tabelle etc.).

Gruppenarbeit (3er-Team)

4. **Informieren** Sie sich gegenseitig mithilfe Ihrer strukturierten Aufzeichnungen über die Einzelthemen. Achten Sie auf sorgfältige Weitergabe der Informationen, damit alle Gruppenmitglieder die Chance haben, die Thematik zu verstehen.
5. **Bereiten** Sie sich schriftlich (Handzettel) auf ein gemeinsames Kurzstatement über die Datenschutz-Grundverordnung vor.
6. **Klären** Sie Fragen, Unklarheiten. Nur wenn Sie alles verstanden haben, können Sie adressatengerecht vortragen. Klären Sie, wer welchen Part beim Kurzstatement übernimmt.

Lernfeld: Multifunktionale Arbeitsplätze effizient organisieren

Plenum

7. **Halten** Sie Ihr Kurzstatement zur Datenschutzgrundverordnung.

8. **Bitten** Sie um konstruktives Feedback der Zuhörer sowohl zum Inhalt als auch zu Ihrer Präsentationstechnik (Verständlichkeit der Erläuterungen, gut verständliche Artikulation und Körpersprache).

Gruppenarbeit – 3er-Teams

9. **Ergänzen** bzw. verbessern Sie bei Bedarf Ihre schriftlichen Aufzeichnungen.

10. **Entwerfen** Sie ein passendes Layout. Achten Sie auf das Corporate Design des Unternehmens. Arbeiten Sie z. B. mit der Funktion Aufzählung/Nummerierung, SmartArt (Seite 324), Tabelle o. Ä.

11. **Erstellen** Sie nun auf Basis dieser Informationen ein aussagekräftiges Handout, das den Mitarbeitern anlässlich der Datenschutzunterweisung übergeben wird. Achten Sie auf die normgerechte Schreibweise der Kapitel (Kapitel 2 Art. 5 DSGVO Abs. 1)

12. **Gestalten** Sie dieses leserfreundlich unter Beachtung der typografischen Regeln. Nutzen Sie Grafiken bzw. Bilder (Seite 324) zur Unterstützung der Textaussage. Orientieren Sie sich am Bewertungsraster.

Bewertungsraster Kurzstatement und Handout zur Datenschutz-Grundvervordnung		
Aspekt	**Kriterien**	**Punkte**
Kurzstatement	Die Thematik wurde verständlich erläutert.	50/
	Die Inhalte wurden präzise und kurzweilig vorgestellt.	
	Der Vortrag wurde frei vorgetragen und nicht abgelesen.	
	Der Präsentator artikuliert gut verständlich.	
	Der Präsentator überzeugte durch unterstützende Mimik und Gestik.	
	Der Präsentator steht sicher vor dem Publikum.	
	Die Zuhörer wurden in den Vortrag mit eingebunden.	
Handout	Das Handout ist als Skript aus dem Hause Büromöbel Hauser & Schulte zu erkennen.	50/
	Das Handout enthält eine Hauptüberschrift und Kapitelüberschriften.	
	Die Überschriften sind typografisch hervorgehoben.	
	Der Inhalt ist übersichtlich mithilfe der Funktion Aufzählung/Nummerierung dargestellt.	
	An geeigneter Stelle wurden Smart-Arts verwendet.	
	Das Handout bietet prägnante und wichtige Fakten.	
	Die Inhalte sind korrekt und vollständig.	

1. Lernsituation:
Multifunktionale Arbeitsplätze effektiv und sicher nutzen

Gruppenarbeit – zwei 3er-Teams

13. **Präsentieren** Sie sich gegenseitig Ihre Handouts – achten Sie auf die normgerechte Gestaltung.

14. **Kontrollieren** Sie kritisch, ob die Inhalte korrekt und vollständig sind. Lesen Sie ggf. nochmals Ihr Struktugramm oder den Infotext und kontrollieren Sie, ob Sie alle relevanten Informationen korrekt verwendet haben. Nehmen Sie ggf. Ergänzungen vor oder verbessern Sie entsprechend.

Plenum

15. **Präsentieren** Sie Ihr Handout zur Datenschutzgrundverordnung.

16. **Kontrollieren** Sie, mithilfe des Bewertungsrasters, ob dieses für die Mitarbeiter verständlich ist und lassen Sie sich von den Zuhörern Rückmeldung bezüglich Verständlichkeit des Inhalts, normgerechte Gestaltung und Präsentationstechnik geben.

Gruppenarbeit

17. **Nehmen** Sie auf Basis der Rückmeldungen aus dem Publikum ggf. weitere Verbesserungen vor.

18. **Sorgen** Sie dafür, dass jeder aus Ihrer Gruppe einen Ausdruck Ihres Handouts für sein Portfolio erhält.

19. **Schätzen** Sie Ihre Kompetenzen zu Maßnahmen zum Schutz personenbezogener Daten leserfreundlich aufbereiten ein. Seien Sie ehrlich mit sich selbst. Sie können nur über einen längeren Zeitraum das 4. Level erreichen. Füllen Sie Ihre Levelstufe aus.

Kompetenzen	Maßnahmen zum Schutz personenbezogener Daten leserfreundlich aufbereiten	Level
Informieren	Ich kann Maßnahmen zum Schutz personenbezogener Daten erläutern.	○○○○
Planen	Ich kann Maßnahmen zum Schutz personenbezogener Daten strukturieren.	○○○○
Entscheiden	Ich kann situationsbezogen Maßnahmen zum Schutz personenbezogener Daten auswählen.	○○○○
Durchführen	Ich kann situationsbezogene Maßnahmen zum Schutz personenbezogener Daten in einem Handout leserfreundlich aufbereiten und visualisieren.	○○○○
Kontrollieren	Ich kann überprüfen, ob das Handout alle Maßnahmen zum Schutz personenbezogenen Daten enthält und normgerecht gestaltet ist.	○○○○
Bewerten	Ich kann die Folgen bei Nichtbeachtung der Maßnahmen zum Schutz personenbezogener Daten einschätzen und bewerten.	○○○○

Lernfeld: Multifunktionale Arbeitsplätze effizient organisieren

1.8 Lernaufgabe

Herr Wort ist sehr angetan von meinem Handout zur Datenschutzgrundverordnung. Er bestätigt mir, dass dieses informativ und verständlich aufbereitet ist.

Für die Datenschutzunterweisung muss er die Mitarbeiter auch über die betriebliche Datensicherheit informieren. Aufbauend auf das Handout zur Datenschutzgrundverordnung soll den Mitarbeitern eine schriftliche Arbeitsanweisung zur Datensicherheit ausgehändigt werden. Darüber hinaus müssen die Mitarbeiter eine Datenschutzerklärung unterschreiben.

Ich schlage ihm vor, diese Arbeitsanweisung zur Datensicherheit als zweispaltigen Flyer zu gestalten und auch die Datenschutzerklärung zur Unterschrift zu entwerfen. Herr Wort nimmt mein Angebot an und bittet mich dies zu erledigen.

Welche Regeln sind bei der betrieblichen Datensicherheit zu beachten?

Arbeitsauftrag

Einzelarbeit

1. **Erschließen** Sie den Informationstext zur betrieblichen Datensicherheit (Seite 122).

2. **Überlegen** Sie sich mithilfe des Infotextes eine Gliederung für Ihre Arbeitsanweisung.

3. **Erstellen** Sie für die neuen Mitarbeiter von Büromöbel Hauser & Schulte eine Arbeitsanweisung „Betrieblicher Datenschutz" als 2-spaltiges Faltblatt mit Vor- und Rückseite (Außen Deckblatt und Rückseite, innen: relevante Informationen). Nutzen Sie die Spaltenfunktion (Seite 311). Strukturieren Sie die Informationen unter Beachtung der typografischen Regeln. Nutzen Sie die Funktion Aufzählung und Nummerierung. Verwenden Sie zur Unterstützung der Textaussage passende Grafiken oder Bilder.

4. **Kreieren** Sie anschließend die Bestätigung zur Datenschutzunterweisung. Hier erklären die Mitarbeiter, dass Sie vom Datenschutzbeauftragten, Herrn Wort, umfassend über den betrieblichen Datenschutz aufgeklärt wurden. Sie bestätigen, dass sie die Vorgaben des Datenschutzes beachten und so die Datensicherheit im Betrieb gewährleisten. Bei Nichtbeachtung muss der Betroffene mit empfindlichen Konsequenzen rechnen. Sehen Sie am Ende der Datenschutzerklärung ein Feld für Ort, Datum und Unterschrift vor. Damit bestätigt der Mitarbeiter, dass er diese zur Kenntnis genommen hat.

Partnerarbeit

5. **Vergleichen** Sie Ihre Arbeitsanweisungen und die Datenschutzerklärung. Verbessern oder ergänzen Sie ggf.

6. **Entscheiden** Sie sich für ein Ergebnis und bereiten Sie sich auf die Präsentation Ihrer Arbeitsanweisung vor. Erläutern Sie Ihre Vorgehensweise in Bezug auf die Textverarbeitungsfunktionen.

1. Lernsituation:
Multifunktionale Arbeitsplätze effektiv und sicher nutzen

7. **Klären** Sie Fragen, Unklarheiten. Nur wenn Sie alles verstanden haben, können Sie adressatengerecht vortragen. Klären Sie, wer welchen Part beim Kurzstatement übernimmt.

Plenum

8. **Präsentieren** Sie Ihre Arbeitsanweisung und die Bestätigung der Datenschutzunterweisung lebendig und anschaulich. Zeigen Sie Ihre Vorgehensweise in Bezug auf die Textverarbeitungsfunktionen.

9. **Binden** Sie das Publikum in Ihre Präsentation ein, indem Sie fragen, wie der betriebliche Datenschutz in den Praktikumsbetrieben wahrgenommen wird. Gibt es einen Datenschutzbeauftragten? Welche Aufgaben muss er wahrnehmen? Warum sind persönliche Daten schutzbedürftig?

Einzelarbeit

10. **Werten** Sie das Feedback aus und verbessern Sie bei Bedarf.

11. **Schätzen** Sie Ihre Kompetenzen zu Betriebliche Datensicherheitsregeln mitarbeiterorientiert aufbereiten ein. Seien Sie ehrlich mit sich selbst. Sie können **nur** über einen längeren Zeitraum das 4. Level erreichen. Füllen Sie Ihre Levelstufe aus.

Kompetenzen	Betriebliche Datensicherheitsregeln mitarbeiterorientiert aufbereiten	Level
Informieren	Ich kann die Regeln zur Einhaltung der Datensicherheit erläutern.	○ ○ ○ ○
Planen	Ich kann die Regeln zur Einhaltung der Datensicherheit strukturieren.	○ ○ ○ ○
Entscheiden	Ich kann situationsbezogen die Maßnahmen zum Schutz personenbezogener Daten und Regeln zur Einhaltung der Datensicherheit für die Arbeitsanweisung auswählen.	○ ○ ○ ○
Durchführen	Ich kann die Maßnahmen zum Schutz personenbezogener Daten und Regeln zur Einhaltung der Datensicherheit mitarbeiterorientiert in einer Arbeitsanweisung mit Bestätigungsschreiben normgerecht darstellen.	○ ○ ○ ○
Kontrollieren	Ich kann überprüfen, ob Arbeitsanweisung und Bestätigungsschreiben fachlich korrekt und normgerecht gestaltet sind.	○ ○ ○ ○
Bewerten	Ich kann für die Zukunft die Regeln des betrieblichen Datenschutzes einhalten und weiß, dass ich bei Nichtbeachten mit erheblichen Konsequenzen rechnen muss.	○ ○ ○ ○

Lernfeld: Multifunktionale Arbeitsplätze effizient organisieren

1.9 Lernaufgabe – Reflexion des Lernzuwachses

Die erste Handlungssituation aus dem Büroalltag ist abgeschlossen und Sie durchlaufen den Prozess noch einmal mit all seinen Facetten:

- Typografie und normgerechte Gestaltung
- Normgerechte Anwendung der Satzzeichen und Abkürzungen
- Büroübliche Applikationen eines Büroarbeitsplatzes
- Gestaltung von ergonomischen Bildschirmarbeitsplätzen
- Datenschutz und Datensicherheit

Welche Voraussetzungen müssen gegeben sein, um effektiv und sicher mit einem multifunktionalen Arbeitsplatz Kundenaufträge zu bearbeiten?

Arbeitsauftrag

1. **Äußern** Sie sich aus den in der vergangenen Lernsituation gemachten Erfahrungen zu den einzelnen Kerninhalten.

   Nehmen Sie Ihre erstellten Handlungsprodukte zu Hilfe (Infoblatt „Typografie, Normung und Abkürzungen", Glossar „Büroübliche Applikationen", Checkliste „Gestaltung von Bildschirmarbeitsplätzen", Handout „Datenschutz", Infoblatt „Datensicherheit", Erklärung zur Einhaltung des Datenschutzes).

2. **Geben** Sie in der Einleitung wieder, womit Sie sich in dieser Lernsituation beschäftigt haben.

3. **Stellen** Sie im Hauptteil Ihre Lernerfolge, -wege und -probleme dar.

4. **Ziehen** Sie am Schluss ein Fazit. Überprüfen Sie erneut mithilfe der im Kompetenzraster markierten Level Ihre Entwicklung und stecken Sie sich neue Ziele.

5. **Gestalten** Sie Ihr Portfolio leserfreundlich, indem Sie Name, Datum … in die Kopfzeile eintragen, Ihre Gedanken in Abschnitte gliedern und mit Abschnittsüberschriften versehen.

Jour fixe (Beratungsgespräch mit Lehrkraft)

6. **Erläutern** Sie anhand des Portfolios (Handlungsprodukte und Reflexion) Ihre Entwicklung.

2. Lernsituation:
Arbeitsprozesse systematisch, effizient und stressfrei bewältigen

Arbeitsplan

Kompetenzen	■ Individuelle Strategien zur Bewältigung von Belastungen am Arbeitsplatz entwickeln ■ Arbeitsabläufe analysieren und Störungen, Zeitdiebe und Zeitfallen ausschalten ■ Methoden des Zeitmanagements nutzen ■ Termine koordinieren und überwachen
Inhalte	■ Suchtprävention, Burn-out, Mobbing, Stressregulation ■ Techniken des Selbstmanagements – Selbstbeobachtung, Zielklärung, Selbstkontrolle ■ Methoden des Zeitmanagements – Pareto-Prinzip, ABC-Analyse, Eisenhower-Prinzip ■ Terminplanung
Portfolio	■ Exposé zur Gesunderhaltung am Arbeitsplatz ■ Flyer zur Suchtprävention ■ JOB-Dossiers ■ Individuelle Zeitinventur ■ To-do-Liste für einen Arbeitstag ■ Digitaler Terminplan ■ Übersicht über Hilfsmittel zur Terminplanung
Textverarbeitung	■ Spalten ■ SmartArt ■ Tabellenfunktion
Zeit	ca. 20 Stunden

Warm-up

Welche Rolle spielt die Zeit im Büroalltag?

© Digitalpress – stock.adobe.com

© Digitalpress – stock.adobe.com

© Brian Jackson – stock.adobe.com

Lernfeld: Multifunktionale Arbeitsplätze effizient organisieren

2.1 Lernaufgabe

Heute bin ich in den Bereich Personal gewechselt. Meine Ansprechpartnerin ist Frau Simone Torn, die für Aus- und Weiterbildung der Mitarbeiter zuständig ist. Sie organisiert regelmäßig Workshops zu unterschiedlichen Themen. Der nächste Workshop soll sich mit der Bewegung und Ernährung im Büroalltag befassen.

Zunächst fordert Sie mich auf, ihr zu erzählen, was ich bisher gemacht habe. Im Zuge dessen stelle ich ihr auch die Checkliste zur ergonomischen Büroeinrichtung vor. Sie ergänzt, dass neben einer ergonomischen Büroeinrichtung sowohl Ernährung als auch richtige Sitzhaltung, Entspannungsübungen und ausreichend Bewegung eine große Rolle bei der Erhaltung der Gesundheit spielen. Eine gesunde Ernährung beugt Adipositas (Übergewicht) vor. Eine gesunde Sitzhaltung, Entspannungsübungen und ausreichend Bewegung vermeiden Verspannungen, Kopf- und Rückenschmerzen.

In einem ersten Schritt soll ich die Ernährungs- und Bewegungsgewohnheiten unserer Kollegen untersuchen. Anschließend bereite ich ein Exposé mit Empfehlungen zur Gesundheitserhaltung am Büroarbeitsplatz vor. Dieses soll den Mitarbeitern ausgehändigt werden.

Wie kann ich eine gesunde Ernährung und Entspannungsübungen als Gesundheitsprophylaxe am Büroarbeitsplatz einbauen?

Arbeitsauftrag

Teamarbeit – 3er-Team

1. **Erschließen** Sie arbeitsteilig den Text Gesundheitsprophylaxe am Bildschirmarbeitsplatz (Sitzhaltung, Sehtraining, Entspannungsübungen, Ernährung/Trinkverhalten) – (Seite 134)

2. **Gestalten** Sie ein Exposée zur Gesunderhaltung am Arbeitsplatz.

3. **Kreieren** Sie ein Logo (Seite 326) für Büromöbel Hauser & Schulte. Fügen Sie Deckblatt und Inhaltsverzeichnis (Seite 333) ein. Verwenden Sie für die Überschriften zur Erstellung des Inhaltsverzeichnisses Formatvorlagen (Seite 302), wie folgt:

   - Text: Schriftart nach Wahl, Schriftgröße 12 pt, Schriftfarbe: schwarz, Absatz vor: 12 pt., Absatz nach: 0 pt.

   - Hauptüberschrift: Schriftart nach Wahl, Schriftgröße: 24 pt., Schriftfarbe: passend zum Logo, Absatz vor 36 pt. und nach: 8 pt, Zeilenabstand: einfach.

   - Kapitelüberschriften: Schriftart nach Wahl, Schriftgröße: 14 pt., Schriftfarbe: passend zum Logo, Absatz vor 24 und nach: 12 pt, Zeilenabstand: einfach

4. **Formulieren** Sie acht Tipps, wie sich eine gesunde Ernährung im Büro praktisch durchführen lässt. Machen Sie jeweils vier Vorschläge, wie man verspannte Muskulatur am Büroarbeitsplatz entspannen kann (Sitzhaltung, Sehtraining).

2. Lernsituation:
Arbeitsprozesse systematisch, effizient und stressfrei bewältigen

5. **Recherchieren** Sie im Internet nach einfachen Entspannungs-/Bewegungsübungen am Büroarbeitsplatz. Binden Sie diese in Ihr Infoblatt mit ein, indem Sie einen einfachen Bewegungszirkel erstellen.

6. **Bereiten** Sie sich auf die Präsentation vor, indem Sie Tipps für eine gesunde Ernährung geben und Hilfen, wie sich dies am Arbeitsplatz umsetzen lässt. Geben Sie Anweisungen für eine richtige Sitzhaltung. Bereiten Sie ein aussagekräftiges Schlusswort zur Abrundung Ihrer Präsentation vor. Denken Sie an die TV-Funktionen.

Plenum

7. **Präsentieren** Sie Ihr Exposé zur Gesunderhaltung am Arbeitsplatz. Geben Sie Hilfen, wie man diese am Arbeitsplatz praktisch umsetzen kann. Erläutern Sie im zweiten Schritt die neuen Funktionen des TV-Programmes.

8. **Runden** Sie Ihre Präsentation mit einem aussagekräftigen Schlusswort bzw. Fazit ab.

9. **Schätzen** Sie Ihre Kompetenzen zur Gesundheit am Arbeitsplatz erhalten ein. Mittlerweile haben Sie schon mehrere Informationen mithilfe der Lesestrategie erschlossen. Somit werden Sie sicherlich von zu Anfang in einem höheren Level beginnen können.

Kompetenzen	Gesundheit am Arbeitsplatz erhalten	Level
Informieren	Ich kann Informationen der Gesundheitsprophylaxe am Bildschirmarbeitsplatz filtern und erläutern.	○○○○
Planen	Ich kann Aspekte der Gesundheitsprophylaxe am Bildschirmarbeitsplatz strukturieren und Bewegungsübungen auswählen.	○○○○
Entscheiden	Ich kann situationsbezogen Aspekte zur Gesundheitsprophylaxe am Bildschirmarbeitsplatz für ein Exposé zusammenstellen und einen Bewegungszirkel erstellen.	○○○○
Durchführen	Ich kann mithilfe von Formatvorlagen ein Exposé zu den Aspekten der Gesundheitsprophylaxe am Bildschirmarbeitsplatz mitarbeiterorientiert erstellen und mit den Mitarbeitern einen einfachen Bewegungszirkel durchführen.	○○○○
Kontrollieren	Ich kann überprüfen, ob das Exposé wichtige Kriterien enthält und mithilfe von Formatvorlagen normgerecht gestaltet und der Bewegungszirkel praktikabel ist.	○○○○
Bewerten	Ich kann für meine Zukunft kontinuierlich Maßnahmen zur Gesundheitserhaltung durchführen und immer wieder verbessern.	○○○○

Lernfeld: Multifunktionale Arbeitsplätze effizient organisieren

2.2 Lernaufgabe

Nach erfolgreicher Veranstaltung zur Mitarbeitergesundheit beabsichtigt Frau Torn die Etablierung eines betrieblichen Gesundheitsmanagements. Vorrangiges Ziel des betrieblichen Gesundheitsmanagements ist es, angesichts steigender und sich schnell verändernder Arbeitsbedingungen für den Erhalt der Gesundheit und der Motivation der Beschäftigten Sorge zu tragen. Denn zufriedene und gesunde Mitarbeiter stellen eine wesentliche Voraussetzung für die Produktivität dar.

Aufgrund steigender Anzahl suchtkranker Mitarbeiter soll der Problematik von Suchterkrankungen besonderes Augenmerk gelten. Vermehrt werden Suchtprogramme eingeführt mit dem Ziel, Gesundheitsgefahren durch den riskanten Gebrauch von Suchtmitteln vorzubeugen und suchtgefährdeten und -kranken Beschäftigten fachgerechte Hilfe anzubieten (vgl. Wienemann E., 2000).

Ich erhalte den Auftrag, den monatlichen Newsletter zu entwerfen. Dieser soll Informationen zum Thema Sucht und darüber hinaus mögliche Maßnahmen des betrieblichen Gesundheitsmanagement zur Verpflichtung des Betriebes enthalten.

Welche Maßnahmen kann ich ergreifen, um Suchterkrankungen vorzubeugen?

Arbeitsauftrag

Einzelarbeit

1. **Recherchieren** Sie mithilfe des Infotextes „Suchtprävention" (Seite 137) oder des Internet zum Thema.
2. **Erstellen** Sie sich einen Spickzettel mit den wichtigsten Informationen.

Partnerarbeit

3. **Vergleichen** Sie Ihre Spickzettel. Nehmen Sie ggf. Ergänzungen vor.
4. **Kreieren** Sie einen 3-spaltigen Flyer zur Suchtprävention. Dieser enthält auf einem Deckblatt das Logo sowie die Angaben zum Unternehmen und Informationen zum Ersteller. Beachten Sie die typografischen Regeln und arbeiten Sie mit Formatvorlagen. Orientieren Sie sich an den Kriterien des Bewertungsrasters.
5. **Formulieren** Sie für die Folgeseiten des Flyers Hilfen bzw. Tipps zur Suchtprävention. Zeigen Sie darüber hinaus auch Möglichkeiten auf, wie Suchtkranke den Weg aus der Sucht finden können. Bieten Sie die Hilfe des betrieblichen Gesundheitsmanagements an.
6. **Runden** Sie den Flyer auf der letzten Seite mit einem aufmunternden Fazit ab.
7. **Bereiten** Sie sich auf die Präsentation des Flyers vor; denken Sie auch and die normgerechte Gestaltung.

2. Lernsituation:
Arbeitsprozesse systematisch, effizient und stressfrei bewältigen

Bewertungsraster 3-spaltiger Flyer Suchtprävention			
Aspekt	**Kriterien**		**Punkte**
Gestaltung	Der Flyer ist als Skript aus dem Hause Büromöbel Hauser & Schulte zu erkennen.		50/
	Der Flyer wurde 3-spaltig formatiert unter Einsatz der Spaltenfunktion.		
	Überschriften wurden sinnvoll hervorgehoben und mit Formatvorlagen gestaltet.		
	Grafiken oder Bilder unterstützen die Textaussage.		
	Der zur Verfügung stehende Raum wurde sinnvoll genutzt.		
	Die Fluchtlinien sind gleichmäßig und einheitlich.		
	Es wurden sinnvoll Absätze gebildet. Die Absatzabstände sind gleichmäßig.		
Inhalt	Der Flyer erläutert die Problematik einer Sucht.		50/
	Der Flyer gibt Hilfen und Tipps zur Suchtprävention.		
	Der Flyer informiert über Möglichkeiten, wie Suchtkranke den Weg aus der Sucht finden können.		
	Der Flyer enthält Kontaktdaten von Personen, die helfen können.		
	Mithilfe der Informationen aus dem Flyer kann die Leitfrage beantwortet werden.		

Plenum

8. **Präsentieren** Sie Ihren Flyer lebendig und anschaulich.

9. **Schätzen** Sie Ihre Kompetenzen zu Suchterkrankungen vorbeugen ein. Mittlerweile haben Sie schon Informationsblätter mithilfe von Formatvorlagen erstellt. Somit werden Sie sicherlich schon zu Anfang in einem höheren Level beginnen können.

Kompetenzen	Suchterkrankungen vorbeugen	Level
Informieren	*Ich kann Aspekte der Suchtprävention erläutern.*	○○○○
Planen	*Ich kann Aspekte der Suchtprävention strukturiert darstellen.*	○○○○
Entscheiden	*Ich kann situationsbezogen Aspekte zur Suchtprävention für einen Flyer zusammenstellen.*	○○○○
Durchführen	*Ich kann mithilfe von Formatvorlagen einen Flyer zu den Aspekten der Suchtprävention mitarbeiterorientiert erstellen und überzeugend präsentieren.*	○○○○
Kontrollieren	*Ich kann den Flyer bezüglich Inhalt und normgerechter Gestaltung überprüfen.*	○○○○
Bewerten	*Ich kann für meine Zukunft kontinuierlich Maßnahmen zur Suchtprävention durchführen und darauf achten, dass ich nicht in Gefahr gerate.*	○○○○

Lernfeld: Multifunktionale Arbeitsplätze effizient organisieren

2.3 Lernaufgabe

Der Tagespresse war heute zu entnehmen, dass psychische Erkrankungen eine wachsende Ursache für Fehlzeiten und Arbeitsunfähigkeit von Arbeitnehmerinnen und Arbeitnehmern sind. Bundes- und landesweit sind sie dramatisch angestiegen. Diese Entwicklung macht auch vor dem Bürobedarf Hauser & Schulte nicht halt.

Die Geschäftsführung will das Bewusstsein für das Problem schärfen, indem sie die Mitarbeiter(innen) für dieses Thema sensibilisiert. Frau Torn beabsichtigt auch hierzu eine Infoveranstaltung für die Mitarbeiter durchzuführen. Anlässlich dieser Infoveranstaltung soll den Mitarbeitern ein JOB-Dossier mit Hilfen, Tipps u. ä. rund um das Thema psychische Belastungen am Arbeitsplatz übergeben werden.

Hierzu wird ein Wettbewerb ausgeschrieben. In 4er-Teams sollen Vorschläge erarbeitet und präsentiert werden. Das JOB-Dossier, welches der Geschäftsführung am besten gefällt, gewinnt eine einmalige Zuwendung in nicht unerheblicher Höhe. Sie beschließen mit drei Kollegen(innen) am Wettbewerb teilzunehmen.

Welche Maßnahmen schützen mich vor psychischen Belastungen am Arbeitsplatz?

Arbeitsauftrag

Einzelarbeit innerhalb der Stammgruppe (Gruppenpuzzle – Seite 293)

1. **Teilen** Sie sich die nachstehenden Themen innerhalb der Gruppe auf.

   A = Burnout (Seite 138)

   B = Konfliktmanagement (Seite 140)

   C = Mobbing/Cybermobbing (Seite 142)

2. **Recherchieren** Sie im Internet oder mithilfe der bereitliegenden Informationsblätter bzw. Ihres Buches zu Ihrem Thema.

3. **Erstellen** Sie einen Spickzettel mit den wichtigsten Informationen zu Ihrem Thema. Formulieren Sie mit eigenen Worten.

4. **Schicken** Sie Ihre Stammgruppenmitglieder in die jeweilige Expertengruppe (A = Burnout, B = Konfliktmanagement, C = Mobbing/Cybermobbing)

Expertengruppenarbeit

5. **Erstellen** Sie mithilfe Ihrer Notizen ein übersichtliches Infoblatt zu Ihrem Thema, das alle wichtigen Informationen enthält (Definition, Ursachen, Auswirkungen, Prävention).

6. **Formulieren** Sie Hilfen bzw. Tipps zu Ihrer Thematik, wie Sie vorbeugen bzw. entgegenwirken können.

Stammgruppenarbeit

7. **Informieren** Sie Ihre Stammgruppe über Ihr Expertenthema.

2. Lernsituation:
Arbeitsprozesse systematisch, effizient und stressfrei bewältigen

8. **Erstellen** Sie Ihr JOB-Dossier. Teilen Sie sich die Arbeit, indem jeder eine Datei pro Thema erstellt und folgende Funktionen nutzt: Spalten, Aufzählung/Nummerierung, Illustrationen einfügen (wird als Einzelarbeit bewertet und wie eine Klassenarbeit gewichtet).

9. **Fügen** Sie anschließend alle Dokumente zu einem Dokument zusammen (Einfügen – Text aus Datei einfügen (Seite 325). Beachten Sie das Corporate Design. Ihr Dossier soll ein Deckblatt, ein Inhaltsverzeichnis (Seite 333), Kopf- und Fußzeilenbeschriftung sowie eine Seitennummerierung (Seite 305) enthalten (kann als Gruppenarbeit bewertet und wie eine Klassenarbeit gewichtet werden).

10. **Bereiten** Sie sich auf die Präsentation des JOB-Dossiers vor:
    - **Achten** Sie einerseits auf Definition, Ursachen, Auswirkungen, Prävention.
    - **Geben** Sie andererseits Tipps und Hilfen zum Thema.
    - **Erläutern** Sie Ihre Vorgehensweise in Bezug auf die Textverarbeitungsfunktionen.

Plenum

11. **Präsentieren** Sie Ihr JOB-Dossier überzeugend. Sie wollen ja gewinnen. (Das Plenum entscheidet über das beste Dossier.)

12. **Schätzen** Sie Ihre Kompetenzen zu Pychischen Belastungen am Arbeitsplatz vorbeugen ein. Mittlerweile haben Sie schon Informationsblätter mithilfe von Formatvorlagen erstellt. Somit werden Sie sicherlich schon zu Anfang in einem höheren Level beginnen können.

Kompetenzen	Psychischen Belatungen am Arbeitsplatz vorbeugen	Level
Informieren	Ich kann gemeinsam im Team das Thema psychische Belastungen am Arbeitsplatz erarbeiten, indem wir die Inhalte aufteilen und uns später verantwortungsbewusst austauschen, so dass jeder auf dem gleichen Wissensstand ist.	○○○○
Planen	Ich kann gemeinsam im Team das Thema psychische Belastungen am Arbeitsplatz strukturieren.	○○○○
Entscheiden	Ich kann gemeinsam im Team zum Thema psychische Belastungen am Arbeitsplatz Tipps zur Vorbeugung und Entgegenwirkung formulieren.	○○○○
Durchführen	Ich kann im Team JOB-Dossier zu psychische Belastungen am Arbeitsplatz erstellen, das ein Inhaltsverzeichnis, Kopf- und Fußzeilenbeschriftung sowie eine Seitennummerierung enthält.	○○○○
Kontrollieren	Ich kann das Thema überzeugend präsentieren, die Inhalte auf Richtigkeit und normgerechte Gestaltung überprüfen.	○○○○
Bewerten	Ich kann für meine Zukunft kontinuierlich vorbeugende Maßnahmen zu psychische Belastungen am Arbeitsplatz durchführen und darauf achten, dass ich nicht in Gefahr gerate.	○○○○

Lernfeld: Multifunktionale Arbeitsplätze effizient organisieren

2.4 Lernaufgabe

Meine bisherigen Aufgaben habe ich mithilfe der Mitarbeiter von Büromöbel Hauser & Schulte sehr gut bewältigt. Frau Thome, Frau Torn und Herr Wort haben mir ein gutes Zeugnis ausgestellt. Nun bin ich in der Verwaltung bei Frau Ursula Alles eingesetzt. Mein Arbeitsplatz befindet sich im Sekretariat bei Frau Nora Klein. Aufgrund der guten Leistungen werden mir schon umfangreiche Aufgaben übertragen. Dieses in mich gesetzte Vertrauen macht mich einerseits stolz, andererseits fällt es mir schwer, die Aufgaben innerhalb der Arbeitszeit zu bewältigen. Dies passiert mir im normalen Schul-/Joballtag auch relativ häufig.

Das lässt mich verzweifeln. Ich habe mir so viel vorgenommen, rotiert wie „ein Hamster im Rad" und dennoch habe ich nur einen Bruchteil dessen erledigt, was ich geplant hatte. Das macht mir Stress und ich weiß nicht mehr, wo mir der Kopf steht. Nora Klein gibt mir den Tipp, mein Zeitmanagement zu analysieren und mithilfe einer Zeitinventur die Zeitdiebe und Störenfriede zu ermitteln.

Wie kann ich mein Zeitmanagement optimieren?

Arbeitsauftrag

Einzelarbeit

1. **Erschließen** Sie den Informationstext Zeitdiebe und Störenfriede (Seite 145).

Partnerarbeit

2. **Diskutieren** Sie mit Ihrem Partner über eigene Erlebnisse mit Zeitdieben und Störenfrieden bzw. wie Sie Ihre Zeit schon einmal vergeudet haben.

Einzelarbeit

3. **Führen** Sie eine Zeitinventur Ihrer täglich anfallenden Arbeiten im Rahmen eines Schul- oder Joballtages durch. Listen Sie die Tätigkeiten mit Zeitumfang in einer Tabelle wie folgt auf. Erstellen Sie eine 6-spaltige Tabelle mit folgenden Leitwörtern:

   Tageszeitpunkt – Tätigkeit – Zeitaufwand in Minuten – vergeudete Zeit durch Zeitdiebe/Störenfriede – Aufwand für Zeitdiebe und Störenfriede in Minuten – Netto-Arbeitszeit in Minuten

4. **Ermitteln** Sie die Netto-Arbeitszeit, die Sie mit Zeitdieben und Störenfrieden vergeudet haben (ggf. in Excel), indem Sie den Aufwand für Zeitdiebe von Zeitaufwand in Minuten abziehen.

5. **Stellen** Sie den Anteil Ihrer Zeitdiebe und Störenfriede der täglich zur Verfügung stehenden Gesamt-Arbeitszeit und der tatsächlich benötigten Netto-Arbeitszeit in einem Balkendiagramm (Seite 324) gegenüber.

2. Lernsituation:
Arbeitsprozesse systematisch, effizient und stressfrei bewältigen

Gruppenarbeit

6. **Vergleichen** Sie Ihre Tabellen Zeitdiebe und Störenfriede sowie das dazugehörige Balkendiagramm und diskutieren Sie über mögliche Veränderungen, um Zeit zu sparen. Sammeln Sie Argumente, warum Zeitdiebe und Störenfriede Stress erzeugen können, für Ihre Präsentation.

7. **Bereiten** Sie sich auf die Präsentation vor. Überlegen Sie, wie Sie das Publikum mit einbinden können.

Plenum

8. **Präsentieren** Sie Ihre Tabelle mit Zeitdieben und Störenfrieden sowie die Auswertung der vergeudeten Zeit mittels Balkendiagramm.

9. **Erläutern** Sie auch die Softwarefunktionen.

10. **Entfachen** Sie eine Diskussion mit dem Publikum darüber, wie man die unnütz verstreichende Zeit reduzieren kann, um Stress zu vermeiden.

11. **Schätzen** Sie Ihre Kompetenzen zu Mein Zeitmanagement optimieren ein.

Kompetenzen	Mein Zeitmanagement optimieren	Level
Informieren	Ich kann das Thema: Zeitdiebe und Störenfriede erklären und über Beispiele aus meiner eigenen Erfahrung berichten.	○○○○
Planen	Ich kann meine eigene Zeitinventur überprüfen.	○○○○
Entscheiden	Ich kann feststellen, an welcher Stelle mir Zeitdiebe und Störenfriede meinen Plan durchkreuzt haben.	○○○○
Durchführen	Ich kann meinen eigenen Zeitplan erstellen und dafür sorgen, dass keine Zeitdiebe und Störenfriede meinen geplanten Ablauf durchkreuzen und die Nettoarbeitszeit mithilfe eines Tabellenkalkulationsprogramm ermitteln	○○○○
Kontrollieren	Ich kann meinen Zeitplan kontrollieren und evtl. Störungen definieren.	○○○○
Bewerten	Ich kann mein Zeitmanagement kontinuierlich optimieren.	○○○○

Lernfeld: Multifunktionale Arbeitsplätze effizient organisieren

2.5 Lernaufgabe

Nachdem ich mein Zeitmanagement analysiert und Zeitdiebe bzw. Störenfriede identifiziert habe, interessieren mich weitere Methoden des Zeitmanagements. Nora Klein hat auch hier aussagekräftige Informationen, mit deren Hilfe ich mir zunächst einmal das Pareto-Prinzip erschließen möchte. Nora hat darüber hinaus die Idee, Tipps zur Verbesserung des Zeitmanagements mithilfe des Pareto-Prinzips zur Info für die Kollegen zu formulieren. Diese Tipps sollen anschaulich dargestellt und im Büro ausgehangen werden.

Wie kann ich mein Zeitmanagement mithilfe des Pareto-Prinzips verbessern?

Arbeitsauftrag

Einzelarbeit

1. **Erschließen** Sie das Pareto-Prinzip (Seite 146).

2. **Reflektieren** Sie Ihre eigene Zeitinventur und notieren zwei bis drei Situationen, in denen Sie erlebt haben, dass die 20/80-Regel greift.

3. **Stellen** Sie die Bedeutung des Pareto-Prinzips in einem Fazit heraus.

Partnerarbeit

4. **Diskutieren** Sie über das Pareto-Prinzip und Ihre Erkenntnisse aus dem eigenen Arbeitsalltag. Finden Sie Alltagsbeispiele zur Erläuterung des Pareto-Prinzips.

5. **Formulieren** Sie vier Tipps, wie Sie das Pareto-Prinzip zur Verbesserung des Zeitmanagements nutzen können. Stellen Sie diese Tipps für die Kollegen mithilfe von SmartArts (Seite 324) des TV-Programms anschaulich dar. Orientieren Sie sich bei der Erstellung am Bewertungsrater „Tipps zur Verbesserung des Zeitmanagement"

6. **Bereiten** Sie sich auf die Präsentation des Pareto-Prinzips und Ihrer Tipps vor. Veranschaulichen Sie Ihre Präsentation mit Ihren Alltagsbeispielen.

Plenum

7. **Erläutern** Sie das Pareto-Prinzip anhand Ihrer Alltagsbeispiele.

8. **Geben** Sie dem Publikum Tipps zur Verbesserung des Zeitmanagements.

9. **Binden** Sie das Publikum in einen Erfahrungsaustausch ein, indem Sie es auffordern, von den eigenen Alltagsbeispielen zu berichten. Vielleicht fallen dem Publikum weitere Tipps zur Verbesserung des Zeitmanagements auf Basis des Pareto-Prinzips ein.

10. **Schätzen** Sie Ihre Kompetenzen zu Pareto-Prinzip anwenden ein. Mittlerweile kennen Sie schon Ihre Zeitdiebe und Störenfriede, sodass sie sicher schnell zum Pareto-Prinzip einen Bezug herstellen können.

2. Lernsituation:
Arbeitsprozesse systematisch, effizient und stressfrei bewältigen

Bewertungsraster Prävention zum Pareto-Prinzip			
Aspekt	**Kriterien**		**Punkte**
Präsentationstechnik	Die Inhalte werden präzise und kurzweilig vorgestellt.		30/
	Der Vortrag wird frei vorgetragen und nicht abgelesen.		
	Der Präsentator artikuliert gut verständlich.		
	Der Präsentator überzeugt durch unterstützende Mimik und Gestik.		
	Der Präsentator steht sicher vor dem Publikum.		
Inhalt	Der Präsentator erläutert das Pareto-Prinzip verständlich mit eigenen Worten.		40/
	Es werden Alltagsbeispiele in den Vortrag eingebaut.		
	Der Präsentator gibt Tipps, wie das Pareto-Prinzip zur Verbesserung des Zeitmanagements eingesetzt werden kann.		
	Die Zuhörer werden aufgefordert, von eigenen Alltagsbeispielen zu berichten und eigene Tipps zu geben.		
Darstellung Pareto-Prinzip	Die Tipps zur Verbesserung des Zeitmanagements mithilfe des Pareto-Prinzips sind als SmartArt dargestellt.		30/
	Die Darstellung ist anschaulich und übersichtlich.		
	Der zur Verfügung stehende Raum wurde sinnvoll genutzt.		
	Wesentliche Details wurden hervorgehoben.		

Kompetenzen	Pareto-Prinzip anwenden	Level
Informieren	Ich kann das Pareto-Prinzip erklären.	▢▢▢▢
Planen	Ich kann bei meiner eigenen Zeitinventur feststellen, wo die 20/80-Regel greift.	▢▢▢▢
Entscheiden	Ich kann das Pareto-Prinzip an Alltagsbeispielen erläutern.	▢▢▢▢
Durchführen	Ich kann auf Basis des Pareto-Prinzips Tipps zur Verbesserung des Zeitmanagements formulieren und diese anschaulich visualisieren sowie präsentieren.	▢▢▢▢
Kontrollieren	Ich kann kontrollieren, ob die Tipps dem Pareto-Prinzip entsprechen.	▢▢▢▢
Bewerten	Ich kann mein Zeitmanagement nach dem Pareto-Prinzip optimieren.	▢▢▢▢

Lernfeld: Multifunktionale Arbeitsplätze effizient organisieren

2.6 Lernaufgabe

Dank Noras Hilfe habe ich eine Menge neuer Erkenntnisse bezüglich meines Zeitmanagements gewonnen. Am Ende eines Arbeitstages bin ich aber oftmals noch nicht sicher, was ich geleistet habe. Um meine Arbeit effektiver zu planen, nutze ich daher To-do-Listen, die ich Schritt für Schritt abarbeite und so den Überblick behalte. Neben dem praktischen Nutzen gibt mir die To-do-Liste abends ein Gefühl dafür, wie viel ich geleistet habe und was am nächsten Tag evtl. noch ansteht.

Welche weiteren Methoden des Zeitmanagements steigern meine Arbeitseffizienz?

Arbeitsauftrag

Einzelarbeit

1. **Erschließen** Sie die Texte Eisenhower-Prinzip (Seite 147) und ABC-Analyse incl. Kehrseite dieser Methoden (Seite 148).

2. **Sichten** Sie Ihre Zeitinventur und überlegen Sie, welche der beiden Zeitmanagementmethoden sinnvoll in Ihrem Arbeitsalltag einzusetzen ist.

3. **Kategorisieren** Sie Ihre Aufgaben entsprechend einer der beiden Zeitmanagementmethoden. Illustrieren Sie Ihre Informationen mit einer passenden SmartArt.

4. **Erstellen** Sie auf dieser Grundlage Ihre To-do-Liste in Form einer Checkliste (Tabelle + Kontrollkästchen – Seite 318). Formulieren Sie am Anfang Ihrer Checkliste einen wichtigen Tipp zu Ihrer Leistungsfähigkeit. Orientieren Sie sich am Bewertungsraster „To-do-Liste".

Gruppenarbeit

5. **Stellen** Sie sich gegenseitig Ihre To-do-Listen vor und begründen Sie Ihre Auswahl der Zeitmanagementmethode.

6. **Bereiten** Sie sich auf die Präsentation vor, indem Sie die Klassifizierung Ihrer Aufgaben und die verwendete Methode begründen. Bedenken Sie, dass Sie nun in der Lage sind, sich einen Tagesplan mit Zeiteinteilung zu erstellen.

Plenum

7. **Präsentieren** Sie Ihre To-do-Liste und begründen Sie Ihre Auswahl.

8. **Schätzen** Sie Ihre Kompetenzen zu Arbeitseffizienz durch Eisenhower-Prinzip oder ABC-Analyse steigern ein. Mittlerweile haben Sie schon Grundkenntnisse des Zeitmanagements, sodass die neuen Methoden eine Ergänzung Ihrer Kompetenz im Zeitmanagement sind.

2. Lernsituation:
Arbeitsprozesse systematisch, effizient und stressfrei bewältigen

\multicolumn{3}{c}{**Bewertungsraster**}		
\multicolumn{3}{c}{**To-do-Liste zur Zeitinventur (ABC-Analyse oder Eisenhower-Prinzip)**}		
Aspekt	Kriterien	Punkte
Präsentations-technik	Die Inhalte werden präzise und kurzweilig vorgestellt.	25/
	Der Vortrag wird frei vorgetragen und nicht abgelesen.	
	Der Präsentator artikuliert gut verständlich.	
	Der Präsentator überzeugt durch unterstützende Mimik und Gestik.	
	Der Präsentator steht sicher vor dem Publikum.	
Inhalt	In der To-do-Liste wurden die täglich anfallenden Arbeiten kategorisiert.	40/
	Die Kategorisierung erfolgt durch ABC-Analyse oder mithilfe des Eisenhower-Prinzips.	
	Der Präsentator begründet seine Entscheidung für eine der beiden Zeitmanagement-Methoden.	
	Der Präsentator erläutert die Zeitmanagementmethode anschaulich mit eigenen Worten und Beispielen.	
Darstellung	Informationen anschaulich dargestellt.	25/
	Den zur Verfügung stehenden Raum sinnvoll genutzt.	
	Wesentliche Informationen hervorgehoben.	
	Abstände zwischen unterschiedlichen Themenbereichen sind vorhanden.	

Kompetenzen	Arbeitseffizienz durch Eisenhower-Prinzip oder ABC-Analyse steigern	Level
Informieren	Ich kann das Eisenhower-Prinzip und die ABC-Analyse inkl. Kehrseite dieser Methoden erklären.	○○○○
Planen	Ich kann die Vorteile des Eisenhower-Prinzip und der ABC-Analyse inkl. Kehrseite dieser Methoden gegenüberstellen.	○○○○
Entscheiden	Ich kann entscheiden, welche Zeitmanagment-Methode für meinen Arbeitsalltag sinnvoll ist.	○○○○
Durchführen	Ich kann eine To-Do-Liste in Form einer Checkliste erstellen, um effizient meine Arbeit zu erledigen	○○○○
Kontrollieren	Ich kann eine To-Do-Liste überzeugend präsentieren und überprüfen, ob sie schlüssig ist.	○○○○
Bewerten	Ich kann beurteilen, welches Instrument des Zeitmanagement ich in bestimmten Situationen verwende.	○○○○

Lernfeld: Multifunktionale Arbeitsplätze effizient organisieren

2.7 Lernaufgabe

Ein wichtiger Bestandteil von Nora Kleins Aufgaben ist die Terminplanung. Sie erzählt mir, wie wichtig eine gut durchdachte Terminplanung ist. Eine schlecht durchdachte Terminplanung führt zu Terminkollisionen oder dazu, dass nicht ausreichend Zeitpuffer berücksichtigt wird.

Zur effektiven Terminplanung gibt es zahlreiche Hilfsmittel. Auch hierzu hat Nora einen Informationstext, den Sie mir heute übergibt. Sie erteilt mir den Auftrag eine aussagekräftige Übersicht zu erstellen. Diese will sie für neue Praktikanten bereit halten.

Welche Hilfsmittel zur Terminüberwachung kann ich nutzen?

Arbeitsauftrag

Einzelarbeit

1. **Erschließen** Sie den Text Hilfsmittel für die Terminüberwachung (Seite 149).
2. **Erstellen** Sie eine anschauliche Übersicht mit Erläuterungen und Vorteilen zu den Hilfsmitteln.
3. **Fügen** Sie zur Veranschaulichung der Textaussage passende Bilder oder Grafiken ein.
4. **Überlegen** Sie, welche Vor- und Nachteile die einzelnen Hilfsmittel haben könnten.

Partnerarbeit

5. **Vergleichen** Sie Ihre Übersichten. Nehmen Sie ggf. Ergänzungen vor. Entscheiden Sie sich für eine Übersicht, die Sie präsentieren möchten.
6. **Bereiten** Sie sich auf die Präsentation Ihrer Übersicht vor.

Plenum

7. **Präsentieren** Sie Ihre Übersicht mit Hilfsmitteln für die Terminüberwachung und erläutern Sie diese Hilfsmittel.
8. **Binden** Sie das Publikum in Ihre Präsentation mit ein, indem Sie es auffordern von eigenen Erfahrungen zu berichten.
9. **Lassen** Sie sich Feedback zu Ihrer Übersicht geben.

Einzelarbeit

10. **Überarbeiten** Sie ggf. Ihre Übersicht auf Basis der Rückmeldungen aus dem Publikum.
11. **Schätzen** Sie Ihre Kompetenzen zu Hilfsmittel zur Terminüberwachung nutzen ein.

2. Lernsituation:
Arbeitsprozesse systematisch, effizient und stressfrei bewältigen

Kompetenzen	Hilfsmittel zur Terminüberwachung nutzen	Level
Informieren	Ich kann die Hilfsmittel zur Terminüberwachung erklären.	○○○○
Planen	Ich kann die Informationen zu den Hilfsmittel der Terminüberwachung strukturieren.	○○○○
Entscheiden	Ich kann entscheiden, welches Hilfsmittel zur Terminüberwachung für mich in Frage kommt.	○○○○
Durchführen	Ich kann eine Übersicht zur Terminüberwachung erstellen, und die Vor- und Nachteile überzeugend präsentieren.	○○○○
Kontrollieren	Ich kann meine Übersicht in Bezug auf Eignung kontrollieren.	○○○○
Bewerten	Ich kann die Bedeutung zur Terminüberwachung einschätzen.	○○○○

© NicoElNino – stock.adobe.com

Lernfeld: Multifunktionale Arbeitsplätze effizient organisieren

2.8 Lernaufgabe

Ich habe mir nun einen Überblick über die verschiedenen Hilfsmittel verschafft, mit denen Termine verwaltet werden. Bei der Koordinierung der digitalen Termine dürfen die Befindlichkeiten und Bedürfnisse der am Termin Beteiligten auf keinen Fall außer Acht gelassen werden, erklärt Nora Klein. Eine gut durchdachte Terminplanung ist äußerst wichtig im Unternehmen. Nora gibt mir den Auftrag mich über die Terminverwaltung zu informieren.

Anschließend soll ich sie dabei unterstützen, die noch offenen Termine von Frau Hauser digital zu erfassen (Microsoft Office Programm „Outlook") und die Vorgehensweise erläutern.

Terminplan von Frau Hauser

Allgemeines:

- Arbeitszeit täglich von 08:00 Uhr bis 17:00 Uhr
- Mittagspause von 12:00 Uhr bis 13:00 Uhr

1. **Termine übernehmen** (30.04.–10.05. d. J.)

Montag	14:00 Uhr bis 17:00 Uhr	Ausbildertreffen IHK Trier
Dienstag	08:00 Uhr bis 09:00 Uhr	Zahnarzttermin
Mittwoch 07.05.	08:00 Uhr	Einstündiger Termin beim Amtsgericht
Donnerstag 08.05.	11:00 Uhr	Angebotseröffnung Ausschreibung Büromaterial bei der Stadtverwaltung

Montag und Freitag findet immer von 08:00 Uhr bis 09:00 Uhr eine Abteilungsleitersitzung statt.

2. **Termine finden** (30.04.–10.05. d. J.)

Die folgenden Termine sind noch für diese Woche einzuplanen. Beachten Sie dafür die Terminvergabekriterien.

3. Vorstellungsgespräch mit Frau Winter aus Luxemburg, Dauer ca. 2 Stunden.
4. Herr Meier von der ABC AG aus Köln bittet um ein zweistündiges Gespräch, um ein neues Produkt vorzustellen.
5. Besuch der Messe „Einstieg" in Frankfurt am 7. Mai, Dauer ca. 3 Stunden. (Bitte im Internet die Öffnungszeiten der Messe berücksichtigen).

Wie garantieren Sie eine reibungslose Terminplanung?

2. Lernsituation:
Arbeitsprozesse systematisch, effizient und stressfrei bewältigen

Arbeitsauftrag

Einzelarbeit (10 Minuten) Gruppe 1 – Thema A	Einzelarbeit (10 Minuten) Gruppe 1 – Thema B
1. **Erschließen** Sie den Text Terminplanung und Terminarten (Seite 150).	1. **Erschließen** Sie den Text Terminvergabekriterien (Seite 151).
2. **Schreiben** Sie Randnotizen auf das Informationsblatt. (Stichwörter oder einfache Sätze). Strukturieren Sie die Notizen durch Nummerierungen und z. B. Ausrufezeichen, wenn etwas besonders wichtig ist. (Diese Randnotizen benötigen Sie im anschließenden Kugellager.)	2. **Schreiben** Sie Randnotizen auf das Informationsblatt. (Stichwörter oder einfache Sätze). Strukturieren Sie die Notizen durch Nummerierungen und z. B. Ausrufezeichen, wenn etwas besonders wichtig ist. (Diese Randnotizen benötigen Sie im anschließenden Kugellager.)
Kugellager – Gruppe 1	**Kugellager – Gruppe 2**
3. **Stellen** Sie sich in den Außenkreis.	3. **Stellen** Sie sich in den Innenkreis.
4. **Erläutern** Sie Ihrem Gegenüber mithilfe Ihrer Randnotizen die Fragen bei der Terminplanung und die Terminarten. (Beim Signal rückt Ihr Partner zwei Positionen nach rechts.)	4. **Hören** Sie Ihrem Gegenüber zu und machen Sie sich Notizen zum neuen Thema. Stellen Sie Rückfragen bei Unklarheiten. (Beim Signal rücken Sie zwei Positionen nach rechts.)
5. **Hören** Sie Ihrem Gegenüber zu, kontrollieren und verbessern Sie ggf.	5. **Erläutern** Sie Ihrem Gegenüber mithilfe der Notizen nun selbst die Fragen bei der Terminplanung und die Terminarten.
6. **Hören** Sie Ihrem Gegenüber zu und machen Sie sich Notizen zum neuen Thema. Stellen Sie bei Unklarheiten Rückfragen.	6. **Erläutern** Sie mithilfe der Randnotizen Ihrem Gegenüber die Terminvergabekriterien.
7. **Erläutern** Sie mithilfe Ihrer Notizen Ihrem Gegenüber nun selbst die Terminvergabekriterien.	7. **Hören** Sie Ihrem Gegenüber zu, kontrollieren und verbessern Sie ggf.

Gruppenarbeit

8. **Bearbeiten** Sie anschließend den Terminplan von Frau Hauser in der Terminmappe. Geben Sie die festen und variablen Termine von Frau Hauser digital ein. Entscheiden Sie unter Beachtung der Terminplanung und -vergabekriterien, wie sich die anderen Termine am besten einplanen lassen.

9. **Bereiten** Sie sich auf die Präsentation vor, indem Sie Argumente und Kriterien zur Terminplanung sammeln. Überlegen Sie, welche Vorteile die Nutzung elektronischer Terminplaner bringt, und erläutern Sie diese ausführlich. Überlegen Sie darüber hinaus, welche Fehler bei der Terminplanung entstehen können.

Zwei Gruppen

10. **Vergleichen** Sie Ihre Ergebnisse. Kontrollieren und verbessern Sie gegebenenfalls den Terminplan. Tauschen Sie sich außerdem über die Nutzung elektronischer Terminplaner sowie mögliche Fehler aus. Ergänzen Sie auch hier gegebenenfalls.

© Verlag Europa-Lehrmittel

Lernfeld: Multifunktionale Arbeitsplätze effizient organisieren

11. **Bereiten** Sie sich auf die Präsentation vor, indem Sie die Terminvergabekriterien sowie die Terminarten, den Nutzen elektronischer Terminplaner und mögliche Fehler erläutern.

Plenum

12. **Präsentieren** Sie Ihren Terminplan.

13. **Geben** Sie aus Sicht von Frau Hauser ein Feedback, ob diese Terminplanung deren Bedürfnissen und Befindlichkeiten entspricht.

Gruppenarbeit

14. **Überprüfen** und verbessern Sie gegebenenfalls Ihre Ergebnisse.

Einzelarbeit – optional

15. **Erstellen** Sie einen eigenen digitalen Terminplan. Berücksichtigen Sie dabei Ihre Termine (Freizeit, Schule, Lernphasen etc.). Planen Sie z. B. feste Lernzeiten ein, Meilensteine und Zeit, die Sie für die Freizeit nutzen, z. B. Training im Sportverein, Treffen mit Freunden etc.

16. **Schätzen** Sie Ihre Kompetenzen zu Terminplan effizient erstellen ein.

Kompetenzen	Terminplan effizient erstellen	Level
Informieren	Ich kann Informationen zur Terminplanung und -arten sowie Terminvergabekriterien filtern und erklären.	○○○○
Planen	Ich kann die Informationen der Terminplanung und -arten sowie Terminvergabekriterien strukturieren.	○○○○
Entscheiden	Ich kann entscheiden, wann welcher Termin passend eingeplant werden kann.	○○○○
Durchführen	Ich kann einen Terminplan erstellen und dabei die Terminvergabekriterien beachten.	○○○○
Kontrollieren	Ich kann einen Terminplan mit den notwendigen Argumenten präsentieren und kontrollieren, ob es keine Überschneidungen gibt.	○○○○
Bewerten	Ich kann meinen eigenen Terminplan erstellen und dabei auch Zeiträume für meine Freizeit planen.	○○○○

2. Lernsituation:
Arbeitsprozesse systematisch, effizient und stressfrei bewältigen

2.9 Lernaufgabe – Reflexion des Lernzuwachses

Die erste Handlungssituation aus dem Büroalltag ist abgeschlossen und Sie durchlaufen den Prozess noch einmal mit all seinen Facetten:

- Gesundheitsprophylaxe am Bildschirmarbeitsplatz
- Suchtprävention
- Burnout, Konfliktmanagement, Mobbing/Cybermobbing
- Zeitmanagement (Zeitdiebe und Störenfriede; Pareto-Prinzip, Eisenhower-Prinzip und ABC-Analyse incl. Kehrseite dieser Methoden)
- Terminplanung, -arten, -vergabekriterien und -überwachung

Wie bewältige ich Arbeitspozesse systematisch effizent und stressfrei?

Arbeitsauftrag

1. **Äußern** Sie sich aus den in der vergangenen Lernsituation gemachten Erfahrungen zu den einzelnen Kerninhalten in Bezug auf die.

   Nehmen Sie Ihre erstellten Handlungsprodukte und die jeweiligen Kompetenzraster zu Hilfe (Exposé zur Gesunderhaltung am Arbeitsplatz, Flyer zur Suchtprävention, JOB-Dossiers Individuelle Zeitinventur, To-do-Liste für einen Arbeitstag, Digitaler Terminplan, Übersicht über Hilfsmittel zur Terminplanung).

2. **Geben** Sie in der Einleitung wieder, womit Sie sich in dieser Lernsituation beschäftigt haben.

3. **Stellen** Sie im Hauptteil Ihre Lernerfolge, -wege und -probleme dar.

4. **Ziehen** Sie am Schluss ein Fazit: Überprüfen Sie erneut mithilfe der im Kompetenzraster markierten Level Ihre Entwicklung und stecken Sie sich neue Ziele.

5. **Gestalten** Sie Ihr Portfolio leserfreundlich, indem Sie Name, Datum … in die Kopfzeile eintragen, Ihre Gedanken in Abschnitte gliedern und mit Abschnittsüberschriften versehen.

Jour fixe (Beratungsgespräch mit Lehrkraft)

6. **Erläutern** Sie anhand des Portfolios (Handlungsprodukte und Reflexion) Ihre Entwicklung.

Lernfeld: Multifunktionale Arbeitsplätze effizient organisieren

Arbeitsplan

Kompetenzen	- Eingehende Informationen zur innerbetrieblichen Weiterverarbeitung digital aufbereiten. - Leitungskomponenten des Textverarbeitungsprogramms bedarfsgerecht und rationell nutzen - Kommunikationssysteme (E-Mail) situationsgerecht nutzen. - Gesetzliche und betriebliche Vorschriften für die Dauer der Aufbewahrung von Schriftstücken und Daten einhalten
Inhalte	- Digitalisierung im Büro - Verwalten eingehender E-Mail-Nachrichten - Dokumenten-Management-System (DMS) - Intranet und Wiki - Protokoll - Aufbewahrung von Schriftgut - Interne Kommunikationsinstrumente
Portfolio	- Vor- und Nachteile der Digitalisierung im Büro - Arbeitsanweisung zum Verwalten von E-Mails - Informationsblatt zum Digitalisieren eingehender Schriftstücke - Quiz zu Intranet und Wiki - Checkliste zur Protokollführung und Protokollmaske - Protokoll einer Azubi-Gesprächsrunde - Kurzreferat, Handout, Quiz zur Registratur - E-Mail zur E-Mail-Korrespondenz und Kommunikationsinstrumenten
Textverarbeitung	- Tabelle - Smart-Art - E-Mail
Zeit	ca. 30 Stunden

Warm-up

Was verbinden Sie gedanklich mit folgenden Begriffen?

Kommunikation

Digitale Aufbereitung von Informationen

Protokoll

Intranet *effizient*

Checklisten **E-Mail** Scannen

Wiki *schnell* Cloud

Digitale Verwaltung von eingehenden Informationen

3. Lernsituation:
Eingehende Informationen digital aufbereiten und verwalten

3.1 Lernaufgabe

Bei Büromöbel Hauser & Schulte gehen täglich schriftliche Informationen in Papierform (Briefe, Faxnachrichten) und elektronisch (E-Mails) ein. Daneben sammeln sich im Laufe eines Arbeitstages mündliche Informationen durch Telefonate oder Besprechungen. All diese Informationen und damit Daten müssen digital gespeichert und verwaltet werden, um zum papierlosen Büro zu gelangen.

Ich bin zurzeit in der Poststelle der Büromöbel Hauser & Schulte GmbH eingesetzt. Dort verwalte ich die eingehenden E-Mails, die an info@hauser-schulte.de adressiert sind, effizient und sicher.

Meiner Betreuerin ist daran gelegen, dass Arbeitsabläufe standardisiert werden, damit keine Fehler passieren. Zudem sollen sie dokumentiert werden, damit sich neue Arbeitskräfte selbstständig informieren können. Zu diesem Zweck soll ich mir für die regelmäßig vorkommenden Arbeitsabläufe in der Poststelle Informationsblätter, Arbeitsanweisungen und/oder Ablaufpläne erstellen, die in einer Newcomer-Mappe gesammelt werden.

Welcher Nutzen ergibt sich durch die digitale Aufbereitung von Daten und wie werden eingehenden E-Mails effizient und sicher bearbeitet?

Arbeitsauftrag

Einzelarbeit

1. **Informieren** Sie sich zum Thema Papierloses Büro – Digitale Aufbereitung (Seite 152).
2. **Stellen** Sie die Vor- und Nachteile der Digitalisierung im Büro in einer normgerechten Tabelle (Seite 110) gegenüber.

Partnerarbeit

3. **Diskutieren** Sie mit Ihrem Partner über die Digitalisierung im Büro und vergleichen Sie Ihre Gegenüberstellungen.
4. **Bereiten** Sie sich auf die Präsentation vor und belegen Ihre Aussagen dabei an einzelnen Beispielen – vor allem in Bezug auf die heutige E-Mail-Korrespondenz. Notieren Sie sich zwei Fragen, die Sie in diesem Zusammenhang an das Publikum richten werden.

Plenum

5. **Präsentieren** Sie Ihre Gegenüberstellung überzeugend mit Beispielen. Beziehen Sie Ihr Publikum dabei durch Fragestellungen mit ein.

Einzelarbeit

6. **Informieren** Sie sich zum Thema E-Mail-Kommunikation (Seite 152).
7. **Schreiben** Sie eine übersichtliche und prägnante Arbeitsanweisung zum effizienten und sicheren Verwalten des E-Mail-Postfachs, aus der Zweck/Ziel, Geltungsbereich/

Lernfeld: Multifunktionale Arbeitsplätze effizient organisieren

Arbeitsbereich, Arbeitsschritte, Hilfsmittel/Materialien, Erstellungsdatum hervorgehen. Beachten Sie dabei die typografischen Regeln (Seite 109), insbesondere die Beschriftung der Kopf- und Fußzeile.

Partnerarbeit

8. **Stellen** Sie sich gegenseitig Ihre Arbeitsanweisungen vor und prüfen sie auf Verständlichkeit und Vollständigkeit.

9. **Ergänzen** bzw. **optimieren** Sie Ihre Arbeitsanweisungen und bereiten Sie sich auf die gemeinsame Präsentation einer Arbeitsanweisung vor. Greifen Sie zur Erläuterung bestimmter Arbeitsschritte auf Ihren E-Mail-Account zu und veranschaulichen Sie dort einzelne Tools des Programms (z. B. Ordner anlegen, Abwesenheitsnotiz, als Spam kennzeichnen …), die in Ihrer Arbeitsanweisung genannt sind.

Plenum

10. **Präsentieren** Sie Ihre Arbeitsanweisung und veranschaulichen Sie die Arbeitsschritte mithilfe Ihres E-Mail-Programms. Binden Sie das Publikum mit ein, indem Sie es Kritik äußern lassen und um Verbesserungsvorschläge bitten etc.

Einzelarbeit

11. **Überarbeiten** Sie Ihre Arbeitsanweisung ggf. und probieren Sie in Ihrem E-Mail-Programm die angesprochenen Instrumente aus. Die Begrifflichkeiten sind bei den einzelnen E-Mail-Anbietern teilweise unterschiedlich.

12. **Schätzen** Sie Ihre Kompetenzen zu Eingehende E-Mails verwalten ein. Sicher haben Sie im privaten Bereich schon einige Erfahrungen mit einer E-Mail-Flut gemacht und können so schon direkt im höheren Level beginnen.

Kompetenzen	Eingehende E-Mails verwalten	Level
Informieren	Ich kann allgemeine Auskunft zum papierlosen Büro geben und das Verwalten von eingehenden E-Mails erklären.	○○○○
Planen	Ich kann die Vorteile und Nachteile der Digitalisierung im Büro in einer Tabelle strukturieren und mit Beispielen speziell zur E-Mail-Korrespondenz belegen.	○○○○
Entscheiden	Ich kann entscheiden, welche Informationen in die Arbeitsanweisung zum effizienten und sicheren Verwalten des E-Mail-Postfachs kommen.	○○○○
Durchführen	Ich kann eine Arbeitsanweisung zum effizienten und sicheren Verwalten des E-Mail-Postfachs erstellen.	○○○○
Kontrollieren	Ich kann die Arbeitsanweisung zum Verwalten des E-Mail-Postfach überzeugend präsentieren und überprüfen, ob sie allen Anforderungen entsprechen.	○○○○
Bewerten	Ich kann die Vorteile einer Arbeitsanweisung reflektieren und in Zukunft für andere Arbeitsprozesse nutzen.	○○○○

3. Lernsituation:
Eingehende Informationen digital aufbereiten und verwalten

3.2 Lernaufgabe

In der Poststelle der Büromöbel Hauser & Schulte GmbH werden in Papierform eingehende Nachrichten per Post oder Telefax elektronisch aufbereitet, weitergeleitet und gespeichert. So können mehrere Mitarbeiter gleichzeitig auf Dokumente zugreifen, Dokumente müssen nicht mühselig gesucht werden und die Mitarbeiter, die im Homeoffice arbeiten, können problemlos auf Dokumente zugreifen.

Meine Betreuerin möchte, dass der Ablauf beim digitalen Aufbereiten von Daten in der Newcomer-Mappe dokumentiert wird. Als Praktikantin soll ich anhand eines Rechnungseingangs dokumentieren, wie das papierlose Büro bei Büromöbel Hauser & Schulte umgesetzt wird.

Wie werden eingehende Informationen digital aufbereitet?

Arbeitsauftrag

Einzelarbeit (E-Mail erstellen)

1. **Informieren** Sie sich zum Thema Dokumenten-Management-System (DMS) (Seite 156).

2. **Schreiben** Sie ein übersichtliches und prägnantes Informationsblatt zur digitalen Aufbereitung von Daten.

3. **Veranschaulichen** Sie den vollautomatischen Arbeitsprozess beim Eingang einer Rechnung mithilfe von SmartArt (Seite 324). Orientieren Sie sich am Bewertungsraster „DMS".

Partnerarbeit

4. **Stellen** Sie sich gegenseitig Ihre Informationsblätter vor und prüfen sie auf Verständlichkeit, Vollständigkeit und Rechtschreibung.

5. **Ergänzen** bzw. optimieren Sie Ihre Handlungsprodukte und bereiten Sie sich auf die gemeinsame Präsentation vor.

Plenum

6. **Präsentieren** Sie Ihr Informationsblatt für die Newcomer-Mappe. Binden Sie das Publikum mit ein, indem Sie es Kritik äußern lassen bzw. um Verbesserungsvorschläge bitten.

Einzelarbeit

7. **Überarbeiten** Sie ggf. Ihren Beitrag für Newcomer-Mappe.

8. **Schätzen** Sie Ihre Kompetenzen zu Eingehende Informationen digital aufbereiten ein.

Lernfeld: Multifunktionale Arbeitsplätze effizient organisieren

Bewertungsraster To-do-Liste zur Zeitinventur (ABC-Analyse oder Eisenhower-Prinzip)			
Aspekt	Kriterien		Punkte
Inhalt	Einleitung weist auf rechtliche Vorgaben hin		40/
	Informationen auf die wesentliche Aspekte des DMS begrenzt		
	Prozess der Digitalisierung eingehender Schriftstücke analog und elektronisch erläutert		
	Sachbegriffe verwendet und erklärt		
	Abschließend Archivierung einer Rechnung mittels DMS verständlich dargestellt		
Gestaltung	Firmenlogo eingefügt und Corporate Design beachtet		25/
	Informationen mittels Aufzählung oder Nummerierung strukturiert		
	Kopf- und Fußzeile beschriftet		
	Arbeitsprozess der Rechnungsarchivierung mittels passender SmartArt-Grafik einprägsam dargestellt		
Präsentation	Publikum mit eingebunden		25/
	Mögliche Verbesserungsvorschläge der Mitschüler(innen) aufmerksam angehört und nicht darauf mit Gegenargumenten reagiert bzw. versucht sich zu rechtfertigen		
	Sich beim Feedbackgeber für die Rückmeldung bedankt		
Zeit	Die vorgegebene Bearbeitungszeit eingehalten (Zeitdiebe und Störenfriede ausgeblendet)		10/

Kompetenzen	Eingehende Informationen digital aufbereiten	Level
Informieren	Ich kann Informationen zum Thema Dokumenten-Management-System (DMS) filtern und erklären.	○○○○
Planen	Ich kann das Thema Dokumenten-Management-System (DMS) strukturiert darstellen.	○○○○
Entscheiden	Ich kann entscheiden, welche Informationen zur digitalen Aufbereitung für den vollautomatischen Arbeitsprozess beim Eingang einer Rechnung relevant sind.	○○○○
Durchführen	Ich kann das Informationblatt zur digitalen Aufbereitung von Daten erstellen und den vollautomatischen Arbeitsprozess beim Eingang einer Rechnung visualisieren.	○○○○
Kontrollieren	Ich kann das Informationblatt zur digitalen Aufbereitung von Daten überzeugend präsentieren. Ich kann überprüfen, ob die Kritik der Situation angemessen geäußert wurde.	○○○○
Bewerten	Ich kann die Qualität meines Informationsblattes einschätzen und künftig ggf. verbessern.	○○○○

3. Lernsituation:
Eingehende Informationen digital aufbereiten und verwalten

3.3 Lernaufgabe

Nun habe ich die Beiträge für die Newcomer-Mappe geschrieben. In dem papierlosen Unternehmen der Büromöbel Hauser & Schulte GmbH wird die Mappe nicht vervielfältigt und an die Praktikanten und Auszubildenden verteilt, sondern steht allen Mitarbeitern digital in einem Mitarbeiterportal zur Einsicht zur Verfügung.

Das Mitarbeiterportal dient dazu, um Wissen im Unternehmen zu sammeln, zu finden und zu teilen. Alle Mitarbeiter können darauf zugreifen, um Informationen zu suchen und es mit Beiträgen zu ergänzen. Dieses Instrument ermöglicht es den Mitarbeitern, sich auf Vertretungen ihrer Kollegen selbstständig vorzubereiten und sich unabhängig von einem anderen Kollegen Wissen anzueignen.

Wie werden betriebsinterne Informationen allen Mitarbeitern digital zur Verfügung gestellt?

Arbeitsauftrag

Einzelarbeit

Kugellager (Klasse wird in zwei Gruppen A/B aufgeteilt)

1. **Informieren** Sie sich über die Digitale Verwaltung (Seite 157), und zwar zu Thema A) **Intranet** oder B) **Wiki und Cloud-Computing** (Seite 116).
2. **Schreiben** Sie wichtige Kernaussagen zu Ihrem Themengebiet auf einen Spickzettel.

Kugellager (Innenkreis – A; Außenkreis – B)

	Innenkreis	Außenkreis
3.	**Erläutern** Sie mithilfe Ihres Spickzettels Ihrem Gegenüber das Intranet.	**Erläutern** Sie mithilfe Ihres Spickzettels Ihrem Gegenüber das Intranet.
	Beim Signal der Lehrkraft rücken die Schüler im Außenkreis einen Platz nach rechts.	
4.	**Erläutern** Sie nun Ihrem neuen Gesprächspartner das Intranet anhand Ihres Spickzettels.	**Kontrollieren** Sie die Erläuterungen Ihres Gegenübers zum Intranet.
	Beim Signal der Lehrkraft rücken die Schüler im Außenkreis einen Platz nach rechts.	
5.	**Erläutern** Sie mithilfe Ihres Spickzettels Ihrem Gegenüber das Wiki und Cloud-Computing.	**Erstellten** Sie sich während dem Zuhören einen Spickzettel zum Wiki und Cloud-Computing.
	Beim Signal der Lehrkraft rücken die Schüler im Außenkreis einen Platz nach rechts.	
6.	**Erläutern** Sie nun Ihrem neuen Gesprächspartner das Wiki und Cloud-Computing anhand Ihres Spickzettels.	**Kontrollieren** Sie die Erläuterungen Ihres Gesprächspartners zum Wiki und Cloud-Computing.

Lernfeld: Multifunktionale Arbeitsplätze effizient organisieren

Partnerarbeit (Thema A + B)

7. **Erstellen** Sie ein Quiz zu „Daten digital zur Verfügung stellen" (Intranet, Wiki und Cloud-Computing). Greifen Sie dabei ggf. auf kostenlose Internetanbieter zum Erstellen eines Online-Quiz.

8. **Richten** Sie mind. 4 Fragen zu beiden Themen mit ggf. Multiple-Choice-Antworten an Ihr Publikum.

9. **Machen** Sie einen Testdurchlauf, bevor Sie das Quiz im Plenum durchführen.

Plenum

10. **Spielen** Sie das Quiz mit Ihren Mitschülern.

11. **Schätzen** Sie Ihre Kompetenzen zu Daten digital zur Verfügung stellen ein.

Kompetenzen	Daten digital zur Verfügung stellen	Level
Informieren	Ich kann das Thema Daten digital zur Verfügung stellen erklären.	○○○○
Planen	Ich kann das Thema Daten digital zur Verfügung stellen strukturieren.	○○○○
Entscheiden	Ich kann wertvolle Fragen zum Thema Daten digital zur Verfügung stellen für ein Quiz herausfiltern.	○○○○
Durchführen	Ich kann ein (Online-)Quiz erstellen, um gezielt das Thema Daten digital zur Verfügung stellen abzufragen.	○○○○
Kontrollieren	Ich kann kontrollieren, ob der Quiz das Wissen der Mitspieler über Daten digital zur Verfügung stellen erweitert hat.	○○○○
Bewerten	Ich kann die Qualität meines Quiz einschätzen und evtl. bessere Fragetechniken nutzen bzw. gezieltere Fragen formulieren.	○○○○

© Gstudio Templates – stock.adobe.com

3. Lernsituation:
Eingehende Informationen digital aufbereiten und verwalten

3.4 Lernaufgabe

Meiner Betreuerin ist aufgefallen, dass im Mitarbeiterportal noch keine Informationen zur Protokollerstellung zu finden sind. Da ich die nächste „Azubi-Gesprächsrunde" protokollieren soll, werde ich von ihr beauftragt, einen entsprechenden Beitrag in Form einer Checkliste und ein Formular zur Protokollerstellung vorzulegen.

Wie bereite ich das Protokollführen effizient vor?

Arbeitsauftrag

Einzelarbeit

1. **Informieren** Sie sich zum Thema Protokoll (Seite 160).

2. **Erstellen** Sie eine Checkliste zur Protokollerstellung, um sich und anderen zukünftig die Arbeit zu erleichtern. Beachten Sie dabei die Checklistentechnik. Orientieren Sie sich am Bewertungsraster.

\	Bewertungsraster Checkliste zur Protokollerstellung	
Aspekt	**Kriterien**	**Punkte**
Checklistentechnik	Kopfzeile mit Name des Erstellers, Erstellungsdatum, Thema, Themenbereich, Logo beschriftet	
	Alle erforderlichen Aspekte zur Protokollerstellung aufgelistet	
	Aspekte in einer sachlogischen Reihenfolge genannt	
	Freiraum (z. B. für Bemerkungen oder Ergänzungen) vorgesehen	
	Aspekte/Kriterien/Fragen prägnant formuliert	
	Antwortoptionen passend zu den Aspekten/Kriterien/Fragen formuliert	
Tabellen-gestaltung	Überschrift der Checkliste in die Tabelle integriert oder mit einer Leerzeile Abstand über der Checkliste aufgeführt	
	Leitwörter der Tabelle zentriert ausgerichtet	
	Text in der Tabelle linksbündig ausgerichtet	
	Abstand des Textes zu den horizontalen Linien vergrößert, d. h. Standardzellenbegrenzung oben und unten angegeben	
Zeit	Die vorgegebene Bearbeitungszeit eingehalten (Zeitdiebe und Störenfriede ausgeblendet)	

3. **Machen** Sie in allen internen Dokumenten, auf die eine Vielzahl von Mitarbeitern zugreifen und die von Zeit zu Zeit redigiert werden müssen, folgende Angaben:

   Kopfzeile → Name des Erstellers, Erstellungsdatum, Themenbereich, Firmenlogo

   Fußzeile → Autotext „Dokumentenname" und ggf. Seitennummerierung.

DIN 5008
Datum

Lernfeld: Multifunktionale Arbeitsplätze effizient organisieren

4. **Üben** Sie das Protokollieren einer Sitzung:

   Frau Hauser betont, dass der Tag der offenen Tür das Erscheinungsbild verstärken (soll) _____. Sie weist darauf hin, dass die Auszubildenden für die Bewirtung am Tag der offenen Tür verantwortlich (sind) _____. Sie befürchtet, dass der Caterer vom Vorjahr leider nicht mehr zur Verfügung (steht) _____. Daher (hat) _____ die Abteilung Einkauf entschieden, Angebote von zwei weiteren Caterern einzuholen.

Partnerarbeit

5. **Stellen** Sie sich Ihre Checkliste vor und ergänzen bzw. überarbeiten sie ggf.
6. **Kontrollieren** Sie die Übungsaufgabe zum Protokollieren.
7. **Entwerfen** Sie ein Protokollformular (Dokumentenvorlage – Seite 301) für die Büromöbel Hauser & Schulte GmbH. Orientieren Sie sich dabei an dem Muster Protokoll der Mitarbeiterbesprechung (Seite 160).

Gruppenarbeit (2 Tandems)

8. **Stellen** Sie sich gegenseitig Ihre Handlungsprodukte vor und prüfen Sie, ob die Checkliste und das Protokollformular vollständig, übersichtlich, verständlich, einfach auszufüllen und die Übungsaufgabe korrekt ist.
9. **Teilen** Sie sich die Präsentation der Übungsaufgabe, Checkliste und Protokollmaske auf.

Plenum

10. **Präsentieren** Sie Ihre Handlungsprodukte und fordern Sie ein Feedback von Ihren Mitschülern bzw. bitten Sie um Verbesserungsvorschläge.

Einzelarbeit

11. **Überarbeiten** Sie Ihre Produkte ggf.
12. **Schätzen** Sie Ihre Kompetenzen zu Effiziente Protokollführung vorbereiten ein.

Kompetenzen	Effiziente Protokollführung vorbereiten	Level
Informieren	*Ich kann Informationen zum Thema Protokoll filtern und erklären.*	○○○○
Planen	*Ich kann Informationen zum Thema Protokoll strukturiert darstellen.*	○○○○
Entscheiden	*Ich kann Kriterien bzw. Inhalte festlegen, die in der Checkliste und in das Protokollformular kommen.*	○○○○
Durchführen	*Ich kann zur Erleichterung der Protokollführung eine Checkliste und eine Protokollvorlage anfertigen.*	○○○○
Kontrollieren	*Ich kann überprüfen, ob die Checkliste und das Protokollformular den Ansprüchen genügt und entsprechende Kritik üben.*	○○○○
Bewerten	*Ich kann die Qualität meiner Checkliste und meines Protokollvordruckes einschätzen und beides in Zukunft nutzen und ggf. verbessern.*	○○○○

3. Lernsituation:
Eingehende Informationen digital aufbereiten und verwalten

3.5 Lernaufgabe

Frau Simone Torn ist verantwortlich für alle Auszubildenden und Praktikanten in der Büromöbel Hauser & Schulte GmbH und lädt daher an jedem 1. Freitag im Monat zu einer Besprechung ein, in der die Auszubildenden Angelika Becker, Christine Kaiser, Christoph Braner, Nicole Mehldorn Ihre Fragen, Schwierigkeiten und Probleme bei der Unterweisung ansprechen können. Die heutige Besprechung von 09:00 bis 09:45 Uhr im Raum „Kaiserthermen", die Sie protokollieren werden, läuft wie folgt ab:

> Frau Siegel begrüßt alle Auszubildenden und berichtet, dass die Auszubildende Angelika Becker nicht anwesend ist, weil sie wegen einer geplanten OP im Krankenhaus liegt. Sie bittet die Anwesenden, über die letzten vier Wochen ihrer Unterweisung zu berichten. Christine Kaiser beklagt, dass sie nie so genau weiß, in welchen Ordnern sie die ein- und ausgehenden Rechnungen ablegen solle. Das Problem habe ich auch, ergänzt Christoph Braner. Eigentlich wüßte er auch

> nicht so genau, wie lange eine Rechnung aufbewahrt werden müsste; er habe dazu auch keine Informationen im Mitarbeiterportal gefunden. Er fragt in die Runde, ob ihm das jemand sagen könne. Frau Siegel schlägt vor, dass sich die Auszubildenden über die gesetzlichen und betrieblichen Vorschriften bei der Schriftgutaufbewahrung informieren und in der nächsten Besprechung dazu Kurzvorträge halten sollten. Christine Kaiser soll einen Kurzvortrag

> über Ordnungssysteme, Christoph Braner über gesetzliche und betriebliche Vorschriften inkl. Wertstufen und Nicole Mehldorn über die Regeln zur alphabetischen Ordnung vorbereiten. Frau Siegel regt weiterhin an, dass die Auszubildenden ihr jeweils zum Abschluss einer Ausbildungs- bzw. Praktikumsphase eine ein- bis zweiseitige Selbstreflexion schreiben sollen, die sie dann in einem Einzelgespräch mit ihnen besprechen möchte, um messbare persönliche Entwicklungsziele festzulegen. Sie wird bis zur nächsten Gesprächsrunde

> ein Instrument zur schriftlichen Selbstreflexion entwickeln und es eine Woche vorher an sie weiterleiten, damit sie in der Besprechung mögliche Unklarheiten bzw. Fragen ansprechen können. Sie als Praktikantin bzw. Praktikant fragen nach, ob Sie im nächsten Jahr das soziale Projekt "Unterstützung der Trierer Tafel" im Rahmen Ihrer schulischen Ausbildung in Kooperation mit den Auszubildenden von Büromöbel Hauser & Schulte durchführen können.

> Frau Siegel ist begeistert von diesem Projekt und wird erst einmal prüfen, ob dies in dem vorgesehenen Zeitraum möglich ist. Sie wird es abklären und Sie in der nächsten Azubi-Gesprächsrunde informieren.

Wie protokolliere ich Besprechungen korrekt?

Arbeitsauftrag

Einzelarbeit

1. **Öffnen** Sie Ihr Protokoll-Formular und speichern es unter einem aussagekräftigen Dateinamen (z. B. Datum_Azubi Gesprächsrunde) ab.

> **Lernfeld: Multifunktionale Arbeitsplätze effizient organisieren**

2. **Schreiben** Sie ein Verlaufsprotokoll zu dieser Sitzung und orientieren Sie sich dabei an Ihrer Checkliste zur Protokollerstellung. Achten Sie auf die korrekte Zeitform.

Partnerarbeit – Per Review

3. **Kontrollieren** Sie das Protokoll Ihres Mitschülers mithilfe Ihrer Checkliste. Nutzen Sie dazu die Textverarbeitungsfunktion ÜBERPRÜFEN (Seite 335) und fügen Kommentare (Seite 336) ein, um Ihrem Mitschüler Verbesserungen hinsichtlich Rechtschreibung, Inhalt, Zeitform, Stil etc. vorzuschlagen.

4. **Schauen** Sie sich anschließend die Kommentare an, die Ihr Partner Ihnen hinsichtlich Ihrem Protokoll zurückgemeldet hat.

5. **Überarbeiten** Sie Ihr Protokoll entsprechend und löschen die Kommentare.

Plenum

6. **Präsentieren** Sie Ihr Protokoll und erläutern Sie dabei die Protokollart. Geben Sie eine Rückmeldung, wie gut Sie mit dem Protokollschreiben klargekommen sind und was Ihnen ggf. noch Schwierigkeiten bereitet hat.

Einzelarbeit

7. **Überarbeiten** Sie ggf. Ihr Protokoll.

8. **Trainieren** Sie das Protokollieren, indem Sie in einer der nächsten Unterrichtsstunden ein Stundenprotokoll anfertigen.

9. **Schätzen** Sie Ihre Kompetenzen zu Protokolle korrekt schreiben ein. In der letzten Lernaufgabe haben Sie sich mit den Kerninhalten der Protokollerstellung auseinandergesetzt. Dadurch können Sie sicherlich an einigen Stellen schon in einem höheren Level verorten.

Kompetenzen	Protokolle korrekt schreiben	Level
Informieren	Ich kann Informationen zu dem Thema Besprechungen wiedergeben.	○○○○
Planen	Ich kann Informationen zu dem Thema Besprechungen zusammenfassen.	○○○○
Entscheiden	Ich kann situationsbezogen entscheiden, welche Kernaussagen der Besprechung von Bedeutung sind.	○○○○
Durchführen	Ich kann mithilfe der Checkliste Protokollerstellung ein Protokoll in der korrekten Zeitform sachlich, präzise und vollständig schreiben.	○○○○
Kontrollieren	Ich kann ein Protokoll überprüfen und mithilfe der Überarbeitungsfunktion eines Textverarbeitungsprogrammes Kommentare einfügen und Korrekturen vorschlagen.	○○○○
Bewerten	Ich kann die Qualität meines Protokolls einschätzen und ggf. meine Checkliste Protokollerstellung verbessern.	○○○○

3. Lernsituation: Eingehende Informationen digital aufbereiten und verwalten

3.6 Lernaufgabe

Ich habe die Azubi-Gesprächsrunde zur Zufriedenheit von Frau Torn protokolliert. In Vorbereitung auf die nächste Gesprächsrunde bereite ich mich im Azubiteam aus dem Bereich der Registratur auf die Kurzvorträge zu den Themen vor:

A – Alphabetische Ordnung nach DIN 5007 (Seite 163)

B – Ordnungssysteme (Seite 164)

C – Gründe zur Aufbewahrung von Schriftgut inkl. Wertstufen (Seite 165)

Kommunikations- und Präsentationskompetenz ist für den Beruf wichtig, sodass ich meine Ausbilderin und die vier Azubis mit einem souveränen Kurzvortrag, einer Veranschaulichung der Inhalte, der Integration der Zuhörer und einem übersichtlichen Handout überzeugen möchte.

Bei der nächsten Azubi-Gesprächsrunde, die wiederum von 09:00 bis 10:30 Uhr stattfindet, sind alle Auszubildenden anwesend. Frau Torn bespricht mit allen Beteiligten den Vordruck zur Selbstreflexion am Ende einer Ausbildungsphase. Zudem hat sie „grünes Licht" von der Geschäftsleitung bekommen und ich darf mein soziales Projekt durchführen.

Welche gesetzlichen und betrieblichen Vorgaben sind bei der Speicherung ein- und ausgehender Informationen zu beachten?

Arbeitsauftrag

(Klasse von A bis C abzählen lassen)

Gruppenarbeit (jeweils 3 Schüler mit demselben Thema) – AAA, BBB, CCC

1. **Informieren** Sie sich zu Ihrem Teilthema:

    A – Alphabetische Ordnung nach DIN 5007 (Seite 163)

    B – Ordnungssysteme (Seite 164)

    C – Gründe zur Aufbewahrung von Schriftgut inkl. Wertstufen (Seite 165)

2. **Tauschen** Sie sich in der Gruppe zu Ihrem gemeinsamen Teilthema aus.

3. **Erstellen** Sie arbeitsteilig folgende Unterlagen:
    - Handout zu Ihrem Teilthema
    - Leitfaden (Handzettel) für den Kurzvortrag ggf. mit Veranschaulichung (Plakat, Beamer/PC, Flipchart, Whiteboard)
    - Quiz oder Übungsaufgabe zu Ihrem Teilthema

4. **Orientieren** Sie sich dabei an dem Bewertungsraster zu dieser Lernaufgabe.

5. **Stellen** Sie sich Ihre Handlungsprodukte gegenseitig vor und überarbeiten sie ggf.

6. **Üben** Sie Ihren Auftritt in der nächsten Azubi-Gesprächsrunde ein, an dem sich jedes Gruppenmitglied beteiligt. Kopieren Sie für die Mitschüler(innen) das Handout und ggf. die Übungsaufgabe in entsprechender Anzahl.

Lernfeld: Multifunktionale Arbeitsplätze effizient organisieren

	Bewertungsraster	
	Kurzvorträge zur Registratur	
	Alphabetische Ordnung nach DIN 5007, Ordnungssysteme, Gründe zur Aufbewahrung von Schriftgut inkl. Wertstufen	
Instrumente	**Kriterien**	**Punkte**
Kurzvortrag	Die Thematik wurde sicher beherrscht	40/
	Die genutzten Medien (Plakat, Beamer, Flipchart, Whiteboard, ...) unterstützen sinnvoll den Vortrag	
	Die Inhalte wurden präzise und einprägsam vorgestellt	
	Der Präsentator argumentierte souverän	
	Der Präsentator überzeugte durch Sprache, Gestik, Mimik und Haltung	
	Die Zuhörer wurden in den Vortrag mit eingebunden	
Handout	Die Inhalte im Handout sind durch Teilüberschriften gegliedert	30/
	Das Handout bietet prägnante und wichtige Fakten	
	Man erkennt, dass es sich um ein Skript aus dem Hause Büromöbel Hauser & Schulte handelt	
	Handouts lagen kopiert und entsprechend der Anzahl der Zuhörer vor	
Quiz	Die Fragen konnten das Wissen der Zuhörer bestätigen bzw. erweitern	30/
	Die Fragen waren für die Zuhörer klar und eindeutig formuliert	
	Der Präsentator argumentierte souverän	
	Die Übungen waren abwechslungsreich und haben Spaß gemacht	
	Gesamt-Gruppenergebnis	100/

3. Lernsituation:
Eingehende Informationen digital aufbereiten und verwalten

Azubi-Gesprächsrunde

7. **Präsentieren** Sie Ihr Teilthema souverän und binden Sie Ihr Publikum mit ein.

8. **Lassen** Sie sich reihum ein Feedback zu Ihrer Kommunikations- und Präsentationskompetenz geben. Dabei kann auf folgende Punkte eingegangen werden:

   - Sie haben Ihren Zuhörern eine klare, kompakte Kurzpräsentation geliefert, in der die Inhalte präzise und einprägsam vorgestellt wurden.
   - Sie konnten mit der Kurzpräsentation, dem Quiz und Handout die Informationen zu Ihrem Teilthema so vermitteln, dass sie auch verstanden wurden.
   - Sie wirkten souverän, kompetent bezüglich Fach- und Präsentationskompetenz, Rhetorik und Argumentation.
   - Sie präsentierten nicht nur sach- sondern auch zuhörergerecht.

Einzelarbeit

9. **Schreiben** Sie im Anschluss an die Unterrichtsstunde ein Ergebnisprotokoll zu dieser Azubi-Gesprächsrunde.

10. **Schätzen** Sie Ihre Kompetenzen zu Dokumente nach betrieblichen und rechtlichen Vorgaben speichern ein.

Kompetenzen	Kurzvortrag Dokumente nach betrieblichen und rechtlichen Vorgaben speichern zuhörerorientiert halten	Level
Informieren	Ich kann Informationen aus dem Bereich der Registratur erläutern.	○○○○
Planen	Ich kann Informationen aus dem Bereich der Registratur strukturieren.	○○○○
Entscheiden	Ich kann situationsbezogen entscheiden, welche Informationen in meinen Part des Kurzvortrages „Dokumente nach betrieblichen und rechtlichen Vorgaben speichern" kommen.	○○○○
Durchführen	Ich kann passgenaue Vortragsunterlagen zum Kurzvortrag „Dokumente nach betrieblichen und rechtlichen Vorgaben speichern" erstellen und zuhörerorientiert, präzise und einprägsam präsentieren.	○○○○
Kontrollieren	Ich kann durch Selbst- und Fremdwahrnehmung überprüfen, wie ich die Anforderungen erfüllt habe und ob die Präsentationsform angemessen war.	○○○○
Bewerten	Ich kann die Qualität meiner Präsentation einschätzen und in Zukunft Verbesserungsvorschläge einhalten.	○○○○

Lernfeld: Multifunktionale Arbeitsplätze effizient organisieren

3.7 Lernaufgabe

Das firmeneigene Wiki bzw. Intranet der Büromöbel Hauser & Schulte GmbH ermöglicht es, sämtliche Informationen (Beiträge, Kommentare, Vordrucke, Termine etc.) aktuell und an einem Platz zu haben. Daneben stehen die Mitarbeiter des Betriebes untereinander im Dialog, d. h. sie geben möglichst rasch Informationen an einen oder mehrere Mitarbeiter weiter oder tauschen Informationen untereinander aus.

Meine Betreuerin, Frau Simone Torn, erklärt mir, dass vor einigen Jahren noch intern analog mittels „Interner Mitteilung, Internem Rundschreiben, Mitarbeiterzeitschriften, Aushängen am Schwarzen Brett" kommuniziert wurde. Diese Form der Mitarbeiterkommunikation wurde aber im Rahmen der Digitalisierung durch die E Mail ersetzt.

Frau Torn gibt mir den Auftrag, mich über die Kommunikation mittels E-Mail und über Trends bzw. alternative interne Kommunikationsinstrumente zu informieren. Sie erwartet, dass ich ihr die Ergebnisse maile und parallel dazu die anderen Auszubildenden Christine Kaiser, Christoph Braner, Nicole Mehldorn über den Sachverhalt informiere.

Wie schreibe ich eine geschäftliche E-Mail mit Empfehlungen zu neuen Trends der innerbetriebliche Team-Kommunikation?

Arbeitsauftrag

Einzelarbeit

1. **Informieren** Sie sich zum Thema Interne Kommunikation – E-Mail (Seite 167) mit den dazugehörigen Erläuterungen.

2. **Erstellen** Sie eine Dokument-Vorlage (Seite 301) für eine E-Mail in Tabellenform in Ihrem Textverarbeitungsprogramm, die die Leitwörter einer E-Mail und die Signatur der Büromöbel Hauser & Schulte GmbH enthält.

Partnerarbeit – Per Review

3. **Stellen** Sie sich gegenseitig Ihre E-Mail-Vorlagen vor und überarbeiten sie ggf.

4. **Speichern** Sie Ihre Dokument-Vorlage ab.

5. **Formulieren** Sie mind. fünf Vorgaben, die bei der E-Mail-Kommunikation zu beachten sind und tragen diese in den Textbereich Ihres E-Mail-Vordrucks ein. Nutzen Sie die Funktion Liste mit mehreren Ebenen (Seite 315).

6. **Speichern** Sie Ihre E-Mail unter einem aussagekräftigen Dateinamen ab.

Einzelarbeit

7. **Informieren** Sie sich über Kommunikation im Team (Seite 170).

8. **Ergänzen** Sie Ihre E-Mail hinsichtlich alternativen Kommunikationsinstrumenten und deren Nutzungsmöglichkeiten. Nutzen Sie auch hier die Funktion „Nummerierung oder Aufzählung".

DIN 5008
Gliederung von Zahlen
Telefon und Faxnummern
Postleitzahl
Postfach

3. Lernsituation: Eingehende Informationen digital aufbereiten und verwalten

9. **Schreiben** Sie eine E-Mail an Frau Torn. Der Aufbau der E-Mail-Adressen bei Büromöbel Hauser & Schulte sieht wie folgt aus: k.musterfrau@hauser-schulte.de (Initital des Vornamens.Nachname@hauser-schulte.de) und setzen dabei die Vorgaben zur E-Mail-Kommunikation um. Orientieren Sie sich am Bewertungsraster.

\multicolumn{3}{c}{**Bewertungsraster zu neuen Trends der innerbetrieblichen Team-Kommunikation**}
Aspekt	**Kriterien**	**Punkte**
Inhalt	Aus der Lernaufgabe den Grund für die E-Mail herausgefiltert und in der Einleitung genannt	
Inhalt	Vorgaben zur E-Mail-Korrespondenz bzw. die Bestandteile der E-Mail verständlich und prägnant erklärt	
Inhalt	Fachbegriffe verwendet und erläutert	
Inhalt	Trends der innerbetrieblichen Team-Kommunikation mittels Nummerierung/Aufzählung aufgelistet	
Inhalt	Abschließend detaillierte Erläuterung der Trends in der nächsten Azubi-Gesprächsrunde angekündigt	
E-Mail	E-Mail-Empfängeradressen im Kopf (Header) an entsprechender Stelle (An, Cc, Bcc) korrekt angegeben	
E-Mail	Aussagekräftigen Betreff formuliert	
E-Mail	Protokoll der Azubi-Gesprächsrunde im Anhang eingefügt	
E-Mail	E-Mail-Empfänger angeredet	
E-Mail	Text als Fließtext geschrieben und in sinngemäße Absätze gegliedert	
E-Mail	Gruß mit Signatur aufgeführt	
Präsentation	Sach- und zuhörergerecht präsentiert	
Präsentation	Thematik fachlich korrekt und an Beispielen erläutert	
Präsentation	Auf Fragen aus dem Publikum souverän reagiert und sicher aufgetreten	
Präsentation	Mögliche Verbesserungsvorschläge der Mitschüler(innen) aufmerksam angehört und nicht darauf mit Gegenargumenten reagiert bzw. versucht sich zu rechtfertigen	

10. **Hängen** Sie der E-Mail das Protokoll der letzten Azubi-Gesprächsrunde an.

11. **Bauen** Sie Ihren Text wie folgt auf:

Einleitung:	Grund der E-Mail
Hauptteil:	Vorgaben zur E-Mail-Korrespondenz, Alternativen und deren Nutzungsmöglichkeiten, Hinweis auf Datenschutz-Grundverordnung
Schluss:	Alternative Kommunikationsinstrumente werden Sie in der nächsten Azubi-Gesprächsrunde detailliert vorstellen. Das Protokoll der letzten Azubi-Gesprächsrunde befindet sich im Anhang.

Lernfeld: Multifunktionale Arbeitsplätze effizient organisieren

Partnerarbeit – (neue Tandemkonstellation)

12. **Kontrollieren** Sie den Aufbau der E-Mail Ihres Mitschülers und die Umsetzung der Vorgaben. Nutzen Sie dazu die Textverarbeitungsfunktion ÜBERPRÜFEN (Seite 335) und fügen Kommentare (Seite 336) ein, um Verbesserungen – auch hinsichtlich Formulierung, Rechtschreibung – vorzuschlagen.

13. **Schauen** Sie sich anschließend die Kommentare an, die Ihr Partner Ihnen hinsichtlich Ihrer E-Mail zurückgemeldet hat. Überarbeiten Sie Ihre E-Mail entsprechend und löschen anschließend die Kommentare.

14. **Teilen** Sie sich auf, wer die Umsetzung der Vorgaben in der E-Mail-Korrespondenz erläutert und wer die Alternativen zur betriebsinternen E-Mail.

Plenum

15. **Präsentieren** Sie Ihre E-Mail und erläutern die Umsetzung der Vorgaben in der E-Mail-Korrespondenz und die Alternativen zur E-Mail.

16. **Fordern** Sie vom Publikum eine Rückmeldung, ob Sie

    - mit der E-Mail einen positiven Eindruck bei Ihrer Betreuerin hinterlassen haben
    - kompetent hinsichtlich Fach- und Präsentationskompetenz wirkten
    - sach- und zuhörergerecht präsentierten

Einzelarbeit

17. **Schätzen** Sie Ihre Kompetenzen zu Geschäftliche E-Mail schreiben ein. Im privaten Bereich sind Sie sicher schon in einem hohen Level.

Kompetenzen	Geschäftliche E-Mail schreiben	Level
Informieren	Ich kann den Aufbau einer E-Mail und neue Trends der Team-Kommunikation erläutern.	○○○○
Planen	Ich kann eine E-Mail-Vorlage erstellen und Alternativen der Team-Kommunikation strukturieren.	○○○○
Entscheiden	Ich kann situationsbezogen entscheiden, welche Daten in den Kopf der E-Mail kommen und welche Trends der Teamkommunikation in die E-Mail aufnehmen sind.	○○○○
Durchführen	Ich kann die Geschäfts-E-Mail schreiben und überzeugend und zuhörerorientiert präsentieren.	○○○○
Kontrollieren	Ich kann durch Selbst- und Fremdwahrnehmung überprüfen, wie ich die Anforderungen erfüllt habe und ob die Präsentationsform angemessen war.	○○○○
Bewerten	Ich kann die Qualität meiner Präsentation einschätzen und in Zukunft Verbesserungsvorschläge einhalten.	○○○○

3. Lernsituation:
Eingehende Informationen digital aufbereiten und verwalten

3.8 Lernaufgabe – Reflexion

Die Lernsituation ist abgeschlossen und nun möchte ich in meinem persönlichen Portfolio (Handlungsprodukte und Reflexionen) meinen derzeitigen Lernzuwachs reflektieren. Dazu setzen ich mich mit folgenden Kerninhalten auseinander:

- Daten digital aufbereiten
- Eingehende E-Mails und Briefe mittels Dokumenten-Management-System verwalten
- Interne Kommunikationssysteme nutzen
- Besprechungen protokollieren
- Schriftstücke übersichtlich und rechtskonform aufbewahren
- Geschäfts-E-Mails schreiben

Welche Arbeitsprozesse erwarten mich bei der innerbetrieblichen Weitergabe eingehender Informationen?

Arbeitsauftrag

1. **Äußern** Sie sich aus den in der vergangenen Lernsituation gemachten Erfahrungen zu den einzelnen Kerninhalten.

2. **Nehmen** Sie Ihre erstellten Handlungsprodukte und die jeweiligen Kompetenzraster zu Hilfe (Vor- und Nachteile der Digitalisierung, Arbeitsanweisung zum Verwalten von E-Mails, Informationsblatt zum Digitalisieren eingehender Schriftstücke, Quiz zu Intranet und Wiki, Cloud-Computing, Checkliste zur Protokollführung und Protokollmaske, Kurzreferate, Handout, Quiz zur Registratur, E-Mail mit Vorgaben zur E-Mail-Korrespondenz und alternativen internen Kommunikationsinstrumenten).

3. **Geben** Sie in der Einleitung wieder, womit Sie sich in dieser Lernsituation beschäftigt haben.

4. **Stellen** Sie im Hauptteil Ihre Lernerfolge, -wege und -probleme dar.

5. **Ziehen** Sie am Schluss ein Fazit und stecken Sie sich neue Ziele.

6. **Gestalten** Sie Ihr Portfolio leserfreundlich, indem Sie Name, Datum … in die Kopfzeile eintragen, Ihre Gedanken in Abschnitte gliedern und mit Abschnittsüberschriften versehen.

Jour fixe (Beratungsgespräch mit Ihrer Lehrkraft)

7. **Erläutern** Sie anhand des Portfolios (Handlungsprodukte und Reflexion) Ihre Entwicklung.

Lernfeld: Multifunktionale Arbeitsplätze effizient organisieren

Arbeitsplan

Kompetenzen	▪ Ausgehende Informationen sortieren und die geeignete Datenübermittlung unter Berücksichtigung von Sicherheit, Vertraulichkeit, Schnelligkeit, Wirtschaftlichkeit und Rechtsverbindlichkeit auswählen ▪ Leistungskomponenten des Textverarbeitungsprogramms bedarfsgerecht und rationell nutzen ▪ Dokumente normgerecht und typografisch gestalten ▪ Kommunikationssysteme (E-Mail, Fax, Telefon) situationsgerecht nutzen
Inhalte	▪ Corporate Identity ▪ Vervielfältigungsmöglichkeiten ▪ Kundenorientiertes Verhalten am Telefon ▪ Telefonanlagen und Telefon-, Video- und Webkonferenzen ▪ Briefprodukte national, Päckchen, Pakete, Einschreiben und Varianten, Dialogpost, Waren- und Büchersendung ▪ Kommunikationssysteme (Post, E-Mail, De-Mail, Telefax)
Portfolio	▪ E-Mail-Policy - Richtlinien bei der E-Mail-Korrespondenz ▪ E-Mail mit Anhang ▪ Newsletter ▪ Telefax-Vordruck und Faxnachricht ▪ Katalog zu Vervielfältigungs- und Kommunikationsmöglichkeiten ▪ Checkliste zum kundenorientierten Verhalten am Telefon ▪ Telefon/Gesprächsnotiz-Online-Vordruck mit Notizen ▪ Merkblatt zur Voice-over-IP-Technologie ▪ Gesprächsnotiz zu ortsunabhängigen Konferenzen ▪ Handout, Simple Show ▪ Entscheidungsmatrix zur Auswahl Kommunikationssysteme
Textverarbeitung	▪ Fußnote ▪ Überprüfen – Kommentare ▪ Online-Formular ▪ Abbildung beschriften
Zeit	ca. 30–35 Stunden

Warm up

Welche Kommunikationsmittel eignen sich für die jeweiligen Bedingungen?

4. Lernsituation: Ausgehende Informationen professionell übermitteln

4.1 Lernaufgabe

Die Büromöbel Hauser & Schulte GmbH tritt täglich mit Kunden, Geschäftspartnern, Interessenten mittels Briefen (Papierform), E-Mails (elektronisch), Telefonaten und persönliche Beratungen in Kontakt. Der Kontakt nach außen ist die Visitenkarte des Unternehmens. Daher soll der Wiederkennungswert mithilfe einer einheitlichen Corporate Identity (CI) gestärkt und gesetzliche Vorschriften beachtet werden.

Zurzeit absolviere ich mein Praktikum in der Abteilung Absatz. Dort wird zurzeit das Projekt „Kommunikation nach außen – Steigerung des Wiedererkennungswertes von Büromöbel Hauser & Schulte GmbH durch ein einheitliches CI" durchgeführt. Ich werde meiner Betreuerin über die Schulter schauen und sie etwas unterstützen.

In der Definitionsphase des Projektes wurde der Ist-Zustand bei Hauser & Schulte analysiert. Dabei fiel auf, dass einzelne Abteilungen bzw. die Mitarbeiter ihre E Mails unterschiedlich gestalten. Einige Mitarbeiter fügten im Abschluss ihrer E-Mail das Firmenlogo ein, andere wiederum nicht. Zudem variierte der Sprachstil der E-Mails in den einzelnen Abteilungen und der Grad der Kundenorientierung.

Die Geschäftsführung bittet daher, Vorschläge (Soll-Konzept) für ein einheitliches Corporate Identity unter Beachtung der gesetzlichen Vorschriften im E-Mail-Verkehr einzureichen. Sie unterstützen dabei Ihre Praktikumsbetreuerin Kathrin Thome, die Leiterin der Abteilung Absatz ist.

Welche Richtlinien gelten bei der E-Mail-Korrespondenz hinsichtlich CI und gesetzlichen Vorgaben?

Arbeitsauftrag

Einzelarbeit

1. **Informieren** Sie sich zur Corporate Identity (Seite 172).
2. **Suchen** Sie sich ein Ihnen bekanntes Unternehmen aus und beschreiben Sie dessen Design, Communication und Behavior. Halten Sie Ihre Gedanken schriftlich fest.

Gruppenarbeit (Stammgruppe mit 3 Personen – Gruppenpuzzle Seite 293)

3. **Beschreiben** Sie nacheinander Ihren Mitschülern Ihr Wahlunternehmen hinsichtlich Gestaltung, Kommunikationsstrategien und dem Verhalten. (Variante: Beschreiben Sie nacheinander Ihren Mitschülern die Gestaltung, Kommunikationsstrategien und das Verhalten des von Ihnen gewählten Unternehmens und lassen Sie Ihre Mitschüler das Unternehmen erraten).
4. **Informieren** Sie sich zur Corporate Identity bei der E-Mail-Korrespondenz. Teilen Sie sich die die Themen innerhalb der Gruppe auf: A = Design, B = Communication und C = Behavior.
5. **Lesen** Sie sich in Ihr Teilthema gewissenhaft. Recherchieren Sie ggf. nach der Definition Ihnen nicht bekannter Fachbegriffe.

Lernfeld: Multifunktionale Arbeitsplätze effizient organisieren

Expertengruppe

6. **Tauschen** Sie sich hinsichtlich des von Ihnen gewählten Bestandteiles der Corporate Identity aus. Klären Sie dabei Fachbegriffe.

7. **Notieren** Sie Richtlinien (E-Mail-Policies) für die Mitarbeiter der Büromöbel Hauser & Schulte GmbH, die zu einem einheitlichen Erscheinungsbild in der E-Mail-Korrespondenz beitragen. Formulieren Sie die Richtlinien als eindeutige Vorgaben für die Mitarbeiter, also dass die Mitarbeiter genau wissen, woran sie sich halten müssen.

8. **Erläutern** Sie Fachbegriffe oder Fremdwörter in der Fußnote (Strg + Alt + F).

9. **Speichern** Sie Ihr Dokument unter einem aussagekräftigen Dateinamen ab.

Stammgruppe

10. **Stellen** Sie sich nacheinander die Richtlinien zur E-Mail-Korrespondenz in Bezug auf die drei Bestandteilen der CI vor.

11. **Listen** Sie alle Richtlinien in einem Dokument auf. Nutzen Sie dazu die Funktion Einfügen – Text aus Datei (Seite 325).

12. **Weisen** Sie in der Einleitung zu den Richtlinien auf den Zweck der E-Mail-Policy hin sowie die Gültigkeit und die Verbindlichkeit.

13. **Schließen** Sie Ihre E-Mail-Policy mit der Angabe eines Verantwortlichen mit Telefonnummer und E-Mail-Adresse ab, der zur Verfügung steht, wenn jemand unsicher ist, ob ein bestimmtes Verhalten eine Verletzung der Policy darstellt oder nicht. Beenden Sie die Richtlinien mit einer der Unternehmenskultur entsprechenden Grußformel.

Plenum

14. **Stellen** Sie dem Plenum Ihre E-Mail-Policy vor und geben dabei an, welche Richtlinien auf gesetzliche Vorgaben hinweisen. Lassen Sie sich eine Rückmeldung hinsichtlich Verständlichkeit, Vollständigkeit, Klarheit und Umsetzbarkeit geben.

Einzelarbeit (Hausaufgabe/Übung)

15. **Überarbeiten** Sie ggf. Ihre E-Mail-Policy.

16. **Schätzen** Sie Ihre Kompetenzen zu E-Mail-Policy erstellen ein.

4. Lernsituation: Ausgehende Informationen professionell übermitteln

Kompetenzen	E-Mail-Policy erstellen	Level
Informieren	Ich kann relevante Inhalte der Corporate Identity für die E-Mail-Korrespondenz erläutern.	▢▢▢▢
Planen	Ich kann die Inhalte der Corporate Identity und speziell das Corporate Design für die E-Mail-Korrespondenz strukturieren.	▢▢▢▢
Entscheiden	Ich kann situationsbezogen eigenständig entscheiden, welche Richtlinien in die E-Mail-Policy aufgenommen werden.	▢▢▢▢
Durchführen	Ich kann E-Mail-Policy schreiben und überzeugend und zuhörerorientiert präsentieren und dabei die Bedeutung der Corporate Identity für das Unternehmen erörtern.	▢▢▢▢
Kontrollieren	Ich kann durch Selbst- und Fremdbeurteilung mein Ergebnis ggf. optimieren.	▢▢▢▢
Bewerten	Ich kann die E-Mail-Policy in Zukunft für meine geschäftlichen E-Mails zu Hilfe nehmen, um die Richtlinien einzuhalten.	▢▢▢▢

© Kaspars Grinvalds – stock.adobe.com

Lernfeld: Multifunktionale Arbeitsplätze effizient organisieren

4.2 Lernaufgabe

Meine Betreuerin, Frau Kathrin Thome, ist begeistert von der E-Mail-Policy. Sie betont, dass diese Regeln bei der externen Unternehmenskommunikation, also dem Austausch mit Kunden oder Geschäftspartnern, beachtet werden müssen. Aber auch intern müsse die Unternehmenskommunikation gelebt werden und somit hätten auch intern die Regeln ihre Gültigkeit.

Heute arbeiten wir weiter im Projekt „Kommunikation nach innen und außen - Steigerung des Wiedererkennungswertes von Büromöbel Hauser & Schulte GmbH durch ein einheitliches CI". Frau Thome weist mich darauf hin, dass bei Projekten die Berücksichtigung aller am Projekt Beteiligten wichtig sei, damit das Projektergebnis bzw. –ziel von allen akzeptiert werde.

Sie bittet mich daher in ihrem Namen, die Richtlinien als Soll-Konzept im Rahmen des Projektes an alle Abteilungsleiter(innen) zu verschicken, damit diese ggf. Ergänzungen oder Änderungen dazu vorschlagen können.

Mir ist bekannt, dass die Geschäftsführung über den Verlauf der Projektarbeit informiert werden möchte.

Wie verfasse ich eine der E-Mail-Policy entsprechende E-Mail?

Arbeitsauftrag

Einzelarbeit

1. **Öffnen** Sie Ihren E-Mail-Vordruck (siehe Dokument der Lernaufgabe 3.7).

2. **Informieren** Sie sich ggf. wiederholend zum Aufbau einer E-Mail (Seite 167).

3. **Schreiben** Sie eine E-Mail an die Abteilungsleiter(innen) und stellen Sie Ihr Soll-Konzept in Form der E Mail-Policy bzw. -Richtlinien vor. Setzen Sie dabei die Vorgaben Ihrer Policy um. Gleichzeitig soll die Geschäftsführung über Ihr Konzept informiert werden.

   Geschäftsführung
   n.hauser@hauser-schulte.de
   j.schulte@hauser-schulte.de

   Abteilungsleiter
   m.thommes@einkauf.hauser-schulte.de
   u.alles@verwaltung.hauser-schulte.de
   m.kreuzer@personal.hauser-schulte.de
   k.decker@versand.hauser-schulte.de
   w.reiter@produktion.hauser-schulte.de

4. Lernsituation:
Ausgehende Informationen professionell übermitteln

4. **Bauen** Sie Ihren Text wie folgt auf:

Einleitung	Projekte „Steigerung [...] einheitliches CI" vorstellen Bisherige Tätigkeiten im Rahmen des Projektes (Ist-Analyse) nennen
Hauptteil	Verweis auf Soll-Konzept im Anhang Inhalt des Soll-Konzeptes
Schluss	Aufforderung zur Ergänzung oder Änderungen der Policy Rückmeldung bis zum XX.XX.20XX

5. **Kontrollieren** Sie, ob Sie die Vorgaben zum Aufbau einer E-Mail und die E-Mail-Richtlinien beachtet bzw. umgesetzt haben.

Per Review – Partnerarbeit

6. **Überprüfen** Sie den Aufbau der E-Mail eines Mitschülers und die Umsetzung der Richtlinien. Nutzen Sie dazu die Textverarbeitungsfunktion ÜBERPRÜFEN und fügen Kommentare ein, um dem Mitschüler Verbesserungen vorzuschlagen.

7. **Schauen** Sie sich anschließend die Kommentare an, die Ihr Partner Ihnen hinsichtlich Ihrer E-Mail zurückgemeldet hat.

8. **Überarbeiten** Sie Ihre E-Mail entsprechend.

Plenum

9. **Präsentieren** Sie Ihre E-Mail und erläutern dabei die Umsetzung der Richtlinien und was beim Aufbau einer E-Mail zu beachten ist.

10. **Geben** Sie dem Präsentator Rückmeldung, ob sich für den Empfänger der E-Mail ein eindeutiges Erscheinungsbild von Büromöbel Hauser & Schulte ergibt.

11. **Schätzen** Sie Ihre Kompetenzen zu Geschäftliche E-Mail unter Berücksichtigung der E-Mail-Policy schreiben ein.

Kompetenzen	Geschäftliche E-Mail mithilfe der E-Mail-Policy schreiben	Level
Informieren	Ich kann die E-Mail-Policy erläutern.	○○○○
Planen	Ich kann mithilfe der E-Mail-Policy den Inhalt der E-Mail planen.	○○○○
Entscheiden	Ich kann situationsbezogen entscheiden, welche Inhalte in die E-Mail aufgenommen werden.	○○○○
Durchführen	Ich kann eine E-Mail an mehrere Adressaten schreiben und überzeugend und zuhörerorientiert präsentieren.	○○○○
Kontrollieren	Ich kann durch Selbst- und Fremdwahrnehmung überprüfen, wie ich die Anforderungen erfüllt habe.	○○○○
Bewerten	Ich kann die E-Mail-Policy für meine geschäftlichen E-Mails zu Hilfe nehmen und eine Routine aufbauen.	○○○○

Lernfeld: Multifunktionale Arbeitsplätze effizient organisieren

4.3 Lernaufgabe

E-Mails und Newsletter gehören im geschäftlichen Bereich beim Kontakt nach außen zu einem wichtigen Kommunikationsmittel, mit dem Kunden und Ansprechpartner gezielt auf neue Produkte, Sonderaktionen etc. aufmerksam gemachet werden..

Die neue Möbelserie für die Einrichtung sogenannter Lounges, die als Kommunikations-, Arbeits- und Ruheraum genutzt werden können, ist fertig für den Verkauf. Die Kunden werden über diese Neuheit digital informiert. Parallel dazu werden die Loungemöbel im Rahmen einer Produktvorführung anlässlich der Kölnmesse „Future of Work Village" im übernächsten Monat vorgestellt.

Nach wie vor bin ich in der Abteilung Absatz eingesetzt. Meine Betreuerin, Frau Kathrin Thome, möchte die Stammkunden über die Neuigkeit in einem Newsletter informieren. Sie gibt mir den Auftrag, dass ich mich allgemein über Newsletter schlau mache und ihr anschließend einen Entwurf für die neue Möbelserie mit Ankündigung der Produktvorführung maile.

Wie informiere ich Kunden gezielt über neue Entwicklungen, Produkte oder Aktionen?

Arbeitsauftrag

Partnerarbeit

1. **Informieren** Sie sich zum Thema Newsletter (Seite 179). Teilen Sie sich die Textbearbeitung auf A: Kopf (Head/Preheader), B: Textbereich (Body), C: Fußbereich (Footer) und Versandzeit.

2. **Öffnen** Sie Ihren E-Mail-Vordruck (Lernaufgabe 3.7) und machen Sie sich in der Tabelle Notizen, was beim Versand von Mailings oder Newslettern im Kopf-, Text- und Fußbereich hinsichtlich Ihres Teilthemas zu beachten ist.

3. **Informieren** Sie Ihren Partner zu Ihrem Teilthema und lassen Sie ihn parallel dazu ergänzende Eintragungen in seinen E-Mail-Vordruck machen. Wechseln Sie sich ab.

Plenum

4. **Erläutern** Sie im Tandem, was bei einem Newsletter hinsichtlich Inhalt, Design, Gesetzgebung, Versandzeit zu beachten ist.

5. **Fordern** Sie Ihre Zuhörer auf, evtl. fehlende Informationen zu ergänzen.

Einzelarbeit

6. **Entwerfen** Sie einen Newsletter, der exemplarisch an den Kunden Rothenberg & Baumann gerichtet werden soll (siehe Kundenverzeichnis).

7. **Setzen** Sie die Informationen hinsichtlich Kopf-, Text- und Fußgestaltung um.

4. Lernsituation: Ausgehende Informationen professionell übermitteln

Partnerarbeit – Per Review

8. **Lesen** Sie den Newsletter Ihres Partners durch. Kontrollieren Sie, ob der Newsletter

   … Sie anspricht
   … neugierig macht
   … zur Handlung (Aktion) anregt
   … prägnant wichtige Informationen liefert
   … Corporate Design und Communication von Büromöbel Hauser & Schulte widerspiegelt
   … den gesetzlichen Anforderungen genügt

9. **Nutzen** Sie dazu das TV-Tool ÜBERPRÜFEN und fügen Sie an entsprechender Stelle einen Kommentar ein, um Ihrem Partner einen Verbesserungsvorschlag zu unterbreiten.

10. **Schauen** Sie sich die Kommentare an, die Ihr Partner Ihnen zu Ihrem Newsletter zurückgemeldet hat.

11. **Überarbeiten** Sie Ihren Newsletter entsprechend.

Plenum

12. **Präsentieren** Sie Ihren Newsletter und erläutern dabei, worauf Sie beim Inhalt, Layout und den rechtlichen Vorgaben geachtet haben. Geben Sie an, wann Sie den Newsletter verschicken würden.

13. **Fordern** Sie vom Publikum eine Rückmeldung zu den im 11. Arbeitsschritt genannten Fragen.

Einzelarbeit

14. **Überarbeiten** Sie ggf. Ihren Newsletter.

15. **Schätzen** Sie Ihre Kompetenzen zu Newsletter situationsgerecht einsetzen ein.

Kompetenzen	Newsletter situationsgerecht einsetzen	Level
Informieren	Ich kann das Kommunikationsinstrument Newsletter erläutern.	○○○○
Planen	Ich kann erklären, welche Daten in den Kopf- und Fußbereich des Newsletters kommen.	○○○○
Entscheiden	Ich kann situationsbezogen entscheiden, welche Inhalte in den Newsletter aufgenommen werden und welche Versandzeit geeignet ist.	○○○○
Durchführen	Ich kann einen Newsletter formulieren und überzeugend sowie zuhörer-/empfängerorientiert präsentieren.	○○○○
Kontrollieren	Ich kann mittels Kriterien überprüfen bzw. anderen eine Rückmeldung geben, ob die Anforderungen an Kopf-, Text- und Fußbereich sowie Versandzeit erfüllt wurden.	○○○○
Bewerten	Ich kann den Newsletter für verschiedene Situationen einsetzen.	○○○○

Lernfeld: Multifunktionale Arbeitsplätze effizient organisieren

4.4 Lernaufgabe

Dokumente werden in der Büromöbel Hauser & Schulte GmbH überwiegend am PC erstellt und nach außen elektronisch weitergeleitet. Allerdings gibt es immer wieder Dokumente, die nicht in digitaler Form vorliegen (z. B. Anmeldevordrucke, die handschriftlich auszufüllen sind). Um diese zu versenden, wird das Telefaxgerät genutzt. So wird nach außen hin kostengünstig, rechtsverbindlich und schnell kommuniziert, da sich die Mitarbeiter das Einscannen eines lediglich in Papierform vorliegenden Dokumentes ersparen können. Auch schon ausgedruckte Dokumente können ohne Umweg direkt per Fax versandt werden – Vorteil: der Empfänger hat es dann auch gleich ausgedruckt vorliegen.

Nachdem Frau Thome den Newsletter verschickt hat, legt sie mir drei handschriftlich angefertigte Standskizzen vor, die ich an den Messeveranstalter, das Unternehmen Future of Work, Frau Bettina Mentgen, faxen soll. Frau Thome erwartet, dass Frau Mentgen sie nach Vorlage der Skizzen telefonisch kontaktiert, um die weitere Vorgehensweise zu besprechen. Frau Mentgen ist telefonisch unter 0621 70019-313 zu erreichen und per Telefax unter 0621 70019-310.

Frau Thome weist mich darauf hin, dass Faxnachrichten immer mit einem Deckblatt verschickt werden, um dem Empfänger ggf. eine kurze Nachricht zu übermitteln und er direkt erkennt, von wem die Nachricht kommt und die Anzahl der eingegangenen Seiten kontrollieren kann.

Welche Anforderungen stelle ich an ein Fax-Formular?

Arbeitsauftrag

Einzelarbeit

1. **Erschließen** Sie die Informationen zum Telefax (Seite 181).

2. **Erstellen** Sie ein eine Faxvorlage. Gestalten Sie die Vorlage als Online-Formular (Seite 319) in einer Tabelle und fügen Sie Textfelder, Kontrollkästchen, Dropdownfelder und Datumsauswahl (Formular gestalten Seite 112) ein.

3. **Schützen** Sie Ihr Online-Formular mit der Bearbeitungseinschränkung „Ausfüllen von Formularen", damit es lediglich ausgefüllt, aber ansonsten nicht verändert werden kann.

4. **Speichern** Sie Ihr Dokument noch nicht als Dokument-Vorlage ab, sondern als Word-Dokument, das für alle weiteren Faxnachrichten verwendet werden kann.

Partnerarbeit

5. **Tauschen** Sie Ihre Online-Vordrucke aus und testen Sie, ob das Online-Formular Ihres Mitschülers vollständig ist und einfach ausgefüllt werden kann.

4. Lernsituation:
Ausgehende Informationen professionell übermitteln

6. **Füllen** Sie den Faxvordruck Ihres Mitschülers aus, um die Standskizzen an den Messeveranstalter zu faxen. Speichern Sie die Faxnachricht unter einem passenden Dateinamen ab.

7. **Geben** Sie sich eine Rückmeldung zur Tauglichkeit der Vordrucke und überarbeiten Sie das Formular ggf. Heben Sie dazu die Bearbeitungseinschränkung auf. Speichern Sie es anschließend als Dokument-Vorlage ab.

8. **Bereiten** Sie sich auf die Präsentation Ihrer Faxnachricht an den Messeveranstalter vor. Erläutern Sie dabei, wann eine Telefaxnachricht rechtsgültig ist und beschreiben Sie den Vorgang des Faxversandes.

Plenum

9. **Präsentieren** Sie Ihren blanko Fax-Vordruck und erläutern Sie die Tools Textfeld, Kontrollkästchen, Dropdownfeld und Datumsauswahl.

10. **Stellen** Sie die ausgefüllte Faxnachricht an den Messeveranstalter vor. Erläutern Sie dabei den Vorgang des Faxversandes und was hinsichtlich Rechtswirksamkeit zu beachten ist.

11. **Lassen** Sie sich vom Plenum eine Rückmeldung geben.

Einzelarbeit

12. **Überarbeiten** Sie ggf. Ihr Faxformular und die Faxnachricht an den Messeveranstalter.

13. **Schätzen** Sie Ihre Kompetenzen zu Fax-Formular gestalten ein. Sie haben mittlerweile schon mehrere Formulare erstellt und können sich sicher schon in einem höheren Level einstufen.

Kompetenzen	Fax-Formulare gestalten	Level
Informieren	Ich kann die Informationen zum Telefax und Online-Formular erklären.	○○○○
Planen	Ich kann die Informationen zum Telefax und Online-Formular strukturieren.	○○○○
Entscheiden	Ich kann situationsbezogen entscheiden, welche Inhalte in das Fax-Formular aufgenommen werden.	○○○○
Durchführen	Ich kann ein Fax-Formular mithilfe der Tabellenfunktion und Steuerelementen erstellen und die Vorgehensweise erläutern.	○○○○
Kontrollieren	Ich kann durch Selbst- und Fremdreflektion überprüfen, ob ich die Anforderungen erfüllt habe.	○○○○
Bewerten	Ich kann die Vorteile eines Fax-Formulars einschätzen.	○○○○

Lernfeld: Multifunktionale Arbeitsplätze effizient organisieren

4.5 Lernaufgabe

Büromöbel Hauser & Schulte möchte zukünftig nicht nur bei der Produktion ihrer Möbel, sondern auch beim Versand ausgehender Nachrichten intensiver ihr Leitbild „Wir stellen uns der Verantwortung für Mensch und Umwelt" leben. Beim Versand von Informationen, aber auch beim Vervielfältigen, werden Verbrauchsmaterialien wie Papier, Briefumschläge, Toner oder Tinte vergeudet. Mit einem weniger die Umweltbelastenden Verhalten und entsprechenden Kommunikationswegen, werden die Werte des Unternehmens zum Ausdruck gebracht. Dies ist wiederum Teil der Corporate Communication und des Corporate Behaviors.

Für meine Betreuerin, Frau Kathrin Thome, soll ich recherchieren, durch welche Maßnahmen generell Informationen umwelt- und ressourcenschonend sowie kosten- und energiesparend vervielfältigt und kommuniziert werden können. In Vorbereitung auf die jährlich stattfindende 5-tägige Messe „Future of work" soll ich ihr für die nachfolgenden Tätigkeiten konkrete Maßnahmen unterbreiten:

1. Das am Messestand eingesetzte Personal soll einen Zeit- und Einsatzplan erhalten.

2. Werbeplakate im DIN-A0-Format sollen am Messestand aufgehangen werden.

3. Das Personal soll einen zweiseitigen Kontaktbogen/Besuchsbericht am Messestand ausfüllen.

Welche Vervielfältigungs- und Kommunikationsmöglichkeiten empfehle ich Frau Thome, um die Kosten und Umweltbelastungen zu minimieren?

Arbeitsauftrag

Gruppenarbeit

1. **Erschließen** Sie den Informationstext Vervielfältigungsmöglichkeiten (Seite 199) arbeitsteilig

   A: Scanner, pdf.Datei, PC-Fax
   B: Drucker, Plotter
   C: Kopierer, Multifunktionsgeräte

2. **Listen** Sie Maßnahmen zu Ihren jeweiligen Vervielfältigungs- bzw. Kommunikationsmöglichkeiten auf, durch die ressourcensparend gearbeitet werden kann.

3. **Informieren** Sie Ihre Mitschüler(innen) über die von Ihnen herausgearbeiteten Einsparungsmöglichkeiten.

4. **Führen** Sie die Maßnahmen zu einer Liste bzw. einem Maßnahmenkatalog zusammen. Strukturieren Sie Ihren Maßnahmenkatalog und nutzen Sie die Aufzählungsfunktion. Beachten Sie die Regeln zur Typografie und das Corporate Design.

5. **Notieren** Sie unter den Maßnahmen Vorschläge, wie Frau Thome die drei Tätigkeiten im Rahmen der Messevorbereitung ressourcen- und umweltschonend erledigen sollte.

4. Lernsituation:
Ausgehende Informationen professionell übermitteln

Fishbowl

Stühle anordnen:	Innenkreis	4 bis 5 Diskussionsteilnehmer Praktikanten aus unterschiedlichen Tandems) 1 Moderator (Ausbilderin Frau Thome) 1 freier Stuhl
	Außenkreis	Beobachter

6. **Übernehmen** Sie entweder die Rolle

   - als **Praktikant** und schlagen Frau Thome generelle Maßnahmen vor, um ressourcen- und umweltschonender zu arbeiten. Zeigen Sie auf, welche Ressourcen und Kosten durch die Maßnahmen eingespart werden bzw. warum die Umwelt weniger belastet wird. Schlagen Sie ihr weiterhin spezielle Maßnahmen vor, die sie bei der Planung der Messe umsetzen kann.

   - als **Ausbilder/-in** und moderieren die Diskussionsrunde, d. h., Sie leiten die Diskussion ein, indem Sie den Grund für das Zusammentreffen nennen, koordinieren die Wortmeldungen, fragen nach, welche Kosten bei den einzelnen Maßnahmen minimiert werden bzw. ob die Umwelt weniger belastet wird und führen die Teilnehmer abschließend zu einem gemeinsamen Ergebnis.

   - als **Beobachter**, der zuhört, sich Notizen macht und ggf. kurz an der Diskussion teilnimmt und auf dem freien Stuhl im Innenkreis Platz nimmt.

7. **Bereiten** Sie sich auf Ihre Rolle vor und nutzen Sie Ihren Maßnahmenkatalog mit Vorschlägen für die Messe als Gesprächsleitfaden.

Plenum (Azubi-Gesprächsrunde mit Frau Thome)

8. **Führen** Sie die Diskussion in Ihrer Rolle durch.

9. **Äußern** Sie sich zum Verlauf der Diskussion.

10. **Schätzen** Sie Ihre Kompetenzen zu Vervielfältigungsmöglichkeiten ressourcensparend verwenden ein. Sie haben mittlerweile schon mehrere Informationsblätter und Arbeitsanweisungen erstellt und können sich sicher schon in einem höheren Level einstufen.

Lernfeld: Multifunktionale Arbeitsplätze effizient organisieren

Kompetenzen	Vervielfältigungsmöglichkeiten ressourcensparend verwenden	Level
Informieren	Ich kann Vervielfältigungsmöglichkeiten erklären und daraus resultierende Ressourceneinsparungen erörtern.	○○○○
Planen	Ich kann die Informationen zu den Vervielfältigungsmöglichkeiten strukturieren.	○○○○
Entscheiden	Ich kann situationsbezogen entscheiden, welche Vervielfältigungsmöglichkeiten für die einzelnen Messe-Informationsblätter sinnvoll sind und Argumente darlegen.	○○○○
Durchführen	Ich kann einen Maßnahmenkatalog erstellen und in der Diskussionsrunde überzeugend und begründet situationsbezogen Vervielfältigungsinstrumente vorschlagen.	○○○○
Kontrollieren	Ich kann den Prozess und das Ergebnis der Argumentationsstrategie überprüfen und ggf. meinen Maßnahmenkatalog verbessern.	○○○○
Bewerten	Ich kann in Zukunft ressourcensparend vervielfältigen und meine sachlichen Argumentationsstrategien situationsbezogen ändern.	○○○○

© Gstudio Templates – stock.adobe.com

4. Lernsituation:
Ausgehende Informationen professionell übermitteln

4.6 Lernaufgabe

Die Büromöbel Hauser & Schulte GmbH nutzt Newsletter und Messeauftritte, um für ihre Produkte zu werben und sich in der Öffentlichkeit darzustellen. Ein weiterer wichtiger Kommunikationskanal ist der persönliche Kontakt zum Kunden. Neben persönlichen Beratungsgesprächen im Unternehmen, beim Kunden oder bei Messen treten die Mitarbeiter(innen) telefonisch mit Kunden, Lieferanten etc. in Kontakt. Auch hier gilt es, das Corporate Identity zu beachten. Mit allen Instrumenten, mit denen die Mitarbeiter nach außen hin auftreten, hinterlassen sie einen Eindruck und der soll natürlich positiv sein.

Heute treffen sich die Praktikanten und Auszubildenden in der „Azubi-Gesprächsrunde". Frau Thome erklärt uns, dass von den Mitarbeitern der Büromöbel Hauser & Schulte GmbH Kommunikationskompetenz erwartet wird. Mithilfe von simulierten Gesprächssituationen will Sie unsere Kommunikationskompetenz fördern.

Wie telefoniere ich kundenorientiert?

Arbeitsauftrag

Einzelarbeit

1. **Erschließen** Sie das Thema Kundenorientiertes Verhalten am Telefon (Seite 208).
2. **Strukturieren** Sie die Informationen in einer Checkliste, die Ihnen bei der Vorbereitung, Durchführung und Nachbereitung eines Telefonates behilflich sein soll.

Partnerarbeit

3. **Kontrollieren** Sie die Checkliste Ihres Partners. Prüfen Sie, ob die aufgeführten Kriterien vollständig, verständlich, in einem einheitlichen Sprachstil verfasst sind. Fügen Sie mithilfe der TV-Funktion ÜBERPRÜFEN ggf. Ergänzungen oder Korrekturen ein.

Einzelarbeit

4. **Überarbeiten** Sie Ihre Checkliste entsprechend den Anmerkungen Ihres Partners.
5. **Erstellen** Sie ein Online-Formular für Ihre zukünftigen Telefonnotizen. Orientieren Sie sich dabei an der Vorlage Telefonnotiz. Fügen Sie eine Tabelle ein und nutzen Sie Steuerelemente (Seite 320) wie Textfelder, Kontrollkästchen, Dropdownfelder und Datumsauswahl.
6. **Schützen** Sie Ihr Online-Formular mit der Bearbeitungseinschränkung „Ausfüllen von Formularen", damit es lediglich ausgefüllt, aber ansonsten nicht verändert werden kann.

Partnerarbeit

7. **Testen** Sie das Online-Formular für Telefonnotizen Ihres Partners, indem Sie die Textfelder beispielhaft beschriften, die Kontrollkästchen anklicken, Inhalte aus den Dropdownfeldern auswählen und das Datum einfügen.

Lernfeld: Multifunktionale Arbeitsplätze effizient organisieren

8. **Besprechen** Sie mit Ihrem Partner mögliche Probleme und überarbeiten Sie ggf. Ihr Online-Formular.

9. **Bereiten** Sie sich mithilfe Ihrer Checkliste und der Telefonnotiz auf folgendes Telefonat vor:

   Rolle A: Mitarbeiter(in) der Büromöbel Hauser & Schulte GmbH

   Sie haben in Vorbereitung auf die Kölnmesse „Future of Work Village", die in der 11. Kalenderwoche stattfinden wird, der Druckhaus Neu GmbH den Auftrag zum Druck eines Roll-ups für die neue Loungemöbelserie erteilt. Die Lieferung wurde Ihnen bis zur 9. Kalenderwoche zugesagt. Leider ist das Roll-up noch nicht eingetroffen und in 10 Tagen startet Büromöbel Hauser & Schulte mit dem Aufbau des Messestandes.

   Rolle B: Mitarbeiter(in) der Druckhaus Neu GmbH

   Die Lieferung hat sich wegen einem Defekt an der Schneidemaschine, die den Bedruckstoff scannt und das Roll-up millimetergenau zuschneidet, verzögert. Sie haben deswegen gestern nach 17:30 Uhr telefonisch versucht, Ihren Kunden zu informieren. Leider haben Sie niemanden erreicht und wollten den Kunden gerade per E-Mail informieren, dass die Maschine zwischenzeitlich repariert wurde und das Roll-up für die neue Loungemöbelserie heute noch an Büromöbel Hauser & Schulte geliefert wird.

   Stimmen Sie sich ab, wer welche Rolle übernimmt, und üben Sie das Telefonat ein. Vermeiden Sie beim Einüben Blickkontakt, da dieser beim realen Telefonieren nicht gegeben ist.

Plenum

(Stellen Sie zwei Stühle mit den Stuhlrücken aneinander, damit die Gesprächspartner keinen Blickkontakt haben und somit nicht nonverbal kommunizieren können)

10. **Führen** Sie das Telefongespräch zwischen Büromöbel Hauser & Schulte und dem Druckhaus Neu.

11. **Lassen** Sie sich evtl. von einem Mitschüler mit Ihrem eigenen Handy filmen, um die Gesprächssituation selbst später zu analysieren. (optional)

12. **Protokollieren** Sie im Anschluss das Telefonat mithilfe Ihrer Telefonnotiz in der Rolle von A oder B. Entnehmen Sie die Kontaktdaten dem Lieferantenverzeichnis.

13. **Präsentieren** Sie Ihre Checkliste und geben dabei den Rollenspielern eine Rückmeldung zum Verlauf des Telefonates.

14. **Präsentieren** Sie Ihre Telefonnotiz und erläutern Sie dabei den Einsatz der Steuerelemente.

15. **Geben** Sie dem Präsentator eine Rückmeldung, ob die Telefonnotiz vollständig, korrekt, prägnant formuliert, sachbezogen, überschaubar und logisch gegliedert ist

Einzelarbeit

16. **Überarbeiten** Sie Ihren Online-Vordruck bzw. Ihre Notiz zum Telefonat.

17. **Schätzen** Sie Ihre Kompetenzen zu Kundenorientiert telefonieren ein.

4. Lernsituation:
Ausgehende Informationen professionell übermitteln

Kompetenzen	Kundenorientiert telefonieren	Level
Informieren	Ich kann die Vorbereitung, Durchführung und Nachbereitung eines Telefonates erklären.	○○○○
Planen	Ich kann Vorbereitung, Durchführung und Nachbereitung eines Telefonates in einer Checkliste strukturiert darstellen und für die Telefonate eine Telefonnotiz erstellen.	○○○○
Entscheiden	Ich kann mich mithilfe der Checkliste und Telefonnotiz auf ein Telefonat vorbereiten.	○○○○
Durchführen	Ich kann ein kundenorientiertes Telefonat unter Einhaltung der Gesprächsregeln führen.	○○○○
Kontrollieren	Ich kann ein Telefongespräch im Hinblick auf die Einhaltung der Gesprächsregeln analysieren.	○○○○
Bewerten	Ich kann die geführten Kundentelefonate einschätzen und bewerten.	○○○○

© pictwork – stock.adobe.com

Lernfeld: Multifunktionale Arbeitsplätze effizient organisieren

4.7 Lernaufgabe

Für die Messe „Future of Work" soll ein Messestand gebaut werden. Büromöbel Hauser & Schulte GmbH arbeitet seit Jahren mit dem Messebau-Unternehmen Mittermaier in Köln und der Beleuchtungstechnik Hebele in Düsseldorf zusammen. Frau Kathrin Thome möchte unterstützt durch den Geschäftsführer Joachim Schulte in einem ersten Gespräch mit beiden Unternehmen Ideen für den Messestand sammeln und Vorschläge zur Umsetzung besprechen. Beide Unternehmen führen Kundenbesuche nur in einem Umkreis von 100 km durch, sodass Frau Thome und Herr Schulte nach Köln oder Düsseldorf fahren müssen.

Weiterhin muss sie das Messepersonal briefen. Ihr steht ein Pool von Studenten/Studentinnen (Katrin Zang, Isabelle Weber, Luca Marzi, Niklas Feist) zur Verfügung, die auf Abruf bei Messen der Büromöbel Hauser & Schulte GmbH die Messebesucher an der Infothek begrüßen und am Stand bewirten.

Frau Thome weiß nicht mehr, wo ihr der Kopf steht, zumal ein Termin in Köln oder Düsseldorf für Herrn Schulte und sie bedeutet, dass mindestens ein halber Arbeitstag verloren geht. Das Messepersonal aus unterschiedlichen Studienstädten an einem Tag nach Trier einzuladen, um sie für ihre Messeaufgaben fit zu machen, gestaltet sich auch als schwierig. Hinzu kommt, dass sie sich mit den Funktionen der neuen Voice-over-IP-Telekommunikationsanlage auseinander setzen muss.

Frau Thome bittet mich, in ihrem und Herrn Schultes Kalender nach einem zeitnahen Termin nachzuschauen. Doch in den nächsten drei Wochen sind beide fast vollständig verplant.

Wie kann ich zeitsparend und ortsunabhängig ein Meeting mit mehreren Geschäftspartnern und Mitarbeitern durchführen?

Arbeitsauftrag

Einzelarbeit

1. **Informieren** Sie sich über Telefonanlage (Seite 202).
2. **Listen** Sie für Sie acht wichtige Merkmale der neuen Telefontechnik Voice over IP auf.
3. **Veranschaulichen** Sie die Textaussage durch eine passende Grafik, die die Technik zusätzlich erklärt.
4. **Beschriften** Sie die Grafik mit einem Bildtitel, der erklärt, was auf der Abbildung zu sehen ist (Abbildungen beschriften – Seite 326).

Partnerarbeit

5. **Tauschen** Sie sich mit Ihrem Partner über die zukünftige IP-Telefonie aus und geben Sie sich ein Feedback, ob die Abbildung die VoIP-Technik bildlich erklärt und die Bildbeschriftung eine Brücke zum Text herstellt.
6. **Überarbeiten** Sie Ihr Merkblatt.

4. Lernsituation:
Ausgehende Informationen professionell übermitteln

7. **Informieren** Sie sich arbeitsteilig über ortsunabhängige Meetings (Seite 205).

8. **Machen** Sie sich Notizen zu der von Ihnen erarbeiteten Konferenzart.

9. **Informieren** Sie sich gegenseitig über die drei Möglichkeiten der ortsunabhängigen Konferenzen.

10. **Entscheiden** Sie sich für passende Alternativen für Frau Thome, um das Konzept für den Messestand und das Briefing des Messpersonals zeit-, kostensparend, flexibel und umweltschonend zu erledigen.

Einzelarbeit

11. **Unterbreiten** Sie Frau Thome in einem Gespräch Alternativen für die Besprechung mit den Messestand-Planern und das Briefing des Messepersonals. Bereiten Sie sich mithilfe Ihres Vordrucks für Telefon- und Gesprächsnotizen (LA 4.6) auf das Gespräch vor, indem Sie Ihre Vorschläge notieren, die Umsetzung und Vorteile kurz erläutern. Informieren Sie Frau Thome zusätzlich über die IP-Telefonie mithilfe Ihres Merkblattes. Orientieren Sie sich am Bewertungsraster.

\multicolumn{3}{c}{**Bewertungsraster**}		
\multicolumn{3}{c}{**Alternativen zu klassischen Besprechungen und Schulungen**}		
Aspekt	**Kriterien**	**Punkte**
Gesprächsnotiz	Im Kopf der Gesprächsnotiz Angaben zum Gesprächspartner, Datum und Uhrzeit des Gesprächs notiert	
	Alternativen und deren Umsetzung festgehalten: ■ Besuch des Messebau-Unternehmens Mittermaier in Köln und der Beleuchtungstechnik Hebele in Düsseldorf sowie dem ■ Briefing der vier Studenten	
	Argumente für die Alternativen schriftlich fixiert	
	Mithilfe der Checkliste zum kundenorientierten Verhalten am Telefon bei der Einübung der Besprechungssituation dem Partner eine kritische Rückmeldung gegeben	
Gespräch	Gesprächspartner freundliche begrüßt	
	Mit einem Small-Talk eingestiegen	
	Angemessene Sprechgeschwindigkeit eingehalten	
	Gesprächspartner mit Namen angesprochen	
	Deutlich gesprochen	
	Alternativen zu herkömmlichen Besprechungen bzw. Briefings detailliert und verständlich aufgezeigt	
	Fragen an den Gesprächspartner gerichtet	
	Fachbegriffe verwendet und erläutert	
	Gesprächspunkte zusammengefasst	
	Weitere Vorgehensweise abgeklärt	

© Verlag Europa-Lehrmittel

Lernfeld: Multifunktionale Arbeitsplätze effizient organisieren

Partnerarbeit – Per Review

12. **Üben** Sie das Gespräch mit Frau Thome mithilfe Ihrer Gesprächsnotiz ein. Geben Sie sich gegenseitig eine Rückmeldung, ob die Vorschläge, deren Umsetzung und die daraus resultierenden Vorteile sowie die Informationen zur IP-Telefonie für Frau Thome deutlich und überzeugend erklärt wurden. Beachten Sie dabei die in Ihrer Checkliste zum kundenorientierten Verhalten am Telefon notierten Kriterien bei der Vorbereitung, Durchführung und Nachbereitung eines Gespräches.

Plenum

13. **Stellen** Sie Frau Thome Ihre Entscheidung, deren Umsetzung und die daraus resultierenden Vorteile vor und begründen Sie Ihre Entscheidung. Informieren Sie Frau Thome zusätzlich über die IP-Telefonie.

14. **Geben** Sie den Präsentatoren ein Feedback hinsichtlich der Auswahl zweckmäßiger Alternativen, der Erläuterung der Techniken und der Beachtung der Kriterien bei der Durchführung eines Telefonates bzw. Gespräches.

Einzelarbeit (Hausaufgabe)

15. **Überarbeiten** Sie ggf. Ihre Telefonnotiz

16. **Laden** Sie die

    Messestand-Planer:
    messebau@mittermaier.de; beleuchtungstechnik@hebele.de, j.schulte@hauser-schulte.de   bzw.

    Messpersonal:
    k.zang@gmx.com, i.weber@yahoo.de, l.marzi@t-online.de, n.feist@gmail.de

    per E-Mail zu einer Besprechung bzw. einem Briefing ein.

17. **Schätzen** Sie Ihre Kompetenzen zu Ortsunabhängigen Meetings planen ein. Mittlerweile haben Sie schon kundenorientierte Telefonate kennengelernt, sodass Sie sich sicher in einem höheren Level sich einschätzen können.

Kompetenzen	Ortsunabhängige Meetings planen	Level
Informieren	*Ich kann über die wichtigsten Merkmale der Telefontechnik Voice over IP und ortsunabhängige Konferenzen berichten.*	○○○○
Planen	*Ich kann Möglichkeiten von ortsunabhängigen Meetings und IP-Telefonie gegenüberstellen.*	○○○○
Entscheiden	*Ich kann mich mithilfe der Gesprächs- und Telefonnotiz auf das Gepräch über ortsunabhängige Meetings und IP-Telefonie mit Argumenten für meine situationsbezogene Entscheidung vorbereiten.*	○○○○
Durchführen	*Ich kann ein überzeugendes Gespräch zu meinem situationsbezogenen Vorschlag unter Einhaltung der Gesprächsregeln führen.*	○○○○
Kontrollieren	*Ich kann das Gespräch kriterienorientiert analysieren.*	○○○○
Bewerten	*Ich kann kundenorientierte Gespräche einschätzen und deren Stellenwert beurteilen.*	○○○○

4. Lernsituation: Ausgehende Informationen professionell übermitteln

4.8 Lernaufgabe

Nach wie vor ist auch der Brief noch ein wichtiges Kommunikationsmittel. Besonders wenn diese Versandart unter dem Aspekt der Sicherheit und Vertraulichkeit genutzt wird. Allerdings ist diese Möglichkeit wesentlich arbeitsaufwändiger als die elektronische Übermittlung.

Im Rahmen der „Azubi-Gesprächsrunde" berichtet Frau Thome, dass die Briefkosten (Material, Porto, Personal) durch ein schlankes Postmanagement reduziert werden müssten. Sie legt neben der Kosteneinsparung Wert auf schnellen, kostengünstigen, vertraulichen, sicheren und rechtsverbindlichen Transport der ausgehenden Informationen.

Im Rahmen von Workshops sollen wir uns untereinander über den zweckmäßigen Versand ausgehender Informationen schlau machen.

Workshop „Optimaler Transport von ausgehenden Informationen"

In Vorbereitung auf zukünftige Azubi-Projekte, die die Praktikanten gemeinsam mit den Auszubildenden durchführen sollen, legt uns Frau Thome Arbeitspakete vor, ein Instrument des Projektmanagements, bei dem es sich um eine geschlossene Aufgabenstellung handelt. Sie weist darauf hin, dass sich jeweils eine Person für ein Arbeitspaket verantwortlich erklären soll, aber die anderen Teammitglieder in die Bearbeitung mit einbinden kann. Der Workshop findet am _____ statt.

Thema meines Teams		Thema
☐	A	**Regulärer Transport mit Briefprodukten national** (Briefhüllenformate, Falzarten sowie Briefprodukte mit Maßen, Gewicht, Preisen)
☐	B	**Rechtssicherer Transport mit Einschreiben und Varianten** (Einschreibevarianten, Preise sowie Bürosituationen, in denen diese genutzt werden)
☐	C	**Günstiger Transport mit Dialogpost, Waren- und Büchersendung** (Versandarten, Preise sowie Bürosituationen, in denen diese genutzt werden)

Wie verschicke ich ausgehende Informationen in Papierform schnell, kostengünstig, sicher, vertraulich und rechtsverbindlich?

Arbeitsauftrag

Einzelarbeit

1. **Erschließen** Sie das Thema Ihres Teams – **A:** Seite 188 – **B:** Seite 189 – **C:** Seite 190.
2. **Recherchieren** Sie zusätzlich auf der Internetseite der Deutschen Post AG und besorgen Sie sich ggf. die Broschüre „Produkte und Preise auf einen Blick" bei der Deutschen Post AG.
3. **Sichten** Sie die vier Arbeitspakete auf den nächsten Seiten.

Lernfeld: Multifunktionale Arbeitsplätze effizient organisieren

Teamarbeit (3 bis 4 Personen) zu einem Workshop-Thema

4. **Besprechen** Sie die Inhalte zu Ihrem Teamthema.

5. **Teilen** Sie untereinander die Verantwortlichkeit zu den vier Arbeitspaketen auf und tragen Sie Ihren Namen entsprechend in das Formular ein.

6. **Besprechen** Sie als Arbeitspaketverantwortlicher die in Ihrem Arbeitspaket beschriebenen Tätigkeiten mit ihrem Team und klären Sie ab, bei welchen Tätigkeiten Sie Unterstützung benötigen und wer Ihnen zuarbeiten soll. Verteilen Sie dabei einzelne Tätigkeiten auf die Teammitglieder.

7. **Stimmen** Sie im Team den Zeitansatz der einzelnen Arbeitspakete ab, sodass Sie den Workshop zu Ihrem Thema termingerecht durchführen können. Notieren Sie Beginn und Ende in den einzelnen Arbeitspaketbeschreibungen.

8. **Kontrollieren** Sie als Arbeitspaketverantwortlicher die Einhaltung des Zeitansatzes.

Plenum

9. **Führen** Sie Ihren Workshop zum vereinbarten Termin durch.

10. **Lassen** Sie sich mithilfe des Feedbackbogens von den Teilnehmern eine Rückmeldung geben.

Feedback zum Workshop „Optimaler Transport von ausgehenden Informationen"			:)	:/	:(
Instrumente	Aspekte				
Handout	Inhalte vollständig, präzise und einprägsam aufbereitet				
	Informationen typografisch und entsprechend dem Corporate Design layoutet				
Simple Show	Inhalte verständlich und durchdacht dargestellt				
	Lebendige Geschichte, die die Inhalte leicht erklärt				
	Sprecher hat gut verständlich gesprochen				
	Bilder wurden passend zur Sprechtext eingeschoben				
	Handy wurde beim Filmen stabil gehalten				
Übungsaufgabe	Überwiegend verständliche W-Fragen formuliert				
	Quiz/Übungsaufgabe abwechslungsreich aufgebaut				
	Der Lernerfolg wurde durch das Quiz/ die Übungsaufgabe gesteigert				
Moderation	Ablauf des Workshops reibungslos geplant				
	Technik für Simple Show und Quiz funktionierte				
	Geplante Zeit eingehalten				
	Das Thema wurde von den Moderatoren sicher beherrscht				
	Bemerkung				

4. Lernsituation: Ausgehende Informationen professionell übermitteln

Arbeitspaketbeschreibung		
Projektname: Senkung der Briefkosten durch schlankes Postmanagement	**Projektleiter/in:** Kathrin Thome	
Arbeitspaket-Bezeichnung: Handout schreiben	**Arbeitspaket-Nummer:** 1	
Arbeitspaketverantwortlicher:	**Beginn:**	**Ende:**

Ergebnisse (Was genau soll bei diesem Arbeitspaket herauskommen?)

Den Teilnehmern des Workshops liegt ein ein- bis zweiseitiges Handout mit prägnanten Informationen zum Thema

- ☐ **A** **Regulärer Transport mit Briefprodukten national**
(Briefhüllenformate, Falzarten sowie Briefprodukte mit Maßen, Gewicht, Preisen)
- ☐ **B** **Rechtssicherer Transport mit Einschreiben und Varianten**
(Einschreibevarianten, Preise sowie Bürosituationen, in denen diese genutzt werden)
- ☐ **C** **Günstiger Transport mit Dialogpost, Waren- und Büchersendung**
(Versandarten, Preise sowie Bürosituationen, in denen diese genutzt werden)

vor, das dem Corporate Design der Büromöbel Hauser & Schulte GmbH und den typografischen Richtlinien entspricht.

Tätigkeiten (Was genau muss in diesem Arbeitspaket gemacht werden?)

- Handout im Entwurf schreiben
- Kriterien im Bewertungsraster beachten
- Handout entsprechend der Corporate Identity und den typografischen Richtlinien layouten
- Handout Korrektur lesen lassen
- Handout entsprechend der Teilnehmerzahl kopieren

Voraussetzungen (Welche Arbeitspaketergebnisse und Ressourcen benötigen wir?)

Broschüre der Deutschen Post, Internetzugang, Kopierer

Unterschrift Projektleiter/in	Unterschrift Arbeitspaket-Verantwortliche/r
Kathrin Thome	

Lernfeld: Multifunktionale Arbeitsplätze effizient organisieren

Arbeitspaketbeschreibung

Projektname:	**Projektleiter/in:**
Senkung der Briefkosten durch schlankes Postmanagement	Kathrin Thome

Arbeitspaket-Bezeichnung:	**Arbeitspaket-Nummer:**
Simple Show filmen	2

Arbeitspaketverantwortlicher:	**Beginn:**	**Ende:**

Ergebnisse (Was genau soll bei diesem Arbeitspaket herauskommen?)

Den Teilnehmern des Workshops liegt ein ein- bis zweiseitiges Handout mit prägnanten Informationen zum Thema

- ☐ **A** **Regulärer Transport mit Briefprodukten national**
  (Briefhüllenformate, Falzarten sowie Briefprodukte mit Maßen, Gewicht, Preisen)

- ☐ **B** **Rechtssicherer Transport mit Einschreiben und Varianten**
  (Einschreibevarianten, Preise sowie Bürosituationen, in denen diese genutzt werden)

- ☐ **C** **Günstiger Transport mit Dialogpost, Waren- und Büchersendung**
  (Versandarten, Preise sowie Bürosituationen, in denen diese genutzt werden)

vor, das kostengünstig, schnell, sicher und rechtsverbindliche Versand von Informationen in Papierform und Waren bei Büromöbel Hauser & Schulte erläutert, veranschaulicht und einprägsam vermittelt.

Tätigkeiten (Was genau muss in diesem Arbeitspaket gemacht werden?)

- Fakten zu dem Film dem Handout entnehmen
- im Internet ein Beispiel einer Simple Show anschauen
- Ideen sammeln und daraus eine Geschichte entwickeln. Möglichst eine Geschichte mit Happy End schreiben.
- Das Voice-over-Skript (Sprecherstimme) kurz und aktivierend schreiben.
- Folgendes in ein Storybook (Drehbuch) verpacken:
  – Szenen einteilen, Voice-over-Skript, also Sprechertext zuordnen
  – Bildideen sammeln
  – Szenenübergänge
- passende Grafiken suchen bzw. selbst anfertigen
- ruhigen Raum reservieren und weißes Plakat besorgen
- Kriterien im Bewertungsraster beachten
- Drehablauf proben mit Sprecher und der Person, die die Grafiken ins Bild schiebt
- Story mit Handy filmen – ggf. Musik und Soundeffekte hinzufügen
- Dauer der Simple Show erfassen

Voraussetzungen (Welche Arbeitspaketergebnisse und Ressourcen benötigen wir?)

Internetzugang, Handy, weißes Plakat, ruhiger Raum

Unterschrift Projektleiter/in	Unterschrift Arbeitspaket-Verantwortliche/r
Kathrin Thome	

4. Lernsituation: Ausgehende Informationen professionell übermitteln

Arbeitspaketbeschreibung			
Projektname: Senkung der Briefkosten durch schlankes Postmanagement	**Projektleiter/in:** Kathrin Thome		
Arbeitspaket-Bezeichnung: Übungsaufgabe Quiz konzipieren	**Arbeitspaket-Nummer:** 3		
Arbeitspaketverantwortlicher:	**Beginn:**		**Ende:**

Ergebnisse (Was genau soll bei diesem Arbeitspaket herauskommen?)

Den Teilnehmern des Workshops liegt ein ein- bis zweiseitiges Handout mit prägnanten Informationen zum Thema

- ☐ **A** **Regulärer Transport mit Briefprodukten national** (Briefhüllenformate, Falzarten sowie Briefprodukte mit Maßen, Gewicht, Preisen)
- ☐ **B** **Rechtssicherer Transport mit Einschreiben und Varianten** (Einschreibevarianten, Preise sowie Bürosituationen, in denen diese genutzt werden)
- ☐ **C** **Günstiger Transport mit Dialogpost, Waren- und Büchersendung** (Versandarten, Preise sowie Bürosituationen, in denen diese genutzt werden)

vor. Es sind mind. drei Übungsaufgaben bzw. Quizfragen gegeben, mit denen geprüft wird, ob sie die ausgehende Post bei Büromöbel Hauser & Schulte kostengünstig, schnell, sicher und rechtsverbindlich verschicken können.

Tätigkeiten (Was genau muss in diesem Arbeitspaket gemacht werden?)

- W-Fragen entsprechend den Inhalten des Handouts und der Simple Show auflisten
- Die Übung ggf. als Multiple-Choice-Test konzipieren
- kostenlosen Anbieter zum Erstellen eines Quiz heraussuchen bzw.
- alternative Übungsaufgabe erstellen
- Kriterien im Bewertungsraster beachten
- Pretest durchführen und eine fremde Person das Quiz/die Aufgabe testen lassen
- Verständlichkeit und Vollständigkeit prüfen
- Zeitbedarf für das Erstellen ermitteln
- Info an AP4-Verantwortlichen weitergeben

Voraussetzungen (Welche Arbeitspaketergebnisse und Ressourcen benötigen wir?)

Handout aus AP1 und Simple Show aus AP2, Internetzugang, Quiz-Software

Unterschrift Projektleiter/in	Unterschrift Arbeitspaket-Verantwortliche/r
Kathrin Thome	

Lernfeld: Multifunktionale Arbeitsplätze effizient organisieren

Arbeitspaketbeschreibung			
Projektname: Senkung der Briefkosten durch schlankes Postmanagement	**Projektleiter/in:** Kathrin Thome		
Arbeitspaket-Bezeichnung: Moderation planen	**Arbeitspaket-Nummer:** 4		
Arbeitspaketverantwortlicher:	**Beginn:**		**Ende:**

Ergebnisse (Was genau soll bei diesem Arbeitspaket herauskommen?)

Der Ablauf des Workshops ist methodisch vorbereitet und in einem Moderationsplan dokumentiert, aus dem die einzelnen Tätigkeiten, sprich der Ablauf, mit Moderator, Hilfsmittel sowie Zeit hervorgehen.

Zudem ist der Raum mit der passenden Stuhlanordnung vorbereitet und die problemlose Anzeige der Simple Show und das Quiz getestet.

Tätigkeiten (Was genau muss in diesem Arbeitspaket gemacht werden?)

- AP2 und AP3-Verantwortlichen nach Zeitbedarf und Hilfsmittel fragen
- Tabelle mit den Leitbegriffen Tätigkeit, Moderator, Hilfsmittel, Zeit erstellen
- Ablauf des Workshops in der Tabelle genau dokumentieren
- Moderationsplan allen Beteiligten aushändigen
- Workshop entsprechend dem Moderationsplan einüben
- Rückmeldung anhand der Kriterien im Bewertungsraster untereinander gegeben Raum für die geplante Dauer des Workshops reservieren
- Raum am Tag des Workshops einrichten und Technik testen

Voraussetzungen (Welche Arbeitspaketergebnisse und Ressourcen benötigen wir?)

Informationen der AP2- und AP3-Verantwortlichen, Raum

Unterschrift Projektleiter/in *Kathrin Thome*	Unterschrift Arbeitspaket-Verantwortliche/r

4. Lernsituation:
Ausgehende Informationen professionell übermitteln

11. **Schätzen** Sie Ihre Kompetenzen zur Teamarbeit mit dem Projekt: Workshop „Optimaler Transport von ausgehenden Informationen" ein.

Kompetenzen	Kooperativer und wertschätzender Umgang im Team	Level
Informieren	Ich kann im Team die Führungsrolle als Arbeitspaketverantwortlicher übernehmen und anhand der beschriebenen Tätigkeiten einschätzen, ob ich ggf. weitere Unterstützung benötige.	○○○○
Planen	Ich kann Informationen zum Arbeitspaket verantwortungsbewusst und termingerecht sammeln, strukturieren und aufbereiten.	○○○○
Entscheiden	Ich kann als Verantwortlicher situationsbezogen das in meinem Arbeitspaket angestrebte Ergebnis bzw. Produkt allein oder kooperativ entwerfen und dabei unterschiedliche Meinungen/Vorschläge respektieren.	○○○○
Durchführen	Ich kann die Tätigkeiten des Arbeitspaketes termingerecht ausführen und mit meinen Teammitgliedern abstimmen.	○○○○
Kontrollieren	Ich kann anhand des Bewertungsrasters überprüfen, ob das Arbeitspaket den Anforderungen entspricht und meine Teammitglieder dem zustimmen.	○○○○
Bewerten	Ich kann die Qualität des Arbeitspakets einschätzen und diese evtl. verändern.	○○○○

1. **Schätzen** Sie Ihre Kompetenzen zum Ausgehende Informationen unter Berücksichtigung von Sicherheit, Vertraulichkeit, Schnelligkeit, Wirtschaftlichkeit und Rechtsverbindlichkeit übermitteln ein.

Kompetenzen	Ausgehende Informationen übermitteln	Level
Informieren	Ich kann den regulären, rechtssicheren und günstigen Transport von Briefen und Waren beschreiben.	○○○○
Planen	Ich kann die Inhalte zu den Themen regulärer, rechtssicherer und günstiger Transport von Briefen und Waren strukturieren.	○○○○
Entscheiden	Ich kann entscheiden, welche Inhalte in das Handout, für die Simple Show und die Übungsaufgaben aufgenommen werden.	○○○○
Durchführen	Ich kann die Materialien für den Workshop (Handout, Simple Show, Quiz, Moderationsplan) erstellen, den Workshop zeit- und ablaufgerecht durchführen und mithilfe des Bewertungsrasters reflektieren lassen.	○○○○
Kontrollieren	Ich kann mithilfe des Bewertungsrasters überprüfen, ob der Workshop den Anforderungen entspricht und meine Teammitglieder dem zustimmen.	○○○○
Bewerten	Ich kann die Qualität des Workshops einschätzen und diese evtl. verändern.	○○○○

Lernfeld: Multifunktionale Arbeitsplätze effizient organisieren

4.9 Lernaufgabe

Nach den Workshops fühle ich mich nun viel sicherer, und dies nicht nur beim Arbeiten in der Poststelle, sondern auch in den übrigen Abteilungen. Nun weiß ich, wann ich ein Dokument wirklich rechtssicher per Einschreiben verschicken sollte. Auch kann ich beim Versenden unserer Print-Werbemittel (z. B. Unternehmensmagazin, Flyer) die Kosten mit der richtigen Versandart erheblich reduzieren.

Nach den gelungenen Workshops erklärt uns Frau Thome, dass vor allem die Auswahl der geeigneten Kommunikationssysteme entscheidend ist, um sicher, vertraulich, schnell, wirtschaftlich und rechtsverbindlich zu kommunizieren. Sie will mittels der Postkorbmethode testen, ob wir in der Lage sind, die passenden Kommunikationssysteme auszuwählen. Die Postkorbmethode wird häufig im Assessment-Center eingesetzt, um die Entscheidungs-, Lösungs-, Argumentations- und Stresskompetenz der Bewerber zu prüfen.

Bei der Postkorbmethode sollen wir uns zuerst einen Überblick über die im Postkorb befindlichen Sendungen verschaffen, ein zweckmäßiges Kommunikationssystem entsprechend den Entscheidungskriterien Sicherheit, Rechtsverbindlichkeit, Kosteneinsparung, Schnelligkeit auswählen und unsere Entscheidung begründen. In einer abschließenden Diskussionsrunde will Sie unsere Entscheidungs-, Lösungs- und Argumentationskompetenz prüfen. Sie verzichtet darauf, unsere Stresstoleranz unter Belastung durch Vorgabe eines knappen Bearbeitungslimits zu testen.

Im Postkorb befinden sich folgende Sendungen:

1. dreiseitige Auftragsbestätigung an einen Kunden (18,6 g)
2. monatliche Informationen an Kunden über Angebote des Büromöbelherstellers
3. 4.232 Werbebriefe gleichen Inhalts mit Gratismustern bundesweit an Kunden (DIN lang, 25 g)
4. Schreibtischlampe mit Rechnung an Kunden (100 x 50 x 50 cm, 3 kg)
5. handschriftlich ausgefülltes Anmeldeformular für die Teilnahme an der Ausbildermesse an den Messeveranstalter
6. Mehrere Silber-Füllfederhalter mit Rechnung über 1.250 EUR an Kunden (15 x 20 x 12 cm, 650 g)
7. Absage auf eine Bewerbung an den Bewerber (B4 – 450 g)
8. Zweiseitiges Angebot über Aktenvernichter auf eine terminierte Ausschreibung der Stadtverwaltung, bei der das Angebot bis zum heutigen Tag eingereicht werden soll (15,6 g)
9. Moderationsmaterial mit Rechnung an einen Kunden (21 x 30 x 12 cm, 480 g)
10. einseitige Kündigung eines Arbeitsverhältnisses an einen Mitarbeiter (8,6 g)
11. dreiseitige Kundenumfrage an 195 Geschäftspartner im Umkreis von Trier (18 g).
12. Zusendung eines Kfz-Briefes an den Leasinggeber (DIN C5 – 25 g)
13. Einladung an zwei Kollegen zu einer Teamsitzung

Welches Kommunikationsmittel wähle ich, um den Anforderungen an Schnelligkeit, Sicherheit, Rechtsverbindlichkeit, Kosteneinsparung sowie Vertraulichkeit zu beachten?

4. Lernsituation: Ausgehende Informationen professionell übermitteln

Arbeitsauftrag

1. **Informieren** Sie sich über das Kommunikationmittel De-Mail (Seite 192).
2. **Notieren** Sie die wesentlichen Merkmale der De-Mail-Nutzung.

Partnerarbeit

3. **Erläutern** Sie untereinander, warum eine De-Mail-Nachricht die Eigenschaften „vertraulich, schnell, günstig und rechtsverbindlich" erfüllt.
4. **Erstellen** Sie eine Entscheidungsmatrix, die Ihnen in der späteren Diskussion als Argumentationshilfe dienen soll.
5. **Fügen** Sie dazu eine 6-spaltige Tabelle ein. Beschriften Sie die Spalten mit den Leitwörtern „Sendungen, Post, E-Mail, De-Mail, Telefax, Argumente". Richten Sie das Seitenlayout im Querformat ein.
6. **Tragen** Sie die oben aufgeführten Sendungen jeweils in eine Zeile der Tabelle ein und kreuzen das entsprechende Kommunikationssystem an, mit dem sie die Sendung versenden würden.
7. **Halten** Sie die entscheidungsrelevanten Fakten zu jeder Sendungsart in der Spalte Argumente fest.

Gruppenarbeit (zwei Tandems)

8. **Stellen** Sie sich gegenseitig Ihre Übersicht vor und diskutieren über Ihre jeweilige Entscheidung.
9. **Überarbeiten** Sie ggf. Ihre Entscheidungsmatrix und drucken Sie sie als Argumentationshilfe aus.

Fishbowl

Stühle anordnen:	Innenkreis	4–5 Diskussionsteilnehmer Praktikanten aus unterschiedlichen Tandems) 1 Moderator (Ausbilderin Frau Thome) 1 freier Stuhl
	Außenkreis	Beobachter

10. **Übernehmen** Sie entweder die Rolle
    - als Praktikant/Azubi und legen Ihre Entscheidungen hinsichtlich zweckmäßiger Kommunikationskanäle dar. Vertreten Sie Ihre Entscheidung.
    - als Ausbilder/-in und moderieren die Diskussionsrunde, d. h. Sie leiten die Diskussion ein, indem Sie den Grund für das Zusammentreffen nennen, koordinieren die Wortmeldungen und führen die Teilnehmer abschließend zu einem gemeinsamen Ergebnis.
    - als Beobachter, der zuhört, sich Notizen macht und ggf. kurz an der Diskussion teilnimmt und auf dem freien Stuhl im Innenkreis Platz nimmt.

Lernfeld: Multifunktionale Arbeitsplätze effizient organisieren

11. **Bereiten** Sie sich auf Ihre Rolle vor und nutzen Ihre Entscheidungsmatrix als Argumentationshilfe.

Plenum (Azubi-Gesprächsrunde mit Frau Thome)

12. **Führen** Sie die Diskussion in Ihrer Rolle durch.

13. **Äußern** Sie sich zum Verlauf der Diskussion.

Partnerarbeit

14. **Ermitteln** Sie die Postgebühren für die Informationen, die Sie per Post weiterleiten würden (Broschüre oder Homepage der Deutschen Post AG). Erstellen Sie in Excel eine tabellarische Übersicht (Sendungen, Stückzahl, Briefhüllenformat/Größe, Gewicht, Versandart, Zusatzleistungen, Zusatzkosten/MwSt, Einzelpreis inkl. Zusatzleistung/MwSt, Gesamtpreis) und berechnen Sie die Gesamtkosten.

15. **Bereiten** Sie sich auf die Präsentation vor. Erläutern Sie Ihre Berechnungen und Vorgehensweise (Formeln – Grundrechenarten) in Excel.

Plenum

16. **Präsentieren** Sie Ihre Excel-Tabelle mit den Gebühren für die ausgehenden Sendungen.

17. **Geben** Sie dem Tandem ein Feedback zu den ermittelten Postgebühren und machen Sie ggf. Vorschläge, wie die Sendungen kostengünstiger bzw. sicherer versandt werden können.

Einzelarbeit

18. **Korrigieren** Sie ggf. Ihre Tabelle

19. **Schätzen** Sie Ihre Kompetenzen zu Situationsbezogene Kommunikationsmittel wählen ein.

Kompetenzen	Kooperativer und wertschätzender Umgang im Team	Level
Informieren	Ich kann verschiedene Kommunikationsmittel erklären.	o○○○
Planen	Ich kann verschiedene Kommunikationsmittel in einer Tabelle gegenüberstellen.	o○○○
Entscheiden	Ich kann entscheiden, welche Sendung mit welchem Kommunikationsmittel versandt wird und dies auch begründen.	o○○○
Durchführen	Ich kann mit guten Argumenten in einer Diskussionsrunde begründen, welche Sendung mit welchen Kommunikationsmitteln versandt werden.	o○○○
Kontrollieren	Ich kann den Prozess überprüfen und ggf. meine Entscheidung für ein Kommunikationsmittel ändern.	o○○○
Bewerten	Ich kann reflektieren, ob meine Wahl zu den Kommunikationsmitteln in Ordnung war oder ob ich ggf. Änderungen vornehmen muss.	o○○○

4. Lernsituation: Ausgehende Informationen professionell übermitteln

4.10 Lernaufgabe – Reflexion des Lernzuwachses

Die vierte Lernsituation ist abgeschlossen und nun möchten Sie in Ihrem persönlichen Portfolio (Handlungsprodukte und Reflexionen) Ihren derzeitigen Lernzuwachs reflektieren. Dazu setzen Sie sich mit folgenden Kerninhalten auseinander:

- Corporate Identity – Aussehen, Kommunikation, Verhalten – widerspiegeln
- Kundenpflege und -kontakt mittels Newsletter und Telefon nutzen
- Kommunikationssysteme – Telefax, Telefon situationsgerecht einsetzen
- Ressourcen-, kosten- und umweltschonende Vervielfältigungs- und Kommunikationsmöglichkeiten auswählen
- Telefonate und Gespräche schriftlich festhalten
- ortsunabhängige Konferenzen planen
- ausgehende Informationen optimal transportieren

Was müssen Sie bei ausgehenden Informationen aus Betriebs- und Kundensicht berücksichtigen?

Arbeitsauftrag

1. **Äußern** Sie sich aus den in der vergangenen Lernsituation gemachten Erfahrungen zu den einzelnen Kerninhalten.
2. **Nehmen** Sie Ihre erstellten Handlungsprodukte und die jeweiligen Kompetenzraster zu Hilfe (E-Mail-Policy, Newsletter, Vordrucke für Telefax, Telefon- und Gesprächsnotizen, Maßnahmenkatalog, Workshop-Unterlagen, Entscheidungsmatrix).
3. **Geben** Sie in der Einleitung wieder, womit Sie sich in dieser Lernsituation beschäftigt haben.
4. **Stellen** Sie im Hauptteil Ihre Lernerfolge, -wege und -probleme dar.
5. **Ziehen** Sie am Schluss ein Fazit und stecken Sie sich neue Ziele.
6. **Gestalten** Sie Ihr Portfolio leserfreundlich, indem Sie Name, Datum … in die Kopfzeile eintragen, Ihre Gedanken in Abschnitte gliedern und mit Abschnittsüberschriften versehen.

Jour fixe (Beratungsgespräch mit Ihrer Lehrkraft)

7. **Erläutern** Sie anhand des Portfolios (Handlungsprodukte und Reflexion) Ihre Entwicklung.

Lernfeld: Multifunktionale Arbeitsplätze effizient organisieren

Arbeitsplan

Kompetenzen	- Stakeholderanalyse durchführen - Projektziele smart formulieren - Ideen mit Kreativmethoden finden - Projektantrag erstellen - Arbeitspakete, Projektstrukturplan und Zeitplan zur systematischen Projektplanung einsetzen - Projektstatusberichte und Protokolle erstellen - Abweichungen analysieren - Zielerreichung überprüfen - Projektabschlussbericht inkl. lessons-learned verfassen
Inhalte	- Projektphasen und -ziele - Stakeholderanalyse - Meetings (Start-up-, Kick-off-, Meilenstein-Meeting) - Projektstrukturplan, Arbeitspakete, Gantt-Diagramm - Projektcontrolling - Projektdokumentation
Portfolio	- Stakeholderanalyse - Projektantrag - Planungsunterlagen: Arbeitspaketbeschreibungen, Projektstrukturplan, Gantt-Diagramm - Schulungsunterlagen - Projektabschlusspräsentation - Projektabschlussbericht
Zeit	ca. 25 Stunden

Ein erfolgreiches Projekt setzt sic© Jeanette Dietl - stock.adobe.comusammen ...

© Liv Friis-larsen – stock.adobe.com

Qualität
- Planungstechniken
- Fachkompetenz
- Dokumentation
- ...

Termin
- Zeitplanung
- Meilensteine
- ...

Projektteam
- Aufgabenstellung
- Verantwortung
- Zuverlässigkeit
- Kommunikation
- ...

Kosten
- Finanzmittel
- Arbeitskraft
- Ressourcen
- ...

5. Lernsituation: Interne Veranstaltungen mithilfe des Projektmanagements organisieren

5.1 Lernaufgabe

Herr Wort arbeitet in der Verwaltung und ist für alle innerbetrieblichen Veranstaltungen bei Büromöbel Hauser & Schulte GmbH verantwortlich. In den nächsten Wochen arbeite ich an seiner Seite. Er berichtet mir, dass seine Aufgabe ihm sehr viel Spaß bereitet. Er benutzt die Instrumente des Projektmanagements, um Projekte bzw. seine Veranstaltungen strukturiert durchzuführen. Er möchte mir gerne von seinen Erfahrungen etwas mitgeben.

Als nächstes Projekt hat Herr Wort von der Geschäftsleitung den Auftrag bekommen, eine Veranstaltung mit Aktivitäten zu planen, die das „Wir-Gefühl der Mitarbeiter" stärkt und somit weiter das Corporate Bahaviour des Unternehmens fördert.

In Zukunft werde ich mit zwei weiteren Mitarbeitern aus dem Unternehmen an diesem Projekt zusammenarbeiten und ein Projektteam bilden. Herr Wort gibt uns den Auftrag, sich zunächst allgemein über innerbetriebliche Veranstaltungen zu informieren und anschließend ihm konkret zwei Vorschläge zur Förderung des „Wir-Gefühl der Mitarbeiter zu stärken" zu unterbreiten.

Welche Veranstaltungsarten eignen sich zur Verbesserung des „Wir-Gefühls der Mitarbeiter?"

Arbeitsauftrag

Einzelarbeit (ggf. Hausaufgabe)

1. **Erschließen** Sie den Informationstext Innerbetriebliche Veranstaltungen (Seite 193).
2. **Wählen** Sie eine Veranstaltungsart aus, die sich für das Projektziel Aktivitäten für „Wir-Gefühl der Mitarbeiter zu stärken" eignet. Lassen Sie sich ggf. mithilfe des Internets inspirieren.
3. **Skizzieren** Sie kurz Ihre Vorstellungen der Zielsetzung (Inhalte und Aktivitäten) der Veranstaltung.

Tandem

4. **Tauschen** Sie sich untereinander aus und **entwickeln** Sie ein gemeinsames Veranstaltungskonzept mit den passenden Zielsetzungen.
5. **Schreiben** Sie eine Empfehlungs-E-Mail mit Ihrem Veranstaltungskonzept an Herrn Wort.
6. **Bereiten** Sie sich auf das Gespräch mit Herrn Wort vor, indem Sie Argumente nennen, die zu Ihrer Empfehlung geführt haben.

Plenum

7. **Sprechen** Sie mit Herrn Wort über die Zielsetzungen und die Veranstaltungsart.
8. **Lassen** Sie sich von Ihren Mitschülern ein Feedback geben.

Lernfeld: Multifunktionale Arbeitsplätze effizient organisieren

9. **Schätzen** Sie Ihre Kompetenzen zu Innerbetriebliches Veranstaltungskonzept entwerfen ein.

Kompetenzen	Innerbetriebliches Veranstaltungskonzept entwerfen	Level
Informieren	Ich kann verschiedene innerbetriebliche Veranstaltungsarten erklären.	○○○○
Planen	Ich kann verschiedene innerbetriebliche Veranstaltungsarten auswählen, die sich für Teamaktivitäten eignen.	○○○○
Entscheiden	Ich kann mich situationsbezogen für eine Veranstaltungsart entscheiden und deren Ablauf mit allen Aktivitäten skizzieren.	○○○○
Durchführen	Ich kann ein Empfehlungsschreiben für das Veranstaltungskonzept formulieren und meinem Vorgesetzten begründete Argumente für das Konzept bieten.	○○○○
Kontrollieren	Ich kann durch Selbst- und Fremdbeurteilungen überprüfen, ob das Empfehlungsschreiben den Anforderungen entspricht.	○○○○
Bewerten	Ich kann die Qualität des Veranstaltungskonzeptes mit seiner Zielsetzung einschätzen und daraus Rückschlüsse für die nächste Veranstaltung ziehen.	○○○○

© Jeanette Dietl – stock.adobe.com

5. Lernsituation: Interne Veranstaltungen mithilfe des Projektmanagements organisieren

5.2 Lernaufgabe

Die ersten Gedanken und Ideen für das neue Projekt „Wir-Gefühl der Mitarbeiter stärken" haben Herrn Wort gut gefallen. Um zu einer abschließenden Entscheidung zu kommen, welche Veranstaltung die geeignete ist, soll ich einmal eine Aufstellung über die Personen machen, die von dem Projekt positiv wie auch negativ betroffen sind. Wir sollten bedenken, was die Geschäftsführung mit diesem Projekt bewirken möchte. Ebenso sind die Mitarbeiter zu unterscheiden, von einer langen Zugehörigkeit bis hin zu den Auszubildenden.

Herr Wort erläutert uns, dass diese Personen in der Fachsprache „Stakeholder" genannt werden.

Welche Maßnahmen müssen ergriffen werden, um die Veranstaltung erfolgreich zu planen?

Arbeitsauftrag

Einzelarbeit (ggf. Hausaufgabe)

1. **Informieren** Sie sich im PM-Manual über die Stakeholder- bzw. Umfeldanalyse (Seite 255).

2. **Machen** Sie sich Notizen, warum alle Stakeholder identifiziert und in die Projektplanung mit einbezogen werden sollten. Orientieren Sie sich am Bewertungraster.

Projektteam (Dreiergruppe)

3. **Diskutieren** Sie darüber, warum Projekte wegen einer fehlenden Stakeholderanalyse scheitern können.

4. **Sammeln** Sie nun alle Stakeholder, die von dem Projekt „Wir-Gefühl der Mitarbeiter stärken" betroffen sind.

5. **Erstellen** Sie eine übersichtliche Tabelle (Seite 317) der Stakeholder und beurteilen Sie deren Erwartungen und Interessen in Bezug auf das Projekt.

6. **Notieren** Sie in der Tabelle außerdem Maßnahmen aus der Sicht des Projektteams, wie Sie auf die Stakeholder einwirken können, damit diese dem Projekt zum Erfolg verhelfen und es nicht gefährden oder es sogar zum Scheitern bringen.

7. **Entscheiden** Sie sich aufgrund der Stakeholderanalyse für eine Veranstaltungsart.

Briefing (Plenum)

8. **Stellen** Sie Herrn Wort das Ergebnis Ihrer Stakeholderanalyse vor und begründen Sie Ihre Entscheidung zur Veranstaltungsart.

9. **Diskutieren** Sie über die Entscheidung.

10. **Schätzen** Sie Ihre Kompetenzen zur Stakeholder analysieren ein.

Lernfeld: Multifunktionale Arbeitsplätze effizient organisieren

Bewertungsraster Stakeholderanalyse		
Aspekt	**Kriterien**	**Punkte**
Präsentationstechnik	Die Inhalte werden präzise und kurzweilig vorgestellt.	
Präsentationstechnik	Der Vortrag wird frei vorgetragen und nicht abgelesen.	
Präsentationstechnik	Der Präsentator artikuliert gut verständlich und hält Blickkontakt zum Publikum.	
Präsentationstechnik	Der Präsentator überzeugt durch unterstützende Mimik und Gestik.	
Präsentationstechnik	Der Präsentator setzt gezielt und vortragsunterstützend die Tabelle ein.	
Inhalt	Interne Stakeholder aufgezählt.	
Inhalt	Externe Stakeholder genannt.	
Inhalt	Erwartungen und Interessen der Stakeholder herausgearbeitet.	
Inhalt	Sinnvolle Maßnahmen des Projektteams für den Erfolg des Projektes formuliert.	
Inhalt	Sinnvolle Maßnahmen des Projektteams gegen das Scheitern des Projektes angesetzt.	
Inhalt	Passende Veranstaltungsart gewählt.	
Darstellung	Sinnvolle Tabellenüberschrift gewählt.	
Darstellung	Sinnvolle Spaltenüberschriften gewählt.	
Darstellung	Serifenlose Schriftart verwendet (z. B. Arial).	
Darstellung	Vorspaltenbezeichnung linksbündig.	
Darstellung	Gleichmäßiger Zeilenabstand.	
Darstellung	Hintergrundschattierungen zur besseren Lesbarkeit verwendet.	

Kompetenzen	Stakeholder analysieren	Level
Informieren	Ich kann eine Stakeholderanalyse erklären.	○○○○
Planen	Ich kann Stakeholder analysieren und deren Bedeutung einordnen.	○○○○
Entscheiden	Ich kann situationsbezogen Stakeholder bestimmen und die Erwartungen und Interessen einschätzen.	○○○○
Durchführen	Ich kann eine Übersicht der Stakeholder mit deren Erwartungen und Interessen erstellen und Maßnahmen gegen ein evtl. Scheitern von Projekten bzw. Maßnahmen, die zum Erfolg führen, festlegen.	○○○○
Kontrollieren	Ich kann überzeugend die Stakeholderanalyse präsentieren und überprüfen, ob sie den Anforderungen entspricht.	○○○○
Bewerten	Ich kann beurteilen, dass diese Analyse notwendig ist, um ein Scheitern des Projektes zu verhindern.	○○○○

5. Lernsituation: Interne Veranstaltungen mithilfe des Projektmanagements organisieren

5.3 Lernaufgabe

Die Stakeholderanalyse hat ergeben, dass eine Veranstaltung mit aktiven Workshops für unterschiedliche Zielsetzungen ideal für das Vorhaben wäre. Herr Wort möchte nun, dass wir uns noch intensiver mit der zu planenden Veranstaltung auseinandersetzen.

Bisher hat die Geschäftsleitung den Wunsch geäußert, das „Wir-Gefühl" zu verbessern. Das ist unsere Ausgangssituation, die konkretisiert werden muss.

Welche Ziele und Aufgaben bringen den gewünschten Erfolg, um das Corporate Behaviour des Unternehmens innerhalb der Mitarbeiter noch intensiver zu leben?

Arbeitsauftrag

Einzelarbeit (ggf. Hausaufgabe)

1. **Erschließen** Sie den Informationstext Projektziele (Seite 214).
2. **Notieren** Sie mithilfe der Stakeholderanalyse (Lernaufgbe 5.2) das Projektgesamtziel und jeweils ein qualitatives und ein quantitatives Ergebnisziel für das Schulungsprojekt „Wir-Gefühl der Mitarbeiter stärken".
3. **Kontrollieren** Sie die Ziele mithilfe des SMART-Kriterienkatalogs (Seite 215). Orientieren Sie sich am Bewertungsraster.

\multicolumn{3}{c}{Bewertungsraster Projektziele und -aufgaben}		
Aspekt	**Kriterien**	**Punkte**
Präsentationstechnik	Die Inhalte werden präzise und kurzweilig vorgestellt.	
	Der Vortrag wird frei vorgetragen und nicht abgelesen.	
	Der Präsentator artikuliert gut verständlich und hält Blickkontakt zum Publikum.	
	Der Präsentator überzeugt durch unterstützende Mimik und Gestik.	
	Der Präsentator setzt gezielt und vortragsunterstützend die Tabelle ein.	
Inhalt	Mitarbeiterorientierte Formulierung gewählt.	
	Projektgesamtziel überprüfbar formuliert.	
	Qualitatives Ergebnisziel überprüfbar (SMART) formuliert.	
	Quantitatives Ergebnisziel überprüfbar (SMART) formuliert.	
	Teilprojekte passend zu den Vorgehenszielen zugeordnet.	
Darstellung	Aufbau der E-Mail (An, CC, Betreff – Textbereich – Signatur) korrekt formatiert.	
	Absätze und Aufzählungen normgerecht gestaltet.	
	Sinnvolle Textstellen hervorgehoben.	

Lernfeld: Multifunktionale Arbeitsplätze effizient organisieren

Dreierteam

4. **Tauschen** Sie sich untereinander aus und legen Sie gemeinsame Zielformulierungen fest.
5. **Formulieren** Sie nun nach dem SMART-Kriterienkatalog mithilfe der Stakeholderanalyse Vorgehensziele (Mittel und Wege), um die Ergebnisziele zu erreichen. Nutzen Sie die Kreativitätstechnik MindMap.

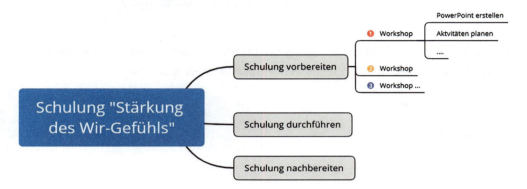

6. **Legen** Sie Teilprojekte fest, um die Vorgehensziele zu erreichen.
7. **Schreiben** Sie eine Empfehlungs-E-Mail mit Ihren Zielen und Teilprojekten an Herrn Wort.
8. **Bereiten** Sie sich auf das Gespräch mit Herrn Wort vor, in dem Sie ihm die Überprüfbarkeit der Ziele erläutern.

Briefing (Plenum)

9. **Präsentieren** Sie Ihre Projektziele und erläutern Sie dabei, weshalb diese SMART formuliert sind. Zeigen Sie Mittel und Wege auf, wie Sie diese erreichen.
10. **Lassen** Sie sich ein Feedback geben.
11. **Schätzen** Sie Ihre Kompetenzen zu Projektziele festlegen ein.

Kompetenzen	Projektziele festlegen	Level
Informieren	Ich kann qualitative und quantitative Projektziele sowie den SMART-Kriterienkatalog erklären.	○○○○
Planen	Ich kann qualitative und quantitative Projektziele nach dem SMART-Kriterienkatalog formulieren.	○○○○
Entscheiden	Ich kann situationsbezogen nach dem SMART-Kriterienkatalog Vorgehensziele formulieren, um die Ergebnisziele zu erreichen und den Teilprojekten zuzuordnen.	○○○○
Durchführen	Ich kann ein Empfehlungsschreiben formulieren und darin die Teilprojekte mit den überprüfbaren Projektzielen erläutern.	○○○○
Kontrollieren	Ich kann überzeugend das Empfehlungsschreiben präsentieren und kontrollieren, ob die Teilprojekte mit den überprüfbaren Zielen eine erfolgreiche Veranstaltung versprechen.	○○○○
Bewerten	Ich kann beurteilen, dass die Teilprojekte und die Zielformulierungen nach dem SMART-Katolog eine höhere Zuverlässigkeit gewährleisten.	○○○○

5. Lernsituation: Interne Veranstaltungen mithilfe des Projektmanagements organisieren

5.4 Lernaufgabe

Herr Wort ist zufrieden mit den Ergebnissen und überreicht uns als Muster einen ausgefüllten Projektantrag (Seite 220). Für interne Projekte muss keine Kostenplanung vorgenommen werden. Wir sollen nun unser Projekt schriftlich festhalten.

In der Spalte Teilprojekte werden die Aufgaben direkt den drei Phasen Vorbereitung, Durchführung- und Nachbereitung zugeordnet. So werden Lücken und Abhängigkeiten schneller erkannt.

Nach Fertigstellung des Projektantrags findet das Start-up-Meeting mit der Geschäftsleitung statt. Hier muss unser Veranstaltungskonzept überzeugend vorgestellt werden, damit die Geschäftsleitung es genehmigt.

Wie überzeugen wir die Geschäftsleitung im Start-up-Meeting von unserem Veranstaltungskonzept?

Arbeitsauftrag

Einzelarbeit (ggf. Hausaufgabe)

1. **Füllen** Sie den Projektantrag (Seite 217) aus. Orientieren Sie sich an dem ausgefüllten Projektantrag und am nachfolgenden Bewertungsraster.
2. **Ordnen** Sie Ihre Teilprojekte den drei Phasen Vorbereitung, Durchführung und Nachbereitung zu.
3. **Nehmen** Sie eine Ressourcenplanung (Seite 232) und eine Risikoplanung (Seite 235) vor und dokumentieren Sie diese in den vorgesehenen Spalten.
4. **Bereiten** Sie sich auf den Start-up-Workshop (Seite 224) vor – schreiben Sie eine passende Einladung mit dem vorgesehenen Ablauf an die Teilnehmer des Meetings. Begründen Sie bei der Vorstellung des Projektantrags, warum Ihre Ziele einen reibungslosen Ablauf garantieren – überzeugen Sie die Teilnehmer.

Start-up-Workshop

5. **Überzeugen** Sie Ihren Auftraggeber, Herrn Schulte, von Ihrem Projektantrag und lassen Sie ihn genehmigen, so dass aus dem Projektantrag ein Projektauftrag wird.

Einzelarbeit

6. **Stellen** Sie alle Unterlagen bis zum Projektauftrag zusammen und erstellen Sie einen grafischen Ablaufplan: „Der Weg zum Projektauftrag".
7. **Schätzen** Sie Ihre Kompetenzen zu Projektantrag überzeugend vorstellen ein.

Lernfeld: Multifunktionale Arbeitsplätze effizient organisieren

\multicolumn{3}{c}{Bewertungsraster Projektantrag}		
Aspekt	**Kriterien**	**Punkte**
Präsentation	Die Inhalte werden im Start-up-Workshop präzise und überzeugend vorgestellt.	
	Der Präsentator überzeugt durch unterstützende Mimik und Gestik.	
	Der Präsentator artikuliert gut verständlich und hält Blickkontakt zum Publikum.	
	Der Präsentator setzt gezielt und vortragsunterstützend den Projektantrag ein.	
	Der Präsentator argumentiert überzeugend, warum die Ziele für einen reibungslosen Ablauf garantieren.	
Inhalt	Kopf des Projektantrages komplett ausgefüllt	
	Den Phasen Vorbereitung, Durchführung und Nachbereitung passende Teilprojekte zu geordnet.	
	Ressourcenplanung vollständig bedacht.	
	Risikoplanung nachvollziehbar dokumentiert.	
	Einladung mit allen wichtigen Eckdaten und Abläufen formuliert (Termin, Uhrzeit, Ort …)	
Darstellung	Das Einladungsschreiben ist als Skript aus dem Hause Büromöbel Hauser & Schulte zu erkennen.	
	Betreff ist hervorgehoben.	
	Ablaufplan des Workschop fällt ins Auge.	
	Der zur Verfügung stehende Raum wurde sinnvoll genutzt.	
	…	

Kompetenzen	Projektantrag überzeugend vorstellen	Level
Informieren	*Ich kann einen ausgefüllten Projektantrag erklären.*	○○○○
Planen	*Ich kann Ressourcen einplanen und Risiken einschätzen.*	○○○○
Entscheiden	*Ich kann situationsbezogen den Projektantrag ausfüllen und treffende Argumente sammeln, warum meine Ziele einen reibungslosen Ablauf garantieren.*	○○○○
Durchführen	*Ich kann eine Einladung für den Start-up-Workshop schreiben und überzeugend mit guten Argumenten durchführen, um die Genehmigung des Projektauftrags zu erhalten.*	○○○○
Kontrollieren	*Ich kann kontrollieren, ob der Projektantrag allen Anforderungen entspricht.*	○○○○
Bewerten	*Ich kann den Ablauf „Der Weg zum Projektauftrag" nachvollziehen und in Zukunft weitere Routine aufbauen.*	○○○○

5.5 Lernaufgabe

Wir sind stolz darauf, dass das Projekt direkt von der Geschäftsführung genehmigt wurde. Herr Wort möchte nun, dass wir möglichst eigenständig die Instrumente des Projektmanagement nutzen und zunächst aus eigenen Reihen eine neue Projektleiterin/einen neue Projektleiter wählen.

Bis zur Fertigstellung des Projektantrags haben wir uns schon intensiv mit dem Workshop „Stärkung des Wir-Gefühls" auseinandergesetzt. Nun geht es in die konkrete Ausarbeitung der Teilprojekte. Für uns stellt sich dadurch die Frage:

Wie planen wir eine professionelle Schulung mit unterschiedlichen Aktivitäten?

Arbeitsauftrag

Projektteam

1. **Erschließen** Sie arbeitsteilig die Themen Arbeitspaketentwicklung (inkl. Formular für Arbeitspaketbeschreibung – Seite 227), Projektstrukturplan (PSP – Seite 230) und Projektablaufplan (Seite 231) und Balkendiagramm (Seite 259).

2. **Tauschen** Sie sich aus und machen Sie sich Notizen.

3. **Schlüsseln** Sie die Teilprojekte aus Ihrem Projektantrag „Schulung zur Stärkung des Wir-Gefühls" weiter in Teilaufgaben auf, um die zu erreichenden Ziele zu erreichen.

Zerlegen des Gesamtprojekts in kleinere Teilaufgaben

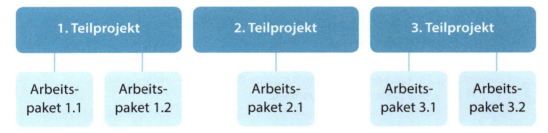

4. **Fassen** Sie nun die Teilaufgaben der Teilprojekte zu Arbetspakete zusammen und geben Sie ihnen aussagekräftige Namen.

5. **Erstellen** Sie einen Projektstrukturplan und **kontrollieren** Sie, dass in Ihrem PSP alle notwendigen Arbeiten tatsächlich vorkommen.

6. **Legen** Sie fest, wer welches Arbeitspaket bearbeitet und dokumentieren Sie Ihre Arbeitspakete in dem Formular für Arbeitspaketbeschreibung.

7. **Bereiten** Sie sich auf die erste Jour-fixe-Besprechung vor, in der Sie Herrn Wort von der bisherigen Planung der Workshops unterrichten.

Lernfeld: Multifunktionale Arbeitsplätze effizient organisieren

Jour-fixe-Besprechung

8. **Berichten** Sie im Team Herrn Wort über Ihren Arbeitsfortschritt und lassen Sie sich ein Feedback geben.

Projektteam (Dreiergruppe)

9. **Bringen** Sie die Arbeitspakete in eine zeitlich logische Reihenfolge und legen Sie die Dauer fest. Notieren Sie Ihre Ablaufplanung in einem Projektablaufplan bzw. einem Balkendiagramm und kennzeichnen Sie Ihre terminierten Meilensteine (Seite 216).

10. **Kontrollieren** Sie am Ende der Planungsphase (Seite 236), ob Sie alles berücksichtigt haben.

11. **Bereiten** Sie sich auf das Kick-off-Meeting (Seite 236) vor. Laden Sie alle Stakeholder dazu schriftlich mit einer aussagekräftigen Tagesordnung ein.

Kick-off-Meeting

12. **Geben** Sie gemeinsam dem Auftraggeber und den Stakeholdern einen Überblick über das anstehende Projekt sowie die Gelegenheit, wesentliche Fragen zu klären.

Einzelarbeit

13. **Stellen** Sie alle Unterlagen bis zum Kick-off-Meeting zusammen und erstellen Sie einen grafischen Ablaufplan: „Der Weg bis zum Ende der Planungsphase".

14. **Schätzen** Sie Ihre Kompetenzen zu Projektplanung systematisch durchführen ein.

Kompetenzen	Projektplanung systematisch durchführen	Level
Informieren	Ich kann die Planungsinstrumente (AP, PSP und Balkendiagramm) erklären.	○○○○
Planen	Ich kann den Teilprojekten mithilfe der Ergebnis- und Vorgehenszielen Arbeitspakete zuordnen.	○○○○
Entscheiden	Ich kann situationsbezogen die Arbeitspakete beschreiben und diese in einem Projektstrukturplan zeitlich anordnen.	○○○○
Durchführen	Ich kann die Beschreibung der Arbeitspakete im Formular dokumentieren und den Zeit- und Projektstrukturplan erstellen.	○○○○
Kontrollieren	Ich kann den Zeit- und Projektstrukturplan mit den Arbeitspaketen überprüfen, ob alles berücksichtigt wurde.	○○○○
Bewerten	Ich kann den Ablauf „Der Weg bis zum Ende der Planungsphase" nachvollziehen und in Zukunft weitere Routine aufbauen.	○○○○

5. Lernsituation: Interne Veranstaltungen mithilfe des Projektmanagements organisieren

5.6 Lernaufgabe

Die Veranstatlung mit den Workshops wurde von den Geschäftsführern im Kick-off-Meeting genehmigt, sodass nun mit der Durchführungsphase des Projektes bzw. der Veranstaltung begonnen werden kann.

Herr Wort weist uns darauf hin, dass Projekte durch die vielen Schnittstellen in erster Linie an mangelnder Kommunikation scheitern können. Dabei spielt der Projektleiter eine entscheidende Rolle. Um elementare Fehler in der Projektdurchführungsphase zu vermeiden, informieren Sie sich zunächst über mögliche Methoden und Instrumente des Projektmanagements für den Projektleiter und sein Projektteam.

Welche Methoden und Instrumente erleichtern uns die Durchführungsphase des Projektes „Veranstaltung – Stärkung des Wir-Gefühls"?

Arbeitsauftrag

Tandem

1. **Erstellen** Sie gemeinsam effizient eine Checkliste über die Aufgaben eines Projektleiters in der Durchführungsphase eines Projektes (Projektsteuerung, -controlling und -dokumentation – ab Seite 237).

Projektteam (Dreiergruppe)

2. **Vergleichen** Sie Ihre Checkliste und optimieren Sie ggf.
3. **Wählen** Sie aus Ihrer Mitte eine(n) Projektleiter(in).

Projektleiter(in) – verantwortlich für das Projektteam

4. **Übernehmen** Sie als Projektleiter(in) Projektsteuerung und -controlling.
   - **Beauftragen** Sie Ihr Team, die Arbeitspakete gemäß des Projektablaufplans bis zur Umsetzung der Veranstaltung abzuarbeiten.
   - **Briefen** Sie jeweils vor Arbeitsbeginn Ihr Projektteam.
   - **Fordern** Sie Ihre Teammitglieder auf, Ihnen regelmäßig über den Stand des Arbeitspaketes zu berichten.
   - **Informieren** Sie sich über den Fortschritt der einzelnen Arbeitspakete und möglichen Verzögerungen in regelmäßigen Jour-fixe- bzw. Teamsitzungen (Tipps für effiziente Teamsitzungen – Seite 238).
   - **Erstellen** Sie nach Bedarf Meilensteinprotokolle (Seite 242) – legen Sie zu Beginn einer jeden Sitzung fest, wer diese führt.

Workshop (Plenum)

5. **Führen** Sie die Veranstaltung „Stärkung des Wir-Gefühls" durch.

Lernfeld: Multifunktionale Arbeitsplätze effizient organisieren

6. **Reflektieren** Sie mit den Schulungsteilnehmern Ihre Veranstaltung.

7. **Schätzen** Sie Ihre Kompetenzen zu Projektplanung systematisch durchführen ein.

Kompetenzen	Projekt systematisch durchführen	Level
Informieren	Ich kann die Aufgaben des Projektleiters erklären und in einer Checkliste systematisch auflisten.	○○○○
Planen	Ich kann innerhalb des Teams die Aufgaben im Sinne der Projektplanung verteilen.	○○○○
Entscheiden	Ich kann in Abstimmung mit dem Team die Arbeitspakete der Vorbereitungsphase abarbeiten und die Meilensteinmeetings dokumentieren.	○○○○
Durchführen	Ich kann die Durchführungs- und Nachbereitungsphase der Veranstaltung in Abstimmung mit dem Team durchführen und ein Feedback durch die Teilnehmer einholen.	○○○○
Kontrollieren	Ich kann die Durchführung des Projektes überprüfen, ob alle Ziele erreicht wurden und meine Führungsrolle im Hinblick auf die Zusammenarbeit erfolgreich war.	○○○○
Bewerten	Ich kann den Ablauf „Der Weg bis zum Ende der Planungsphase" nachvollziehen und in Zukunft weitere Routine aufbauen.	○○○○

8. **Schätzen** Sie Ihre Kompetenzen „Veranstaltung – Stärkung des Wir-Gefühls" planen ein.

Kompetenzen	Veranstaltung „Stärkung des Wir-Gefühls" durchführen	Level
Informieren	Ich kann mehrere Aktivitäten, die das „Wir-Gefühl der Mitarbeiter" stärken, erklären.	○○○○
Planen	Ich kann Aktivitäten, die das „Wir-Gefühl der Mitarbeiter" stärken, nach Zielgruppen und Zielsetzung strukturieren.	○○○○
Entscheiden	Ich kann entscheiden, welche Aktivitäten, die das „Wir-Gefühl der Mitarbeiter" stärken, in der Veranstaltung eingesetzt werden.	○○○○
Durchführen	Ich kann in der Veranstaltung die Aktivitäten, die das „Wir-Gefühl der Mitarbeiter" stärken, praktisch einsetzen und anschließend mir von den Mitarbeitern ein Feedback geben lassen.	○○○○
Kontrollieren	Ich kann kontrollieren, ob die Veranstaltung den gewünschten Erfolg hat.	○○○○
Bewerten	Ich kann beurteilen, welche Bedeutung das „Wir-Gefühl der Mitarbeiter" für das Betriebsklima einnimmt.	○○○○

5. Lernsituation: Interne Veranstaltungen mithilfe des Projektmanagements organisieren

5.7 Lernaufgabe

Im Anschluss an die Veranstaltung erwartet Herr Wort einen Abschlussbericht. Außerdem soll für zukünftige interne Projektmaßnahmen festgestellt werden, was gut bzw. nicht so gut gelaufen ist – welche Verbesserungsmöglichkeiten gibt es?

Welche Erkenntnisse ergeben sich aus Ihrem Projekt „Veranstaltung – Stärkung des Wir-Gefühls"?

Arbeitsauftrag

Einzelarbeit (ggf. Hausaufgabe)

1. **Erschließen** Sie den Text: Projekte abschließen (Seite 248). Erstellten Sie wiederum eine Checkliste.

2. **Kontrollieren** Sie nun mit dieser Checkliste, ob Ihre Projektdokumentation Ihres Schulungsprojektes vollständig ist.

3. **Verfassen** Sie Ihren eigenen Part von lessons-learned (Seite 250). Gehen Sie ehrlich mit sich und Ihrem Team um, nur so können wertvolle Erkenntnisse gewonnen werden.

Dreiergruppe

4. **Erstellen** Sie effizient eine **Abschlusspräsentation** im Hinblick auf den Grad der Zielerreichung, Probleme und Erfolgsfaktoren bei der Projektplanung und -umsetzung und Empfehlungen für die Umsetzung zukünftiger Projekte.

5. **Arbeiten** Sie mit anschaulichen Beispielen aus Ihrer Durchführungsphase. Verfassen Sie anschließend Ihren Projektabschlussbericht. Jeder übernimmt einen Teil der Präsentation.

Abschlusspräsentation

6. **Präsentieren** Sie Ihr Projekt und beantworten Sie umfangreich Vertiefungsfragen.

7. **Reflektieren** Sie die Präsentation des Teams.

8. **Schätzen** Sie Ihre Kompetenzen zu Projekte abschließen ein.

© Verlag Europa-Lehrmittel

Lernfeld: Multifunktionale Arbeitsplätze effizient organisieren

Kompetenzen	Projekte abschließen	Level
Informieren	Ich kann die vierte Phase: Projekte abschließen erklären.	○○○○
Planen	Ich kann Dokumente zum Projektabschluss nutzen.	○○○○
Entscheiden	Ich kann begründen, welche Inhalte in die Dokumentation des Projektabschlusses der Veranstaltung kommen.	○○○○
Durchführen	Ich kann den Projektabschluss der Veranstaltung inkl. meinem lessons-learned dokumentieren und vor einem Gremium verteidigen.	○○○○
Kontrollieren	Ich kann kriterienorientiert überprüfen, ob der Projektabschluss aussagekräftig ist.	○○○○
Bewerten	Ich kann die Qualität meiner Dokumentation einschätzen und künftig ggf. verbessern.	○○○○

5.8 Lernaufgabe – Reflexion des Lernzuwachses

Das erste Projekt ist abgeschlossen, und Sie durchlaufen den Prozess noch einmal mit all seinen Facetten:

Welche Instrumente des Projektmanagements garantieren einen reibungslosen Ablauf von Projekten?

Arbeitsauftrag

1. **Optimieren** Sie Ihre bisher erstellten grafischen Abläufe für die Start- und Planungsphase.

2. **Ergänzen** Sie die Durchführungs- und Abschlussphase, um neue Projekte einfacher zu bearbeiten.

3. **Reflektieren** Sie Ihren Lernzuwachs bezüglich des Projektmanagements.

5. Lernsituation: Interne Veranstaltungen mithilfe des Projektmanagements organisieren

5.9 Arbeitsauftrag für weitere Projekte

Nutzen Sie die Erfahrungen, die Sie im letzten Projekt gemacht haben. Gehen Sie systematisch vor. Im Vordergrund sollte Ihre Motivation stehen. Nur wenn Sie sich mit Ihren Projektzielen identifizieren, werden Sie alles geben.

Projektteam (Dreier- oder Vierergruppe)

1. **Starten** Sie Ihr Projekt. Orientieren Sie sich dabei an Ihrer grafischen Übersicht über systematisches Projektmanagement und Ihrer Projektdokumentation (Seite 243).
2. **Bestimmen** Sie ein Teammitglied, dass die Projektleitung übernimmt.
3. **Geben** Sie zeitig Ihrem Auftraggeber (Lehrkraft oder ein externer Auftraggeber) die beiden Termine für den Start-up-Workshop und das Kick-off-Meeting bekannt.

Start-up-Workshop/Kick-off-Meeting eines Projektteams

4. **Präsentieren** Sie in den jeweiligen Meetings die bis dahin erstellten Dokumente.
5. **Lassen** Sie sich von Ihrem Auftraggeber den Startschuss für die Durchführungsphase geben.

Projektteam (Vierergruppe)

6. **Führen** Sie Ihr Projekt durch.
7. **Laden** Sie ggf. zu den Meilenstein-Meetings Ihren Auftraggeber (Lehrkraft oder externer Auftraggeber) ein.
8. **Passen** Sie nach jedem Meilenstein-Meeting Ihren Projektablauf an.
9. **Erstellen** Sie eine Einladung zur Präsentation Ihres Projektes. Jedes Teammitglied leistet dazu einen ca. 15-minütigen Beitrag.
10. **Übergeben** Sie die Einladung mit Ihrer Projektdokumentation dem Auftraggeber (Lehrkraft).

Projektabschlusspräsentation

11. **Geben** Sie den endgültigen Projektabschlussbericht (Seite 249) wieder.
12. **Präsentieren** Sie Ihr Projekt im Hinblick auf:
    - den Grad der Zielerreichung
    - Probleme und Erfolgsfaktoren bei der Projektplanung und -umsetzung
    - Empfehlungen für die Umsetzung zukünftiger Projekte
13. **Reflektieren** Sie die Präsentation des Teams.

Lernfeld: Multifunktionale Arbeitsplätze effizient organisieren

Texte normgerecht erfassen

Satzzeichen und Schreibweisen von Wörtern

Zwischenräume
Zwischenräume entstehen durch ein Leerzeichen. Zusammengehörige Teile, die durch Zwischenräume getrennt werden, dürfen auch an den Zwischenräumen nicht getrennt werden und sind ggf. durch geschützte Zeichen gegen einen unbeabsichtigten Zeilenumbruch zu sichern.

Geschütztes Leerzeichen:°= STRG + ⇧ + Leerzeichen. Dieses Zeichen wird nicht mit ausgedruckt.

> Absatzmarken einblenden, um sich die geschützten Leerzeichen anzeigen zu lassen = 1.599°€

Die Ware wurde ordnungsgemäß geliefert. Der Rechnungsbetrag von 1.599°€ ist zu überweisen.

Satzzeichen
Die Satzzeichen Punkt, Komma, Semikolon, Doppelpunkt, Fragezeichen und Ausrufezeichen folgen dem Wort oder Schriftzeichen ohne Leerzeichen. Der Abkürzungspunkt am Satzende schließt den Satzschlusspunkt mit ein.

Standardsoftware sind Softwaresysteme, die als vorgefertigte Produkte erworben werden können. Ihr Vater ist Regierungsrat a.°D.

Akzentzeichen
Für Accent aigu, Accent grave und Accent circonflexe benötigen Sie die Akzenttasten. Zuerst geben Sie den gewünschten Akzent ein und anschließend den Buchstaben.

René und Eugène fahren über die Rhône.

Wortzusammensetzungen (Aneinanderreihungen)
Wortzusammensetzungen sowie Zusammensetzungen mit einzelnen Buchstaben, Ziffern oder Abkürzungen werden mit dem Mittestrich geschrieben. Inhaltlich eng zusammengehörige Teile, die durch Bindestriche gegliedert werden, dürfen am Bindestrich nicht getrennt werden und sind ggf. durch ein geschütztes Zeichen (Strg + ⇧ + Mittestrich) gegen einen unbeabsichtigten Zeilenumbruch zu sichern. Der Bindestrich wird ohne Leerzeichen geschrieben.

Unsere Praxisräume befinden sich nun in der Karl–Marx–Straße°127. Die CD–ROM gehört zu den optischen Speichermedien. Der Konsum von Tabakwaren darf unter 18-Jährigen nicht gestattet werden.

Ergänzungsstrich
Beim Ergänzungsstrich steht das Leerzeichen vor oder hinter dem Mittestrich.

Das Ein- und Aussteigen fällt der alten Dame schwer. Am Postamt gingen wir zur Paketannahme und -ausgabe.

Gedankenstrich
Beim Gedankenstrich steht davor und danach ein Leerzeichen.

Wir bieten Kurse an, um Englisch° – eine Weltsprache° – zu erlernen.

6. Manual: Normgerechtes Schreiben und Gestalten – DIN 5008

Zeichen für „gegen"
Beim Zeichen für „gegen" steht davor und danach ein Leerzeichen.

Im Finale spielte Italien°– Frankreich.

Klammern
Klammern werden ohne Leerzeichen vor und nach den Textteilen, die von ihnen eingeschlossen sind, geschrieben.

Frankfurt (Main) gehört zu den größten Städten Deutschlands.

Abkürzungen
Abkürzungen, die im vollen Wortlaut des ungekürzten Wortes gesprochen werden, erhalten in der Regel einen Punkt.

Zu der Standardsoftware zählen u.°a. Textverarbeitungsprogramme.

Abkürzungen, die wie selbstständige Wörter oder buchstäblich gesprochen werden, sind ohne Punkt und in sich ohne Leerzeichen zu schreiben.

Viele Studenten verbringen in den USA ein Auslandsjahr.

Anführungszeichen
Anführungszeichen werden ohne Leerzeichen vor und nach den Textteilen, die von ihnen eingeschlossen sind, geschrieben.

Das Hotel „Well" liegt am romantischen Marktplatz in Wittlich.

Auslassungspunkte
Für ausgelassene Textteile werden drei Punkte – mit je einem Leerzeichen davor und danach – geschrieben. Sie schließen am Satzende den Satzschlusspunkt mit ein.

Viele Märchen beginnen mit: Es war einmal ...

Gleichheitszeichen
Das Gleichheitszeichen wird davor und danach mit einem Leerzeichen geschrieben.

A°=°Österreich, E°=°Spanien

Schrägstrich
Vor und nach dem Schrägstrich wird kein Leerzeichen geschrieben. Er wird als Bruchstrich, Zeichen für „gegen" bei Rechtsstreitigkeiten, zur Bildung des Promillezeichens und zur Nennung mehrerer Begriffe (z. B. Verfassernamen) verwendet.

Luise kaufte 1/2°kg Kirschen. Die Akte Mayer°./.°Kramer liegt auf der Komode. Ein Autofahrer war mit 15°o/oo unterwegs. Die Autoren Schrey/Marx/Anton leben alle in München.

Zeichen für „Et"
Das Et-Zeichen „&" darf nur bei Firmennamen verwendet werden. Es wird mit einem Leerzeichen davor und danach geschrieben. (Ausnahme: Zitation Apa-Style: mehrere Autoren u. Hrsg.)

Im Industriegebiet befindet sich die Großhandlung Blum°&°Co. GmbH.

Brämer, U. & Blesius, K. (2014). Fit für das Projektmanagement. 4. Aufl. Düsseldorf: SOL-Verlag GmbH.

Lernfeld: Multifunktionale Arbeitsplätze effizient organisieren

Gliederung von Zahlen und Zeichen

Hochgestellte Zeichen	3´ 5" Winkel von 15°	Alleinstehende, hochgestellte Zeichen folgen dem Zahlenwert ohne Leerzeichen.
Bankleitzahl	BLZ°700°700°30 Kto. °587416098	Bankleitzahlen werden beginnend von links nach rechts in zwei Dreiergruppen und eine Zweiergruppe geschrieben. Die Kontonummer wird nicht gegliedert.
SEPA Single European Payments Area	IBAN DE32 2564 3587 5698 4561 00 BIC TRISDE55XXX	Die IBAN (International Banking Account Number) wird von links nach rechts beginnend in fünfmal Vierergruppe und einmal Zweigruppe gegliedert. Sie setzt sich aus dem Länderkennzeichen, einer 2-stelligen Prüfziffer, der Bankleitzahl und der Kontonummer zusammen. Die BIC (Bank Identifier Code) besteht aus acht oder elf alphanumerischen Zeichen und ist wie folgt gegliedert: 4-stelliger Bankcode, 2-stelliger Ländercode, 2-stellige Codierung des Ortes und die 3-stellige Kennzeichnung der Filiale.
Dezimalzahl	2.560,50°€	Dezimale Teilungen werden durch ein Komma getrennt.
Einfache Zahlen	1°500°000 Einwohner 1.587.305 €	Zahlen mit mehr als drei Stellen sollten durch je ein geschütztes Leerzeichen in dreistellige Gruppen gegliedert werden. Aus Sicherheitsgründen sollten Geldbeträge mit mehr als drei Stellen durch je einen Punkt gegliedert werden.
Exponenten	3^2 H_2O, $(a + b)^2$	Exponenten und Indizes werden ohne Leerzeichen an die Basis angefügt.
Gradzeichen	Winkel beträgt 45° 32°°C ...	Das Gradzeichen steht direkt an der Ziffer. Ausnahme: bei Temperaturangaben
Kalenderdaten	2011-05-15 oder 15.05.2011 15.°Mai°2011 5.°September°2011	Das numerisch angegebene Datum ist in der Reihenfolge Jahr, Monat, Tag mit Mittestrich zu gliedern. Die Jahreszahl wird vierstellig, Monat und Tag werden zweistellig angegeben. Die Schreibweise Tag-Monat-Jahr, gegliedert mit einem Punkt, darf ebenfalls verwendet werden. Für die alphanumerische Schreibweise des Datums gilt die Reihenfolge Tag, Monat, Jahr. Die Jahreszahl wird vierstellig angegeben. Einstellige Tag-Angaben enthalten keine führende Null.
Nummern-zeichen	#°456 ...	Zeichen für Nummer(n) werden nur in Verbindung mit darauf folgenden Zahlen bzw. Ziffern geschrieben.
Ordnungs-zahlen	1.°Platz ...	Bei Ordnungszahlen steht hinter der Ziffer direkt ein Punkt – es folgt ein Leerzeichen.
Paragrafen-zeichen	§°258°BGB ... §§°36 bis 39 BGB ... §°8 Abs.°3°Satz°2 §°4°ff. aber: 24°Paragrafen	In Verbindung mit einer nachgestellten Zahl wird das Wort Paragraf als §-Zeichen wiedergeben. Zwischen den Zeichen und den Ziffern steht ein geschütztes Leerzeichen. Werden zwei oder mehr Paragrafen genannt, setzt man das Zeichen zweimal. Das Paragrafenzeichen darf nur in Verbindung mit darauffolgenden Ziffern verwendet werden.

6. Manual: Normgerechtes Schreiben und Gestalten – DIN 5008

Postfach-nummer	Postfach 3 45 67 Postfach 45 58	Die Postfachnummer wird zweistellig von rechts nach links mit einem Leerzeichen gegliedert.
Postleitzahl	30161 Hannover	Postleitzahlen werden fünfstellig geschrieben.
Promillezeichen	35 o/oo ...	Vor dem Promillezeichen steht ein geschütztes Leerzeichen.
Prozentzeichen	15 % Rabatt 5-%-Klausel 70%igen Alkohol Auf die Ware gibt es Prozente.	Vor dem Prozentzeichen steht ein geschütztes Leerzeichen. Das Prozentzeichen darf auch in Zusammensetzungen verwendet werden. Ausnahme: Nachsilben werden ohne Mittestrich an die Zahlen angefügt. Das Prozentzeichen darf nur in Verbindung mit Zahlen verwendet werden.
Rechenzeichen	1 + 2 = 3 4 – 2 = 2 2 x 2 = 4 4 : 2 = 2	Vor und nach den Rechenzeichen steht ein Leerzeichen.
Telefon-nummern **Telefax-nummern**	Einzelanschluss 0651 4507 Zentrale Abfragestelle 0651 58741-0 Durchwahlanschluss 0651 58741-125 International 049 221 45875 +49 5874 578	Telefon- und Telefaxnummern werden funktionsbezogen durch je ein Leerzeichen gegliedert (Anbieter, Landesvorwahl, Ortsnetzkennzahl, Einzelanschluss bzw. Durchwahlnummer). Vor der Durchwahlnummer steht ein Mittestrich. Zur besseren Lesbarkeit dürfen funktionsbezogene Teile von Telefon- und Telefaxnummern durch Fettschrift oder Farbe hervorgehoben werden.
Uhrzeiten	7 Uhr 07:00 Uhr 16:30 Uhr, 05:30:14 Uhr	Bei Angaben der Uhrzeit in Stunden und Minuten und Sekunden ist jede Einheit mit zwei Ziffern anzugeben und mit Doppelpunkt zu gliedern.
Verhältnis-zeichen	1 : 100 000	Das Verhältniszeichen wird als Trennzeichen für „zu" mit dem Doppelpunkt – mit je einem Leerzeichen davor und danach – geschrieben.
Währungszeichen	23.500 € EUR 500 30,50 EUR	Währungsbezeichnungen stehen vor oder hinter dem Betrag. Im fortlaufenden Text sollten sie hinter dem Betrag stehen. Aus Sicherheitsgründen sollten Geldbeträge von rechts an alle drei Stellen durch je einen Punkt gegliedert werden.
Zeichen für „bis"	08:30 – 10:30 Uhr aber von 08:30 bis 09:30 Uhr	Als Zeichen für „bis" wird der Gedankenstrich mit einem Leerzeichen davor und dahinter verwendet.
Zeichen für „geboren"	H. Müller, * 23. Juli 1915	Das Zeichen für „geboren" wird mit je einem Leerzeichen davor und danach geschrieben.
Zeichen für „gestorben"	† 30. August 1998	Das Zeichen für „gestorben" wird mit je einem Leerzeichen davor und danach geschrieben.

© Verlag Europa-Lehrmittel

Lernfeld: Multifunktionale Arbeitsplätze effizient organisieren

Texte normgerecht gestalten (LA 1.1)

Gliederung von Texten

Die Schreib- und Gestaltungsregeln für die Textverarbeitung werden vom Deutschen Institut für Normung e. V. Berlin (DIN) in „Schreib- und Gestaltungsregeln für die Textverarbeitung – DIN 5008" veröffentlicht. Diese Norm legt fest, wie durch ein einheitliches Anwenden von Schriftzeichen bei Textverarbeitungssystemen mit alphanumerischen Tastaturen eine leichte und eindeutige Lesbarkeit der Schrift gesichert wird und wie durch entsprechende Gestaltungsvorschriften die Schriftstücke zweckmäßig und übersichtlich gestaltet werden.

Absätze

Gliedern Sie Texte, wenn es nach ihrem Umfang und Inhalt zweckmäßig ist, in Absätze. Sie sind vom folgenden Text jeweils durch eine Leerzeile zu trennen.

Einrücken und Zentrieren

Um bedeutende Textstellen dem Leser direkt ins Auge springen zu lassen, bietet sich das Einrücken oder das Zentrieren an. Dazu müssen Sie die Textteile vom vorausgehenden und dem folgenden Text durch eine Leerzeile absetzen. Die Einrückung beginnt vom linken Rand bei 2,5 cm.

Nummerierung

Zur Nummerierung haben Sie mehrere Möglichkeiten. Dabei ist zu beachten, dass arabische Ordnungszahlen mit einem Punkt und Kleinbuchstaben mit einer Nachklammer abschließen. Dekadische Gliederungspunkte (z. B. 1.2) enden ohne Punkt. Die einzelnen Aufzählungsglieder können Sie auch durch Leerzeilen trennen, insbesondere, wenn sie mehrzeilig sind. Nummerierungen sollten an der Fluchtlinie wie der übrige Text stehen.

Aufzählung

Aufzählungen, die lediglich typografisch hervorgehoben werden sollen, dürfen mit Bindestrich, Sternen, kleinen gefüllten Quadraten, Kreisen oder kleinen passenden Grafiken gekennzeichnet werden.

Beginn und Ende der Aufzählungen trennen Sie vom übrigen Text durch eine Leerzeile. Die einzelnen Aufzählungsglieder dürfen Sie auch durch Leerzeilen trennen, insbesondere wenn sie mehrzeilig sind. Aufzählungen sollten an der Fluchtlinie wie der übrige Text stehen. Mehrstufige Aufzählungen sollten Sie je Aufzählungsebene in eine Fluchtlinie stellen.

```
Text Text Text Text Text …

1. Text Text Text
2. Text Text Text

Text Text Text Text Text …
```

```
Text Text Text Text Text …

a) Text Text Text
b) Text Text Text

Text Text Text Text Text …
```

```
Text Text Text Text Text …

• Text Text Text
  Text Text Text
• Text Text Text
  Text Text Text

Text Text Text Text Text …
```

6. Manual: Normgerechtes Schreiben und Gestalten – DIN 5008

Typografie (LA 1.1)

Die Officeprogramme bieten einen breiten Gestaltungsspielraum für das Layout. Allerdings sollten Sie die typografischen Regeln beachten, um einen ansprechenden Gesamteindruck zu erzielen (siehe auch Typografische Regeln).

Corporate Design für betriebliche Schriftstücke

Corporate Design (CD) ist ein Teilbereich der Corporate Identity (CI) und beinhaltet das gesamte visuelle Erscheinungsbild eines Unternehmens oder einer Organisation. Dazu gehören sowohl die Gestaltung der Kommunikationsmittel (Firmenzeichen, Geschäftspapiere, Werbemittel, Verpackungen als auch das Produktdesign).

Alle betrieblichen Schriftstücke werden mit einem einheitlichen visuellen Erscheinungsbild des Unternehmens (Corporate Design) versehen. Die grafische Gestaltung setzt sich aus dem Firmenlogo, der Typografie (Schriftart und -form), den Farben und den verbindlichen Gestaltungsrichtlinien (einheitliches Auftreten des Unternehmens) zusammen. Die Gestaltung aller Elemente des Corporate Design geschieht unter einheitlichen Gesichtspunkten, um bei jedem Kontakt einen Wiedererkennungseffekt zu erreichen.

Abbildungen und Diagramme einsetzen

Oft können Sie komplizierte Zusammenhänge oder Zahlenkolonnen mit Abbildungen und Diagrammen verständlicher darstellen. Der Informationsgehalt von Abbildungen und Diagrammen muss immer im Text ausformuliert werden. An jeder Stelle, wo mit inhaltlichen Aussagen der Abbildung oder des Diagramms argumentiert wird, sollten Sie einen entsprechenden Hinweis schreiben (z. B. vgl. Abb. 2). Aus der DIN 5008 geht hervor, dass frei zu positionierende Abbildungen mit einem Mindestabstand von 2 mm zu den angrenzenden Elementen abzusetzen sind. Die Abbildung müssen Sie immer proportionsgerecht verkleinern und vergrößern (diagonal skalieren) und dürfen den Zeilenabstand nicht verändern (vgl. Brämer & Blesius, 2011, S. 56).

Bei der Auswahl der Abbildungen müssen Sie das Urheberrecht berücksichtigen und auf eine angemessene Qualität und Größe achten. Eine Abbildung hat in der Regel eine Bildunterschrift, die Sie zum besseren Erkennen für den Leser hervorheben, z. B. kleinere Schriftart, kursiv, zentriert unterhalb der Abbildung. Auf eine Bildunterschrift können Sie bei einem Schmuckbild verzichten. Die Bildunterschrift muss beschreiben, was auf der Abbildung zu sehen ist. Erkennbare Personen sollten Sie von links nach rechts benennen (vgl. DIN, 2011, S. 22).

Diagramme ordnen Sie mit mindestens einer Leerzeile vom vorangehenden und zum nachfolgenden Element an und versehen sie immer mit einer eigenständigen Überschrift. Das Diagramm sollte einschließlich eines möglichen Rahmens zentriert zwischen den Seitenrändern stehen. Wird das Diagramm in einen Textfluss integriert, so dürfen Sie den Zeilenabstand nicht vergrößern. Frei zu positionierende Diagramme setzen Sie ebenfalls mit einem Mindestabstand von 2 mm zu den angrenzenden Elementen ab.

> **Lernfeld: Multifunktionale Arbeitsplätze effizient organisieren**

Der Diagrammtyp richtet sich nach den abzubildenden Werten. Wählen Sie sinnvolle aber mäßige farbliche Kontraste. Gitternetzlinien dürfen Sie zur Präzisierung der optischen Darstellung benutzen, allerdings sollten die Linien die Werte nicht berühren oder schneiden. Eine Achsenbeschriftung sollten Sie vornehmen, wenn die Angaben nicht selbsterklärend sind – inhaltliche Wiederholungen sind aber zu vermeiden. Für das Verständnis des Betrachters sollten Sie evtl. eine Legende (Beschreibung der im Diagramm verwendeten Symbole und Farben) erstellen.

Formatvorlagen verwenden

Gerade bei umfangreichen schriftlichen Arbeiten bietet der professionelle Umgang mit Formatvorlagen eine schnelle und einheitliche Formatierung. Legen Sie für Überschriften, Texte, Aufzählungen, Erläuterungstexte, Fußnoten etc. Ihre entsprechende Formatvorlage an. Die Formatvorlagen werden mit dem jeweiligen Dokument bzw. mit der aktuellen Dokumentvorlage verbunden. Wird eine definierte Formatvorlage später einem markierten Text oder einem Absatz zugewiesen, so wendet Word alle in der Formatvorlage zusammengefassten Formatierungsanweisungen mit einem einzigen Befehl auf den Text an. Word unterscheidet verschiedene Formatvorlagentypen.

Der Formatvorlagentyp Absatz beinhaltet Formatierungsanweisungen, die ganzen Absätzen zugewiesen werden; er kann beliebige Formatierungsanweisungen enthalten. Der Formatvorlagentyp Zeichen wird markierten Texten zugewiesen und kann ausschließlich Formate aus dem Bereich Zeichen und Sprache (Wörterbücher) aufnehmen. Die Definition erfolgt auf die gleiche Weise wie die Formatierung über das Befehlsmenü. Wird ein formatierter Text markiert, so werden die Formate, bei entsprechender Bestätigung, in die Formatvorlage übernommen.

Tabellen normgerecht gestalten (LA 1.3)

Eine Tabelle dient der übersichtlichen Darstellung von Informationen in mehreren Spalten und Zeilen. Eine Tabelle besteht in der Regel aus einer Überschrift, einem Tabellenkopf, einer Vorspalte und Feldern (Zellen). In den Feldern befindet sich der Tabelleninhalt wie Text, Berechnungen usw. Die Regeln zur Tabellengestaltung stehen in der DIN 5008. Richten Sie die Tabelle innerhalb der Seitenränder zentriert aus. Schalten Sie mindestens eine Leerzeile vor und nach der Tabelle. Jede Tabelle beginnt mit einem Tabellenkopf. Dabei handelt es sich um die erste Zeile der Tabelle. Wenn erforderlich, kann der Tabellenkopf auch auf zwei oder mehr Zeilen ausgedehnt werden.

Tabellenköpfe sind durch waagerechte und senkrechte Trennungslinien übersichtlich zu gliedern. Wenn eine Tabelle nicht auf eine Seite passt, so müssen Sie den Tabellenkopf auf der Folgeseite wiederholen. Darüber hinaus muss jede Tabelle eine Überschrift haben, die eine kurze Information über den Inhalt gibt. Diese Überschrift darf im Tabellenkopf integriert sein. Auf die Überschrift dürfen Sie verzichten, wenn der Inhalt der Tabelle aus dem vorangehenden Text hervorgeht.

Verwenden Sie serifenlose Schriften, z. B. Arial. Serifenschriften sollten auf jeden Fall in statistischen Tabellen vermieden werden, weil sie hier nicht so gut lesbar sind. Die erste Spalte der Tabelle wird als Vorspalte bezeichnet. Die Vorspalte einer Tabelle enthält die Vorspaltenbezeichnung (Überschrift) und alle Zeilenbezeichnungen. Sowohl Vorspalten- als auch Zeilenbezeichnung werden linksbündig ausgerichtet.

6. Manual: Normgerechtes Schreiben und Gestalten – DIN 5008

Jede Spalte hat eine Überschrift (Spaltenbezeichnung). Diese befindet sich im Tabellenkopf. Die Spaltenbezeichnungen sollten Sie zentrieren. Bei statistischen Tabellen sollten die Einheiten Teil der Spaltenbezeichnung sein. Zwischen Text und Zellenbegrenzung sollte oben und unten ein gleichmäßiger Zeilenabstand sein – die Zellenausrichtung wird dazu zentriert. Texte sind in Tabellen linksbündig anzuordnen, während Zahlen rechtsbündig ausgerichtet werden.

Durch senkrechte Linien lassen sich Tabellen übersichtlich gliedern. Anstelle waagerechter Linien verwenden Sie besser Hintergrundschattierungen. Sie erhöhen die Lesbarkeit einer Tabelle. Waagerechte Linien sollten nur zur Gruppierung und über den Summenzeilen verwendet werden. Tabellen sollten einschließlich ihres Rahmens innerhalb der Seitenränder stehen (evtl. Querformat wählen).

Überschrift

Vorspalten-bezeichnung / Kopfbezeichnung	Spaltenbezeichnung	Gemeinsame Spaltenbezeichnung	
		Spaltenbezeichnung	Spaltenbezeichnung
Zeilenbezeichnung		Feld bzw. Zelle	
Zeilenbezeichnung			
Zeilenbezeichnung			
Insgesamt	Summenzeile (nicht immer vorhanden)		

← Tabellenkopf

← Zeile

↑ Vorspalte   ↑ Spalte

Tabstopp setzen

Heute ersetzt die Tabellenfunktion in den meisten Fällen den Tabulator. Die Tabulatoreinrichtung dient – genau wie die Tabelle – dazu, Texte oder Zahlen in Spalten aufgeteilt gleichmäßig untereinander anzuordnen.

Es gibt immer wieder Situationen, in denen Sie sinnvoll den Tabulator einsetzen können. Sie geben die gewünschte Tabstopp-Position, die Ausrichtung und ggf. Füllzeichen an.

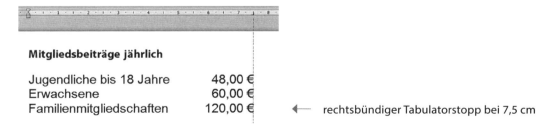

Mitgliedsbeiträge jährlich

Jugendliche bis 18 Jahre   48,00 €
Erwachsene   60,00 €
Familienmitgliedschaften   120,00 €   ← rechtsbündiger Tabulatorstopp bei 7,5 cm

Lernfeld: Multifunktionale Arbeitsplätze effizient organisieren

Formulargestaltung (Vordrucke) (LA 1.6)

Formulare werden für zahlreiche Interaktionen genutzt. Sei es Bestellung von Waren mittels Bestell- oder Onlineformular, Anmeldung in Social Networks oder Abschluss eines Handyvertrages. Durch die Verwendung von Formularen soll sichergestellt werden, dass gleichartige und häufig wiederkehrende Vorgänge vereinfacht und beschleunigt werden.

Ausgehend von gut gestalteten Formularen werden Arbeitsabläufe gelenkt und strukturiert, damit sie zweckmäßig und zeitsparend erledigt werden können. Da sie Informationen und Bearbeitungshinweise in eine übersichtliche Ordnung bringen, sorgen sie dafür, dass beim Ausfüllen und Bearbeiten nichts vergessen wird. Sie nehmen Denkarbeit ab, entlasten von Schreibarbeit und ersetzen oft besondere Arbeitsanweisungen.

Zielgruppenorientiert und übersichtlich gestalten

- Erstellen Sie eine Dokumentenvorlage für Ihr Formular und setzen Sie in Kopf- oder Fußzeile folgende wichtigen Informationen: Name des Erstellers, Themenbereich, Thema, Datum der Erstellung oder Versionsnummer.

- Beachten Sie, dass Ihr Formular dem Corporate Design des Unternehmens entspricht.

- Benutzen Sie immer die Tabellenfunktion mit mehreren Zeilen und Spalten.

- Strukturieren Sie Ihren Vordruck passend zum Arbeitsablauf mit Teilüberschriften.

- Fügen Sie vor den einzutragenden Texten passende, eindeutige Leitwörter ein. Jedes Leitwort erhält eine eigene Zelle. Es gilt der Grundsatz: „Leittext über Schreibtext" (OLE-Prinzip: Leittext gehört in die **O**bere **L**inke **E**cke).

- Sehen Sie ausreichend große Textfelder für den Schreibtext vor, d. h., richten Sie sich in der Regel nach der längsten Eintragung.

- Formatieren Sie Leitwörter und Schreibtext unterschiedlich, z. B.: Leitwörter kleinere Schriftart bzw. Fettschrift.

- Stellen Sie bei Auswahlantworten Kästchen voran. Die zutreffende Antwort wird durch Ankreuzen gekennzeichnet.

- Benutzen Sie bei Online-Formularen an sinnvollen Stellen Dropdownfelder.

- Versehen Sie ggf. die Pflichtfelder mit einem Stern.

- Gestalten Sie Formulare, die ausgefüllt zurückgeschickt werden sollen, mit einem entsprechenden Anschriftfeld, das beim Kuvertieren im Brieffenster sichtbar ist.

Verständlich formulieren

- Drücken Sie sich klar und präzise aus.

- Erläutern Sie mit Fußnoten schwierige Fragen und Fachausdrücke.

- Verwenden Sie nur geläufige Abkürzungen.

- Überprüfen Sie, ob Ihr Formular vollständig ist – denken Sie an Ort, Datum Unterschrift.

7. Manual: Multifunktionale Arbeitsplätze

Büroübliche Applikationen (LA 1.3)

Jedes Unternehmen hat seine eigene Struktur bezüglich der EDV-Anlage. Aus betrieblicher Sicht besteht eine EDV-Zielsetzung darin, dass die Arbeitsplatz-PCs die notwendigen arbeitsspezifischen Funktionen erfüllen, die Arbeit erleichtern und darüber hinaus zuverlässig funktionieren. Die Bedienung soll nutzerfreundlich sein.

In der Regel bekommt der Anwender (Mitarbeiter) ein Benutzerprofil bereitgestellt, indem alle erforderlichen Komponenten (Netzwerk, Betriebssystem, Programme) verfügbar sind.

PC-Einzel-Arbeitsplatz

Unter einem PC-Einzel-Arbeitsplatz wird ein einzelner Bildschirmarbeitsplatz mit eigener Zentraleinheit verstanden. Diese verarbeitet nur die Daten dieses Arbeitsplatzes.

Netzwerkarbeitsplatz – Client-Server-Netzwerk

In Unternehmen werden viele Computerarbeitsplätze benötigt. Die Nutzer möchten die Daten untereinander austauschen, gemeinsam auf Daten zugreifen oder gemeinsam Peripheriegeräte (Drucker, Scanner, Fax) nutzen. Eine Möglichkeit ist daher, ein Client-Server-Netzwerk einzurichten. Die Computerarbeitsplätze werden miteinander mit einem oder je nach Umfang mit mehreren Servern vernetzt. Die vernetzten Arbeitsplatzcomputer oder Notebooks werden auch Clients genannt. Der Client kann die Leistungen des Servers als File Server (stellt Daten zur Verfügung), als Webserver (ermöglicht den Internetzugang) oder als Terminal Server (Nutzerschnittstelle) nutzen.

Dadurch werden hohe Kosten gespart und große Information gewährleistet. Allerdings sind auch Risiken, wie zum Beispiel der Datenmissbrauch, damit verbunden. Aus diesem Grund müssen Netzwerke von einem Netzwerkadministrator verwaltet werden, der Zugriffsrechte vergibt und die Netzsicherheit (z. B. mit Back-up-Server) kontrolliert.

Betriebssysteme

Es wird grundsätzlich zwischen Betriebssystemen und Anwenderprogrammen unterschieden. Das Betriebssystem schafft die Arbeitsoberfläche Ihres Computers, es umfasst also alle für die Steuerung des betreffenden Computers zur Verfügung gestellten Programme. Darauf installieren Sie die Anwendungssoftware, etwa um Texte zu erfassen (Word), um ins Internet (Internet Explorer) zu gelangen oder um E-Mails (Outlook Express) zu schreiben.

Ein Betriebssystem ist die Software, die die Verwendung (den Betrieb) eines Computers ermöglicht. Es verwaltet Betriebsmittel wie Speicher, Ein- und Ausgabegeräte und steuert die Ausführung von Programmen.

Windows ist eine von Microsoft entwickelte grafische Benutzeroberfläche mit Fenstertechnik. Windows unterstützt Multitasking (mehrere Programme können gleichzeitig genutzt werden) und moderne Formen des Datenaustauschs sowie das Erstellen von Verknüpfungen zwischen Anwendungen, die unter Windows laufen.

Lernfeld: Multifunktionale Arbeitsplätze effizient organisieren

Linux ist ein Betriebssystem für den PC, das von dem Finnen Linus Torvalds in weltweiter Zusammenarbeit mit anderen Programmierern entwickelt wurde. Der Quellcode des Betriebssystems Linux ist frei erhältlich (Open-Source-Programm) und darf nach Belieben weiterentwickelt werden. Hauptsächlichen Einsatz findet dieses Betriebssystem bei Servern und im Rechenzentrum. Viele Smartphones und Tablets laufen über das Betriebssystem Android, das ist eine Variante von Linux.

Mac OS X ist ein von Apple entwickeltes Betriebssystem. Die Abkürzung OS bedeutet Operating System (engl. Betriebssystem), der Buchstabe X steht zum einen für die römische Zahl 10 und verweist auf die Nachfolge früherer Macintosh-Betriebssysteme wie Mac OS 8 und Mac OS 9. Dieses Programm gilt als besonders bedienungsfreundlich, allerdings gibt es relativ wenige Anwendungsprogramme. Mac OS X verfügt über Fähigkeiten wie Speicherschutz, Multitasking, Mehrbenutzerfähigkeit und erweitertes Speichermanagement. Dieses Betriebssystem kommt in abgewandelter Form als iOS beim Smartphone, iPhone und dem iPad von Apple zum Einsatz.

Anwendersoftware

Ein Anwendungsprogramm ist ein Computerprogramm, das eine für den Anwender nützliche Funktion ausführt, z. B. Buchhaltung, Informationssysteme, Computer Aided Design, Textverarbeitung, Tabellenkalkulation oder auch Spiele. Anwendungsprogramme werden in erheblichem Umfang zur Unterstützung der Verwaltung in Behörden und Unternehmen eingesetzt. Die Anwendungssoftware unterteilt sich in Standardsoftware, Branchensoftware, Individualsoftware.

Standardsoftware ist eine Software, die für eine große Anzahl von Anwendern entwickelt worden ist. Bekannte Beispiele sind Microsoft Office Programme wie Microsoft Word, Excel, PowerPoint, Outlook, Publisher, Access etc.; oder Grafikprogramme wie Photoshop (Adobe) oder Paint.NET (Freeware).

Die **Branchensoftware** wird an die Anforderungen des jeweiligen Betriebes angepasst. Etliche Branchenlösungen sind für Hunderte oder Tausende von Kunden geschriebene Programme, andere hingegen werden nur bei deutlich weniger oder gar nur in vereinzelten Unternehmen eingesetzt. Diese Software gibt es bereits für fast alle Branchen (von der Automobilindustrie über das Handwerk bis zum Gesundheitswesen).

Vielfach werden auch Individuallösungen angeboten – eine für einen Kunden individuell angefertigte Anwendungssoftware als Alternative zum Einsatz von Standard- und Branchensoftware. Zu den wichtigsten Anwendern von Individuallösungen zählen große Behörden und vergleichbare Einrichtungen, da aufgrund der Vielfalt und Änderungshäufigkeit von gesetzlichen Vorschriften, Verantwortlichkeiten und politischen Interessen nur selten exakt passende marktgängige Softwareprodukte verfügbar sind. Individualsoftware ist teuer, da sie natürlich nicht in so hoher Auflagenzahl verkauft wird.

Freie Software (**Open Source Software**) ist Software, deren Lizenz es ausdrücklich erlaubt, sie für jeden Zweck zu nutzen, sie beliebig zu kopieren, zu studieren, zu verändern und weiter zu verteilen. Der Quelltext ist frei zugänglich und muss auch frei zugänglich bleiben.

Der Begriff „Frei" bezieht sich dabei nicht auf den Kostenaspekt, sondern auf die genannten Freiheiten, die Nutzer und Programmierer an der Software haben. Wenn dem Käufer einer kostenpflichtigen Software die genannten Rechte, einschließlich des Kopierens sowie kostenlosen oder -pflichtigen Weiterverteilens, eingeräumt werden, handelt es sich um Freie Software. Freie Software ist daher deutlich zu unterscheiden von der sogenannten „Freeware", die kostenlos ist, deren Quelltext aber meist nicht eingesehen oder gar verändert werden darf. (vgl. Brämer & Blesius, 2012)

(Enterprise Resource Planning)

Im Gegensatz zur Branchensoftware (spezielle Anforderungen eines Unternehmens) kann ein **ERP-System** branchenübergreifend eingesetzt werden. Es unterstützt sämtliche in einem Unternehmen ablaufenden Geschäftsprozesse. Diese komplexe Anwendungssoftware verwaltet und steuert alle Ressourcen. Es bietet Module zu Beschaffung, Lager, Personal, Vertrieb, Fertigung oder Anlagenwirtschaft eines Unternehmens. Untereinander sind die Module datentechnisch verbunden und verhindern so, dass Daten nicht verknüpft sind. Dadurch lassen sich die Unternehmensprozesse optimieren und die Betriebskosten können gesenkt werden. (vgl. Springer, 2014)

© j-mel – stock.adobe.com

Die hauptsächlichen Unterschiede der verschiedenen ERP-Systeme liegen vor allem in der Zielbranche, der Größe des Unternehmens, der Unternehmensstandorte und dem Funktionsumfang der benötigten Technologien (Datenbanken, Programmiersprachen, Schichtenarchitekturen, Schnittstellen, unterstützten Betriebssystemen etc.).

Moderne ERP-Systeme sind webbasierte Produkte und werden über den Browser bedient. Es wird kein Clientsystem mehr benötigt. Dadurch können die Mitarbeiter unternehmensweit besser zusammenarbeiten.

Zudem können Lieferanten und Kunden in den Produktionsprozess mit einbezogen werden. So können Kunden etwa direkt im System Bestellungen aufgeben, Lieferanten können direkt online terminieren.

Extranet

Das Intranet kann zum Extranet erweitert werden, indem auch externe Nutzer einen Log-in erhalten und somit für Kunden oder Partner Informationen zugänglich gemacht werden, nicht aber der Öffentlichkeit.

Internet

Das Internet ist ein weltweites Netz von Computern, das sich aus vielen einzelnen Netzen zusammensetzt. Es stellt Informationsplattform, Datentransfer, E-Mail-Kommunikation und Internetforen zur Verfügung. Der Zugriff erfolgt über einen Internet Service Provider (ISP), der die Kommunikationssoftware zur Verfügung stellt.

Mittlerweile haben die meisten Unternehmen einen Internetauftritt. Sie nutzen das Internet u. a. zur Präsentation des Unternehmens, zum Verkauf von Ware über den Onlineshop, für Onlinebanking bzw. Zahlungsabwicklung und nutzen ERP-Systeme oder Cloud Computing (Online-Daten speichern).

Lernfeld: Multifunktionale Arbeitsplätze effizient organisieren

Cloud-Computing

Cloud Computing bietet die Möglichkeit, IT-Ressourcen (also Server oder Anwendungen) dynamisch gegen Entgelt zu nutzen, ohne selbst der Besitzer dieser Ressourcen zu sein. Beim Cloud Computing (Rechner- oder Datenwolke) handelt es sich um die Bereitstellung von IT-Infrastruktur. Das kann Speicherplatz, Rechenleistung oder Anwendungssoftware sein, welche seitens des Anbieters als Dienstleistung über das Internet zur Verfügung gestellt wird. Bekannte Applikationen sind beispielsweise Dropbox oder Microsoft-Onedrive. Nutzt ein Unternehmen cloud-basierte Software (wie das z. B. bei Microsoft-Applikationen möglich ist), so wird die Software nicht auf dem eigenen Rechner installiert, sondern direkt aus einer Cloud genutzt. Derartige IT-Ressourcen werden also nicht mehr in unternehmenseigenen Rechenzentren betrieben, sondern sind bedarfsorientiert und auf der Basis entsprechender Verträge (z. B. Miet- oder Nutzungsverträge) über das Internet oder ein Intranet verfügbar.

Cloud-Computing bietet somit den Vorteil, dass ein Mitarbeiter überall Zugriff auf seine Systeme hat und nicht mehr standortgebunden ist, was die Telearbeit enorm vereinfacht. Ein weiterer Vorteil besteht darin, langfristige Investitionsausgaben für den Nutzen von Informationstechnologie zu vermindern, da für Cloud-Computing hauptsächlich operationale Kosten anfallen (= Betriebsausgaben, die für einen funktionierenden Geschäftsbetrieb erforderlich sind); (Fehling & Leymann, Gabler Wirtschaftslexikon, 2018).

Fernzugriff – Virtual Network Computing (VNC)

Eine weitere Möglichkeit, Computersysteme standortunabhängig zu nutzen, ist der Fernzugriff – Virtual Network Computing – mittels entsprechender Software (VNC-Programme), wie z. B. Team-Viewer, TightVNC oder Log-MeIn. Derartige Programme ermöglichen die Überwachung und Steuerung eines PCs von jedem anderen beliebigen PCs aus. Maus- und Tastatur-Eingaben werden direkt übertragen, so dass das Gefühl entsteht, Sie sitzen direkt vor dem entfernten Rechner. Nach der Installation entsprechender Software auf dem Fern-Rechner (zu Hause, im Unternehmen oder unterwegs) können Sie diesen über jeden PC mit Internetanschluss durch den Webbrowser fernsteuern. Sie haben dabei vollen Zugriff auf alle installierten Programme, können also problemlos E-Mails lesen und bearbeiten, Dokumente bearbeiten oder Downloads starten.

© riverlan – shutterstock.com

Voraussetzung hierfür ist, dass die erforderlichen Ressourcen (wie Hard- und Software) auf dem Computersystem installiert sind. Darüber hinaus muss der Computer, auf den der Fernzugriff erfolgt, zugänglich, also angeschaltet, sein. Der Mitarbeiter loggt sich dann per Passwort ein und kann mit der Arbeit beginnen.

Es spielt dabei keine Rolle, ob Sie den Rechner per Internet oder lokalen Netzwerk ansprechen. Letzteres wird vor allem System-Administratoren freuen, die mittels VNC-Programmen bequem auf alle Rechner im Netzwerk zugreifen können.

7. Manual: Multifunktionale Arbeitsplätze

Speichermedien

Auf Speichermedien können Daten gespeichert werden, also Texte, Zahlen, Bilder, Videos, Sounds usw. Obwohl es sich um komplexe Daten handeln kann, werden diese stets in eine Kombination aus Nullen und Einsen zerlegt. Diese binären Kombinationen werden anschließend auf dem Speichermedium abgelegt.

Folgende Maßeinheiten gelten für die Kapazität von Speichermedien:

Maßeinheit	Umrechnung	Mögliche Zustände
1 Bit		0 oder 1
1 Byte	8 Bit	256
1 Kilobyte (KB)	1024 Byte	ca. 1000
1 Megabyte (MB)	1024 KB	ca. 1 Million
1 Gigabyte (GB)	1024 MB	ca. 1 Milliarde
1 Terabyte (TB)	1024 GB	ca. 1 Billion

Magnetische Speicherung:

Die Daten werden mittels mechanischer Laufwerke mit Lese-/Schreibköpfen magnetisch auf ein Trägermedium geschrieben. Schreiben und lesen geht relativ schnell, allerdings sind die gespeicherten Daten nicht absolut stabil; sie altern. Es besteht immer die Gefahr eines Head-Crash. Dabei berührt der Schreib-/Lesekopf (z. B. durch Erschütterung) die Magnetplatte und kann diese zerstören.

Festplatte am eigenen PC

Die Festplatte ist ein magnetischer, wahlfreier Speicher zum permanenten Speichern von Daten und Programmen. Der große Vorteil von Festplatten ist die günstige Kombination von Schnelligkeit, hoher Speicherkapazität von mehreren Hundert GByte und praktisch unbegrenzter und komfortabler Wiederbeschreibbarkeit. Der Nachteil ist ein möglicher Head-Crash und somit die Möglichkeit des totalen Datenverlustes. Um sich davor zu schützen, sollten Sicherungskopien (Back-ups) erstellt werden. **Back-ups** können auf einer zweiten Festplatte, einer transportablen Festplatte oder einem Server ausgelagert werden. Wenn auf Daten des Rechners bei Tätigkeiten außerhalb des Betriebes zugegriffen werden muss (z. B. bei einem Telearbeitsplatz oder bei Außendienstmitarbeitern), ist die Anschaffung einer transportablen Festplatte sinnvoll. Darauf können dann die Daten gespeichert werden, die zum Arbeiten außerhalb des Betriebes benötigt werden. Im Vergleich zum USB-Stick, der zu diesem Zweck auch eingesetzt werden kann, hat die transportable Festplatte eine höhere Speicherkapazität, der USB-Stick ist dagegen klein und handlich.

Festplatte im Internet

Der Oberbegriff „Online Speichern" beinhaltet ganz allgemein eine Aufbewahrung von Daten im Internet bzw. in einer sogenannten **Cloud**. Bei Online-Festplatten werden Daten zusätzlich gesichert (Online-Backup). Persönliche Daten, Fotos, Videos und Musik können günstig online gespeichert werden (mehrere GByte) und es kann von allen Orten darauf zugegriffen werden. Es wird Datenschutz und Schutz vor Fremdzugriff durch ein mit einem Passwort gesicherten Archiv garantiert. Trotzdem empfiehlt es sich, vertrauliches Material wie Steuerunterlagen oder ähnliches besser lokal zu speichern.

Lernfeld: Multifunktionale Arbeitsplätze effizient organisieren

Beim **Cloud-Computing** (Rechnerwolke) wird die IT-Landschaft, wie z. B. Datenspeicher, Netzwerkkapazität, Rechenkapazität oder auch Software, vom Nutzer nicht mehr selbst betrieben, sondern bei einem oder mehreren Anbietern als Dienst gemietet.

Die Anwendungen und Daten der Unternehmen befinden sich nicht mehr auf dem eigenen Rechner oder im eigenen Rechenzentrum, sondern in einer sogenannten Rechnerwolke.

Optische Speicherung

Die Daten werden gespeichert, indem die Inhalte mithilfe eines Lasers auf einen Datenträger geschrieben werden. Optische Speichermedien überzeugen durch ihre hohe Speicherdichte und Speicherkapazität (teilweise mehr als 100 GB), sie sind langlebig, haben eine geringe Fehler- und Störanfälligkeit sowie geringe Herstellungskosten. Man sollte den Datenträger aber keiner direkten Sonnenbestrahlung aussetzen.

Übersicht optischer und magneto optischer Datenspeicher

Abkürzung	Bedeutung	ursprünglich für	Kapazität	nicht beschreibbar	einmal beschreibbar	vielfach beschreibbar
CD	Compact Disc	Musik	0,7 GB	CD-DA (Audio) CD-ROM[1] (Daten)	CD-R[2]	CD-RW[3]
DVD	Digital Versatile Disc	Video	4,7 GB	DVD-Video DVD-Audio DVD-ROM	DVD+R[2] DVD-R	DVD+RW[3] DVD-RW
BD	Blu-ray Disc	HD-Video	25 GB	BD-ROM	BD-R	BD-RE

[1] ROM = Read Only Memory
[2] R = Recordable
[3] RW = Read/Write

Elektronische Speicherung:

Flash-Speicher. Zur Speicherung von Daten verschiedener Geräte (z. B. Digitalkamera) dient eine Vielzahl von unterschiedlichen Flash-Speicherkarten, z. B.: CompactFlash-Card (CF), Memory Stick (MS), Multimedia Card (MMC), Secure Digital Memory Card (SD), Smart Media Card (SMS), xD-Picture Card (xD).

Die Daten werden mittels Flash-Speicher-Technik gespeichert. Diese Technik findet überall Anwendung, wo Daten auf kleinstem Raum – ohne permanente Versorgungsspannung – gespeichert werden müssen. Dazu zählen Flash-Speicher für Digitalkameras, Handys und USB-Sticks.

Bei einem USB-Stick werden die Daten elektronisch auf einem Flash-Speicher gespeichert. Viele Anwender nutzen einen USB-Stick zur Datenspeicherung, weil er günstig zu erwerben und handlich ist und größere Datenmengen (mehrere GByte) speichert. Sie sind völlig lautlos, immer noch viel schneller als DVD-RAM, haben keine mechanischen Teile, die kaputtgehen könnten, und sind deshalb völlig erschütterungsunempfindlich.

7. Manual: Multifunktionale Arbeitsplätze

Die Solid State Drive (SDD) ist eine Flashspeicher-Festplatte. Anders als eine herkömmliche Festplatte besitzt die SDD keine rotierende Magnetscheibe oder einen beweglichen Schreib-/Lesekopf. Vorteile dieses Speichermediums sind die mechanische Robustheit, sehr kurze Zugriffszeiten, niedriger Energieverbrauch und keine Geräuschentwicklung. Allerdings sind SSDs teurer im Vergleich zu konventionellen Festplatten.

Datenschutz und Datensicherheit

Datenschutz-Grundverordnung (DSGVO) (LA 1.7)

Am 25. Mai 2018 hat die Europäische Union (EU) mit der Europäischen Datenschutz-Grundverordnung verbindliche Regeln im Umgang mit personenbezogenen (persönlichen) Daten für alle in der EU ansässigen Unternehmen, Selbstständigen und Vereine eingeführt. Bisher war der europäische Datenschutz ein Flickenteppich. Jedes EU-Mitglied regelte den nationalen Datenschutz in eigener Verantwortung. Nun hat die EU mit der Europäischen Datenschutzgrundverordnung einen einheitlichen Standard geschaffen.

Gegenstand und Ziele (Kapitel 1 DSGVO)

„Die DSGVO regelt die Verarbeitung personenbezogener Daten zum Schutz natürlicher Personen." (Art. 1 Abs. 1 DSG-VO) Gemäß Artikel 4 der DSGVO handelt es sich bei personenbezogenen Daten um: „[...] alle Informationen, die sich auf eine [...] identifizierte natürliche Person beziehen [...]; als identifizierbar wird eine natürliche Person angesehen, die direkt oder indirekt, insbesondere mittels Zuordnung zu einer Kennung wie einem Namen, zu einer Kennnummer, zu Standortdaten, zu einer Online-Kennung oder zu einem oder mehreren besonderen Merkmalen identifiziert werden kann [...]."

Personenbezogene Daten sind somit Merkmale, durch die eine Person eindeutig und unmissverständlich zu identifizieren ist; derartige Merkmale sind: Name, Vorname, Geburtsdatum, Postanschrift, E-Mail-Anschrift, aber auch IP-Adresse, Steuernummer, Autokennzeichen, Krankenversicherungsnummer oder die Bankverbindung. „Die DSGVO schützt die Grundrechte und Grundfreiheiten natürlicher Personen und hier insbesondere das Recht auf den Schutz der personenbezogenen Daten". (Art. 1 Abs. 2 DSGVO)

Gerade alltäglicher Umgang mit personenbezogenen Daten – wie z. B. bargeldloser Zahlungsverkehr, neuer Smartphone-Vertrag, klassischer oder Online-Handel, Online-Banking, Bewerbung um einen Schulplatz oder eine Ausbildungsstelle – birgt Gefahren, macht Manipulationen durch Dritte bis hin zum Identitätsklau möglich. Deshalb ist dem Schutz der personenbezogenen Daten große Bedeutung beizumessen.

Anwendungsbereich

„Die DSGVO gilt für die Verarbeitung personenbezogener Daten, die in einem Dateisystem gespeichert sind oder gespeichert werden sollen." (Art. 2 Abs. 1 DSGVO)

Die Verordnung gilt also für alle, die personenbezogene Daten der Bürgerinnen und Bürger aufbewahren und als Infoquelle nutzen. Dies betrifft Unternehmen, wie z. B. Büromöbel Hauser & Schulte GmbH, Facebook, Google, alle mittleren und kleinen Unternehmen, wie z. B. Online-Händler, Apps, Industrie- oder Handwerksbetriebe.

Lernfeld: Multifunktionale Arbeitsplätze effizient organisieren

Sie müssen im Rahmen einer Datenschutzerklärung also umfassend darüber informiert werden, welche Daten über Sie gespeichert werden. Ferner haben Sie ein Recht darauf zu wissen, wie die Daten aufbewahrt werden. Dies geschieht i. d. R. in digitaler Form, also Speicherung in einem elektronischen Verzeichnis. Aber auch die Aufbewahrung in analoger Form (als Akte in einem Ordner abgeheftet) muss deutlich gemacht werden.

Grundsätze für die Verarbeitung personenbezogener Daten (Kapitel 2 Art. 5 DSGVO Abs. 1)

Personenbezogene Daten unterliegen dem Grundsatz der Rechtmäßigkeit. Das bedeutet, dass sie nur auf rechtmäßige und in einer nachvollziehbaren Art und Weise verarbeitet werden. Unternehmen, Online-Händler, Soziale Netzwerke oder sonstige Applikationen müssen ihre Kunden bzw. Nutzer eingehend darüber informieren, welche personenbezogenen Daten verarbeitet werden. Wenn Sie also ein soziales Netzwerk zum Austausch von Informationen nutzen, muss der Anbieter Sie informieren, welche Ihrer Daten er speichert.

Personenbezogene Daten unterliegen dem Grundsatz der **Zweckbindung**. Sie dürfen nur für eindeutig nachvollziehbare und legitime Zwecke genutzt werden. Haben Sie beispielsweise bei einem Online-Händler ein Produkt erworben, so dürfen Ihre Daten nur zum Zwecke der Erledigung dieses Rechtsgeschäftes genutzt werden. In diesem Falle benötigt der Anbieter Ihre Kontaktdaten und Ihr Geburtsdatum. Ihre Religionszugehörigkeit ist dahingegen nicht relevant.

Personenbezogene Daten unterliegen dem Grundsatz der **Datenminimierung**. Sie müssen also nicht nur dem Zweck angemessen, sondern auch auf das dem Zweck der Verarbeitung notwendige Maß beschränkt sein; so wenig wie möglich – so viel wie nötig! Wenn also Ihr Geburtsdatum oder Ihre Postanschrift zur Erledigung des Rechtsgeschäftes nicht relevant sind, dann dürfen diese auch nicht gespeichert werden.

Personenbezogene Daten unterliegen dem Grundsatz der **Richtigkeit**. Sie müssen korrekt und auf dem neuesten Stand sein. Unrichtige, veraltete oder nicht mehr benötigte Daten müssen unverzüglich gelöscht oder korrigiert werden.

Personenbezogene Daten unterliegen dem Grundsatz der **Speicherbegrenzung**. Die Daten, die zu Ihrer Identifizierung erforderlich sind, dürfen nur so lange gespeichert werden, wie sie benötigt werden. Sobald sie überflüssig sind, hat der Händler diese unwiderruflich zu vernichten.

Personenbezogene Daten unterliegen dem Grundsatz der **Integrität und Vertraulichkeit**. Die Daten sind nur so zu verarbeiten, dass optimale Sicherheit gewährleistet ist. Sie müssen vor Missbrauch und unbeabsichtigtem Verlust, Zerstörung oder Schädigung geschützt sein. Hier sind entsprechende Sicherheitsvorkehrungen zu schaffen (Datensicherung, Verschlüsselung, Passwortschutz etc.).

Personenbezogene Daten unterliegen dem Grundsatz der **Rechenschaftspflicht** (Art. 5 DSGVO Abs. 2). Der für die Erhebung Ihrer Daten verantwortliche Händler, Unternehmer, Verein usw. ist für die Einhaltung der vorbeschriebenen Grundsätze verantwortlich und muss deren Einhaltung nachweisen.

Rechtmäßigkeit der Verarbeitung. Die Verarbeitung Ihrer Daten ist nur rechtmäßig, wenn

- Sie Ihre Einwilligung dazu gegeben haben, die Verarbeitung zur Erfüllung eines Vertrages oder einer sonstigen rechtlichen Verpflichtung erforderlich ist,
- die Verarbeitung erforderlich ist, um lebenswichtige Interessen der betroffenen Person oder einer anderen natürlichen Person zu schützen usw.
- das jeweilige Unternehmen, die Institution o. ä. bittet Sie ausdrücklich um Erlaubnis, die erforderlichen Daten zu erheben, indem es Ihnen eine Datenschutzerklärung zur Unterzeichnung vorlegt.

Rechte der betroffenen Personen (Kapitel 3 DSGVO)

Auskunftsrecht (Abschnitt 1 Art. 12 DGSVO). Der Verantwortliche, der Ihre Daten benötigt, trifft Maßnahmen, um Ihnen alle Informationen und alle Mitteilungen, die sich auf die Verarbeitung Ihrer Daten beziehen, in präziser, transparenter, verständlicher und leicht zugänglicher Form in einer klaren und einfachen Sprache zu übermitteln. Die Übermittlung der Informationen erfolgt schriftlich oder in anderer Form, gegebenenfalls auch elektronisch. Wie bereits beschrieben, wird der Verantwortliche Sie bitten eine sogenannte Datenschutzerklärung zu unterzeichnen. Sie müssen den Namen und die Kontaktdaten des Mitarbeiters, der Ihre Daten verarbeitet, kennen. Das Unternehmen muss Sie also darüber informieren.

Recht auf **Berichtigung** (Abschnitt 3 Art. 16 DGSVO). Sollten Ihre Daten unvollständig, fehlerhaft oder nicht nach dem Grundsatz der Datenminimierung erfasst sein, so muss der für die Erfassung verantwortliche Mitarbeiter diese berichtigen und Ihnen Auskunft darüber erteilen.

Recht auf **Löschung** bzw. Recht auf „Vergessen werden" (Abschnitt 3 Art. 17 DGSVO). Bisher war es nahezu unmöglich, Daten aus dem Internet zu entfernen. Im Rahmen der DGSVO können Sie darauf bestehen, „vergessen zu werden". Ihre Daten sind dann unwiderruflich und unverzüglich zu löschen, wenn sie nicht mehr benötigt werden. Sie können von dem Verantwortlichen einen Nachweis über die Löschung verlangen.

Recht auf **Einschränkung** (Abschnitt 3 Art. 18 DGSVO). Sie haben das Recht, von dem Verantwortlichen die Einschränkung der Verarbeitung zu verlangen, sobald Sie glauben, das die Daten nicht mehr korrekt sind, die Verarbeitung unrechtmäßig erfolgt oder die Daten nicht mehr benötigt werden.

Desweiteren haben Sie das „**Recht auf Datenübertragbarkeit**" (Abschnitt 3 Art. 20 DGSVO). Dieses sichert Ihnen insbesondere bei digitalen Diensten wie Apps die Möglichkeit, Ihre Daten (z. B. die Kontaktdaten und die Bestellhistorie) von einem Anbieter zum nächsten mitzunehmen.

Schlussbemerkungen

Mit dieser vom EU Parlament geschaffenen Datenschutz-Grundverordnung haben die Organisationen große Neuerungen zu bewältigen. Zahlreiche neue Pflichten gehen mit der Verordnung einher, insbesondere ist die Erhebung personenbezogener Daten genauestens zu dokumentieren und zu kontrollieren.

Daraus ergibt sich die Notwendigkeit den Nutzern bzw. Kunden Datenschutzerklärungen vorzulegen, um diese angemessen über datenschutzrelevante Aktivitäten zu informieren.

Lernfeld: Multifunktionale Arbeitsplätze effizient organisieren

Hiervon betroffene Bereiche der Datenerhebung sind Social Media, Cookies, Web-Analyse, Werbung, Kontaktformulare, Newsletter usw. Im Rahmen der Datenschutzerklärung ist der Nutzer bzw. Kunde über den Zweck und die Rechtsgrundlage der Datenerfassung zu informieren. Darüber hinaus müssen Sie über Ihre Rechte (wie vorher beschrieben) aufgeklärt werden.

Die Änderungen sind äußerst komplex und verlangen von den Verantwortlichen, tief in die Materie des Datenschutzes einzusteigen. Denn „Unwissenheit schützt vor Strafe nicht". Die Aufsichtsbehörden haben angekündigt, die Einhaltung des Datenschutzes streng zu kontrollieren und bei Nichtbeachtung empfindliche Strafen zu verhängen, die im schlimmsten Fall am Jahresumsatz angelehnt werden.

Betriebliche Datenssicherheit (LA 1.8)

Der Datenschutz gewinnt im alltäglichen wie auch beruflichen Leben immer mehr an Bedeutung. Zum einen wecken die „großen" oder globalen Skandale, wie zuletzt die Spähaffäre der National Security Agency (NSA), das Bewusstsein für Datenschutz. Auf der anderen Seite sind es jedoch auch die „kleineren" Vorfälle, wie die Videoüberwachung der Mitarbeiter bekannter Unternehmen oder undurchsichtige Allgemeine Geschäftsbedingungen (AGB) in sozialen Netzwerken, die immer wieder die Wichtigkeit des Datenschutzes unterstreichen.

Trotz dieser Vorfälle werden gleichzeitig unzählige private Bilder, Videos oder Kommentare zu Lebensereignissen in sozialen Netzwerken allgemein zugänglich gemacht und ungeschulte Angestellte erheben, verwalten und bearbeiten personenbezogene Daten von Kunden, Mitarbeitern und Bewerbern. Teilweise ignorieren Firmen den Datenschutz einfach oder verstoßen aus Unwissenheit dagegen. „Unwissenheit schützt vor Strafe nicht!":

Seit Einführung der europaweit gültigen Datenschutzgrundverordnung (DSGVO) im Mai 2018 müssen alle Betroffenen mit empfindlichen Strafen rechnen, wenn Sie gegen den Datenschutz verstoßen. Die Datenschutzgrundverordnung ist übergeordnetes Recht und ersetzt die bisherigen nationalen Regelungen.

Personenbezogene Daten. Die Datenschutzgrundverordnung lässt sich nur auf personenbezogene Daten anwenden. Als personenbezogene Daten werden „Einzelangaben über persönliche und sachliche Verhältnisse einer bestimmten oder bestimmbaren Person" bezeichnet. Dies können Angaben wie z. B. Name, Vorname, Geburtsdatum, Wohnort, Bankverbindung, Steuernummer, IP-Adresse etc. sein. In Deutschland können nur natürliche Personen über personenbezogene Daten verfügen.

Beispiel 1: 03.05.1982 – Es liegen keine personenbezogenen Daten vor ⇒ die Person ist nicht bestimmt oder bestimmbar.

Beispiel 2: Der Geburtstag von Hannelore Schmitz ist am 03.05.1982 – Hier liegen personenbezogene Daten vor ⇒ die Person zu den persönlichen Daten ist klar bestimmt.

Beispiel 3: Jeder Mitarbeiter der Büromöbel Hauser & Schulte GmbH verdient mehr als 100.000 € ⇒ es liegen personenbezogene Daten vor. Die Person ist zwar nicht bestimmt, aber bestimmbar.

Beispiel 4: Ein Mitarbeiter der Büromöbel Hauser & Schulte GmbH verdient mehr als 100.000 € ⇒ keine personenbezogenen Daten. Die Person ist nicht bestimmbar, da es jeder Mitarbeiter der Firma sein könnte.

7. Manual: Multifunktionale Arbeitsplätze

Datensicherheit (LA 1.8)

Das Bundesdatenschutzgesetz fordert ein Mindestmaß an Sicherheitsvorkehrungen für die Verarbeitung personenbezogener Daten. In § 9 und Anhang zu § 9 sind „konkrete" Schutzziele gefordert. Die Daten sind insbesondere vor Verlust, Verfälschung oder unerlaubter Kenntnisnahme zu schützen. Dies ist anhand der nachstehenden Kontrollmechanismen entsprechend zu überprüfen.

- **Zutrittskontrolle.** Der räumliche Zutritt zum Gebäude und/oder den Datenverarbeitungsanlagen für Unbefugte muss verhindert werden. Art und Umfang der notwendigen Sicherungsmaßnahmen richten sich nach der Sensibilität und der Menge der gespeicherten Daten. Beispiel: Ein besetzter Empfang am Eingang des Unternehmens und eine Überwachung der Eingänge per Kamera.

- **Zugangskontrolle.** Der Zugang zu internen Datennetzwerken muss Unbefugten verwehrt werden. Beispiel: Die Verwendung von sicheren Passwörtern für PC und Programme ist Pflicht.

- **Zugriffskontrolle.** Es kann nur auf Daten zugegriffen werden, die im Rahmen von Zugriffsberechtigungen gewährt sind. Beispiel: Verwendung eines IT-Berechtigungskonzepts und Passwortschutz.

- **Weitergabekontrolle.** Kontrolle der Möglichkeit zur Weitergabe personenbezogener Daten mittels Datenträger oder E Mail. Beispiel: Beschränkung der maximalen E Mail-Größe; Verbot von USB-Sticks.

- **Eingabekontrolle.** Es muss identifizierbar sein, wer wann welche personenbezogene Daten in die IT-Systeme eingegeben hat oder diese verändert hat. Beispiel: Protokollfunktion in SAP mit Accountname, Datum und Uhrzeit der Erfassung oder Änderung.

- **Auftragskontrolle.** Kontrolle der weisungsgebundenen Verarbeitung oder Nutzung personenbezogener Daten durch einen Auftragnehmer. Beispiel: Kontrolle der Vorgehensweise beim Umgang mit personenbezogenen Kundendaten durch ein beauftragtes Callcenter.

- **Verfügbarkeitskontrolle.** Wie schütze ich die Daten gegen Verlust? Hierzu zählen auch unvorhergesehene Ereignisse wie Blitzschlag. Beispiel: Regelmäßige Speicherung auf externe Datenträger durch autorisiertes Personal.

- **Trennungskontrolle.** Personenbezogene Daten, die zu unterschiedlichen Zwecken erhoben wurden, müssen getrennt verarbeitbar sein. Beispiel: Ist ein Mitarbeiter selbst Kunde bei Büromöbel Hauser & Schulte, so muss die Rechnungsprüfung die erforderlichen Daten getrennt von den Personaldaten erheben.

Lernfeld: Multifunktionale Arbeitsplätze effizient organisieren

Datenschutzbeauftragter

Ab einer bestimmten Größe ist ein Datenschutzbeauftragter zu bestellen, der die Einhaltung der Datenschutzrichtlinie innerhalb der Organisation überwacht und die Mitarbeiter entsprechend informiert. Kommt er seiner Verpflichtung nicht nach, so muss er für Schäden, die durch Nichtbeachtung der Datenschutzrichtlinie entstehen, haften. Neu ist, dass Sie als Nutzer oder Kunde nicht nur wirtschaftlich sondern auch moralische Schäden geltend machen können.

Unterweisung der Mitarbeiter

In der Datenschutzgrundverordnung ist klar geregelt, dass eine geeignete Unterweisung aller Mitarbeiter, die mit personenbezogenen Daten arbeiten, erfolgen muss. Laut Gesetzestext kann die Unterweisung persönlich durch den Datenschutzbeauftragten erfolgen. Er muss in diesem Zusammenhang die Mitarbeiter mit den Vorschriften dieses Gesetzes sowie anderen Vorschriften über den Datenschutz vertraut machen. Die Mitarbeiter werden schriftlich auf das Datengeheimnis verpflichtet. Aus dem Schriftstück muss hervorgehen, dass es der beschäftigten Person untersagt ist, personenbezogene Daten unbefugt zu erheben, zu verarbeiten und zu nutzen. Das Datengeheimnis besteht auch nach Beendigung der Tätigkeit weiter. Der Mitarbeiter muss das Schriftstück unterschreiben und damit bestätigen, dass er über die gesetzlichen Bestimmungen des BDSG unterrichtet wurde.

© Alexander Limbach – stock.adobe.com

Backup und Archivierung. Unternehmen sind zum Backup und zur Archivierung Ihrer Datensätze verpflichtet. Der Gesetzgeber verlangt, dass Handelsbriefe (egal ob empfangen oder selbst versandt) revisionssicher (den Anforderungen des Handelsgesetzbuches und der Abgabenordnung entsprechend) aufbewahrt werden müssen. Dies gilt ebenso für die elektronische Korrespondenz. Den Verantwortlichen ist häufig nicht bewusst, dass auch auf elektronischem Weg rechtsverbindliche Verträge abgeschlossen, verändert oder aufgehoben werden (Lieferpapiere, Rechnungen, Reklamationsschreiben). Diese gehören zur Geschäftskorrespondenz und unterliegen der Verpflichtung zur Aufbewahrung und dem Datenschutz, da es sich hier meist um personenbezogene Daten handelt. Um Datenverlust zu verhindern erfordert dies regelmäßige Datensicherung. In der Regel werden Daten nach dem Großvater-Vater-Sohn-Prinzip gesichert. Dies bedeutet Datensicherung an einem Tag (z. B. Mittwoch). Donnerstags wird eine weitere Datensicherung durchgeführt und freitags ebenso. Sobald die nächste (die vierte) Datensicherung erfolgt ist, kann die älteste Sicherung (von Mittwoch) vernichtet werden. So ist gewährleistet, dass stets drei Generationen von Daten gesichert sind: Großvater + Vater + Sohn.

Es ist zu gewährleisten, dass die gesicherten Daten auch Jahre später mit der dann aktuellen Soft- und Hardware aktiviert werden können. Selbst, wenn alte Daten auf die Festplatte zurückgespielt werden können, so müssen Geräte und Software (richtiges Dateiformat) vorhanden sein, um diese zu aktivieren. Darüber hinaus sind organisatorische Maßnahmen zu treffen, um ungehinderten Zugriff zu vermeiden (Passwortschutz).

7. Manual: Multifunktionale Arbeitsplätze

Umweltfaktoren (LA 1.4)

Für den Arbeitserfolg und die Arbeitszufriedenheit der Mitarbeiter ist die Gestaltung des Arbeitsplatzes ein ganz wesentlicher Faktor.

Lärm

Zu viel Lärm ist eine große Belastung für die Gesundheit des Menschen, denn Lärm kann zu Hörschäden führen. Der Schalldruckpegel gibt an, wie laut ein Geräusch ist bzw. wie das Geräusch vom menschlichen Ohr empfunden wird. Er wird gemessen in Dezibel (dB)A – benannt nach Graham Bell, dem Erfinder des Telefons. Lärm entsteht durch EDV-Geräte (Computer, Drucker etc.) oder durch das Schreiben auf der Tastatur. Auch laute Musik oder Gespräche können Lärm verursachen. Um Gesundheitsschäden zu vermeiden, kann Lärm z. B. durch Teppichböden, schallschluckende Decken, Doppelverglasung bzw. Pflanzen reduziert werden. Beim Lärm müssen Höchstgrenzen eingehalten werden: Da im Büro überwiegend geistig gearbeitet wird, sollte der Geräuschpegel nicht höher als 55 dB sein. Ein Laserdrucker oder ein Gespräch in normaler Lautstärke verursachen z. B. Lärm von ca. 55 dB. Bei einfachen Tätigkeiten kann der Lärmpegel bis zu 70 dB(A) hoch sein. Sonstige Tätigkeiten sollten 85 dB(A) nicht überschreiten. Beispiel: Ein vorbeifahrender LKW verursacht eine Lautstärke von ca. 90 dB.

Auswirkungen. Lärm kann sehr belastend sein; Aufmerksamkeit und Reaktionszeit sinken, der Mensch kann sich nicht mehr gut konzentrieren. Ferner laufen Denkvorgänge langsamer ab. Lärm kann nervös machen. Bei sehr großer Lautstärke kann das Gehör geschädigt werden. Lärm beeinflusst das vegetative Nervensystem, erhöht den Blutdruck und kann das Herz-Kreislauf-System schädigen. In extremen Fällen kann Lärm Depressionen verursachen. Je mehr Lärm, desto schlechter kann man sich konzentrieren. Lärm kann krank machen – deshalb sollte darauf geachtet werden, dass der Mensch (ob in der Schule, bei der Arbeit oder in der Freizeit) nicht zu großem Lärm ausgesetzt ist.

Licht

Das natürliche Sonnenlicht ist für die Gesundheit und das Wohlbefinden des Menschen am besten. Ein strahlender Frühlingstag macht uns aktiver, wir sind besser gelaunt. Ein grauer Herbsttag dagegen legt sich schwer auf das Gemüt. Wir werden müde und die Arbeit will nicht gelingen. Deshalb muss das künstliche Licht dem Tageslicht möglichst ähnlich und der Arbeitsplatz optimal ausgeleuchtet sein. Der Arbeitsplatz sollte so gestaltet sein, dass möglichst viel Tageslicht einfallen kann, z. B. Schreibtisch am Fenster.

Die Beleuchtungsstärke sollte mindestens 500 Lux (Maßeinheit zur Messung der Beleuchtungsstärke) betragen. Der Raum und die Arbeitsfläche eines Schreibtisches müssen gleichmäßig und hell ausgeleuchtet sein, damit beim Lesen keine Schatten entstehen. Spiegelungen auf dem Bildschirm müssen vermieden werden. Die Glühbirnen oder andere Leuchtmittel dürfen nicht blenden oder flimmern.

Darüber hinaus sollte das Licht aus der „richtigen Richtung" kommen: bei Rechtshändern in der Regel von links, bei Linkshändern von rechts, damit beim Schreiben kein störender Schattenwurf entsteht.

Auswirkungen. Nur ein kleiner Teil des natürlichen Lichts dient zum Sehen. Der größere Teil gelangt in unseren Organismus und kurbelt den Stoffwechsel an, regelt den Hormonhaushalt, das Immunsystem, den Zellstoffwechsel usw.

Lernfeld: Multifunktionale Arbeitsplätze effizient organisieren

Schlechte Lichtverhältnisse am Arbeitsplatz verursachen Kopfschmerzen und Augenprobleme, schwächen die Immunabwehr, beeinflussen die Konzentrationsfähigkeit und führen zu rascher Ermüdung. Ein optimal ausgeleuchteter Arbeitsplatz fördert Konzentration, Kreativität und Leistungsfähigkeit.

Klima

Ein angenehmes Raumklima ist vor allem von der Raumtemperatur, der Luftbewegung und der Luftfeuchtigkeit abhängig. Der Temperaturbereich, bei dem sich der Mensch bei der Büroarbeit wohl fühlt, liegt in der Regel bei ca. 21 °C. An heißen Sommertagen kann er höher liegen, sollte aber 26 °C nicht überschreiten. Neben der Temperatur sollte auch die Luftfeuchtigkeit im Büro gemessen werden. Diese darf 40 % nicht unter- und 65 % nicht überschreiten. Ein einfaches Mittel, um eine angenehme Luftfeuchtigkeit und gesunde Luftbewegung zu erzielen, ist die Lüftung durch weit geöffnete Fenster (Stoßlüftung). Danach sollten die Fenster wieder geschlossen werden. Eine dauerhafte Kippstellung verbraucht unnötig Energie und verursacht Zugluft. Diese ist unbedingt zu vermeiden. Sie kann Erkältungen oder Rückenschmerzen verursachen. Manche Unternehmen haben Belüftungssysteme, die verbrauchte Luft absaugen und frische Luft in den Raum zurückgeben. Grünpflanzen sorgen ebenfalls für ein gutes Raumklima, da sie Sauerstoff und Feuchtigkeit spenden. Einige binden sogar Schadstoffe.

Auswirkungen. Ein schlechtes Raumklima kann die Gesundheit beeinträchtigen: Ein überheiztes Büro macht müde. Außerdem wird mehr Staub durch die Luft gewirbelt, was Allergikern Probleme bereiten kann. Zu feuchte oder zu trockene Luft kann Allergien verursachen. Bei zu trockener Luft können die Schleimhäute der Augen und Atemwege austrocknen, was die Widerstandsfähigkeit gegen Infektionen herabsetzt, Schleimhautentzündungen sind die Folge. Außerdem kann es bei zu trockener Luft zu unangenehmen, elektrostatischen Aufladungen kommen (die Haare „fliegen" oder „kleben" am Gesicht). (vgl. ArbStättV, 2010)

Farbgestaltung

Die farbliche Gestaltung von Wänden und Mobiliar beeinflusst das Wohlbefinden am Arbeitsplatz. Viele Unternehmen beauftragen bei der Gestaltung der Arbeitsplätze oft speziell ausgebildete Farbdesigner, damit sich die Mitarbeiter wohl fühlen. Allerdings sollten Farben generell sparsam verwendet werden, denn zu viele Farben erschweren die Informationsaufnahme. Grüne Farben wirken beruhigend, fördern Aufgeschlossenheit und Kontaktfreudigkeit. Gelbe Farbtöne regen zu geistiger Tätigkeit und Aktivität an. Rote Farben erregen Aufmerksamkeit, wirken alarmierend. Sie werden häufig im Straßenverkehr verwendet (z. B. Stoppschilder oder Begrenzungsbänder bei Baustellen).

Für Räume mit wenig Sonnenlicht bieten sich warme Farbtöne an, z. B. gelb oder orange. In Arbeitsräumen, in denen monotone Tätigkeiten ausgeführt werden, bringen größere Farbkontraste (z. B. weiß und blau) eine belebende Wirkung. Eine richtige Farbwahl für Möbel oder Wände führt zu besserer Wahrnehmung, höherer Leistungsfähigkeit, guter Stimmung, mehr Sicherheit und Ordnung, besserer Orientierung. Darüber hinaus kann sich der Mensch schneller erholen.

Auswirkungen. Eine ungünstige Farbwahl hat Auswirkungen auf die Gesundheit: Eine kontrastarme Farbwahl bei der Bildschirmarbeit führt zur Ermüdung der Augen. Beispiel: Gelbe Schrift auf weißem Grund ist sehr anstrengend zu lesen. Es kann zu Brennen oder verstärktem Tränenfluss kommen. Um dies zu verhindern, wählt man besser eine dunkle Schrift (z. B. schwarz) auf hellem Grund (z. B. weiß).

7. Manual: Multifunktionale Arbeitsplätze

Raumformen (LA 1.5)

Die Bürofläche stellt heutzutage einen hohen Kostenfaktor dar. Das bedeutet, dass die Fläche optimal genutzt werden soll. Die Arbeitsgewohnheiten haben sich geändert, dadurch entwickelt sich auch die Nutzungsart der Büroräume weiter.

Einpersonen-Büro

Das Einpersonen-Büro wird dann bevorzugt, wenn die Aufgaben hohe Konzentration oder auch Vertraulichkeit erfordern. Durch den hohen Grad der Abschirmung in Verbindung mit Privat- und Gewohnheit ist diese Büroform bei Mitarbeitern sehr beliebt. Der vorgeschriebene Flächenbedarf für Benutzerfläche, Verkehrswegefläche und Möbelfunktionsflächen beträgt: für einen Büroarbeitsplatz 8 bis 10 qm, für einen Bildschirmarbeitsplatz 10 qm, für einen Mischarbeitsplatz 12 qm.

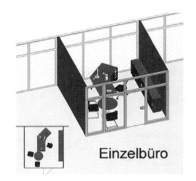

Einzelbüro

Mehrpersonen-Büro

Zusammengehörige Organisations-Einheiten, Teams und Gruppen lassen sich gut im Mehrpersonenbüro (auch Team- oder Gruppenbüro) unterbringen. Diese Büroform unterstützt die gemeinsame Aufgabenerledigung. Gerade die schnelle Kommunikation und Abstimmung zwischen den Mitarbeitern sowie die effiziente Nutzung der Bürofläche ist eine Stärke dieser Büroform.

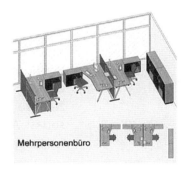

Mehrpersonenbüro

Das Gruppenbüro lässt sich sowohl in Zellenbüroform als auch in älteren Gebäuden mit größeren Zimmern realisieren. In Abhängigkeit von der Gruppengröße sind Raumgrößen und Raumzuschnitte unterschiedlich. Jeweils mehrere Gruppenbüros erhalten ein Service-Center (Postverteilen, Kopieren, Faxen) und Besprechungs- und Regenerations-Bereiche (Relax-Zonen).

Großraum-Büro

Die Anfang der Sechzigerjahre in Deutschland geplanten Großraum-Büros wurden mit dem Anspruch möglichst großer Variabilität, Funktionalität und Wirtschaftlichkeit der Flächennutzung gebaut: Die Kommunikation mit Kollegen ist schneller, praktischer und intensiver auf derselben Etage als über Stockwerke. Die beliebige Anordnung von Bildschirmarbeitsplätzen führt jedoch oft zu Direktblendung (Blickrichtung zum Fenster) oder Reflexblendung (Spiegelung von Fenstern auf dem Bildschirm).

Non-territoriales Büro

buerohaus-leuchs.de

Um die gesetzlich geforderten Bedingungen am Bildschirmarbeitsplatz zu gewährleisten, werden deshalb Stellwände nötig, die – laut Arbeitsstättenverordnung – den Blick des Mitarbeiters durch das Fenster ins Freie nicht behindern dürfen.

Lernfeld: Multifunktionale Arbeitsplätze effizient organisieren

Kombi-Büro (Open Space)

Konzentrierte Einzelarbeit, Platz für Teamarbeit und informelle Kommunikation – das Kombi-Büro sucht die optimale Verbindung zwischen Konzentration und Kommunikation. Es stellt eine Kombination zwischen individuellen Einzel-Arbeitsräumen und dem für Teambesprechungen und informelle Kontakte vorgesehenen „Allraum" dar.

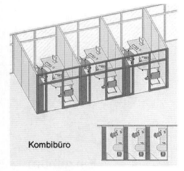

Kombibüro

buerohaus-leuchs.de

Dem Kombi-Büro liegt die Idee zugrunde, die herkömmlichen Raumkonzepte so miteinander zu verknüpfen, dass für die unterschiedlichen Arbeitsanforderungen optimale räumliche Gegebenheiten entstehen. Kombi-Büros eignen sich vorzugsweise für Unternehmen, bei denen häufig zwischen konzentrierter Einzelarbeit und Projektgruppenarbeit gewechselt wird.

Die Arbeitskojen sind in der Regel als Einpersonen-Räume konzipiert. Im Kombi-Büro kann der einzelne Mitarbeiter weitgehend ungestört seine Arbeitsaufgabe erfüllen, denn der geschlossene Raum bietet dazu die erforderliche Konzentrationsmöglichkeit. Im „Allraum" stehen häufig die Arbeitsmittel, die von allen genutzt werden – Drucker, Kopierer, Telefax. Ebenfalls werden hier Pausenräume und kleinere Besprechungszonen positioniert.

Reversibles Büro (New Work)

Wie zuvor beschrieben, verlangen technische und organisatorische Veränderungen neue Anforderungen an das Büro. Es entstehen neue Bürogebäude, die flexible Büroräume zur Verfügung stellen. Diese Räume können unterschiedlich ausgestattet und je nach Anforderung angepasst werden. Das reversible Büro wird also als Gruppen-, Kombi- oder Einzelbüro genutzt. Dazu werden Trennwand- oder Raumgliederungssysteme verwendet, sodass Arbeitseinheiten, Besprechungs- und Pausenzonen entstehen. Diese eignen sich hervorragend für Projektarbeiten mit wechselnden Beschäftigten.

Desk-Sharing (Non-territoriales Office)

Bedingt durch die neuen Informations- und Kommunikationstechniken mit schnellen Netzwerken und Internet arbeiten die Mitarbeiter eines Unternehmens an wechselnden Arbeitsorten. Im Non-territorial Office wird die feste Zuordnung von Arbeitnehmern und Arbeitsplatz aufgelöst. Alle Arbeitsplätze werden zeitlich wechselnd von mehreren Mitarbeitern genutzt. Die Anzahl der Arbeitsplätze ist geringer als die der Mitarbeiter. Damit ist das Non-territorial Office eine spezielle Form des Desk-Sharing. Wie bei allen anderen Formen des Desk-Sharing werden Arbeitsunterlagen zentral aufbewahrt (physisch oder digital). Für persönliche Gegenstände werden in der Regel mobile Caddies zur Verfügung gestellt. Die persönliche Zuordnung eines Arbeitsplatzes zu einem bestimmten Beschäftigten entfällt. Die Arbeitsplätze sollen somit besser ausgelastet, d. h. die Bürofläche soll minimiert werden und das vorhandene Mobiliar und die Technik sollen nur noch begrenzt zur Verfügung stehen, um Kostenvorteile zu erreichen. (vgl. Sauerwald, 2010)

7. Manual: Multifunktionale Arbeitsplätze

Business Club

Büromitarbeiter, die nicht tagtäglich im Büro arbeiten, sondern häufig unterwegs sind (Arbeit am Projekt, Außendienst, Beratung, IT-Administration oder Schulungen), nutzen Business Lounges in Flughäfen und Bahnhöfen oder Business Clubs. Dort stehen ihnen Schreibtische, informelle Sitzgruppen und Cafétische zum Arbeiten und Konferieren zur Verfügung. Business Clubs bieten oft die räumliche Umgebung für Desk-Sharing. Mit einem Desk-Sharing-Arbeitsplatz sind Mitarbeiter nicht mehr an einen Arbeitsplatz gebunden, sondern können ihre elektronisch gespeicherten Informationen und Daten täglich an einem anderen Arbeitsplatz abrufen.

Telearbeit (Office at Home)

Unter Telearbeit wird eine auf Informations- und Kommunikationstechnik gestützte Tätigkeit verstanden, die an einem Arbeitsplatz außerhalb des Unternehmens stattfindet. Je nach Lebenssituation möchten viele Mitarbeiter diese Arbeitsform nicht mehr missen. In der Arbeitswelt wird die alternierende (wechselnde) Telearbeit bevorzugt, d. h. eine Arbeitsstätte zu Hause und eine im Betrieb. (vgl. Martin & Rundnagel, 2004)

Gestaltung von Bildschirmarbeitsplätzen (LA 1.6)

Bei der Gestaltung von Arbeitsplätzen müssen rechtliche Vorschriften und ergonomische Erkenntnisse berücksichtigt werden. So werden die Vorschriften für den Bildschirmarbeitsplatz geregelt in der Verordnung über Sicherheit und Gesundheitsschutz bei der Arbeit an Bildschirmgeräten (Bildschirmarbeitsverordnung – BildscharbV)[*)] vom 4. Dezember 1996 (BGBl. I S. 1841), zuletzt geändert durch Artikel 7 der Verordnung vom 18. Dezember 2008 (BGBl. I S. 2768).

Bildschirmarbeitsplatz

Bei der Gestaltung von Bildschirmarbeitsplätzen konzentriert sich die eher „klassisch" ausgerichtete Ergonomie hauptsächlich auf die Arbeitsmittel, die Arbeitsumgebung und die korrekte Anordnung der Arbeitsmittel. Immer stärker setzt sich jedoch ein Ansatz durch, wonach Bildschirmarbeit nicht nur belastend ist, wenn Sie schlecht sitzen und der Monitor flimmert, sondern auch dann, wenn die Organisation der Arbeit zu wünschen übrig lässt. Damit kommt die menschengerechte Arbeitsgestaltung ebenfalls ins Blickfeld. Der Bildschirmarbeitsplatz ist aus der täglichen Arbeit in den meisten Betrieben nicht mehr wegzudenken. Neben Verbesserungen und Erleichterungen bringt diese Technologie aber auch neue Probleme für die einzelnen Betriebe und die am Bildschirm beschäftigten Personen mit sich. Heute sind die Bildschirmgeräte, die Tische, Bürodrehstühle und das übrige Zubehör wie Tastatur, Beleghalter und Fußstütze technisch hoch entwickelt. Dennoch wird auch bei Einsatz dieser hochwertigen Technik der Arbeitsplatz stets nur so gut sein, wie der einzelne Beschäftigte diese in Kenntnis der Bedienungsmöglichkeit nutzt. Deshalb ist eine umfassende Information und Unterweisung notwendig.

Monitor

Der Monitor muss auf einem flexiblen Sockel stehen, der ein Anpassen an Größe und Sitzpositionen des Benutzers ermöglicht.

Lernfeld: Multifunktionale Arbeitsplätze effizient organisieren

Der Bildschirm sollte so geneigt sein, dass eine Blickrichtung leicht nach unten erreicht wird und der Abstand zwischen Auge und Monitor zwischen 45 bis 65 cm (altersabhängig) beträgt. Arbeitsmittel wie Monitor, Tastatur und Konzept sollten im gleichen Abstand zum Benutzerauge angebracht sein, um einer vorzeitigen Ermüdung der Augen durch ständige Nah-/Fernanpassung vorzubeugen.

Standort des Bildschirms

Die Aufstellung sollte so erfolgen, dass die Blickrichtung parallel zum Fenster verläuft, um Blendungen und Spiegelungen zu vermeiden. Ein eventuelles Flimmern tritt umso eher auf, je heller das Bildschirmgerät eingestellt wird. Beschwerden resultieren häufig aus einer falschen Aufstellung. Zum Beispiel können sich Fenster, Beleuchtungskörper oder auch Einrichtungsgegenstände im Bildschirm spiegeln. Diese Spiegelungen führen zu Belastungen der Augen. Um den Spiegelungen auszuweichen, werden bewusst oder unbewusst belastende Körperhaltungen (Körperzwangshaltungen) eingenommen. Ungünstig ist die Aufstellung mit vom Fenster abgewandter Blickrichtung, da dann Spiegelungen der hellen Fenster im Bildschirm unvermeidbar sind. Ebenso ungünstig ist eine Aufstellung mit Blickrichtung zum Fenster, da der Kontrast zwischen dunklem Bildschirm und hellem Tageslicht zu Anpassungsschwierigkeiten der Augen und dadurch zu Beschwerden führen kann.

Tastatur

Die Tastatur ist nach der DIN 2137 genormt und sollte mit dem 10-Finger-Tastschreiben also rationell bedient werden. Außerdem sind folgende Forderungen zu stellen: Sie sollten unabhängig vom Bildschirm aufstellbar sein, einen Neigungswinkel haben und mit einer rutschhemmenden Unterseite versehen sein. Handballenauflagen schonen die Gelenke. Dafür sollte ein Platz von zirka 10 cm zwischen Tastatur und Tischkante für die Handballen verbleiben. Ergonomische Tastaturen sorgen für eine bessere Körperhaltung. Die Tastatur können Sie entsprechend Ihrer Arbeitsaufgabe aufstellen. Denken Sie dabei aber daran, dass sie etwa im selben Augenabstand aufgestellt sein soll wie Ihre anderen Arbeitsmittel. Körperzwangshaltungen müssen vermieden werden. Nicht mit gestreckten Armen arbeiten, das führt zur Ermüdung.

Vorlagenhalter

Auch der Beleghalter hilft, eine Körperzwangshaltung zu vermeiden. Sie sollten ihn jedenfalls dann benutzen, wenn Sie ohne Beleghalter eine ermüdende oder eine gesundheitsschädliche Haltung einnehmen müssten. Denken Sie auch hier an verkrampfte Arm- oder Handhaltungen, an überflüssige Kopfdrehungen und Augenbeschwerden. Berücksichtigen Sie auch beim Beleghalter den Augenabstand, der gleich groß zu den sonstigen Arbeitsmitteln sein soll.

Fußstütze

Besonders bei kleinen Personen können Fußstützen zu einer ergonomischeren Sitzposition an nicht höhenverstellbaren Tischen beitragen. Allerdings müssen sie bestimmte Anforderungen wie zum Beispiel in Höhe und Neigung verstellbar und ausreichend große und aufgeraute Trittfläche erfüllen. Besser sind höhenverstellbare Arbeitstische. Einige Experten warnen vor Fußstützen, während andere ihre Vorzüge betonen. Auf ihre korrekte Einstellung ist zu achten.

7. Manual: Multifunktionale Arbeitsplätze

Bürodrehstuhl

Nichts ist für den Büromenschen so wichtig wie der Stuhl, auf dem er sitzt. Viele Menschen sitzen sich krank, obwohl sie einen guten Stuhl haben. Gesundes Sitzen ist demnach auch Einstellungssache! Auch ein guter Bürodrehstuhl erfüllt nur seinen Zweck, wenn sein Benutzer ihn auf seine Bedürfnisse einstellt. Kein Wunder also, dass die Forderungen, die an den Stuhl gestellt werden, recht umfangreich sind. Einschlägige Festlegungen sind u. a. enthalten in DIN 4551, DIN 4552 und in der DIN EN 1335. Sitzen erfordert aktive Muskelkraft. Kontinuierlich angespannte Muskeln ermüden schnell.

Beim Kauf sollten Sie darauf achten, dass der Stuhl eine in der Höhe und Neigung verstellbare Rückenlehne mit integrierten Stützen für den Lendenwirbelbereich hat (Lumbalstütze). Die Rückenlehne reicht mindestens bis zur Mitte der Schulterblätter. Ein unbeabsichtigtes Lösen der Rückenlehne vom Stuhloberteil darf nicht möglich sein.

Die Sitzfläche sollte breit geformt sein (40 bis 48 cm) und eine Tiefe von 38 bis 44 cm erreichen. Zur Anpassung an die verschiedenen Körpergrößen ist es erforderlich, dass die Sitzhöhe zwischen 40 und 51 cm verstellbar ist. Die Sitzhöhe muss sicher und im Sitzen verstellt werden können. Hierzu gehört auch, dass der Sitz bei und nach der Höhenverstellung nicht unbeabsichtigt durchsacken kann. Der vordere Teil der Sitzfläche muss gerundet oder gut abgepolstert sein. Die Polsterung soll nicht zu dick, insbesondere aber dampf- und wasserdurchlässig sein.

Der Bürodrehstuhl muss standsicher sein. Dies ermöglichen fünf gebremste Rollen. Sie sind so konstruiert, dass der Stuhl beim Aufstehen abbremst und nicht wegrollt. Das Untergestell darf sich vom Stuhloberteil auch bei Betätigung der Höhenverstellung nicht unbeabsichtigt lösen. Sofern Armlehnen vorhanden sind, müssen diese auch höhenverstellbar sein.

Büroarbeitstisch

Stand der Technik im Bürobereich ist heute ein höhenverstellbarer Arbeitstisch, da er sich verschiedenen Körpergrößen am besten anpassen lässt. In den zuständigen DIN Normen DIN 4543 und DIN EN 527 sind die Anforderungen festgelegt.

Die Höhe des Arbeitstisches sollte von 68 bis 76 cm einstellbar sein. Nicht höhenverstellbare Tische müssen 72 cm hoch sein, damit zusammen mit einer ca. 3 cm hohen Tastatur eine Höhe von 75 cm erreicht wird. Diese Arbeitshöhe ist nach arbeitsmedizinischen Untersuchungen für Personen zwischen 1,48 und 1,89 m Körpergröße günstig. Die Breite der Tischfläche muss so bemessen sein, dass nach Aufstellen von Computer, Tastatur und evtl. weiteren Geräten wie z. B. Drucker noch genug freie Arbeitsfläche zur Verfügung steht; bei Mischarbeitsplätzen, die die Mehrzahl der Bildschirmarbeitsplätze ausmachen, sind das mindestens 160 cm. Günstig kann hier eine Winkelkombination von Computer- und Büroarbeitsplatz sein.

Um eine flexible Aufstellung der Arbeitsmittel (Bildschirm, Tastatur, Vorlagenhalter) zu gewährleisten, ist bei den heute üblichen Monitorgrößen von mindestens 17" eine Tischtiefe von 100 cm erforderlich, um eine ausreichende Sehentfernung zum Bildschirm einhalten zu können. Nach neuesten medizinischen Erkenntnissen ist es wünschenswert, bei einer Monitorgröße ab 17" den Teil des Schreibtisches, auf dem der Monitor steht, absenken zu können. Für die Nackenmuskeln ist es wesentlich entspannender, wenn Sie leicht nach unten sehen. Sie müssen dann beim Blickwechsel von Tastatur zu Bildschirm nicht jedes Mal den Kopf heben und dabei die Nackenmuskeln anspannen.

> **Lernfeld: Multifunktionale Arbeitsplätze effizient organisieren**

Wichtig ist auch eine ausreichende Beinfreiheit. Seitlich soll mindestens 58 cm freier Beinraum zur Verfügung stehen. Die Beinraumhöhe muss, 20 cm von der Vorderkante entfernt gemessen, mindestens 62 cm, besser 66 cm betragen. Selbstverständlich muss der Arbeitstisch jederzeit standsicher sein und darf nicht durch Benutzung ins „Zittern" geraten. Ecken, Kanten und Griffe müssen so geformt sein, dass keine Verletzungsgefahr besteht.

Um störende Reflexionen zu vermeiden, darf die Tischplatte keine glänzende Oberfläche haben. Ebenfalls empfehlenswert aus medizinischer Sicht ist ein Wechsel von sitzender und stehender Tätigkeit, was Sie z. B. durch Verwendung eines Stehpultes erreichen können. Telefonieren, Lesen und viele andere Arbeiten lassen sich ebenso gut im Stehen erledigen und entlasten damit die Wirbelsäule von ihrer einseitigen Belastung beim Sitzen. (vgl. BildscharbV, 1996)

Arbeitssicherheit im Büro (LA 1.6)

Der Arbeitsschutz ist in Deutschland über einhundert Jahre alt. Schon auf der Grundlage der Gewerbeordnung von 1872 und der Reichsversicherungsordnung von 1911 wird die Verhütung von Arbeitsunfällen und Berufskrankheiten durchgeführt. Diese Aufgabe wird von den staatlichen Gewerbeaufsichtsbehörden und den Berufsgenossenschaften wahrgenommen. Die Berufsgenossenschaften als Träger der gesetzlichen Unfallversicherung sind Zwangsvereinigungen von Unternehmern (Berufsgenossen) gleicher oder verwandter Gewerbezweige. Im Grundgesetz (Artikel 74) ist der Arbeitsschutz verankert.

Berufsgenossenschaft

Als Träger der gesetzlichen Unfallversicherung haben die Berufsgenossenschaften nicht nur für die Verhütung von Arbeitsunfällen zu sorgen. Sie müssen nach Eintritt eines Arbeitsunfalles den Verletzten, die Angehörigen und Hinterbliebenen entschädigen. Diese Entschädigung erfolgt durch Heilbehandlung des Verletzten, durch Berufshilfe (z. B. Umschulung) und/oder Geldleistungen (z. B. Unfallrenten). Geldleistungen helfen, wirtschaftliche Einbußen zu vermeiden.

Als Arbeitsunfälle gelten alle Unfälle im Betrieb. Auch Unfälle auf dem Weg nach und vom Arbeitsort gelten als Arbeitsunfälle. Vor allem, wenn Alkohol die allein wesentliche Ursache für den Unfall ist, geht der gesetzliche Versicherungsschutz verloren. Im Bürobereich ist die Verwaltungs-Berufsgenossenschaft – Körperschaft des öffentlichen Rechts, Hamburg – zuständig. Sie ist die Berufsgenossenschaft für Banken, Versicherungen, Verwaltung, freie Berufe und besondere Unternehmen.

Technische Aufsichtsbeamte der Berufsgenossenschaft überwachen und beraten ihre Mitglieder. Die Unternehmer haben diesen Beamten die Besichtigung ihrer Betriebe zu ermöglichen. Wird festgestellt, dass Unternehmer oder Versicherte grob fahrlässig oder vorsätzlich gegen Unfallverhütungsvorschriften verstoßen, so können sie mit einem Bußgeld belegt werden.

Sicherheitsbeauftragter

In allen Betrieben mit mehr als 20 Beschäftigten hat der Unternehmer unter Mitwirkung des Betriebsrates (Personalrates) Sicherheitsbeauftragte zu bestellen. Die Sicherheitsbeauftragten unterstützen den Unternehmer bei der Durchführung der Unfallverhütung. Rechtliche Grundlagen der Arbeitssicherung sind Gesetze, Verordnungen und sonstige Regelungen. Der Bundesminister für Arbeit und Sozialordnung bereitet Gesetze, Verordnungen und sonstige Vorschriften vor. Dabei wird er von der Bundesanstalt für Arbeitsschutz und Unfallforschung beraten und unterstützt. So beschließt z. B. die Vertreterversammlung der Berufsgenossenschaft Unfallverhütungsvorschriften, die zuvor in Fachausschüssen erarbeitet worden sind. Diese Bestimmungen erhalten nach der ministeriellen Genehmigung Gesetzeskraft

Wie im privaten Bereich, so gelten auch im Betrieb einige grundsätzliche Verhaltensregeln zur Vermeidung von Arbeitsunfällen wie: Treppen sind keine Abstellflächen; lose verlegte Telefonkabel oder Verlängerungsschnüre sind Stolperstellen; Leitern sind gemäß Nutzungsvorschrift zu verwenden; im Umgang mit Elektrizität ist grundsätzlich Vorsicht geboten; Fluchtwege und Notausgänge sind grundsätzlich frei zu halten; jeder Mitarbeiter im Büro sollte den Umgang mit einem Feuerlöscher beherrschen; Reinigungsmaterialien dürfen nur in Originalflaschen aufbewahrt werden, um Verwechslungen zu vermeiden; die Leistung der Ersten Hilfe im Unglücksfalle kann lebensrettend sein – jeder Mitarbeiter sollte dazu in der Lage sein.

Ökologische Erfordernisse/Büroökologie (LA 1.6)

Beim Kauf eines PCs oder sonstigem Büromaterial sollte nicht nur auf die Leistungsfähigkeit, den Preis etc. geachtet werden, sondern auch auf mögliche Auswirkungen auf die Gesundheit und Umwelt. Denn Elektrosmog kann krank machen und Energiekonsum, Papierverbrauch und Materialbeschaffung können die Umwelt belasten.

Ökologie beginnt mit der Vermeidung. Die Frage, ob auf ein Produkt oder eine Dienstleistung verzichtet werden kann oder ob Sie den Verbrauch zumindest einschränken könnten, ist bereits der erste Schritt. Wenn Sie überzeugt sind, dass ein Produkt wirklich gebraucht wird, gelten bei der Anwendung folgende Regeln: gemeinsam nutzen, sparsam einsetzen, reparieren, korrekt entsorgen.

PC, Bildschirm, Kopierer

Sparen Sie Energie, indem Sie Geräte mit möglichst geringem Energieverbrauch und automatischer Abschaltung bei Nichtgebrauch kaufen.

Schalten Sie die Geräte über Mittag sowie am Ende des Arbeitstages aus und nehmen Sie die Geräte mit Stromleistung ganz vom Netz. Schalten Sie bei Pausen von mehr als 15 Minuten den Bildschirm aus. Geräte wie z. B. die Kaffeemaschine nur anstellen und laufen lassen, wenn sie auch wirklich benötigt werden.

Papier

Nutzen Sie Funktionen wie doppelseitiges Kopieren/Drucken oder Verkleinern. Verteilen Sie Infoblätter nicht, sondern lassen Sie sie zirkulieren, hängen sie aus oder verteilen sie elektronisch. Nutzen Sie Fehldrucke als Notiz- bzw. Konzeptpapier. Kalkulieren Sie Druckauflagen nicht zu großzügig und überlegen Sie sich, welches Material Sie online zur Verfügung stellen können.

Tinte, Toner

Druckerpatronen und Tonermodule bei Druckern und Kopierern sollten wiederauffüllbar (Refill) sein; damit kann die leere Plastikkartusche erneut verwendet werden.

Lernfeld: Multifunktionale Arbeitsplätze effizient organisieren

Umweltlabels

Um auf den ersten Blick zu erkennen, ob ein Produkt gewissen Umweltstandards entspricht, wurden verschiedene Umweltzeichen eingeführt:

- EPA-Energiesparzeichen (USA)
- EU-Energie-Etikett
- TCO 03-Strahlungsnorm bei Bildschirmen
- Blauer Engel bei Papierprodukten
- FSC (Forest Stewadship Councils) bei Holz- und Papierprodukten

Ob Sie sich am Arbeitsplatz wohl fühlen, hängt auch von den verwendeten Baumaterialien ab. Ideal ist, wenn beim Ausbau und der Einrichtung der Büroräume auf möglichst schadstofffreie Herstellung und Verarbeitung, kurze Transportwege, Rohstoffe und Produkte aus garantiert umwelt- und sozialverträglicher Produktion, geringem Energieaufwand für Herstellung und Transport, gute Wärmedämmung und -speicherung, gute Schalldämmung und -dämpfung, lange Lebensdauer, Reparierbarkeit und Wiederverwertbarkeit geachtet wird. (vgl. FUPS, 2005)

Gesundheitsprophylaxe am Bildschirmarbeitsplatz (LA 2.1)

In jungen Jahren machen Sie sich noch keine Sorgen um gesundheitliche Probleme. Doch mit zunehmenden Arbeitsjahren steigt die Gefahr, dass Erkrankungen auftreten. Häufig sind einseitige Arbeitsbelastungen verantwortlich für eine Vielzahl von Rücken- und Gelenkbeschwerden, die nicht selten die Lebens- und Arbeitsqualität einschränken. Der ausgeprägte Bewegungsmangel ist darüber hinaus eine der Hauptursachen für Übergewicht, Bluthochdruck und andere Herz-Kreislauf-Erkrankungen.

Darüber hinaus nimmt die psychisch-mentale Belastung stetig zu und beeinflusst ebenfalls die individuelle Leistungsfähigkeit, Gesundheit und Zufriedenheit. Sie sollten daher Strategien kennen, wie Sie belastungsbedingten Beschwerden entgegenwirken können bzw. geeignete Maßnahmen ergreifen, um deren Auftreten zu vermeiden.

Sitzhaltung

Der beste Bürodrehstuhl bringt nichts, wenn Sie ihn nicht korrekt gebrauchen. Setzen Sie sich auf die ganze Stuhlfläche, damit Ihr Becken abgestützt wird. Achten Sie dabei auf eine aufrechte, gerade Haltung, damit die Stuhllehne ihren Rücken abstützt. Um Durchblutungsstörungen zu vermeiden, sollten die Beine nicht übereinandergeschlagen werden. Stellen Sie Ihren Bürodrehstuhl so ein, dass Ihre Ober- und Unterarme einen rechten Winkel bilden, wenn sie auf der Tischplatte oder der Tastatur aufliegen. Die Stuhlhöhe ist entsprechend der Tätigkeit ggf. zu variieren. Beim Schreiben an der Tastatur kann der Stuhl höher eingestellt werden als beim einfachen Arbeiten am Schreibtisch. Sehnenscheidenentzündungen oder Probleme mit den Handgelenken können vermieden werden, wenn Ihr Unterarm und Handrücken eine gerade Linie bilden. Vermeiden Sie Nackenbeschwerden, indem Sie den Monitor so aufstellen, dass Sie beim Blick darauf Ihren Kopf etwas nach unten neigen.

7. Manual: Multifunktionale Arbeitsplätze

Dynamisches Sitzen bedeutet, dass Sie Ihre Sitzhaltung häufig verändern. Zwischen der vorgeneigten, aufrechten und zurückgelehnten Sitzhaltung sollte so oft wie möglich gewechselt werden. Wichtig ist auch das Aufstehen zwischendurch, Herumgehen oder das Arbeiten an einem Stehpult (z. B. Telefonieren). Die Sitzfläche muss vollständig ausgenutzt werden. Die Rückenlehne ist so einzustellen, dass die Lendenwirbelsäule abgestützt wird. Das richtige Sitzen am Büroarbeitsplatz – und natürlich Bewegung in der Freizeit – vermindert die Gefahr von Bandscheibenschäden und schmerzhaften Muskelverspannungen im Schulter- und Nackenbereich. Es können Durchblutungs- und Verdauungsstörungen verhindert werden. Wer richtig sitzt, leidet nicht so schnell an Ermüdung, die Konzentration ist höher und damit auch die Leistungsfähigkeit.

Sehtraining

Sie haben sicherlich schon einmal bei längerem Arbeiten vor dem Monitor die Erfahrung gemacht, dass Ihre Augen brennen, sich trockene Augen oder Kopfschmerzen einstellen. Um dem entgegenzuwirken, sind Pausen und Augentraining sehr wichtig.

Probieren Sie die folgenden Augenübungen einmal aus:

1. Halten Sie Ihre Augen einige Atemzüge lang geschlossen. Diese Übung vertreibt brennende Augen.
2. Öffnen Sie Ihre Augen weit und lassen Sie dabei den Blick in die Ferne schweifen.
3. Den Blick stark nach rechts nehmenund einige Atemzüge lang halten, dann zur anderen Seite den Vorgang wiederholen. Diese Übung sollten Sie auch immer mal zwischendurch in den Arbeitsrhythmus einbauen.
4. Fixieren Sie einen Gegenstand eine Weile lang, lassen Sie den Blick in die Ferne schweifen und wiederholen Sie die Übung ein- bis zweimal.
5. Gähnen Sie immer wieder. Das geht auch ohne Müdigkeit. Dadurch wird die gesamte Muskulatur rund um die Augen kräftig angespannt und dann wieder entspannt. Dabei tritt zusätzlich Tränenflüssigkeit auf. Verteilen Sie diese Augenflüssigkeit durch einige Lidschläge auf der Augenoberfläche.

Den Augen tut es sehr gut, wenn Sie die Sehdistanz öfter variieren und nicht ständig in gleicher Entfernung auf den Bildschirm schauen. Stellen Sie sich ein schönes Foto oder Erinnerungsstück an ihren Arbeitsplatz und blicken Sie zwischendurch darauf. Das tut den Augen und Ihrer Seele gut.

Entspannungsübungen am Arbeitsplatz

Aber nicht nur die Augen werden täglich stark beansprucht. Stress wirkt sich negativ auf unser körperliches Befinden aus. Es gilt, eine Balance zwischen An- und Entspannung zu finden. Das kann mit Entspannungsübungen gelingen. Im Internet finden Sie zahlreiche Übungen, um vorzeitigem Ermüden, Verspannungen und Leistungsabfall vorzubeugen.

Um Bewegungsmangel zu vermeiden, sollten Sie nach dem Mittagessen möglichst „eine Runde um den Block" gehen, Treppen steigen, statt Aufzug zu fahren, Telefonate im Stehen führen, die Ablage im Stehen erledigen. Ideal ist ein Wechsel zwischen Sitzen, Stehen und Bewegung.

Lernfeld: Multifunktionale Arbeitsplätze effizient organisieren

Ernährung/Trinkverhalten

Generell sollte am Bildschirmarbeitsplatz nichts gegessen werden, sondern Pausenräume dazu aufgesucht werden. Zum einen sieht es nicht gut aus, wenn Sie kauend an Ihrer Arbeit sitzen, während Besucher an Ihrem Arbeitsplatz auftauchen. Zum anderen ist es unhygienisch, während des Essens evtl. noch die Tastatur oder das Telefon zu bedienen, die häufig mit Bakterien oder Keimen übersät sind. Im Pausenraum zu essen ist sicher angenehmer und Sie treffen unter Umständen auf Kollegen und haben dabei die Gelegenheit, kurzfristig von der Arbeit abzuschalten und sich über andere Themen auszutauschen.

Eine auf den Arbeitsalltag abgestimmte Ernährung hat positive Effekte: Kurzfristig steigert ausreichend zur Verfügung stehende Energie in Form von Kohlenhydraten Aufmerksamkeit, Erinnerungs- und Reaktionsvermögen sowie Konzentrationsfähigkeit.

Starten Sie morgens mit einem vollwertigen Frühstück (Müsli, Vollkornbrot) den Tag. Wenn Sie frühmorgens nichts oder nicht so viel zu sich nehmen können, sollten Sie dies nach zwei bis drei Stunden nachholen.

Um Leistungstiefs zu vermeiden, sollten Sie über den ganzen Tag verteilt Zwischenmahlzeiten einlegen. Dazu eignen sich Obst und Gemüsesticks, Vollkorn- oder fettarme Milchprodukte, dünn belegte Brote.

Essen Sie nicht nebenbei: In einer kleinen Pause können Sie ihr Essen besser genießen. Sie fühlen sich nicht nur satt, sondern auch wohl.

Mittags sollten Sie sich Zeit für ein Essen nehmen. Wenn Sie nicht die Möglichkeit haben, eine Kantine aufzusuchen, sollten Sie sich Zwischenmahlzeiten von zu Hause mitbringen. Übergehen Sie nicht den Hunger oder essen aus Zeitmangel eine Kleinigkeit am Kiosk oder Imbiss um die Ecke. Das verleitet oft dazu, zu schnell und zu viel zu essen oder sich einseitig zu ernähren. (Deutsche Gesellschaft für Ernährung, 2004)

Sie sollten regelmäßig über den Arbeitstag verteilt mindestens 1,5 l Flüssigkeit trinken, um Müdigkeit, Konzentrationsschwierigkeiten, Kopfschmerzen und einer allgemein verringerten körperlichen Leistungsfähigkeit entgegenzuwirken. Stellen Sie sich eine 1-l-Flasche Mineralwasser und ein Glas an Ihren Arbeitsplatz. Füllen Sie das Glas regelmäßig, damit Sie sich daran erinnern, das Glas leer zu trinken. Trinken Sie zu jeder Mahlzeit. Variieren Sie je nach Geschmack hin und wieder mit Saftschorlen. Achten Sie hierbei auf ein Verhältnis von ca. einem Drittel Saft zu zwei Dritteln Wasser. Auch ungesüßte Früchte- und Kräutertees sind eine Alternative.

7. Manual: Multifunktionale Arbeitsplätze

Suchtprävention (LA 2.2)

Obwohl der Suchtmittelkonsum in der Altersgruppe der 18- bis 21-Jährigen am höchsten ist, ist er in der Ausbildung ein bisher kaum beachtetes Problem. Gerade in der Ausbildung stürmen auf die Betroffenen zahlreiche Probleme ein, einerseits Probleme, die vorhersehbar sind, aber auch teilweise Probleme, die vollkommen überraschend auftreten. Viele Arbeitnehmer sind aufgrund sehr hoher Anforderungen und Belastungen nicht in der Lage, den daraus resultierenden Stress abzubauen. Nicht wenige flüchten in die Sucht. Dies belegt eine steigende Anzahl an Suchterkrankungen in den letzten Jahren einerseits und andererseits die Tatsache, dass man sowohl auf bundespolitischer als auch europäischer Ebene mit Konzepten zur Suchtvermeidung beschäftigt ist.

Der Begriff „Sucht" steht für die umgangssprachliche Bezeichnung der Abhängigkeit von einer Substanz oder einem Verhalten. Dabei ist der Betroffene nicht mehr in der Lage, sich selbst zu kontrollieren. Er steht unter dem Zwang, mithilfe bestimmter Substanzen oder Verhaltensweisen, belastende Gefühle zu vermeiden, und glaubt hierin Entspannung zu finden. Die Weltgesundheitsorganisation (WHO) definiert Sucht als einen „Zustand periodischer oder chronischer Vergiftung, hervorgerufen durch den wiederholten Gebrauch einer natürlichen oder synthetischen Droge". Abhängigkeit bedeutet also, dass der Betroffene nicht mehr ohne das Suchtmittel leben kann. Die eingenommenen Stoffe verändern das Bewusstsein, die Seele und damit die ganze Persönlichkeit. Unterschieden wird in sogenannte substanzbezogene (wie z. B. die Abhängigkeit von Alkohol, Drogen oder Medikamenten) und verhaltensbezogene Abhängigkeiten (z. B. Glücksspielsucht, Internetsurfen, Kaufen, Arbeiten oder in persönlichen Beziehungen).

Abhängigkeit bzw. Sucht ist als Krankheit anerkannt. Infolgedessen müssen die Renten- und Sozialversicherungsträger und gegebenenfalls Träger der Sozialhilfe die Behandlungskosten übernehmen. Die negativen Folgen werden oftmals unterschätzt, sowohl seitens der Betroffenen als auch seitens des Umfeldes.

Suchtprogramme

In den Betrieben hat die Suchtprävention als Bestandteil des betrieblichen Gesundheitsmanagements oder der betrieblichen Gesundheitsförderung Einzug gehalten. In kleinen Betrieben mit weniger als 50 Beschäftigten und Kleinstbetrieben mit weniger als zehn Beschäftigten sind gesundheitsfördernde Maßnahmen und Suchtprävention allerdings noch sehr selten.

Suchtprogramme können zur Erhöhung der Arbeitssicherheit und zur Verbesserung des Betriebsklimas beitragen. Dieses wird vielfach in einer Betriebs- oder Dienstvereinbarung festgelegt. Sie beinhalten die Verpflichtung jedes Arbeitnehmers, sich über Sucht und Abhängigkeit zu informieren. Der Betrieb verpflichtet sich im Rahmen seiner Vorsorgepflicht, bei Auffälligkeiten eines Mitarbeiters frühzeitig zu intervenieren und Hilfe anzubieten. Dies kann in Form von Beratung durch Suchtbeauftragte mit spezieller Ausbildung im Betrieb geschehen oder auch indem man sich mit Beratungsstellen in Verbindung setzt. Zur Unterstützung der Vorgesetzten gibt es Anleitungen, wie mit suchtauffälligen oder suchtgefährdeten Mitarbeitern umzugehen ist.

Lernfeld: Multifunktionale Arbeitsplätze effizient organisieren

Maßnahmen

Das Bundesministerium für Gesundheit hat in den letzten Jahren verschiedene Maßnahmen ergriffen und Projekte gefördert, um die Gesundheitsförderung und speziell die Suchtprävention in den Betrieben weiter zu stärken. So entstand beispielsweise das Projekt „Hemmende und fördernde Faktoren zur Umsetzung suchtpräventiver Ansätze in Klein- und Kleinstbetrieben".

Für die Altersgruppe der 18- bis 21-Jährigen förderte das Bundesministerium für Gesundheit die bundesweite Verbreitung des Projekts „Prev@WORK", das von der Fachstelle für Suchtprävention im Land Berlin entwickelt wurde. Ziel des Programms ist die Etablierung der Suchtprävention in der Berufsorientierung, -vorbereitung und -ausbildung. (vgl. Caritas, 2014).

Burn-out (LA 2.3)

© shock – stock.adobe.com

Psychische Erkrankungen bei Arbeitnehmern(innen) sind eine wachsende Ursache für Fehlzeiten, Arbeitsunfähigkeiten und sogar für Frühverrentungen. Längst fallen mehr Arbeitstage wegen eines Burn-out und Depressionen aus als aufgrund von Erkältungen und Bronchitis.

Nicht selten stoßen auch sehr gut organisierte Menschen im schnelllebigen Alltag an die Grenzen ihrer Belastbarkeit. Chronische körperliche und geistige Belastung lassen ein Gefühl der Erschöpfung hochkommen. Der Körper ist ausgebrannt, die Akkus sind leer.

Ursachen

Unter Stress produziert das Gehirn Stresshormone. Kommt es anschließend wieder zur Erholung bzw. zum Abbau der Stresshormone, so hat der Stress für die meisten Menschen keine Auswirkung. Sobald aber die Phasen der Erholung immer kürzer werden oder ausbleiben, können sich diese Auswirkungen einer nicht ausgeglichenen Psyche in Form von Krankheit an jedem Körperteil zeigen. Von einem Augenblick zum anderen brechen Betroffene zusammen, können nur noch heulen und sind nicht mehr in der Lage zu arbeiten.

Die Ursachen für ein Burn-out liegen im Wesentlichen in einem ungünstigen Umfeld (hauptsächlich) der Arbeit. Faktoren können mangelnder Respekt, Überlastung, Vertrauensverlust, zu wenig Lohn oder Anerkennung sein. Den größten Einfluss auf die Entstehung des Burn-out-Syndroms haben z. B. Mangel an positivem Feedback, Helfersyndrom, Perfektionismus, übertriebene Involviertheit, Hierarchieprobleme, schlechte Teamarbeit, Druck von Vorgesetzten, schlechte Arbeitsorganisation usw. Diese Liste könnte beliebig fortgesetzt werden. Der Umgang mit Menschen unterschiedlichster Charaktere ist emotional beanspruchend und erschöpfend. Er kann zu einer großen Belastung bis hin zu völliger emotionaler Erschöpfung im Alltag werden. (vgl. Crames, 2014)

Symptome

Es werden psychische, physische und verhaltensbedingte Symptome unterschieden: Psychisch bedingte Symptome können sich auf emotionaler, kognitiver und motorischer Ebene äußern. So entstehen auf emotionaler Ebene ein großer Widerstand zur Arbeit zu gehen, Gefühle des Versagens, Schuldgefühle, Misstrauen, Frustration oder Stimmungsschwankungen.

7. Manual: Multifunktionale Arbeitsplätze

Auf kognitiver Ebene sind dies z. B. Konzentrationsstörungen oder Widerstand gegen Veränderungen und auf motorischer Ebene können nervöse Ticks (z. B. Nägelkauen, Aufkratzen) oder Verspannungen auftreten. Physische Burn-out-Symptome äußern sich in Form von psychosomatischen Beschwerden, wie z. B. Müdigkeit, Erschöpfung, Schlafstörungen oder sexuellen Problemen.

An Erkrankungen können häufig und wiederholt Erkältungen/Grippe, Kopfschmerzen, Schwindelgefühl, Rückenschmerzen, Magen-Darm-Beschwerden auftreten. Nicht zuletzt äußern sich Anzeichen für Burn-out-Erkrankungen auch in Form von physiologischen Reaktionen wie erhöhtem Herzschlag, erhöhter Pulzfrequenz oder einem erhöhten Cholesterinspiegel.

Darüber hinaus können sich Burn-out-Symptome auch auf der Verhaltensebene in exzessivem Drogengebrauch, Tabakgenuss, Alkohol- und/oder Kaffeekonsum, einer erhöhten Aggressivität oder einer unregelmäßigen Nahrungsaufnahme zeigen. Weitere Verhaltenssymptome, die sich bei der Arbeit äußern, sind häufiges Fehlen, längere Pausen, verminderte Effizienz, häufiges Zuspätkommen. (vgl. Diab, 2014 und Angele, 2014)

Prävention

Alarmsignale, wie im Vorhergehenden beschrieben, sollten sehr ernst genommen werden. Dazu müssen Sie aber in der Lage sein, diese zu erkennen. Sie müssen lernen, mit Ihren Kräften zu haushalten und mit Ihrem Körper sehr sensibel umzugehen. Können Sie sich vom Druck des Alltags noch erholen? Sind Sie ausgeglichen? Reagieren Sie angemessen auf Stress? Knirschen Sie mit den Zähnen? Erwischen Sie sich dabei, dass Sie häufig Ober- und Unterkiefer fest zusammenpressen? Haben Sie Nackenverspannungen?

Betroffene klagen in den Anfängen häufig darüber, dass sie es nicht schaffen, ihr Pensum so einzuteilen, dass dieses innerhalb der regulären Arbeitszeit bewältigt werden kann. Sie nehmen Arbeit mit in das Wochenende oder gar in den Urlaub, was wiederum Konflikte im Privatleben heraufbeschwört. All dies kann ein erstes Anzeichen für Burn-out-Gefährdung sein. Auch eine besonders negative Einstellung der eigenen Arbeit und sich selbst gegenüber sowie Motivationslosigkeit können als erste Hinweise gewertet werden. (vgl. Mahlmann, 2000).

In dieser frühen Phase ist es enorm wichtig, auf sich selbst achtzugeben und sich die notwendigen Erholungsphasen zu gönnen. Hier ist es noch möglich, sich selbst zu helfen und sich alleine aus dieser Stressspirale herauszumanövrieren.

Rituale

Achten Sie auf einen strukturierten Tagesablauf. Bauen Sie Rituale ein, die es Ihnen ermöglichen, innezuhalten und in kurzen Phasen Abstand von der Arbeit zu gewinnen. Derartige Rituale können sein, dass Sie ganz bewusst Ihren Schreibtisch aufräumen und sich einen Überblick verschaffen, was noch zu tun ist, was besonders dringend ist und was zunächst einmal liegen bleiben kann. Ein weiteres Ritual kann sein, sich kurz Zeit für eine Tasse Tee fernab vom Schreibtisch zu nehmen. Planen Sie Ihren Tagesablauf nicht zu straff, bauen Sie sich Pufferzeiten ein, die Ungeplantes kompensieren. Identifizieren Sie Stressquellen am Arbeitsplatz. Indem Sie festhalten, was Sie stresst, können sie Verhaltensmuster erkennen, die sich nachteilig auf Ihre Arbeit auswirken und diese beseitigen.

© Verlag Europa-Lehrmittel

Lernfeld: Multifunktionale Arbeitsplätze effizient organisieren

Ein strukturierter Tagesablauf und eine ausgewogene Ernährung sind äußerst wichtig und hilfreich. Jedoch sollte es genügend Freizeit geben, um sich von der Arbeit zu erholen. Diese Ruhephasen sollten sich ganz klar von der Arbeit unterscheiden. Nutzen Sie die Mittagspause, um an die frische Luft zu gehen. Verlassen Sie ganz bewusst Ihr Büro. Wenden Sie Ihre Gedanken anderen Dingen zu.

Treiben Sie regelmäßig Sport. Sport wandelt negativen Stress in positive Energie um und beugt zudem Übergewicht vor. Hören Sie Musik oder singen sie aktiv in einer Band oder einem Chor. Singen mit anderen Menschen hat äußerst positive Auswirkungen auf die Physis und die Psyche. Es kann den Herzschlag positiv beeinflussen, Glückshormone aktivieren und helfen zur Ruhe zu kommen.

Meist sind es die kleinen Dinge, die dazu beitragen, dass es Ihnen besser geht und Sie von einem Burn-out verschont bleiben. Wenn all dies nichts mehr nützt, scheuen Sie sich nicht professionelle Hilfe eines Burn-out-Experten in Anspruch zu nehmen. Burn-out kostet viel – Ihre Gesundheit, Ihre Lebensenergie, Ihre Zeit und auch Ihr Geld. Lassen Sie es nicht so weit kommen! (vgl. Crames, 2014)

Konfliktmanagement (LA 2.3)

Definition: Vom sprachlichen Sinne her bedeutet Konflikt (lat. conflictus) „Zusammenprallt". Ein Konflikt kann entstehen, wenn verschiedene Tendenzen aufeinanderstoßen. Diese Tendenzen können beispielsweise Gedanken, Ziele und Absichten, Handlungen oder Verhaltensweisen sein (vgl. Mahlmann, 2000, S. 17 ff.). Doch so ein Zusammenstoß definiert noch lange keinen Konflikt. Unterschieden wird zunächst zwischen Kabbelei, Meinungsverschiedenheit, argumentativer Auseinandersetzung. Diese Handlungen können allerdings einen Konflikt begründen. Im Gegensatz zu allen anderen zwischenmenschlichen Spannungen ist der Konflikt durch eine hohe emotionale Belastung, von mindestens einem der Konfliktpartner, gekennzeichnet. Beide Partner sind so stark in den Konflikt verstrickt, dass eine mögliche Lösung nahezu ausgeschlossen ist. (vgl. Jinarek, 2007)

Entstehung

Konflikte sind nicht einfach da, sie bahnen sich über einen längeren Zeitraum an. Der Anfang ist in der Regel eine Meinungsverschiedenheit. In dieser Phase versuchen beide Partner auf der sachlichen Ebene, den jeweils anderen für das eigene Interesse zu gewinnen. Man spricht von der ersten Ebene: „Dissonanzen in der Sache".

Wird keine Einigung gefunden, treten langsam Spannungen auf. Die Debatte wird als mühsam und anstrengend empfunden. Die Konfliktpartner verlieren das Interesse an den Wünschen des anderen. Die Sachlichkeit tritt in den Hintergrund; Spannungen auf der Beziehungsebene nehmen zu. Haben die Kontrahenten auf Ebene 1 noch „der andere versteht mich nicht" gedacht, hat sich dies jetzt in die Unterstellung „der andere will mich gar nicht verstehen" gewandelt. Informationsverweigerung beider Seiten ist die Folge. Dies bezeichnet man als zweite Ebene: „Dissonanzen in der Beziehung". Beide Konfliktpartner haben bemerkt, dass etwas nicht stimmt. Meist wissen auch schon enge Freunde oder der Vorgesetzte Bescheid.

Ab der dritten Ebene entstehen Feindbilder und Unverständnis dem anderen gegenüber. Die Kontrahenten verlieren die Kontrolle über die Situation. Eine sachliche Beurteilung ist nicht mehr möglich. Beide Parteien nehmen ihre persönlichen Einschätzungen und Unterstellungen dem anderen gegenüber als Realität wahr. Die Folge ist, dass beide Kontrahenten die Lösungsvorschläge des jeweils anderen vehement ablehnen und als nicht durchführbar bezeichnen. Der Betriebsrat oder übernächste Vorgesetzte ist evtl. bereits informiert. Auch im privaten Umfeld wissen bereits mehr Leute als nur die engsten Freunde etwas von dem Konflikt.

Auf der vierten und letzten Ebene sind beide Kontrahenten nicht mehr in der Lage, selbstständig eine Einigung zu erzielen. Der Konflikt eskaliert. Die Konfliktpartner fügen sich gezielt Schaden zu, der nachhaltig anhalten soll. Hier ist häufig schon die ganze Firma im Bilde und der Vorstand wurde eingeschaltet. Um einen Konflikt erfolgreich zu lösen, ist zwingend ein Konflikt-Moderator erforderlich.

Konfliktmoderatoren

In den ersten Eskalationsstufen kann der Vorgesetzte noch als Initiator, Berater oder Begleiter agieren, um den Konflikt beizulegen. Die eigentliche Bearbeitung des Konfliktes obliegt immer noch den Kontrahenten. Nimmt die Eskalation allerdings zu und läuft der Vorgesetzte Gefahr, Partei ergreifen zu müssen, ist es erforderlich, einen neutralen Konfliktmanager zu bestellen, der eine Lösung herbeiführen muss.

Stufen der Konfliktlösung

Ist ein Konflikt entstanden, gilt es, eine Einigung zu finden, die eine dauerhafte Konfliktlösung mit sich bringt. Der erste Schritt auf dem Weg zur Lösung eines Konfliktes besteht darin, allen Beteiligten die Gelegenheit zu geben, ihren Standpunkt frei zu äußern. Achten Sie darauf, dass Sie sachlich bleiben. In Schritt 2 soll durch Erläuterungen zum jeweiligen Anliegen klar werden, warum jemand einen bestimmten Standpunkt einnimmt. Durch weiteres Ordnen und Gewichten wird der Kern des Anliegens herausgearbeitet. Nur so kann die Ursache des Konfliktes gefunden werden. Es wird nach einer dauerhaften Lösung gesucht. Da oft mehrere Lösungen zustande kommen, gilt es jetzt, die besten Lösungen herauszustellen und anzuwenden.

Möglicherweise erreicht der Konflikt eine Phase, in der eine Lösungsfindung durch Konfliktmanagement ausgeschlossen ist und die Konfliktparteien nicht mehr gewillt sind, eine Lösung zu finden. In dieser Situation kann nur der Vorgesetzte durch das Einsetzen seiner Macht den Konflikt beenden. Eine Lösung, die alle Beteiligten zufriedenstellt, wird es auf dieser Stufe der Eskalation nicht mehr geben.

Für einen Konflikt gibt es keine allgemeingültige Gebrauchsanweisung. Auf jeden einzelnen Konflikt sollte gezielt eingegangen werden, denn jeder Konflikt ist anders. Vor allem aber benötigen Sie gesunden Menschenverstand und viel Fingerspitzengefühl im Umgang mit ihren Mitmenschen.

Lernfeld: Multifunktionale Arbeitsplätze effizient organisieren

Gezieltes Vorbeugen. Leider wird bei Meinungsverschiedenheiten, Kabbeleien oder Streit, der sich gerade zum Konflikt entwickelt, viel zu oft zugesehen, anstatt zu handeln. Die Hemmschwelle sind gesellschaftliche Normen, denen wir folgen. Wir wollen in der Öffentlichkeit, demzufolge auch im Arbeitsleben, keine Gefühle zeigen. Stimmungen empfinden wir als etwas Intimes, das unterdrückt werden muss. An erster Stelle stehen Resultate und Fakten; persönliche Gefühle spielen eine untergeordnete Rolle. Soziale Normen und Konfliktprävention scheinen sich daher abzustoßen.

Um einen Konflikt zu vermeiden, sollten wir nach Grauzonen suchen und diese Norm nicht ganz so streng befolgen. Als Vorgesetzter hat man im Praktischen die Möglichkeit, durch Mitarbeitergespräche oder Konferenzen Dinge rechtzeitig anzusprechen. Hier sollte klar unterschieden werden, dass es nicht darum geht, private Angelegenheiten in der Firma zu besprechen. Das A und O ist eine offene Kommunikationskultur. Stimmungen und Beobachtungen rechtzeitig anzusprechen, hilft Konflikte zu vermeiden.

Konfliktfähigkeit

Konfliktfähigkeit wird mittlerweile als Schlüsselkompetenz bezeichnet. Die Entstehung von Konflikten im Arbeitsleben kann verschiedene Gründe haben. Zum einen den Generationenmix: Hier treffen junge Leute auf Menschen, die teilweise schon Jahrzehnte im Unternehmen sind, und beide Parteien haben verschiedene Erwartungen dem anderen gegenüber. Des Weiteren gibt es ständige Veränderungen innerhalb einer Firma. Mitarbeiter sowie Kunden kommen und gehen, Technik und Kommunikationsebenen verändern sich, und Zeitdruck verhindert Vorgehensweisen im Arbeitsablauf, was zu innerem Stress und Unzufriedenheit führt. Konflikte sind aus den genannten Gründen schnell entstanden. Sind die Mitarbeiter nicht konfliktfähig, würde dies zu ständigen Eskalationen bis hin zur Unlösbarkeit der Konflikte führen.

Konfliktfähigkeit der Mitarbeiter bedeutet für die Unternehmen Zeit- und Geldersparnis. Abschließend ist es wichtig festzuhalten, dass Konflikte keinesfalls nur negativ zu beurteilen sind. Durch Zuhören und Einsicht können sich neue Sichtweisen und Ideen entwickeln. Der Konfliktpartner bietet uns Einblick in seine Denkweise und die Möglichkeit, Situationen aus anderen Perspektiven zu sehen. Betrachten Sie den Konflikt und ihre Beteiligten mit Sachlichkeit, so ist es möglich, mehr über die Verhaltensweisen und das Denken der anderen herauszufinden. Zudem lernen Sie sich selbst besser kennen. Möglicherweise finden Sie heraus, wie bestimmte Äußerungen oder die eigene Körpersprache auf andere wirken. Gesammelte Erfahrungen helfen uns zukünftig, besser mit Konflikten umzugehen.

Mobbing (LA 2.3)

© Antonioguillem – stock.adobe.com

Die Zahl der Menschen, die aufgrund psychischer und physischer Erkrankungen aus dem Berufsleben ausscheiden, weist stark steigende Tendenz auf. Steigender Leistungsdruck infolge Personalmangel und zunehmender Termindruck können hierfür die Gründe sein. Häufig sind es aber auch Ursachen wie zum Beispiel Anfeindungen seitens der Arbeitskollegen oder Vorgesetzten. Trotz zahlreicher Gesetze, die den Menschen vor Gefahren am Arbeitsplatz schützen sollen (Arbeitssicherheitsgesetze), scheint es nicht möglich zu sein, die Mitarbeiter vor psychischen und physischen Repressalien zu schützen. Lange ist der Leidensweg, bevor sich die Betroffenen trauen, Hilfe anzufordern.

7. Manual: Multifunktionale Arbeitsplätze

Mobbing (aus dem Englischen „to mob") bedeutet frei übersetzt: ständig schikanieren, quälen, bewusst verletzen mit dem Ziel, den Betroffenen zur Aufgabe seines Arbeitsplatzes zu bewegen.

Schweres Mobbing ist eine strafbare Handlung, gegen die sich Opfer juristisch wehren können. Es kann sich hierbei um Körperverletzung (§ 223 StGB) oder um Beleidigung (§ 185 StGB), Verleumdung (§ 187 StGB) und Nötigung (§ 240 StGB) handeln.

Mobbing am Arbeitsplatz ist das systematische, fortgesetzte, aufbauende, über einen längeren Zeitraum andauernde Anfeinden, Schikanieren und Diskriminieren von Mitarbeitern untereinander oder durch Vorgesetzte bzw. Arbeitgeber, meist mit dem Ziel, diese Person loszuwerden. Hierbei treten Verhaltensweisen zutage, die in ihrer Gesamtheit die Persönlichkeit und die Würde des Betroffenen verletzen.

Cybermobbing

Sie laden einen Schnappschuss oder eine lustige Fotomontage hoch, hinterlassen einen frechen Kommentar oder einen Witz ohne böse Absicht. Aber: Ihr Beitrag erreicht ein breites Publikum, z. B. Ihre Freunde bei Facebook oder WhatsApp. Der Beitrag wird „geliked", kommentiert und weiter verbreitet. Dies geschieht in Windeseile und verursacht einen „Shitstorm" gegen die abgebildete bzw. kommentierte Person, aber auch gegen Sie selbst. Innerhalb kürzester Zeit können Sie zum Auslöser oder zur Zielperson von Cybermobbing werden.

Auch hier handelt es sich um fortgesetzte schikanöse Äußerungen gegenüber Betroffenen mit dem Ziel, diese bewusst zu verletzen. Gerade bei Cybermobbing unter Kindern und Jugendlichen kennen sich Täter und Zielperson oft auch in der „realen" Welt. Die Betroffenen haben fast immer einen Verdacht, wer hinter den Attacken stecken könnte. Cybermobbing ist insofern äußerst gefährlich, da sich diesbezügliche Äußerungen in Sekundenschnelle weltweit verbreiten lassen und der Betroffene nicht mehr in der Lage ist sich zu wehren. Die einzige Möglichkeit sich des Cybermobbings zu entziehen ist häufig nur noch der Rückzug aus allen sozialen Netzwerken und das Abschalten der entsprechenden Geräte bzw. die Deinstallation der Software. Aber wer tut das? (vgl. youngdata, 2014)

© ESB Professional – shutterstock.com

Mobbinghandlungen. Typische Mobbinghandlungen sind ständige unberechtigte Kritik an der Arbeit, Art und Inhalt der Zuweisung von Arbeiten (schlechteste oder sinnlose Arbeiten werden zugewiesen bzw. nur Problemfälle oder Zuweisung gesundheitsschädigender Arbeiten), Einschränkung der Möglichkeiten, sich zu äußern, Kontaktverweigerung (soziale und/oder räumliche Isolation), jemanden „wie Luft" behandeln, hinter dem Rücken schlecht reden, ständige Beleidigungen, Verleumdungen, üble Nachrede (Verbreitung von Gerüchten), Lächerlichmachen (Abqualifizierung vor anderen), sexuelle Belästigungen, Androhung oder gar Ausführung körperlicher Gewalt. Um Mitarbeiter „loszuwerden" gab es auch schon Fälle, in denen man den Betroffenen ein Büro abseits des Geschehens zuwies, ihm keine Aufgaben mehr übertrug und in völliger Isolation ausharren ließ.

Lernfeld: Multifunktionale Arbeitsplätze effizient organisieren

Folgen

Mobbing macht die Opfer krank. Häufig ziehen sich die Betroffenen zurück und äußern sich nicht zu der Problematik, weil sie glauben, selbst Schuld an der Mobbinghandlung zu haben. Sie versuchen, darüber hinwegzusehen und hoffen, dass sich die Situation von alleine wieder bessert. Viele glauben auch, sie bekämen keinen anderen Job mehr. Das Selbstbewusstsein schwindet und das Selbstwertgefühl sinkt. Mobbing hat viele Gesichter. Diese können physischer Natur sein, wie z. B. Schlafstörungen, Kopfschmerzen, Appetitlosigkeit, Rückenschmerzen, Schweißausbrüche. Häufig zeigen sich aber auch Symptome im psychischen Bereich: Sie leben in ständiger Angst davor, zur Arbeit gehen zu müssen, haben Panikattacken bis hin zur Depression. (vgl. Oberberg, 2014)

Je nach psychischer Belastbarkeit hat ein Betroffener die Möglichkeit, sich selbst zu wehren. Viele Mobbingopfer gehen auch zunächst diesen Weg und versuchen lange Zeit und sehr entschlossen, sich zu wehren. Doch häufig hilft dies nicht weiter. Sich krank schreiben zu lassen ist eine Möglichkeit. Aber auch hier handelt es sich nur um Flucht und nicht um Ursachenbekämpfung. Denn irgendwann müssen Sie wieder den Gang zur Arbeit antreten und dann fängt alles wieder an. Andere Opfer reagieren mit Aggressionen, die zunächst Erleichterung bringen, aber auch das Problem nicht aus der Welt schaffen.

Prävention

Mobbing macht krank. In extremen Fällen führt Mobbing zum Suizid. Lassen Sie es nicht so weit kommen. Wehren Sie sich rechtzeitig. Beanspruchen Sie Hilfe. Es gibt zahlreiche Möglichkeiten. Machen Sie eine Bestandsaufnahme. Ein Mobbingprotokoll kann hilfreich sein, um den Tatbestand exakt nachvollziehen zu können. Wie sieht die Mobbinghandlung gegen Sie aus? Wer ist daran beteiligt? Wann und wie oft findet sie statt? An wen können Sie sich wenden? Ufert die Mobbinghandlung bereits so aus, dass eine Strafanzeige erforderlich ist?

Wichtig ist, dass sich der betroffene Arbeitnehmer so schnell wie möglich Hilfe holt, um evtl. Folgeschäden möglichst gering zu halten, und zwar nicht nur im medizinischen, sondern auch im rechtlichen Sinne.

Nehmen Sie erste Attacken von Anfang an ernst. Am einfachsten wäre es, dem Mobber frühzeitig zu signalisieren: STOPP und damit Grenzen zu setzen. Reagieren Sie sofort, denn das Abwarten bis die Attacken aufhören ist in der Regel vergebens. Betroffene, die den Täter nicht selbst zur Rede stellen können, können sich Hilfe innerhalb des Unternehmens suchen. Erster Ansprechpartner ist immer der Vorgesetzte oder – falls dieser am Mobbing beteiligt ist – dessen Vorgesetzter. Kollegen oder Freunde kommen ebenfalls infrage. Gespräche mit dem Täter sollten grundsätzlich zu dritt geführt werde. Als Partner für Mobbingopfer bietet sich der Betriebsrat an, besonders wenn Führungskräfte involviert sind. Es kann aber auch passieren, dass sich der Betriebsrat mit den Angreifern solidarisiert. In diesem Fall sollten sich Mobbingopfer an externe Beratungsstellen wenden.

Derartige Beratungsstellen können Selbsthilfegruppen, Arbeitskreise oder Netzwerke sein. Darüber hinaus gibt es Ärzte, Psychologen oder auch Anwälte. Diese Berufsgruppen unterliegen der Schweigepflicht und werden Ihr Anliegen auf jeden Fall vertraulich behandeln. Kosten für Anwälte tragen evtl. die Rechtschutzversicherungen.

7. Manual: Multifunktionale Arbeitsplätze

Zeitmanagement

Ein effektives Zeitmanagement ist zu einem bedeutenden Instrument im Büroalltag geworden. Eigentlich managen Sie damit nicht Ihre Zeit, denn diese ist nicht zu „managen", sondern Sie organisieren Ihre persönliche Produktivität und setzen Ihren mentalen Fokus auf bestimmte Dinge und Aufgaben (vgl. Dr. Martin Krengel, studienstrategie.de, 2014). Die zu erledigenden Aufgaben können nur mithilfe einer durchdachten Zeitplanung zur Zufriedenheit aller erledigt werden. Zunächst einmal ist es wichtig, den eigenen Arbeitsalltag zu analysieren. Wo stehlen Ihnen Zeitdiebe die Zeit? Welche Störungen behindern Sie in Ihrem Arbeitsablauf?

Zeitdiebe und Störenfriede (LA 2.4)

Zeitdiebe verursachen unnützes Verstreichen der Zeit. Der größte Zeitdieb ist der tägliche Kampf mit der Mailbox. Um die Mailbox mit wichtigen oder auch vielen unwichtigen Nachrichten zu bearbeiten, benötigen nicht wenige zwei Stunden und mehr der täglichen Arbeitszeit. Platz zwei belegt das Surfen im Internet. Sie verlieren sich während der Internetrecherche in einer Flut von Informationen. Da ist es nicht leicht, sich auf das Wesentliche zu konzentrieren. Ein darüber hinaus nicht unerheblicher Zeitdieb ist die Prokrastination (Vertagen bzw. Aufschieben). Der Stapel der zu erledigenden Arbeiten wird immer größer, die Unordnung auf dem Schreibtisch wächst. Anstatt aufzuräumen und sich an die Arbeit zu machen, holen Sie lieber erst Kaffee. Meetings stehen auf der Liste der Zeitdiebe ebenfalls ganz oben. Darüber hinaus führen Privatgespräche, Pendeln, soziale Netzwerke, das Handy und nicht zuletzt die Bürokratie zum unnützen Verstreichen der Zeit.

Zeitdiebe können aber auch in der eigenen Organisation zu finden sein: Hierzu gehört eine unklare oder fehlende Zielsetzung, der Versuch, mehrere Dinge gleichzeitig erledigen zu wollen (z. B. telefonieren und Aufträge erfassen), ein fehlender Überblick über die zu erledigenden Aufgaben oder die spontane Änderung der Prioritäten. Vielen Arbeitnehmern wird auch ihre eigene Unfähigkeit „Nein" sagen zu können zum Verhängnis oder die fehlende Selbstdisziplin und Unentschlossenheit.

Störenfriede. Neben den Zeitdieben verlangen Störenfriede einen hohen Anteil der wertvollen, aber sehr beschränkten täglichen Arbeitszeit. Das Telefon klingelt und scheint immer Vorrang zu haben. Unangemeldete Besucher verlangen Ihre Aufmerksamkeit. Darüber hinaus hindert Sie der Straßen- oder Baustellenlärm daran, effektiv zu arbeiten oder eine nette Kollegin, ein netter Kollege erscheint zu einem Tratsch, der länger dauert als geplant. Diese Liste ließe sich bis ins Unendliche fortsetzen.

Pausen- oder Sägeblatteffekt. Beachten Sie auch den sogenannten „Pausen- oder Sägeblatt-Effekt". Sie vertiefen sich in eine Arbeit und sprudeln nur so vor Ideen und Anregungen. Ihre Denkleistung erreicht nahezu 100 %. Dann werden Sie gestört, ein Kollege hat eine Frage oder die Mittagspause steht an. Ihre Denkleistung sinkt gegen null. Anschließend müssen Sie sich wieder neu in Ihre Arbeit hineindenken. Dazu benötigen Sie Energie und Zeit. Achten Sie also darauf, dass Sie wichtige und komplizierte Aufgaben ungestört und ohne Ablenkung erledigen können. (vgl. Egle, 2010 und Wels, 2014).

Lernfeld: Multifunktionale Arbeitsplätze effizient organisieren

Methoden des Zeitmanagements

Beliebte Methoden des Zeitmanagements sind:

- das Pareto-Prinzip
- das Eisenhower-Prinzip
- die ABC-Analyse
- die Salami-Taktik
- die ALPEN-Methode

Pareto-Prinzip (LA 2.5)

Die These, dass mit 20 % unserer Zeit insgesamt 80 % der Aufgaben erledigt werden, geht auf den Italiener Vilfredo Pareto (ital. Ingenieur, Ökonom und Soziologe, 1848–1923) zurück.

Wenn wir auf Gründlichkeit und Detailgenauigkeit achten, um zu einem perfekten Ergebnis zu gelangen, verschwenden wir 80 % unserer Zeit. In den meisten Fällen reicht ein gutes Ergebnis mit 20 % Aufwand aus. Feilen Sie beispielsweise nicht zu lange an einer PowerPoint-Präsentation, wenn diese bereits gut ist. Die Zeit, die sie aufwenden, bis die Präsentation perfekt ist, steht in keinem Verhältnis zum Nutzen der Präsentation.

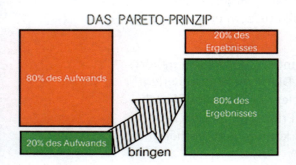

Diese 20/80-Regel zeigt sich in vielen Bereichen: Mit 20 % der Produkte werden 80 % des Gewinns erwirtschaftet, auf 20 % der Straßen spielt sich 80 % des Straßenverkehrs ab. 20 % der Funktionen eines Textverarbeitungssystems werden von 80 % der Anwender genutzt. Sie haben sicherlich schon die Erfahrung gemacht, dass Sie sehr viele Details für eine Klassenarbeit auswendig gelernt und viel Zeit fürs Lernen aufgebracht haben. Das Ergebnis war wider Erwarten eine schlechte Note. Im Gegensatz dazu erreichte ein Mitschüler, der wesentlich weniger gelernt hat als Sie, eine viel bessere Note.

Es ist also wichtig, ein Gefühl dafür zu entwickeln, wofür Sie Ihre Zeit aufwenden, nämlich für die 20 % der Dinge, auf die es ankommt. „Der schlechteste Umgang mit der Zeit ist es, Dinge perfekt zu machen, die gar nicht getan werden müssen!" (vgl. Krengel, 2014). Konzentrieren Sie sich auf das Wesentliche und kommen Sie z. B. in Gesprächen, Mails direkt zum Kern der Sache, fassen Sie sich kurz. Finden Sie heraus, auf was es wirklich ankommt, indem sie sich regelmäßig Feedback einholen bzw. genau ergründen, was von Ihnen erwartet wird. (vgl. Krengel, 2014)

7. Manual: Multifunktionale Arbeitsplätze

Eisenhower-Prinzip (LA 2.6)

Haben Sie entschieden, was wichtig ist und erledigt werden muss, bringen Sie Struktur in Ihre Arbeit. Ein hilfreiches Instrument ist hier das Eisenhower-Prinzip, das auf den amerikanischen Präsidenten Dwight D. Eisenhower zurückgeht. Auch er erkannte irgendwann, dass der Tag nur 24 Stunden hat und es ratsam ist, diesen sinnvoll einzuteilen. (vgl. Krengel, 2014).

Wichtig	Wichtig Tätigkeiten, die meist zu kurz kommen, aber langfristig Erfolg und Zufriedenheit bringen (z. B. Ausschreibung über Lieferung EDV-Verbrauchsmaterial)	Tätigkeiten, die sich vordrängeln, weil wir sie schon aufgeschoben haben (z. B. Bestellung von fast aufgebrauchtem Büromaterial)
Nicht/ weniger wichtig	Tätigkeiten, die uns ablenken bzw. Arbeitsschritte, die keinen Einfluss auf das Ergebnis haben (z. B. Internetrecherche um eine PowerPoint-Präsentation mit noch mehr Inhalt zu füllen)	Routineaufgaben, z. B. Vorträge, Meetings, Störungen, Anrufe, E-Mails, Aufräumen (z. B. Herausfiltern eingegangener E-Mails, die nicht relevant sind)
	Nicht dringend	**Dringend/aktuell**

Wichtig und nicht dringend sind Tätigkeiten, auf die es wirklich ankommt. Sie können nicht delegiert, sondern müssen von Ihnen selbst erledigt werden. Hierfür sollten Sie sich ganz klare Zeiten blocken, währenddessen Sie nicht erreichbar sind (auch nicht per Handy oder in sozialen Netzwerken). Lassen Sie sich nicht ablenken. Schließen Sie, wenn möglich, die Bürotür. Wenn Sie im Augenblick hierfür keine Zeit haben, dann setzen Sie sich einen Termin und erledigen es dann.

Wichtig und dringend. Kurzfristig haben diese Tätigkeiten Vorrang. Diese müssen Sie selbst erledigen und können sie nicht delegieren. Nehmen Sie sich aber vor, in Zukunft besser zu planen, damit derartige Dinge nicht ihren Zeitrahmen sprengen. Hinterfragen Sie auch, ob diese Aufgaben wirklich so wichtig sind wie sie auf den ersten Blick scheinen.

Weniger wichtig, aber aktuell. Diese Tätigkeiten können Routineaufgaben sein. Entweder arbeiten Sie diese schnell und effizient unter Zuhilfenahme des Pareto-Prinzips (80/20-Regel) ab oder Sie delegieren diese an einen kompetenten Kollegen. Dies könnten zum Beispiel Telefonate sein, die unbedingt geführt werden müssen. Bereiten Sie das Gespräch vor, kommen Sie schnell zum Kern der Sache und beenden Sie das Gespräch, sobald Sie Ihre Information haben. Driften Sie nicht zu einem „Plausch" ab.

Weniger wichtig und nicht dringend. Das ist der Bereich für Dinge, die Sie vielleicht gar nicht bearbeiten müssen. Entsorgen Sie, was entsorgt werden kann. Diese Tätigkeiten können aber auch Entspannung bringen. Hier können Sie im Internet recherchieren, Telefonate führen, einem Kollegen helfen, der ein Software-Problem hat. Aber auch hier gilt: Zeit genau festlegen, denn die anderen, unerledigten Aufgaben warten.

Lernfeld: Multifunktionale Arbeitsplätze effizient organisieren

ABC-Analyse (LA 2.6)

Wenn Ihnen das Eisenhower-Prinzip nicht praktikabel erscheint, hilft Ihnen vielleicht die ABC-Analyse Prioritäten zu setzen. Die ABC-Analyse kennt man auch in anderen Bereichen, wie z. B. der Logistik, Materialwirtschaft oder im Controlling. Hier werden Tätigkeiten in drei Kategorien eingeteilt:

A-Aufgaben	Wichtige, unaufschiebbare Tätigkeiten, die nicht delegiert werden können
B-Aufgaben	Durchschnittlich wichtige Tätigkeiten, die aber noch Zeit haben oder delegiert werden können
C-Aufgaben	Weniger wichtige Tätigkeiten (Routinearbeiten), die Sie möglichst schnell und effizient erledigen

Arbeiten Sie die ABC-Analyse in Ihre To-do-Liste mit ein, setzen Sie ganz gezielt Prioritäten. Klären Sie Ihre Zuordnung ggf. mit Ihrem Vorgesetzten ab, wenn Ihnen eine Entscheidung schwerfällt.

Wenn Sie diese Kategorisierung in A, B und C vorgenommen haben, ist das weitere Vorgehen ganz einfach: Die A-Aufgaben werden zuerst erledigt und vor allem zu Zeiten, in denen Sie selbst noch leistungsfähig sind (z. B. morgens sind Sie frisch und ausgeruht). Dies können aber auch Zeiten sein, in denen es ruhiger wird im Büro und der erste Ansturm vorbei ist. Anschließend sind die B-Aufgaben dran, wenn Sie sie nicht delegieren können. Die C-Aufgaben können auch zwischendurch erledigt werden. Achten Sie aber darauf, dass Sie diese schnell und effizient bearbeiten und sich hierfür exakte Zeiten einplanen.

Kontrolle. Überprüfen Sie Ihre Zeitplanung am Ende des Tages. Nehmen Sie Verbesserungen vor, wenn Ihre Planung nicht perfekt war, legen Sie ggf. eine neue Liste an. Haken Sie ab oder streichen Sie durch, was erledigt ist. Das schafft Freiheit im Kopf und Platz für neue Ideen.

Kehrseite dieser Methoden. Auch diese Zeitmanagement-Methoden haben eine Kehrseite, wie so vieles. Leider ist eine To-do-Liste praktisch nicht immer so durchführbar, wie Sie sich das vorgenommen haben. Da kommt der Vorgesetzte, eine Kollegin oder ein Kunde mit einer dringenden Bitte und sprengt Ihren Zeitrahmen. Oft fehlt Ihnen ganz einfach der Überblick über den ganzen Tag. Vor allem zu Beginn einer Tätigkeit dauert es erfahrungsgemäß, bis sich alles eingespielt hat. Dann kann es mit Ihrer Aufgabenliste schnell vorbei sein. Dennoch sind diese Methoden ein hilfreiches Mittel, um den Überblick über den Tag zu behalten.

Tipps. Haben Sie es geschafft, Ihre Aufgaben zu kategorisieren und Ihre Zeit effektiver einzuteilen, dann sollten Sie noch einige Dinge beachten:

- Planen Sie wichtige Aufgaben in den Zeiten ein, in denen Ihre Leistungskurve noch sehr hoch oben ist, z. B. am Morgen, wenn Sie noch frisch und ausgeruht sind.
- Bedenken Sie, dass Ihr Biorhythmus am späten Vormittag bereits sinkt und nach der Mittagspause ganz unten angelangt ist.
- Am frühen Nachmittag geht es wieder etwas aufwärts und am späten Abend sind Sie im Tal angekommen.
- Wenn Ihr Biorhythmus sinkt, planen Sie besser kleinere Aufgaben ein, die weniger Denkvermögen oder Kreativität erfordern.

7. Manual: Multifunktionale Arbeitsplätze

Hilfsmittel für die Terminüberwachung (LA 2.7)

Praktische Hilfsmittel für die Terminplanung und die Terminüberwachung sind Terminkalender in Buchform oder digitaler Form, Terminplaner, Plantafeln und Terminmappen.

Terminkalender. Dies sind z. B. Tages-, Wochen-, Monats- oder Jahreskalender. Es gibt sie in unterschiedlichen Formaten (z. B. DIN A5/A4) und Formen, z. B. als Wandkalender, Wochenkalender, Querkalender, 3-Monats-Tischkalender. In einen Wand-Jahreskalender können die fixen Termine notiert werden und sind dort für alle ersichtlich.

Digitale Terminplaner

Die digitale Terminplanung hat mittlerweile in vielen Unternehmen und auch bei Privatpersonen Einzug gehalten. In verschiedenen Office-Paketen sind entsprechende Programme enthalten. Die digitale Terminplanung besteht meist aus verschiedenen Modulen, beispielsweise E-Mail, Kalender und Kontakte.

Im Modul E-Mail empfangen, senden, verwalten und archivieren Sie Ihre eingehenden und gesendeten Nachrichten. Im Modul „Kontakte" erstellen Sie eine Übersicht über Ihre Adressen. Neben den üblichen Informationen wie Anschrift und Telefonnummer etc. können Sie viele zusätzliche Informationen zu einer Person übersichtlich anlegen, z. B. Webseite, Chat-Adresse, zusätzliche Notizen.

Im Modul „Kalender" verwalten Sie Ihre Termine. Sie haben damit einen guten Überblick über Ihre aktuellen Termine. Um sicherzustellen, dass Sie wichtige Termine nicht vergessen, können Sie sich eine Erinnerung einrichten. Soll ein Arbeitskollege oder ein Geschäftspartner zu einer Besprechung hinzukommen, schicken Sie ihm eine Besprechungsanfrage bzw. eine elektronische Einladung. Sie können auch Dateien (z. B. Protokolle, Produktinformationen, Anfahrtsskizzen, Preisübersichten etc.) anhängen.

Die Vorteile der digitalen Terminplanung liegen darin, dass man Termine professionell planen und überwachen kann und somit in der Lage ist, seinen eigenen Arbeitstag gut zu strukturieren. Digitale Terminplaner haben darüber hinaus den Vorteil, bei Besprechungen oder auf Reisen schnell greifbar zum Nachschlagen zu sein, und sie sind i. d. R. von mehreren Beteiligten einsehbar.

Weitere Planungsinstrumente

Wandplaner. Das sind Übersichten in Papierform, die jederzeit einsehbar an der Wand aufgehängt werden. Dadurch können die Termine für alle Beteiligten ersichtlich dargestellt werden. Sie sind eingeteilt in Monate, Wochen und Tage. Um sich schneller zurechtzufinden, sind die Kalenderwochen nummeriert und die Wochenenden bzw. Feiertage farblich unterschiedlich dargestellt.

Plantafeln. Hier werden die einzelnen Termine auf magnethaftenden Rastertafeln mit auswechselbaren Kopfleisten mithilfe von farbigen Karten oder Steck- und Magnettafeln dargestellt. Auch hier haben alle Beteiligten die Möglichkeit, die Termine auf einen Blick zu erfassen (Produktionsabläufe, Urlaubsplanung, Vertretungsplanung). Trotz Software verlassen sich viele Firmen nach wie vor auf Plantafeln; die gesamten Aktivitäten werden so visualisiert, kontrolliert und koordiniert.

Lernfeld: Multifunktionale Arbeitsplätze effizient organisieren

Terminmappen oder Wiedervorlagemappen. Das sind Pultordner, die eingeteilt sind für die Tage 1 bis 31 oder für die Monate 1 bis 12. Hierin können Unterlagen für noch nicht abgeschlossene Tätigkeiten hinterlegt werden. Reicht der Platz in einem Pultordner nicht aus, eignen sich auch Hängeregistraturen als Terminmappen. Sie eignen sich hervorragend als Erinnerungsstütze und Sie haben alle erforderlichen Unterlagen mit einem Griff zur Hand.

Terminplanung (LA 2.8)

Eine wichtige und verantwortungsvolle Aufgabe in jedem Unternehmen ist die Planung der Arbeitszeit. Gemeint ist damit die Wahrnehmung und Überwachung von Terminen im täglichen Arbeitsablauf. Durch ein vorausschauendes Zeitmanagement lässt sich der Zeit- und Termindruck reduzieren, wodurch sich nachweislich die Arbeitsqualität verbessert. Ein Termin ist ein Zeitpunkt (Tag oder Uhrzeit), an dem etwas Wichtiges stattfindet (Kundentermin, Vertreterbesuch, Mitarbeiterbesprechung, Zahlungstermine, Angebotseröffnung etc.).

Termine richtig zu planen, zu überwachen und einzuhalten ist sowohl im Geschäfts- als auch im Privatleben wichtig. Werden Termine vergessen oder ungeschickt abgestimmt, kann dies unangenehme Folgen haben, wie beispielsweise verärgerte Kunden. Es können dadurch sogar Kosten für das Unternehmen entstehen, wie z. B. Mahnkosten. Aber auch schwerwiegende Konsequenzen sind möglich: z. B. Produktionsstillstand, wenn die Materialbestellung vergessen wurde. Eine richtige Terminplanung ist deshalb eine wichtige Voraussetzung für die Organisation eines Unternehmens. Um die Terminplanung zu strukturieren sind folgende Fragen hilfreich:

Weshalb findet der Termin statt?	Besprechung/Schulung?
Wer kommt zu diesem Termin?	Kunden/Lieferanten?
Wann findet der Termin statt?	Ist die Uhrzeit passend und sinnvoll? Gibt es Überschneidungen? Ist eine Zeitverschiebung zu beachten?
Wo findet der Termin statt?	Besprechungszimmer/Tagungshotel
Wie lange dauert der Termin?	einige Stunden/mehrere Tage

Terminarten

Es wird zwischen festen (fixen) und beweglichen (variablen) Terminen unterschieden, die man im privaten und geschäftlichen Bereich findet.

Feste Termine. Sie wiederholen sich regelmäßig, stehen in der Regel zu Beginn des Jahres fest und lassen sich nicht verschieben, wie z. B. Geburtstage und Jubiläen, Messen und Ausstellungen, Hauptversammlungen, Ferientermine und Urlaubszeiten etc. Um den Überblick zu behalten, ist es vorteilhaft, die festen Termine zu Beginn des Jahres einzutragen.

Bewegliche Termine. Sie richten sich nach den festen Terminen. Sie können gegebenenfalls verschoben werden, beispielsweise Geschäftsreisen, Besprechungen, Sitzungen, Tagungen, Essen mit Geschäftspartnern, Theaterbesuche etc.

Tipp: Feste Termine sollten so früh wie möglich vermerkt werden, um spätere Terminüberschneidungen zu vermeiden! Um die festen Termine von den beweglichen zu unterscheiden, empfiehlt es sich, diese in einer anderen Farbe einzutragen. Eine weitere Unterscheidung liegt in der Einteilung in kurzfristige (Tage, Wochen), längerfristige (Monate, Quartal) und langfristige (Jahr oder mehrere Jahre) Termine. Darüber hinaus wird zwischen gesetzlichen (z. B. Steuerzahlungstermine), Kontrollterminen (müssen regelmäßig überwacht werden) bzw. Terminen im Rahmen von Projekten (Meilensteine, Fertigstellungstermine) unterschieden.

Terminvergabekriterien

Bei der Terminüberwachung müssen die Termine des nächsten Tages am Vortag durchgesehen werden. Erledigte Termine werden am Ende des Arbeitstages abgehakt, unerledigte Termine neu eingeplant. Um Fehler bei der Planung und Überwachung von Terminen auszuschließen, sollten folgende Punkte beachtet werden:

- Neue Termine sofort vermerken
- Termine gleichmäßig verteilen
- Zeitlich aufeinander folgende Termine nicht zu knapp einplanen
- Zeitplan nicht zu 100 % ausschöpfen (60 % geplante Aktivitäten, 20 % unerwartete Aktivitäten, 20 % spontane Aktivitäten)
- Terminanfrage erstellen, wenn mehrere Personen daran teilnehmen
- Ausweichtermine als Alternative festlegen
- Priorität A (muss), B (soll) oder C (kann) berücksichtigen
- Bereits bei der Terminplanung Schwerpunkte berücksichtigen (externe Termine haben Vorrang vor internen Terminen, Termine mit Vorgesetzten sollten nicht verschoben werden)
- Pufferzeiten zwischen einzelnen Terminen einplanen (für unvorhergesehene Termine, zeitliche Verzögerungen)
- Brückentage und Urlaubszeiten beachten
- Personen, die sich nicht begegnen sollen, nicht nacheinander einladen (z. B. Konkurrenten)
- Private Termine der Vorgesetzten berücksichtigen
- Terminabsprache zwischen Chef und Sekretariat
- Fahrtzeiten berücksichtigen

Die Kriterien für das Vergeben von Terminen sind sehr individuell und können von Fall zu Fall unterschiedlich sein. Achten Sie bei der Terminplanung auch auf die verschiedenen Zeitzonen, wenn Sie international tätig sind. (vgl. Zeller, 2007)

Papierloses Büro – Digitale Aufbereitung (LA 3.1)

Im 21. Jahrhundert haben sich bereits zahlreiche Prozesse auf den digitalen Weg verschoben (z. B. E-Mail, E-Books, Digitalfotos, Besprechungen mittels Skype bzw. Webkonferenzen). Im heute meist üblichen Sinn steht Digitalisierung dafür, dass Informationen (z. B. handschriftliche Telefonnotiz) und Kommunikation (z. B. Geschäftsbrief per Post) in Papierform immer mehr reduziert werden und stattdessen Informationen digital gespeichert, verarbeitet und ausgetauscht werden.

- Der Kommunikationsweg im Büro mittels Brief wird immer mehr durch den Versand von E-Mails ersetzt. Dadurch werden Porto- und Materialkosten eingespart und die Kommunikation wird beschleunigt.

- Dokumente werden seltener in Papierform, sondern elektronisch aufbewahrt. So wird der Zugriff auf Dokumente erleichtert, da nicht lange in Akten, Ordnern oder auf Schreibtischen gesucht werden muss. Bei der digitalen Archivierung können Dokumente nach bestimmten Schlagwörtern (Namen, Projekte) gesucht werden. Auch Mitarbeiter, die außerhalb des Gebäudes des Unternehmens tätig sind, z. B. in anderen Filialen, im Außendienst oder im Homeoffice, haben jederzeit Zugriff auf die digital abgelegten Dokumente.

- Termine werden in einem elektronischen Kalender notiert, mit dem Smart-Phone synchronisiert und bieten im Vergleich zum Terminkalender in Papierform nützliche Tools (Werkzeuge) wie optische und akustische Terminerinnerung, Terminanfragen per E-Mail etc.

- Apps werden zum Verwalten von Aufgaben genutzt

- Bewerbungen werden Online bei Unternehmen eingereicht, um Ressourcen (Material- und Portokosten) einzusparen.

- ...

Die Digitalisierung des Schriftgutes und der Kommunikation bringt Effizienz, Ordnung und schont natürliche Ressourcen. Allerdings ist klar, dass es trotz Digitalisierung noch Papier in Büros gibt, allerdings stark reduziert.

Die Digitalisierung birgt immer die Gefahr der Informationsüberflutung (z. B. Newsletter, Mailings), Verstöße gegen Urheberrecht, Haftungsregeln und unfairem Wettbewerb sowie des Datenmissbrauchs und -verlustes. Durch Digitalisierung werden einerseits Ressourcen wie Papier, Umschläge etc. eingespart. Andererseits funktioniert Digitalisierung nur mit Geräten (PC, Scanner, Tablet, ...) Strom benötigen. Die Ressourcen- und Energieverbräuche für die Herstellung der Hardware muss berücksichtigt werden.

E-Mail-Kommunikation (LA 3.1)

Im heutigen Geschäftsleben spielt die E-Mail eine große Rolle und ist genau wie die Kommunikation mittels Geschäftsbrief in der DIN 5008 geregelt. Die elektronische Kommunikation erleichtert viele Kommunikationsvorgänge.

Das zentrale E-Mail-Postfach (z. B. info@hauser-schulte.de) muss morgens direkt und im Verlauf des Tages regelmäßig kontrolliert und die eingehenden Informationen verwaltet werden. Dabei gelten Verschwiegenheits- und Sorgfaltspflicht sowie Regelungen zum Datenschutz und zur Datensicherheit.

7. Manual: Multifunktionale Arbeitsplätze

E-Mail-Postfach effizient verwalten

1. Eingehende E-Mails werden direkt bearbeitet, d. h. sie werden nicht nur gelesen, sondern von Ihnen beantwortet oder an den entsprechenden Sachbearbeiter oder Ansprechpartner weitergeleitet.

2. E-Mails, deren Beantwortung Sie nicht direkt erledigen können, legen Sie in Ihrem E-Mail-Postfach in einem Ordner „Noch zu bearbeiten" ab. Alternativ dazu können Sie die eingehende E-Mail „als ungelesen markieren". Sie wird dann weiterhin fett hervorgehoben angezeigt und ist für Sie ein Hinweis, dass Sie noch bearbeitet werden muss.

3. Nicht für das Unternehmen relevante E-Mails werden direkt gelöscht.

4. Verschieben Sie konsequent nach dem Lesen und Bearbeiten der E-Mail diese in den richtigen Ordner.

5. Speichern Sie ein- und ausgehende E-Mails als PDF-Datei unter einem aussagekräftigen Dateinamen in den entsprechenden Ordner auf dem Server bzw. in die Cloud des Unternehmens sowie die im Anhang befindlichen Informationen.

6. Allerdings müssen nicht alle eingehenden E-Mails auf dem Server gespeichert werden. Legen Sie für die Zwischenablage dieser E-Mails in Ihrem E-Mail-Programm Ordner an, wie z. B.:

Noch zu bearbeiten	Eingehende E-Mails, die noch beantwortet werden müssen
Newsletter	Periodisch eingehende Newsletter, die für das Unternehmen relevant sind
Messerorganisation	E-Mails bezüglich der Organisation der Messe
Projekt XY	E-Mails zu einem bestimmten Projekt
Interne Bestellung	Vorgänge, die interne Abläufe dokumentieren
Interne Informationen	Interne Rundmails

Wichtig ist, dass Sie konsequent nach dem Lesen und Bearbeiten der E-Mail diese in den richtigen Ordner verschieben. Ansonsten besteht die Gefahr, dass das Postfach irgendwann unübersichtlich wird und voll ist.

Lernfeld: Multifunktionale Arbeitsplätze effizient organisieren

Ordnerstruktur im E-Mail-Programm

Um einen Überblick über die Vielzahl der ein- und ausgehenden E-Mails zu behalten, empfiehlt es sich, im E-Mail-Postfach dieselbe Ordnerstruktur wie bei der übrigen Dateiablage anzulegen. Denn wenn Ankerplätze (Ordner, Fächer, Mappen usw.) für die manuellen und digitalen Dokumente immer auf dieselbe Weise bezeichnet werden, ersparen Sie sich unnötige Denkvorgänge.

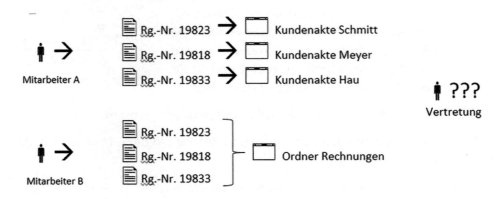

Unternehmen geben ihren Mitarbeitern eine einheitliche digitale Ordnerstruktur vor. Ohne solche klaren Vorgaben, könnte es passieren, dass ein Mitarbeiter Rechnungen jeweils im Ordner des Kunden ablegt, während ein anderer Mitarbeiter einen Ordner nur für Rechnungen angelegt. Spätestens im Vertretungsfall würde dann das große Chaos ausbrechen und die große Suche beginnen.

Es reicht also nicht, Unterlagen systematisch abzulegen. Eine gute Ordnerstruktur sorgt auch dafür, dass wichtige Informationen wie Verträge nicht in der Masse verschwinden.

Ab hier sollte der Text beibehalten werden: Einheitliche Standards wie die Ordnerstruktur haben den Vorteil, dass sich auch die Vertretung oder neue Mitarbeiter schnell zurechtfinden. Die Suchzeiten verringern sich; gleichzeitig ist ein klares System viel übersichtlicher. Fehlende Informationen fallen eher auf, was die Qualität der Arbeit fördert.

Beispiel einer Ordnerstruktur

E-MAIL-CENTER

Meine Ordner + (hier haben Sie die Möglichkeit, weitere Ordner anzulegen)

Hauptordner	Marketing
Unterordner 1	Veranstaltungen
Unterordner 2	2018_05_11 Tag der offenen Tür
	2017_05_13 Tag der offenen Tür

Auf der dritten Ebene ist es sinnvoll, die Dateien mit Datum zu versehen. Schreiben Sie zuerst das Jahr, dann Monat und Tag sowie einen aussagekräftigen Namen. Achten Sie darauf, immer die gleiche Schreibweise zu verwenden. Dann sortiert Windows die Dateien nach Aktualität, die neueren befinden sich immer ganz oben.

Autoresponder des E-Mail-Programms

Wenn Mitarbeiter länger abwesend sind, z. B. aufgrund von Urlaub, Fortbildungen oder Außenterminen, ist es sinnvoll, den Autoresponder des E-Mail-Programms (Abwesenheitsnotiz) zu nutzen. Es handelt sich dabei um eine Software-Anwendung für E-Mail-Programme, die es einem Internetnutzer erlaubt, automatisch eine E-Mail zu senden, wenn er selbst nicht in der Lage ist, auf eine eingehende Mail zu reagieren. So wartet der Kommunikationspartner nicht unnötig lange auf eine Antwort und ist ggf. verärgert.

Beispiel eines Autoresponder-Textes:

> Guten Tag,
>
> vielen Dank für Ihre Nachricht. Ich mache eine kurze Sommerpause. Sie erreichen mich wieder ab dem 01.08.20xx. Ihr Anliegen ist dringend und kann nicht warten? Dann hilft Ihnen mein Kollege, Herr Stefan Müller, gern weiter. Sie erreichen ihn unter Tel. 0651 487-1239, mueller.st@hauser-schulte.de.
>
> Freundliche Grüße
> Signatur mit Kontaktdaten)

Junk-Mail

Wenn Sie Mails von Ihnen unbekannten Absendern erhalten oder Rechnungen, Mahnungen von einer Firma erhalten, die Sie nicht kennen, dann schauen Sie nochmals genau hin und vor allem folgen Sie unter keinen Umständen irgendeinem Link von unbekannten Absendern, geben Sie niemals Passwörter oder PINs heraus.

Markieren Sie solche Mails „als Spam melden", damit diese beim nochmaligen Eintreffen direkt in den Spam-Ordner sortiert werden.

Unerwünschte Newsletter abbestellen bzw. filtern. Newsletter von bekannten Lieferanten, die Sie nicht mehr interessieren, können Sie leicht abbestellen. Im unteren Teil des Newsletters befindet sich in der Regel ein Link zum Abbestellen.

„Wenn Sie zukünftig keine Nachrichten mehr von uns bekommen möchten, klicken Sie bitte hier."

Unerwünschte Werbemails von unbekannten Absendern verbannen Sie mit Hilfe des Junk-Mail-Filters Ihres Mail-Programmes, indem Sie diese als Junk-Mail (siehe Abbildung oben „als Spam melden") markieren und damit diesen Absender für weitere zeitraubende Werbenachrichten sperren.

In vielen Fällen werden Angebote, Sonderposten oder Produktnews von Lieferanten oder Kooperationspartnern per Newsletter versendet, die für Ihre tägliche Arbeit von Interesse sind. Räumen Sie diesen erwünschten Newslettern einen geeigneten Platz ein, so können Sie jederzeit schnell darauf zugreifen, wenn Sie diese Informationen benötigen (siehe Ordnung im Postfach – z. B. durch Anlegen eines Ordners „Newsletter").

Lernfeld: Multifunktionale Arbeitsplätze effizient organisieren

Dokumenten-Management-System (LA 3.2)

Das Handelsgesetzbuch schreibt in § 257 vor, dass jeder Kaufmann verpflichtet ist, bestimmte Unterlagen aufzubewahren. Dabei ist es dem Kaufmann erlaubt, seine Unterlagen – bis auf einige Ausnahmen – als Wiedergabe auf Daten- oder Bildträgern aufzubewahren. Er muss allerdings sicherstellen, dass die Wiedergabe oder die Daten

- mit den empfangenen Handelsbriefen und den Buchungsbelegen bildlich und mit den anderen Unterlagen inhaltlich übereinstimmen, wenn sie lesbar gemacht werden,
- während der Dauer der Aufbewahrungsfrist verfügbar sind und jederzeit innerhalb angemessener Frist lesbar gemacht werden können. (Auszug aus § 257 HGB)

Ein Dokumenten-Management-System (DMS) kommt diesen Verpflichtungen nach. Es dient der datenbankgestützten Verwaltung digitaler Dokumente. Dabei werden analoge Schriftstücke in Papierform eingescannt (digitalisiert) und elektronische Dokumente (Office-Dateien, E-Mails und E-Mail-Anhänge) automatisch erfasst, einheitlich verschlagwortet, katalogisiert (Ordnerstruktur) und in einer Cloud abgelegt.

Software

OCR-Texterkennung (Optical Character Recognition = Optische Zeichenerkennung) übernimmt die Verschlagwortung vollautomatisch und der Inhalt der Dokumente selbst lässt sich rasch auf ein Schlagwort oder eine Textstelle hin durchsuchen. OCR oder Texterkennung ist eine Technologie, die die Umwandlung unterschiedlicher Dokumente wie beispielsweise gescannter Papierdokumente, PDF-Dateien oder Digitalbilder in bearbeitbare und durchsuchbare Dateien ermöglicht. Ein DMS muss die rechtlichen Anforderungen hinsichtlich Sicherheit, Datenschutz und Aufbewahrungsfristen erfüllen.

Hardware

Neben der Software ist also die Hardware, der Scanner zum Einlesen der Daten, erforderlich. Dieser verfügt in der Regel über einen Einzelblatteinzug, um stapelweise Schriftstücke einzuscannen. Weiterhin sollte er die Möglichkeit bieten, unterschiedliche Dokumentenarten, also vom Kassenzettel und der Visitenkarte bis hin zum A3-Dokument, problemlos alles einzuscannen. Moderne Scanner arbeiten mit einer Ultraschallerkennung, die zuverlässig verhindert, dass mehrere Seiten auf einmal eingezogen werden. Dadurch können unterschiedlichste Dokumente stapelweise sicher verarbeitet werden. Schwierige Fälle, zum Beispiel sehr dünnes oder dickes Papier, aber auch Kleinst- oder Überformate, können mithilfe eines Flachbettscanners gescannt werden. Mitarbeiter, die an unterschiedlichen Standorten arbeiten oder unterwegs sind, sollten über einen mobilen Scanner verfügen, um die Informationen unmittelbar einzuscannen.

Die digitale Aufbereitung der Daten ermöglicht den Mitarbeitern von allen Arbeitsplätzen gleichzeitig auf Dokumente zuzugreifen. Selbst standortübergreifend können die Mitarbeiter jederzeit zu dem aktuellen Bearbeitungsstand von Vorgängen schnell Auskunft geben.

Digital aufbereitete Daten, die in einer Cloud gespeichert sind, sind vor Feuer, Wasser, höherer Gewalt geschützt und auf Servern sicher abgelegt. Alle Dokumente zu einem Projekt oder einem Kunden, wie z. B. E-Mails, Fotos, Adressdaten, eingescannte Dokumente, finden sich in einer zentralen elektronischen Akte. Der Zugriff zum Einsehen und Bearbeiten von Dokumenten kann auf bestimmte Personen begrenzt werden.

Die Archivierung eingehender Rechnungen erfolgt mittels DMS vollautomatisch. Papierrechnungen werden von den Mitarbeitern nur noch eingescannt, der Rest übernimmt das DMS. Die Textkennungssoftware (OCR) erfasst die Rechnung und erkennt die einzelnen Daten wie Absender, Datum, Rechnungsnummer, Position, Beträge und speichert sie nach einer Plausibilitätsprüfung zusammen mit dem Dokument. Mithilfe der Daten kann die Rechnung sachlich und rechnerisch geprüft werden. Im Dokument selbst überprüft die Software beispielsweise, ob die einzelnen Positionen richtig aufsummiert wurden und der Mehrwertsteuerbetrag richtig berechnet wurde. Auch sachlich kann die Rechnung überprüft werden, indem zum Beispiel die Absenderdaten gegen Stammdaten im ERP abgeglichen werden oder die gesamte Rechnung mit der zugrunde liegenden Bestellung verglichen wird. Anschließend legt DMS die Rechnung ab und löst eine Zahlung zur Begleichung der Rechnung aus. (vgl. Netzsieger GmbH, 2018)

Digitale Verwaltung von Daten (LA 3.3)

Intranet (Unternehmensweites Mitarbeiterportal)

Im Gegensatz zum Internet, das ein dezentrales, globales Netzwerk ist, das aus mehreren lokalen Einzelnetzen besteht, ist das Intranet ein eigenständiges Netz, das nicht unmittelbar mit dem Internet verbunden ist, aber auf dieselbe Art und Weise funktioniert. Unter dem Begriff Intranet wird ebenfalls ein Kommunikationsnetz verstanden. Der Unterschied zum Internet liegt allerdings darin, dass das Intranet zum Austausch von Informationen innerhalb eines Betriebes oder einer Institution dient.

Das Intranet als betriebsinternes Kommunikationsmedium ist mittlerweile Standard und wird in vielen Unternehmen für verschiedene Zwecke eingesetzt. Der Zugang beschränkt sich auf eine interne geschlossene Gruppe, die in einem genau definierten Bereich Zugriff hat. Jeder Nutzer erhält ein Log-in (Passwort).

Beim Intranet handelt es sich um eine Art elektronisches „Schwarzes Brett", von dem jeder Mitarbeiter Informationen wie Kantinenpläne, Urlaubsmeldungen, Betriebsvereinbarungen, Unternehmensmeldungen usw. abrufen kann. Zusätzlich können aber auch Formulare wie Materialanforderungen oder Reisekostenabrechnungen angefordert oder – noch besser – gleich elektronisch ausgefüllt und abgesendet werden, die dann automatisch weiterverarbeitet werden können.

Natürlich kann ein Intranet auch für die Entwicklung der Unternehmenskultur verwendet werden, um den Mitarbeiter des Monats zu küren, Vorschläge zu unterbreiten und Diskussionen über den nächsten Betriebsausflug zu führen. In großen Unternehmen sind „Hobby-Gruppen", wie Sportvereine oder Skatrunden üblich, die sich ebenfalls über das Intranet organisieren und neue Mitglieder werben können.

Lernfeld: Multifunktionale Arbeitsplätze effizient organisieren

Durch die Schaffung eines Intranets wird Unternehmenswissen allen Mitarbeitern transparent und zugänglich gemacht. Der verbesserte Informations- und Kommunikationsfluss steigert die Effizienz der Arbeitsprozesse. Die Bereitstellung von interessanten, aktuellen und aufgabenspezifischen Informationen erleichtert nicht nur die Arbeit, sondern erhöht zudem die Mitarbeiterzufriedenheit und Identifikation mit dem Unternehmen. (vgl. einstein, 2008)

Wiki

Sie kennen Wikipedia, das oftmals als erste Anlaufstelle genutzt wird, um Informationen zu einem Thema zu erhalten. Jeder darf einen Wikipedia-Eintrag erstellen oder einen bestehenden bearbeiten.

Genau so funktionieren firmeninterne Wikis, die unter Umständen auch für Geschäftspartner und Kunden geöffnet werden, um auch in der Außenzusammenarbeit Synergien zu schaffen. Wiki bedeutet übersetzt „schnell". Mit einem geringen Zeitaufwand werden mit diesem Instrument Informationen und Beiträge im Internet zu einem bestimmten Thema gesammelt, die von den Nutzern selbst bearbeitet werden können und auf die viele Nutzer zugreifen können. Alle pflegen, wenn gewünscht, die Dokumente, so dass die Aktualität gewährleistet ist. Es findet eine Speicherung der alten Redaktionsstände und der jeweiligen Autoren statt, so dass Rückwärtskorrekturen möglich sind. Es können die gängigen Medien wie PDFs, MS-Office-Dokumente, Bilder oder Videos eingebunden werden. Vorhandene Informationen werden verlinkt. Suchmaschinen stehen zur Verfügung, um die richtigen Informationen zu finden. Die Zugriffsrechte zu jedem Dokument im Sinne Lesen, Schreiben und Löschen können geregelt werden, so dass ein Unternehmen seine Informationen nach innen und außen im Griff behält und trotzdem optimale Rahmenbedingungen für eine Zusammenarbeit schafft.

Die Verbindung der Möglichkeiten zur leichteren Zusammenarbeit im Unternehmen sowie der gezielten Steuerung des Informationszugriffes haben zum Erfolg der Wikis in Unternehmen geführt. Wikis sind sowohl für die Mitarbeiter attraktiv als auch für das Management. Mitarbeiter können ihre Aufgaben schneller und kompetenter erledigen. Das Management kann das entscheidende Unternehmenswissen sichern und effizienter nutzen.

In Projekten wird häufig interdisziplinär gearbeitet. Der Wert des Wikis ist dort besonders groß, da mehrere Fachbereiche an einem Projekt beteiligt sind und der Know-how-Übertrag wichtig ist.

Der konkrete Wiki-Einsatz wird bestimmt durch den Bedarf der Anwender und der vorhandenen Infrastruktur. Beliebte Wiki-Einsatzbereiche sind:

- **Produkte:** Technische Leistungsmerkmale, Anwendungsbeispiele, Installationen, Vergleiche, Beschreibungen, Kataloge und Produktbilder
- **Markttrends:** Studienergebnisse, Messeberichte, Marktbeobachtungen
- **Unternehmensprozesse:** Glossar für Unternehmensbegriffe, Abläufe und Verantwortlichkeiten, Kurzanleitungen
- **Service-Know-how:** Service-Dokumentation, praktische Erfahrungen im Kundeneinsatz, Kurzanleitungen
- **Anwender-Handbücher:** Bedienungsanleitungen

7. Manual: Multifunktionale Arbeitsplätze

- **Technikwissen:** Informationen zu Technologien und Standards, Technik-Glossars
- **Neue Produkte und Projekte:** Sammlung von Produktideen, Dokumentation von Entwicklungsschritten, Projektanträge (vgl. ibo Beratung und Training GmbH, 2013).

Ein wesentlicher Unterschied zwischen einem Intranet und einem Wiki ist, dass ein Intranet oftmals nur von einer kleinen Personenzahl im Unternehmen aktualisiert wird. Dadurch fehlt die Dynamik der Inhalte. In der Regel entscheiden sich Unternehmen für eines dieser Instrumente oder integrieren das Wiki ins Intranet.

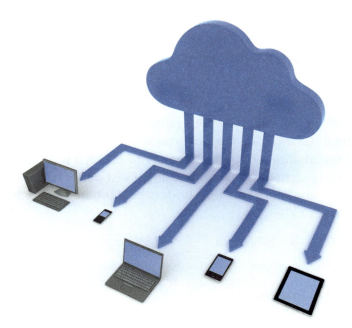

© A1Stock – shutterstock.com

Lernfeld: Multifunktionale Arbeitsplätze effizient organisieren

Protokoll (LA 3.4)

Eine Mitschrift (Protokoll) ist ein wichtiges Instrument für die Dokumentation und Steuerung von Abläufen, Handlungen und Projekten im Unternehmen. Neben den Ergebnissen von Besprechungen werden zukünftige Aktivitäten der betroffenen Mitarbeiter festgehalten. Es dient also als Gedankenstütze und informiert nicht teilnehmende Personen über die Inhalte. Protokolle sind manchmal ein wichtiges Beweismittel, wenn es zu einem Streit oder sogar Rechtsstreit kommt. Es gibt folgende Formen von Protokollen:

Verlaufsprotokoll

Das **Verlaufsprotokoll** soll den Verlauf einer Sitzung so genau wie möglich festhalten. Verlaufsprotokolle werden primär dann angefertigt, wenn der tatsächliche Verlauf einer Diskussion und die klare Herausarbeitung auseinandergehender Meinungen der Sprecherpersonen von großem Interesse sind. Dies ist beispielsweise der Fall, wenn es sich um Sitzungen von Gremien handelt, die Entscheidungsfunktionen haben. Dabei werden die Beiträge mit Nennung der Namen wörtlich oder sinngemäß wiedergegeben.

Ergebnisprotokoll

Das **Ergebnisprotokoll** legt, wie schon aus seiner Bezeichnung hervorgeht, bei der Niederschrift besonderes Gewicht auf die Dokumentation der Ergebnisse (Entscheidungen, Abstimmungen, Vereinbarungen ...), die bei einem Gespräch (Besprechung, Diskussion, Sitzung, Veranstaltung ...) herausgekommen sind. Es ist daher natürlich auch kürzer als ein Verlaufsprotokoll und eignet sich besonders bei längeren Gesprächen. Im Wesentlichen enthält es vier Punkte:

- Der derzeitige Stand der Dinge
- Die weitere Vorgehensweise
- Die Zuteilung der Aufgaben
- Die Termine (vgl. Zeller, 2007)

Der innere Aufbau und die äußere Form eines Ergebnisprotokolls folgen im Allgemeinen dem, was bei der Schreibform „Protokoll" auch sonst erwartet wird. Wie bei allen Dokumenten ist auch beim Protokoll das Firmenlogo in der Kopfzeile einzufügen. Im Kopfteil steht die Basisinformation mit ihren verschiedenen Angaben (Anlass, Datum, Uhrzeit, Raum/Ort, Leiter bzw. Leiterin, Protokollant bzw. Protokollantin, Teilnehmer/- innen, entschuldigt oder unentschuldigt Abwesende, Tagesordnung). Bei wiederkehrenden Besprechungen werden oftmals laufende Protokollnummern vergeben. Zu Beginn einer Sitzung ist das Protokoll der vorangegangenen Sitzung vom Teilnehmerkreis zu bestätigen.

Im Protokoll werden die wichtigsten Ergebnisse in der Reihenfolge der behandelten Tagesordnungspunkte dokumentiert.

7. Manual: Multifunktionale Arbeitsplätze

> **TOP1 Überstunden**
> Die Mitarbeiter(innen) klagen über bis zu 20 Überstunden pro Monat. Mit dem bestehenden ...
>
> **TOP2 Einarbeitung neuer Auszubildender**
> Herr Schulte berichtet, dass der Einstieg der Auszubildenden Selina Gerberschmitt nicht optimal ...

Dabei kann in Ausnahmefällen, wenn ein sachlicher Grund vorliegt, auch einmal von der bloßen Ergebnisdokumentation abgewichen werden. In einem solchen Fall wird ein bestimmter Tagesordnungspunkt, der sich erst im Gespräch als besonders kontrovers herausstellt, in Form einer ausführlichen Niederschrift, wie beim Verlaufsprotokoll üblich, dokumentiert.

Anträge werden im Wortlaut festgehalten und gekennzeichnet, Abstimmungsergebnisse mit Ja- und Nein-Stimmen sowie Enthaltungen dokumentiert.

> Herr Schulte bittet um Abstimmung über den Vorschlag von Frau Collet.
> Fünf Personen stimmen dafür, eine dagegen und eine enthält sich.

Das weitere Vorgehen kann z. B. in einer To-do-Liste notiert werden und ggf. wird der Termin für die nächste Sitzung festgehalten.

Der geforderten Kürze wegen, verlangt ein Ergebnisprotokoll eine ausgeprägte sprachliche und begriffliche Präzision, die keine unnötige Umschweife zulässt. Das Protokoll muss auch für jemanden verständlich sein, der nicht an der Sitzung teilgenommen hat. Beim Formulieren ist auf Sachlichkeit zu achten.

Sachlich, objektive Formulierung	Frau Hauser macht den Vorschlag, dass die Auszubildenden am Tag der offenen Tür wiederum die Bewirtung der Gäste übernehmen sollen.
Subjektive Wertung, umgangssprachlich formuliert	Herr Müller findet, dass die Azubis im Vorjahr richtig gut Bier ausgeschenkt haben und dass der Caterer ein super Essen geliefert habe.

Folgende Zeitformen sind beim Protokoll zu beachten:

Es wird im Präsens (Gegenwartsform) geschrieben.	Herr Schulte eröffnet die Sitzung. Die Mitarbeiter leisten Überstunden ...
Die Vergangenheitsform wird nur eingesetzt, wenn etwas in Bezug auf die Sitzung bereits geschehen ist.	Frau Meier berichtet von dem Kick-off-Meeting des Projektteams, das am Mittwoch stattgefunden hat.
Alle Äußerungen werden in indirekter Rede wiedergegeben.	Herr Schulte weist ausdrücklich darauf hin, ... Frau Meier widerspricht der Aussage von Herrn Schulte ...

Lernfeld: Multifunktionale Arbeitsplätze effizient organisieren

Nur bei sehr wichtigen kurzen Beiträgen, auf deren genaue und wörtliche Wiedergabe der Redner Wert legt sowie bei Anträgen und Beschlüssen ist die direkte Rede angebracht.	Herr Meier stellt den Antrag, folgende Empfehlung an die Geschäftsführung auszusprechen: „Die Überstunden sollen zukünftig ..." Dem Antrag wird mehrheitlich zugestimmt (8 Ja-Stimmen, 5-Nein-Stimmen, 2 Enthaltungen)
Redebeiträge werden in indirekter Rede und im Konjunktiv 1 (sei, werde, habe, komme) **und nicht**	Herr Schulte weist darauf hin, dass ... verankern müsse. ... nicht zufriedenstellend sei.
im Konjunktiv 2 (wäre, würde, hätte, käme) **protokolliert.**	Er sagt, der Projektleiter möge bis ... Herr Schulte sagt, es sei höchste Zeit ... Frau Hauser betont, dass der Beschluss ein Zeichen setzen werde.
Der Konjunktiv ist auch zu verwenden, wenn es nach der Einführung mit der Wiedergabe eines Redebeitrags weiter geht.	Frau Hauser berichtet vom Kick-off-Meeting. Dabei seien die anstehenden Projektziele besprochen worden.

Als Protokollführer sollten Sie am Ende der Besprechung prüfen, ob Sie alle Namen der Teilnehmer notiert haben. Wenn ein Teilnehmer ein Thema mittels PowerPoint-Präsentation oder OH-Folie vorgestellt hat, sollten Sie ihn bitten, Ihnen die Datei bzw. Folie auszuhändigen.

Im Schlussteil stehen das Datum und der Name des Leiters bzw. der Leiterin und des Protokollanten der Besprechung. Darunter werden eventuelle Anlagen aufgeführt und im Verteilvermerk die Personen, an die das Protokoll weitergeleitet wird.

Alphabetische Ordnung nach der DIN 5007 (LA 3.6)

Regeln zur alphabethischen Ordnung (LA 3.6)

1. Umlaute: ä, ö, ü gelten als ae, oe, ue

2. Akzente aus fremden Sprachen bleiben unberücksichtigt: á, ê, ç = a, e, c.

3. Lautverbindungen wie ch, ck, sch und st gelten als zwei bzw. drei Buchstaben (ß = ss).

4. Ausnahme: Sch und St am Wortanfang werden in der Registratur als selbstständige Buchstaben in der Reihenfolge S, Sch, St behandelt.

5. Vorsatzwörter (van, von, de, der, das, die, von, zur, zum), akademische Grade und Berufsbezeichnungen (Dipl.-Ing., Steuerberater), Titel (Dr.) und Adelsbezeichnungen (Freiherr) werden nicht berücksichtigt: Der Oberbürgermeister = Bürgermeister, Dr. Otto Freiherr von Bauer = Bauer, Otto

6. Wörter wie „und (&)", „für" usw. bleiben unberücksichtigt: Bauer & Mann = Bauer Mann.

7. Feststehende und gebräuchliche Abkürzungen können wie ein Wort behandelt werden: AEG = Aeg.

Ordnungsfolge nach Namen

8. Ordnungswert hat das erste Wort des Familien-, Firmen- oder Sachnamens.

9. Ordnungswert besitzen alle Vornamen, Zweitnamen und Zusätze.

10. Familiennamen ohne Vornamen stehen vor solchen mit Vornamen oder Zusätze.

11. Abgekürzte Vornamen stehen vor den gleichartigen, ausgeschriebenen Vornamen.

12. Die Bezeichnungen „Gebrüder", „Geschwister" vor dem Familiennamen werden wie Vornamen behandelt.

13. Zweite und weitere Vornamen oder Zusätze bestimmen die Ordnungsfolge, wenn die ersten gleich sind.

14. Ordnungswert erhält der Ort, wenn alle Vornamen und Zusätze gleich sind.

15. Zusätze, z. B. & Co., GmbH, & Mann, -Markt, & Söhne, werden den Vornamen gleichgestellt.

16. Zusammengesetzte Familiennamen werden als einzelne Wörter wie Vornamen eingeordnet, z. B. Bauer-Mann nach Bauer, Manfred.

17. Untrennbare Eigennamen werden ohne Rücksicht auf die Vornamen in der bestehenden Wortfolge geordnet: z. B. wird Bauer-Mann-Stiftung hinter dem Familiennamen Bauer-Mann eingeordnet.

Lernfeld: Multifunktionale Arbeitsplätze effizient organisieren

Ordnungssysteme (LA 3.6)

Ein papierloses Büro lebt, wie im normalen Büro auch, von Ordnung und Sorgsamkeit. Mit der bloßen Umwandlung in digitale Dokumente ist es natürlich nicht getan. Die digitalisierten Dokumente (Dateien) müssen auf Servern (Clouds) in einem übersichtlichen Ablagesystem geordnet werden.

Alphabetische Ordnung. Die Reihenfolge der Buchstaben im Alphabet bestimmt die Ordnung. Bei der alphabetischen Ordnung richtet sich der Ablageort eines Dokuments oder eines Vorgangs in der Regel nach einem Namen, z. B. nach dem des Kunden oder eines Produktes. Die alphabetische Ordnung ist wie so viele andere Dinge im Büroalltag ebenfalls genormt. Die zugehörige Norm für das alphabetische Sortieren ist die DIN 5007. Grundsätzlich kennt zwar jeder das Alphabet, wenn es aber um die Sortierung von Sonderfällen geht, stößt man ohne das Hintergrundwissen der DIN 5007 des Öfteren an seine Grenzen.

Numerische Ordnung. Zahlen oder Nummern sind hier das erste Ordnungskriterium. Es eignet sich für die Ablage von Schriftstücken, die schon über Nummern verfügen (z. B. Rechnungs-, Kunden- oder Vorgangsnummer). Der Zugriff setzt ein Suchverzeichnis (Index) voraus.

Der Vorteil einer numerischen Ablage ist, dass sich jeder Kunde, jeder Vorgang und jede Bestellung über die zugeordnete Nummer einwandfrei identifizieren lassen. Im Vergleich dazu ist die alphabetische Ordnung nicht so eindeutig, da unter Umständen zwei Kunden denselben Namen haben. Sollte die Kundennummer einmal nicht vorliegen, kann über das Suchverzeichnis auf den Vorgang ggf. mithilfe des Kundennamen oder anderer Metadaten zugegriffen werden. Nachteilig ist, dass eine Zahlenkolonne für das Auge schwieriger zu erfassen ist als Buchstaben.

Dekadische Ordnung. Das dekadische Ordnungssystem ist eine Sonderform des numerischen Ordnungssystems. Dabei werden den Zahlen null bis neun, jeweils entsprechende Gruppen zugeordnet. Jeder Gruppe kann dabei ihrerseits wieder eine Untergruppe (null bis neun) zugeordnet werden. Das System lässt sich natürlich noch weiter fortführen. Auf diese Weise entstehen mehrstellige, eindeutige Zahlenfolgen.

Hauptgruppe	Gruppe	Fortlaufende Nummerierung
0 Geschäftsführung		
1 Finanzen		
2 Personalwesen	20 Abrechnung	
	21 Ausbildung	21.1 Auszubildende
		21.2 Ausbilder
		21.3 Ausbildungsplan

Alpha-numerische Ordnung. Diese Ablageform kombiniert Buchstaben und Zahlen. Die Grobeinteilung findet in der Regel mithilfe des Alphabetes statt und die Feineinteilung mittels Zahlen (es kann auch umgekehrt sein). Zum Beispiel werden die Bildungsgänge an einer Schule abgekürzt und alphabetisch sortiert (z. B. HBFW) und durch zusätzliche Angabe des Jahrgangs und ggf. Klassenzuteilung differenziert. (z. B. HBFW1a, HBFW1b, …).

7. Manual: Multifunktionale Arbeitsplätze

Verfügt das Unternehmen beispielsweise über einen firmeneigenen Fuhrpark, so bietet sich bei der Ablage der Fahrzeugpapiere die alphanumerische Ordnung nach KFZ-Kennzeichen (TR AB 12) an. Oftmals werden auch Waren- oder Materialbezeichnungen alphanumerisch gekennzeichnet (A67 oder 5S).

Chronologische Ordnung. Sachverhalte werden in der zeitlichen Reihenfolge erfasst, also nach Datum abgelegt. Diese Ablageform wird oftmals als Unterordnung innerhalb bereits bestehender Ordnungen verwendet. Der Vorgang wird z. B. numerisch oder alphabetisch geordnet und die darin befindlichen Schriftstücke chronologisch. (z. B. Personalakte – Schriftstücke darin werden chronologisch sortiert). Die Reihenfolge der Heftung kann entweder in Form der kaufmännischen Heftung (das aktuellste Dokument bzw. der jüngste Vorgang liegt oben) oder in Form der Behördenheftung (das aktuellste Dokument bzw. der jüngste Vorgang liegt unter allen anderen) erfolgen.

Digitaler Aktenplan. Mittels Aktenplan wird das gesamte Schriftgut eines Unternehmens (Akten, Dokumente, Daten) systematisch und logisch geordnet und fortlaufend verwaltet. Der Aktenplan bildet ein inhaltliches Gerüst und hilft dadurch, neue Akten anzulegen und bereits existierende Akten zu finden – und dies unabhängig davon, ob sie in analoger oder digitaler Form vorliegen.

Aktenpläne müssen auch beim digitalen Archiv erstellt werden. Mithilfe eines Dokumenten-Management-Systems werden die Vorgänge bzw. Akten automatisch nach den in den Aktenplänen angegebenen Kriterien abgelegt. (d.velop AG, 2018)

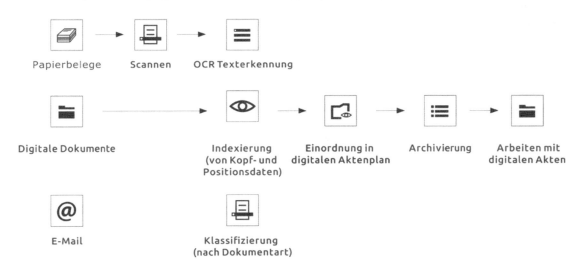

Gründe zur Aufbewahrung von Schriftgut (LA 3.6)

Die Registratur dient der geordneten Aufbewahrung von Schriftgut. Zum Schriftgut gehören Trägermaterialien, die Geschriebenes, Gedrucktes oder andere Markierungen aufnehmen und aufbewahren können (z. B. Papier, Datenträger, Bildträger).

Gesetzliche Gründe. Das Handelsgesetzbuch (§§ 238, 257 HGB) und die Abgabenordnung (§ 147 AO) schreiben vor, dass verschiedene Schriftgutarten aufbewahrt werden müssen.

Lernfeld: Multifunktionale Arbeitsplätze effizient organisieren

> **§ 257. Aufbewahrung von Unterlagen. Aufbewahrungsfristen.**
> (1) Jeder Kaufmann ist verpflichtet, die folgenden Unterlagen geordnet aufzubewahren.:
> 1. Handelsbücher, Inventare, Eröffnungsbilanzen, Jahresabschlüsse, Lageberichte, Konzernabschlüsse, Konzernlageberichte sowie die zu ihrem Verständnis erforderlichen Arbeitsanweisungen und sonstigen Organisationsunterlagen,
> 2. die empfangenen Handelsbriefe,
> 3. Wiedergaben der abgesandten Handelsbriefe,
> 4. Belege für Buchungen in den von ihm nach § 238 Abs. 1 zu führenden Büchern (Buchungsbelege).
>
> (2) Handelsbriefe sind nur Schriftstücke, die ein Handelsgeschäft betreffen.
> (3) Mit Ausnahme der Eröffnungsbilanzen, Jahresabschlüsse und der Konzernabschlüsse können die in Absatz 1 aufgeführten Unterlagen auch als Wiedergabe auf einem Bildträger oder auf anderen Datenträgern aufbewahrt werden.
> (4) Die in Absatz (1) unter 1. und 4. aufgeführten Unterlagen sind zehn Jahre und die sonstigen in Absatz 1 aufgeführten Unterlagen sechs Jahre aufzubewahren.
> (5) Die Aufbewahrungsfrist beginnt mit dem Schluss des Kalenderjahres, in dem die letzte Eintragung in das Handelsbuch gemacht, der Handelsbrief empfangen oder abgesandt worden ist ...

Als Geschäftsbrief (Handelsbrief) gilt jegliche Korrespondenz, die der Vorbereitung (z. B. Anfrage), der Durchführung (z. B. Bestellung per E-Mail) oder der Rückgängigmachung eines Geschäftes (z. B. Nichtunterzeichnung des Kaufvertrages) dient. Schriftstücke, die nicht zum Abschluss eines Geschäftes geführt haben (z. B. nicht erfolgreiche Angebote, Prospekte), sind keine Handelsbriefe.

Rechnungen gelten als Buchungsbelege (§ 257 Abs. 1 Nr. 4 HGB) und sind 10 Jahre lang aufzubewahren (§ 257 Abs. 4 HGB). Die Aufbewahrungsfrist beginnt mit dem Schluss des Kalenderjahres (§ 257 Abs. 5 HGB), sodass die Aufbewahrungsfrist einer Rechnung vom heutigen Tage am 31.12. dieses Jahres beginnt. Wenn die Rechnung 10 Jahre aufbewahrt werden muss, endet die Aufbewahrungsfrist am 31.12.XX (aktuelles Jahr + 10 Jahre). Am 01.01. des darauffolgenden Jahres darf die Rechnung vernichtet bzw. die Datei gelöscht werden.

Betriebliche Gründe. Schriftstücke werden nicht nur aus gesetzlichen Gründen aufbewahrt, sondern auch, weil sie als Beweismittel gegenüber Geschäftspartnern, dem Finanzamt oder dem Gericht dienen. Zur Dokumentation werden z. B. notarielle Urkunden, Patente oder Meisterbriefe aufbewahrt. Bestimmte Schriftstücke werden als Arbeitsmittel aufbewahrt, weil sie als Nachschlagewerk, Gedächtnisstütze, zur Erledigung laufender Geschäftsvorfälle und zur schnellen Auskunftserteilung benötigt werden.

Schon ein flüchtiger Blick auf die Eingangspost zeigt, dass es Schriftgut höchst unterschiedlicher Bedeutung gibt. Das sollte sich auch auf die Bearbeitung und spätere Aufbewahrung (Ablage) auswirken.

7. Manual: Multifunktionale Arbeitsplätze

Wertstufen (LA 3.6)

Schriftgut lässt sich in vier verschiedene Wertstufen gliedern:

Tageswert. Schriftgut, das nur eine einmalige Information vermittelt und danach wertlos ist, z. B. Wurfsendungen, Informationskopien, unverlangte Angebote, Notizen, Prospekte.

Prüfwert. Schriftgut, das nur über einen gewissen Zeitraum Bedeutung hat, wie Fahrpläne, Veranstaltungskalender, oder bei dem sich erst nach einiger Zeit entscheidet, ob es weiter aufbewahrt werden muss. Dieses Schriftgut gehört in eine arbeitsplatznahe Zwischenablage, wo es ständig überwacht werden kann. Hierbei handelt es sich um dynamische Vorgänge, die sich in Bearbeitung befinden und Unterlagen mit zeitlich befristetem Wert (z. B. Angebote, Mahnungen, Bewerbungen, Kataloge oder Preislisten).

Gesetzeswert. Schriftgut, das nach den §§ 238, 257 HGB und § 147 AO aufbewahrt werden muss. (z. B. Angebot, auf das eine Bestellung erfolgte sowie die dazugehörige Rechnung).

Dauerwert. In jeder Verwaltung fällt Schriftgut von so großer Bedeutung an, dass es, auch unabhängig von eventuellen gesetzlichen Vorschriften, langfristig oder gar dauernd aufbewahrt wird (Unterlagen über Inhaber- und Rechtsverhältnisse eines Unternehmens).

Interne Kommunikation – E-Mail (LA 3.7)

Kommunikation ist die Grundlage jeder Zusammenarbeit. Das firmeneigene Wiki oder Intranet ermöglicht es, sämtliche Informationen (Beiträge, Kommentare, Vordrucke, Termine etc.) aktuell und an einem Platz zu haben. Daneben stehen die Mitarbeiter des Betriebes untereinander im Dialog, d. h. sie geben digital und möglichst rasch Informationen an einen oder mehrere Mitarbeiter weiter oder tauschen Informationen untereinander aus. Effizient und schnell kann mittels E-Mail kommuniziert werden.

Aufbau einer E-Mail (LA 3.7)

Kopf (Header)	An:	E-Mail-Adresse – eigentlicher Empfänger der Mail
	Cc: Carbon Copy)	E-Mail-Adresse – Empfänger einer Kopie der Mail – der Empfänger unter „An:" sieht, wer weiterhin informiert wird.
	Bcc: (Blind Carbon Copy)	E-Mail-Adresse – Empfänger einer „blinden" Kopie – Der Empfänger unter „An" sieht nicht, wer weiterhin informiert wird.
	Betreff:	stichwortartige und aussagekräftige, prägnante Inhaltsangabe – in Werbemails ggf. mit Aufforderungscharakter
	Anhang:	Eindeutige Bezeichnung der Dateien, ggf. im pdf-Format und komprimiert (Zip-Dateien).

Lernfeld: Multifunktionale Arbeitsplätze effizient organisieren

Textbereich (Body)
- Anrede,
- Text, der als Fließtext zu schreiben ist. Fließtext bedeutet, dass am Zeilenende die Entertaste nicht bedient wird.
- Der E-Mail-Text wird in sinngemäße Absätze gegliedert und wichtige Informationen und Reizwörter (z. B. kostenlos, sicher, günstig) darin sind fett oder farblich hervorzuheben.
- Abgesetzt durch eine Leerzeile folgt dann die Signatur.

Signatur (Footer)
- Gruß
- Firmenname mit Rechtsform
- ggf. Handlungsvollmacht (i. A. = im Auftrag: Art-/Gattungsvollmacht, Einzel-/Sondervollmacht) sowie Vor- und Name des Sachbearbeiters
- Kontaktdaten (Telefon, Freecall, Mobil, Telefax, E-Mail, Internet)
- Adresse
- Registergericht und Handelsregisternummer
- Evtl. zusätzliche Elemente wie: Social Media Buttons, QR-Code, Absenderfoto

Erläuterungen zum Aufbau

Verteiler: Im Feld „An" wird die E-Mail-Adresse des Empfängers eingetragen. Sollen vom Versand der E-Mail weitere Empfänger informiert werden, so werden deren E-Mail-Adressen in das Feld „Cc (Carbon Copy)" eingefügt. Der Adressat, dessen E-Mail-Adresse unter „An" eingefügt ist, sieht dann, welche weiteren Personen die E-Mail zur Kenntnis erhalten haben und somit über den Vorgang informiert sind.

Von:	k.musterfrau@hauser-schulte.de	Büromöbel Hauser & Schulte mailt eine Anfrage
An:	k.eiden@unikat.de	an einen Lieferanten und
CC:	win@elektroschwarz.lu	der Kunde Elektrosysteme Schwarz erhält ebenfalls die E-Mail, damit er über das Vorgehen informiert ist

In der E-Mail selbst ist dann auch nur Frau Eiden von der Möbeltischlerei UNIKAT anzureden. Sind mehrere Empfänger im Adressatenfeld genannt, sind diese alle anzureden.

Sollen Dritte über den Vorgang informiert werden, ohne dass der E-Mail-Empfänger davon Kenntnis erlangt, sind deren E-Mail-Adressen in das Feld „Bcc (Blind carbon copy)" einzutragen.

7. Manual: Multifunktionale Arbeitsplätze

Von:	k.musterfrau@hauser-schulte.de	Die Auszubildende von Büromöbel Hauser & Schulte verschickt eine E-Mail an die Schreinerei Adams und leitet die E-Mail an ihren Ausbilder, Herrn Heinrichs, weiter. Er möchte über den Sachstand des Vorgangs informiert sein.
An:	r. keck@schreinerei-adams.de	
BCC:	w.heinrichs@hauser-schulte.de	
Der Empfänger, Herr Keck, sieht nicht, dass die an ihn gerichtete E-Mail auch an Herrn Heinrichs geschickt wurde.		

Das BCC-Feld sollte generell genutzt werden, wenn eine E-Mail an viele Empfänger verschickt wird und deren E Mail-Adressen nicht für alle sichtbar sein sollen. E-Mail-Adressen sollten vertraulich behandelt und nicht weitergegeben werden. Man kann nicht wissen, ob der Empfänger einverstanden ist, dass andere Adressaten dessen Namen und E-Mail-Adresse erhalten.

Von:	info@hauser-schulte.de	
An:	r. keck@schreinerei-adams.de	Büromöbel Hauser & Schulte mailt den monatlichen Newsletter an die Kunden
BCC:	w.heinrichs@huaser-schulte.de; weber@rothenberg-baumann.de; mondschein@wb-gruber.de	
Der Empfänger, Herr Keck, sieht nicht, dass die an ihn gerichtete E-Mail auch an Herrn Heinrichs geschickt wurde.		

Betreff: Beim Schreiben von E-Mails ist auf einen aussagekräftigen Betreff und beim E-Mail-Marketing vor allem auf einen Interesse weckenden Betreff zu achten, damit der Empfänger der E Mail diese öffnet und liest. Schaffen Sie Neugierde, indem Sie den Inhalt des Betreffs als Frage formulieren.

Betreff:	Haben Sie bereits einen bequemen Bürodrehstuhl? Sie wollen Ihre Produkte präsentieren? Wir haben das passende Material dazu

Formulieren Sie den Betreff prägnant. Nutzen Sie zudem Satzzeichen, da Sie das Lesen erleichtern.

Betreff:	Nur bei uns: 10 % auf Schreibtischlampen!

Fordern Sie den Empfänger Ihrer E-Mail bzw. Newsletter auf.

Betreff:	Feiern Sie mit uns!

Anhang: Wenn der E-Mail Anhänge (z. B. Angebot in einer PDF-Dateien oder Bilder) beigefügt sind, ist darauf im Text zu verweisen, z. B. „Nähere Informationen entnehmen Sie bitte der im Anhang befindlichen Datei."

Diese Anhänge sind eindeutig zu benennen, damit der Empfänger weiß, was sich dahinter verbirgt.

Anhang:	Angebot Nr. 2981 über Rollcontainer

Da nicht jeder Empfänger über dieselbe Software verfügt, sollten Anhänge im PDF-Format (Portable Document Format) abgespeichert werden. Die so gespeicherte Datei kann nicht manipuliert, also verändert werden. Achten Sie darauf, dass die Anhänge (Attachements) der E-Mail nicht zu viel Speicherplatz brauchen. Langes Herunterladen von Dateien kann den Empfänger zeitlich und nervlich belasten. Große Dateien mit Packprogrammen (Zipper) vorher komprimieren. Ebenso benötigt der Empfänger zum „Entpacken" entsprechende Software.

Text. Mit einer Leerzeile Abstand zum Gruß folgt der Text, der als Fließtext (= am Zeilenende wird die Entertaste nicht bedient) geschrieben. Der E-Mail-Text wird in sinngemäße Absätze gegliedert und wichtige Informationen und Reizwörter (z. B. kostenlos, sicher, günstig) darin sind hervorzuheben. Formulieren Sie alle Informationen immer so, dass man sie schnell erfassen kann. Kurze Sätze und klare Aussagen sind hier zu empfehlen.

Abschluss: Der Abschluss enthält den Gruß sowie Kommunikations- und Firmenangaben; er wird als Signatur bezeichnet. E-Mail-Programme bieten die Option, eine Signatur als Textbaustein automatisch einzufügen.

Da die E-Mail-Signatur als elektronische Visitenkarte des Unternehmens angesehen werden kann, muss jede ausgehende E Mail in einem Unternehmen mit einer einheitlichen Signatur (sogenanntes Template) versehen sein. Das Signatur-Template, das sich im Footer befindet, muss folgende Pflichtangaben enthalten:

- Firmenname mit Rechtsform (e. K., GmbH, OHG, GmbH, GmbH & Co. KG, KG, AG)
- Sitz der Gesellschaft
- Kapitalgesellschaft: Namen der Geschäftsführer
- Aktiengesellschaft: Namen aller Vorstandsmitglieder, der Vorstandsvorsitzende sowie der Aufsichtsratsvorsitzende
- Registergericht und Handelsregisternummer

Die Steuernummer und die Umsatzsteuer-ID müssen nicht in der Signatur aufgeführt werden.

Kommunikation im Team (3.7)

Neben der internen Kommunikation per E-Mail geht der Trend zu folgenden Kommunikationsinstrumenten:

Interner Newsletter

Informationen werden mit Mitarbeitern geteilt und die Belegschaft wird über Neuigkeiten im Unternehmen auf dem Laufenden gehalten. Mit diesem Instrument können alle Mitarbeiter – auch an anderen Standorten (Homeoffice, Filialen) auf den gleichen Informationsstand gebracht werden. Der Newsletter wird z. B. genutzt, um über neue Mitarbeiter, Umstrukturierungen, organisatorische Themen etc. zu informieren. Solche offiziellen Informationen sind wichtig, denn sie geben den Mitarbeitern ein Gefühl von Sicherheit und Verlässlichkeit.

Offizielle Nachrichten über Ereignisse im Unternehmen bringen nicht nur einen Informationsvorteil, sondern zeugen auch von Wertschätzung gegenüber den Mitarbeitern. Hat das Unternehmen intern einen guten Ruf, trägt die Belegschaft dieses positive Image auch nach außen. (Newsletter2go.GmbH, 2018)

7. Manual: Multifunktionale Arbeitsplätze

Interner Blog

Ein Blog (auch Weblog) ist ein normalerweise auf einer Website öffentlich zugängliches Tagebuch, welches auf einer Website integriert ist. Blogs dienen der Unternehmenskommunikation. Die Weblogs von Unternehmen sind eine spezielle Art von Oneline-Tagebüchern und können entweder intern oder extern zum Einsatz kommen. Im Sinne der internen Kommunikation kann der interne Blog zum Beispiel Teil des Intranets sein.

Interne Blogs lassen sich als „Schwarzes Brett", als Diskussionsplattform oder Wissensarchiv nutzen. Neue Ideen und Ansätze werden darin gesammelt und allen Mitarbeitern zugänglich gemacht, sodass die Chance besteht, dass die Ideen weiterentwickelt werden. Stößt ein neues Mitglied ins Team, kann es sich über einen Blog vorstellen. Blogs können auch speziell für Projekte genutzt werden, um Informationen zum jeweiligen Projekt zu posten und die Arbeit zu dokumentieren und zu begleiten (vgl. Förder-land.de, 2018).

Chat- bzw. Instant Messaging

Die Tools für Chats oder Instant Messaging dienen dazu, dass sich die Teilnehmer per Textnachrichten miteinander unterhalten und Kurznachrichten unmittelbar erhalten und lesen können. Dies verkürzt die Kommunikationswege und vermindert E-Mail-Aufkommen, gerade wenn Mitarbeiter eines Teams unterwegs sind oder schnell etwas während eines Meetings klären möchten. Bei der Auswahl der Tools muss die Datenschutz-Grundverordnung (DSGVO) beachtet werden.

Social Media

Genauso können Social Media Kanäle, zumindest teilweise, zur internen Kommunikation genutzt werden. So kann ein Unternehmen beispielsweise geschlossene Facebook- oder LinkedIn-Gruppen erstellen und seinen Mitarbeitern für die Kommunikation zur Verfügung stellen. Informationen sowie Wissen können leicht und schnell geteilt werden, die Zusammenarbeit von Projektgruppen und der Austausch von Dokumenten wird erleichtert und Ansprechpartner können leichter gefunden werden. Auch hier muss das Unternehmen darauf achten, dass die unternehmensinterne Kommunikation DSGVO-konform ist.

Apps für Mitarbeiterfeedback

Jeder Mitarbeiter kann durch Feedback seine persönliche Weiterentwicklung vorantreiben. Unternehmen stellen ihren Mitarbeitern Apps (Application Software bzw. Anwendersoftware) zur Verfügung, um selbstständig Feedback anzufragen oder geben zu können. Transparentes Feedback und offen ausgesprochene Anerkennung tragen erheblich zur Mitarbeiterzufriedenheit und somit auch zur erhöhten Leistung am Arbeitsplatz bei. Klassisch werden Feedbackgespräche in bestimmten Intervallen geführt. Oftmals ist es aber wichtig, dass Feedback unmittelbar passieren kann und natürlich kontinuierlich. Mit einer App kann z. B. nach einer Besprechung eine Feedback-Anfrage an die Teilnehmer verschickt werden. Die Teilnehmer können dann z. B. bewerten, ob der Sitzungsleiter den Tagesordnungspunkten gefolgt ist, ob er gut vorbereitet war etc.

Lernfeld: Multifunktionale Arbeitsplätze effizient organisieren

Corporate Identity (LA 4.1)

CI bezeichnet das Selbstverständnis und das Erscheinungsbild eines Unternehmens. Die Merkmale der Corporate Identity ergeben sich entweder aus der Geschichte und den Traditionen eines Unternehmens oder werden geschaffen, um das Bild eines Unternehmens auf ein Unternehmensziel hin auszurichten.

Es werden verschiedene Bereiche des Corporate Identity unterschieden. Wir beschäftigen uns im Laufe des Lernfeldes mit::

- dem Corporate Design (CD), also der visuellen Erscheinung,
- der Corporate Communication (CC), der Unternehmenskommunikation und
- dem Corporate Behaviour (CB), den Verhaltensweisen der Mitarbeiter untereinander und nach außen.

Corporate Design (CD

CD ist ein Teilbereich der Corporate Identity (CI) und beinhaltet das gesamte visuelle Erscheinungsbild eines Unternehmens oder einer Organisation. Dazu gehören sowohl die Gestaltung der Kommunikationsmittel

- Firmenzeichen,
- Geschäftspapiere,
- Werbemittel,
- Verpackungen als auch
- das Produktdesign.

Die Gestaltung aller Elemente des Corporate Designs geschieht unter einheitlichen Gesichtspunkten, um bei jedem Kontakt einen Wiedererkennungseffekt zu erreichen.

Corporate Communication (CC)

CC ist eine weitere Säule des Corporate Identity. In der Corporate Communication sollen die gefassten Normen und Werte einer Unternehmung vermittelt und fassbar werden.

CC beschäftigt sich mit:

- strategischen Botschaften über alle relevanten Medienkanäle hinweg intern und extern platzieren
- (Social Media, PR, Marketing)
- Werte und Ziele zum Ausdruck bringen (z. B. Unternehmensleitbild)
- Wahrnehmung – innerhalb und außerhalb des eigenen Unternehmens – mit beeinflussen

Sie zeigt in ihrer Außenwirkung, inwiefern die gesetzten Ziele einer Unternehmenskultur gelebt und praktiziert werden.

7. Manual: Multifunktionale Arbeitsplätze

Corporate Behaviour (CB)

CB beschreibt das Benehmen der Mitarbeiter und Führungskräfte untereinander und gegenüber Kunden, Lieferanten, Geschäftspartnern und neuen Mitarbeitern. In einem Verhaltenskodex mit Regelungen und Richtlinien zur unternehmensexternen und -internen Kommunikation sind Führungsgrundsätze und das gewünschte Verhalten der Mitarbeiter festgelegt. Grundlage für den Verhaltenskodex sind die Werte, zu denen sich das Unternehmen bekennt, die in die Alltagsarbeit einfließen sollen. Damit das Selbstverständnis des Unternehmens gezeigt, gelebt und kommuniziert werden kann, wird es durch Schulungsmaßnahmen und Führungsanweisungen eingeübt und vermittelt.

CB unternehmensintern:

- Führungsstil/-instrumente
- Kriterien der Bewerberauswahl
- Kriterien der Beförderung
- Verhalten der Mitarbeiter untereinander
- Aus- und Fortbildungsangebote
- Lohnpolitik
- Sozialleistungen

CB gegenüber Kunden:

- Produkt- und Preisgestaltung
- Verkaufspraktiken
- Garantie- und Serviceleistungen
- Reaktion auf Reklamationen und Beschwerden
- Einhaltung von Lieferterminen
- Verhalten gegenüber Anrufern und Besuchern

CB gegenüber Lieferanten/Geschäftspartnern:

- Zahlungsmoral
- Vorbringen von Reklamationen und Beschwerden
- Verhalten gegenüber Anrufern und Besuchern
- Ausschreibungen

CB gegenüber der Öffentlichkeit:

- Reaktionen auf Probleme mit den Produkten des Unternehmens
- Offenheit und Vertrauen im Umgang mit der Öffentlichkeit
- Verhalten gegenüber Anrufern und Besuchern
- Stellenausschreibungen
- Verhalten gegenüber Bewerbern

Lernfeld: Multifunktionale Arbeitsplätze effizient organisieren

	Corporate Identity – Erscheinungsbild des Unternehmens		
	Corporate Design (Aussehen, Gestaltung)	**Corporate Communication** (Kommunikation)	**Corporate Behavior** (Verhalten)
Bestandteile	<ul><li>Logo</li><li>Farbwahl</li><li>Typografie (Schriftart und -form)</li><li>Bildwelt</li><li>Tonalität (visuelle Ansprache)</li></ul>	<ul><li>strategischen Botschaften über alle relevanten Medienkanäle hinweg intern und extern platzieren (Social Media, PR, Marketing)</li><li>Werte und Ziele zum Ausdruck bringen (z. B. Unternehmensleitbild)</li><li>Wahrnehmung – innerhalb und außerhalb des eigenen Unternehmens – mit beeinflussen</li></ul>	Verhalten des Unternehmens gegenüber:<ul><li>Kunden</li><li>den eigenen Mitarbeitern</li><li>Lieferanten oder</li><li>der Öffentlichkeit</li></ul>
Instrumente	<ul><li>Produktdesign</li><li>Geschäftspapiere</li><li>Werbemittel</li><li>Verpackungen</li><li>Prospekte</li><li>Plakate</li><li>Firmenfahrzeuge</li><li>Mitarbeiterbekleidung</li><li>…</li></ul>	<ul><li>E-Mails</li><li>Newsletter</li><li>Prospekte</li><li>Kundenzeitschriften</li><li>Telefonakquise</li><li>Verkaufsgespräche</li><li>Events</li><li>Messen</li><li>Vorträge</li><li>Präsentationen</li><li>Social-Media-Networking</li><li>Webseite und Online-Shop</li><li>….</li></ul>	Intern:<ul><li>Führungs- und Kooperationsverhalten</li><li>Besprechungen und Konferenzen</li><li>Umgang der Mitarbeiter und Geschäftsführung untereinander</li><li>Aktivitäten wie Jubiläen, Weihnachtsfeiern etc.</li></ul>Extern:<ul><li>Beratungsgespräche</li><li>Reaktion auf Reklamationen</li><li>Serviceleistungen</li><li>Personalrecruiting</li><li>Sponsoring</li></ul>

Wenn Aussehen und Kommunikation nicht mit dem Verhalten übereinstimmen, dann verliert das Unternehmen an Glaubwürdigkeit. Die unterschiedlichen Säulen des Corporate Identity sind als Einheit zu verstehen und können als unternehmensstrategische Maßnahmen sinnvoll zur Steuerung des Unternehmens genutzt werden. Durch strategische Unternehmensplanung und -führung sollen das Leitbild, die Unternehmenskultur sowie Dienstleitungen und Produkte des Unternehmens einheitlich präsentiert werden.

7. Manual: Multifunktionale Arbeitsplätze

Corporate Design innerhalb der E-Mail-Korrespondenz

Beim Design sind die Regeln der DIN 5008 zu beachten, die Schreib- und Gestaltungsregeln für die E Mail-Korrespondenz vorgibt.

Schriftart- und größe. Das Unternehmen legt die Schriftart und –größe für alle Schriftstücke (E-Mail, Geschäftsbriefe, interne Kommunikation) verbindlich fest. Beim E-Mail-Verkehr wird in der Regel eine etwas kleinere Schriftgröße als beim herkömmlichen Schriftverkehr gewählt.

E-Mail-Adresse. Zum Versenden müssen Sie eine eindeutige E-Mail-Adresse verwenden. Firmen verwenden einen einheitlichen Aufbau der E-Mail-Adressen ihrer Mitarbeiter, z. B. Benutzername (evtl. Initial des Vornamens – Punkt – Nachname)@Firmenname.de

Von: info@computer-mueller.de; t.schulze@computer-mueller.de

Signatur. Der Abschluss enthält den Gruß sowie Kommunikations- und Firmenangaben; er wird als Signatur bezeichnet. E-Mail-Programme bieten die Option, eine Signatur als Textbaustein automatisch einzufügen.

Da die E-Mail-Signatur als elektronische Visitenkarte des Unternehmens angesehen werden kann, muss jede ausgehende E-Mail in einem Unternehmen mit einer einheitlichen Signatur (sogenanntes Template) versehen sein. Das Signatur-Template, das sich im Footer befindet, muss folgende Pflichtangaben enthalten:

Firmennamen und Rechtsform (e. K., GmbH, OHG, GmbH, GmbH & Co KG, KG, AG)	Freundliche Grüße Büromöbel Hauser & Schulte GmbH **i. A. Sigrid Lemke** Marketing
Sitz der Gesellschaft Kapitalgesellschaft: Namen der Geschäftsführer Aktiengesellschaft: Namen alle Vorstandsmitglieder, der Vorstandsvorsitzende sowie der Aufsichtsratsvorsitzende	Telefon: 0651 487-0 Freecall: 0800 428737 Telefax: 0651 487-1345 E-Mail: lemke.s@hauser-schulte.de Internet: www.hauser-schulte.de Sitz: Balduinstr. 15 | 54296 Trier Postanschrift: Postfach 1 23 | 54207 Trier Geschäftsführung: Nadine Hauser und Joachim Schulte Handelsregister HRB 40392 beim Amtsgericht Trier Follow us: Facebook, Google+, Twitter
Registergericht und Handelsregisternummer	

Lernfeld: Multifunktionale Arbeitsplätze effizient organisieren

Die Steuernummer und die Umsatzsteuer-ID müssen nicht in der Signatur aufgeführt werden. Zusätzliche Elemente (Social Media Buttons und/oder ein QR-Code) ermöglichen schnelle und unkomplizierte Kontaktaufnahme über soziale Kanäle und vereinfachen die Übertragung der Absenderdaten auf Smartphone oder Tablet. Da fast jeder lieber mit einer Person statt mit einem bloßen Namen kommuniziert, kann die Gelegenheit genutzt werden, um ein Absenderfoto in die Signatur einzufügen.

Elektronische Signatur. E-Mails, die mit einer „sicheren elektronischen Signatur" versehen sind, entsprechen unterschriebenen Dokumenten! Damit können z. B. Kaufverträge über E-Mail abgeschickt werden. Sichere elektronische Signaturen werden von Zertifizierungsstellen ausgegeben, die selbst besondere Sicherheitsanforderungen einhalten müssen.

Mit einer digitalen Signatur kann sichergestellt werden, dass eine E-Mail „authentisch" ist und nachweislich von einem bestimmten Absender stammt. Das ist umso wichtiger, als heute in Firmen und Organisationen jeden Tag per E-Mail vielfältige Vorgänge mit rechtlicher Relevanz übermittelt werden. Dies reicht von Liefervereinbarungen über Verträge verschiedenster Art bis hin zur vertraulichen Korrespondenz mit Kunden und Geschäftspartnern. Für den rechtsgültigen Versand von Rechnungen ist keine elektronische Signatur erforderlich.

Ein Dokument, das mit einer elektronischen Signatur signiert wurde, ist in allen EU-Mitgliedsstatten ebenso rechtlich bindend wie ein Dokument mit handschriftlicher Signatur. Die Verwendung elektronischer Signaturen ist in der eIDAS-Verordnung (**E**lectronic **Id**entification, **A**uthentication and trust **S**ervices) geregelt.

Corporate Communication innerhalb der E-Mail-Korrespondenz

Die Art der Corporate Communication sollte festgelegt werden. Hierzu zählt zum einen die Häufigkeit des Informationsflusses an die entsprechenden Zielgruppen und zum anderen der sprachliche Stil. Wie werden die Kunden angesprochen?

Anrede. Hier ist zu beachten, dass auf dem gleichen Niveau mit dem Empfänger kommuniziert wird, d. h. dass die Anrede auf den Empfänger der Mail abgestimmt sein sollte. Je besser Sie einander kennen, desto lockerer darf die Anrede sein. Passend ist auf jeden Fall eine förmliche Anrede.

Sehr geehrter Herr Keck,	Förmliche Anrede
Sehr geehrte Damen und Herren,	Förmliche Anrede bei mehreren oder unbekannten Ansprechpartnern
Guten Tag Frau Dr. Melde-Mayer,	Persönlicher als „Sehr geehrter …"
Hallo Herr Keck, Liebe Frau Weirich,	wenn der Umgangston lockerer ist auf keinen Fall bei einem Erstkontakt verwenden

Text. Mit einer Leerzeile Abstand zum Gruß folgt der Text, der als Fließtext (= am Zeilenende wird die Entertaste nicht bedient) geschrieben wird. Der E-Mail-Text wird in sinngemäße Absätze gegliedert und wichtige Informationen und Reizwörter (z. B. kostenlos, sicher, günstig) darin sind hervorzuheben. Formulieren Sie alle Informationen immer so, dass man sie schnell erfassen kann. Kurze Sätze und klare Aussagen sind hier zu empfehlen.

7. Manual: Multifunktionale Arbeitsplätze

Gruß. Mit einer Leerzeile Abstand zum Text folgt der Gruß. Dieser ist auf die Anrede und das Unternehmen angepasst. Das Unternehmen vermittelt damit immer ein Image bzw. eine Botschaft.

Mit freundlichen Grüßen	konventionelle Grußform
Freundliche Grüße aus Trier	konventionelle Grußform mit regionalem Bezug
Mit kollegialen Grüßen	konventionelle Grußform
Beste Grüße/Viele Grüße	etwas informeller
Herzliche Grüße	vertrauter Umgang
Liebe Grüße	persönlicher Umgang

Die Corporate Communication eines Unternehmens gibt die Wahl der Kommunikationsinstrumente vor; es wird über viele Medien angewendet. Online (Website, Social Media), E-Mail, Print-Publikationen, im direkten Gespräch oder telefonischen Kontakt. Unternehmen bilden einheitliche Kommunikationsrichtlinien zur Identifizierung Ihres Unternehmens. Die Mitarbeiter werden dazu angehalten, sich an die vorgegebene Corporate Communication zu halten. Dies erhöht die Glaubwürdigkeit gegenüber Kunden und Lieferanten. Das Unternehmen führt aber auch stets die gleiche Kommunikation mit seinen Mitarbeitern. Es werden Kommunikationsmeetings festgelegt, in denen die Mitarbeiter über alle Neuigkeiten, die das Unternehmen betreffen, informiert werden.

© Creativ-Touch – stock.adobe.com

Lernfeld: Multifunktionale Arbeitsplätze effizient organisieren

Corporate Behavior innerhalb der E-Mail-Korrespondenz

Das Unternehmen setzt einen gültigen Verhaltenscodex auf, also ein Regelwerk, indem alle Verhaltensweisen intern (Arbeitszeiten, Weiterbildungsmöglichkeiten, Mitarbeitergespräche, etc.) und extern (z. B. umweltfreundlich, nachhaltig, kundenorientiert) abgedeckt sind.

So gilt auch das Verhalten bei der täglichen E-Mail-Korrespondenz als Unterpunkt des Corporate Behaviors.

E-Mail-Netiquette

In der heutigen Zeit wird gemailt, gechattet oder gesimst. Die Mitarbeiter im Unternehmen schreiben und erhalten täglich dutzende E-Mails. Sogar hochrangige Manager schreiben ihre E-Mails selbst. Die Richtlinien für das Schreiben von E-Mails haben sich bislang jedoch kaum durchgesetzt. Das kann negative Folgen haben, denn wer gewisse Kommunikationsregeln per E-Mail nicht einhält, verursacht mehr Aufwand und höhere Kosten. Die E-Mails landen beispielsweise beim falschen Empfänger, haben den falschen Betreff oder sind undeutlich beziehungsweise missverständlich verfasst. Es gilt also folgende Regeln zu beachten:

1. Schreiben Sie nicht mehrere E-Mails kurz hintereinander. Wenn Sender und Empfänger sich mehrere E-Mails hin und her schreiben, um schwierige Sachverhalte zu klären, erzeugen Sie damit beim anderen ggf. Stress. Ein Telefonat könnte da helfen, denn da führen Rede und Gegenrede doch oft sehr schnell zu einer Klärung des Sachverhaltes.

2. Meiden Sie zu große Verteiler. Wer immer mit möglichst großem Verteiler die E-Mail verschickt, erreicht damit nur, dass sich am Ende keiner mit dem Thema identifiziert und er mit seinem Problem allein bleibt.

3. Vermeiden Sie Abkürzungen oder Akronyme (Kurzwörter, wie mfg für „Mit freundlichen Grüßen). Diese sorgen oft für Missverständnisse beim Empfänger.

4. Smileys sollen Stimmungen und Gefühlsregungen ausdrücken. Gerade bei geschäftlicher Korrespondenz könnten Smileys unprofessionell wirken. Sie sind in einer E-Mail, SMS oder Chat in der Regel nur Bestandteil von privater Kommunikation. Im Geschäftsleben sollten Sie nur verwendet werden, wenn Sie zum Empfänger der E-Mail ein gutes, vielleicht sogar freundschaftliches Verhältnis haben. Beim ersten Kontakt mit neuen Geschäftspartnern oder Kunden ist der Gebrauch von Smileys absolut zu unterlassen.

5. Eine E-Mail ist wie eine Visitenkarte. Tipp- und Rechtschreibfehler sind in einer E-Mail tabu.

6. Verschicken Sie keine intimen, vertraulichen oder persönlichen Zeilen in Ihrer Geschäftskommunikation – ggf. nur nach Absprache mit Ihrem Kommunikationspartner.

Newsletter (LA 4.3)

Unternehmen setzen E-Mail-Marketing im Rahmen eines effektiven Kundenkontakts und einer modernen Kundenpflege in Form von klassischen Newslettern und Mailings ein. E-Mail-Marketing setzt sowohl im B2B- als auch im B2C-Bereich auf gleiche Ziele: Kunden sollen akquiriert, Produkte oder Dienstleistungen verkauft werden.

E-Mails bzw. Mailings. Bei den E-Mailings handelt es sich um den unregelmäßigen Versand von E-Mails, welcher dann greift, wenn es zum Beispiel eine aktuelle Aktion oder ein neues Produkt gibt und das Unternehmen seine Kunden darauf aufmerksam machen möchte.

Newsletter. Der Unterschied zu E-Mailings ist hierbei, dass der Newsletter in regelmäßigen Abständen an den Kundenstamm rausgeschickt wird. Die Frequenz variiert. Dies kann zum Beispiel täglich, einmal in der Woche oder auch monatlich geschehen. Mithilfe eines Newsletters gibt das Unternehmen einen Überblick über die wichtigsten Geschehnisse oder auch bevorstehende Events und natürlich Sale- und Rabatt-Aktionen, die von Relevanz für die Kunden sind.

Inhalt

Die Kopfzeile (Header) mit der Betreffzeile und Vorschauzeile (Preheader) sind Teile des Inhaltes und somit der erste Schritt bei der inhaltlichen Newsletter Erstellung.

Betreffzeile. Die E-Mail Betreffzeile entscheidet neben dem Absendernamen, ob der Newsletter geöffnet wird oder nicht. Entscheidend ist, dass der Leser

1. direkt angesprochen – Wir machen Ihr Büro fit für die Zukunft
2. neugierig gemacht – Die entspannende Seite Ihrer Büroeinrichtung
3. oder eine Art Dringlichkeit geschaffen wird – Ihr Gutscheincode für den Messeeintritt läuft diese Woche ab

Verwenden Sie hierzu Reizwörter (überzeugen, nützlich, neu, Erfolg, Innovation), auffällige Satzzeichen, Zahlen, Emojis und stellen Sie Behauptungen auf. Sie peppen die Betreffzeile auf und lenken die Aufmerksamkeit auf Ihren Newsletter. Vermeiden Sie mehr als zwei auffällige Satzzeichen, durchgängig groß geschriebene Wörter oder Formulierungen wie „Zum halben Preis, Sonderaktion, Konto-Status, Ihr Persönliches Profil". Ihr Newsletter läuft ansonsten Gefahr, im Spam-Ordner zu landen. Das Wort „Newsletter" ist im Betreff vollkommen überflüssig. (vgl. Mailjet, 2018)

Halten Sie die Betreffzeile kurz und knackig, damit diese im Posteingang vollständig angezeigt wird. Der Ton und die Sprache sollten der Corporate Communication entsprechen.

Preheader. Der Preaheader ist eigentlich nichts anderes als eine Vorschauzeile, die in E-Mail-Programmen zumeist in kleiner Schriftgröße über dem eigentlichen Mailing steht. Im Posteingang aber steht die unscheinbare Textzeile direkt unter dem Absender. An dieser Stelle wird der Preheader zur Verlängerung der Betreffzeile und somit ein wichtiges Werkzeug, um die eigentliche Betreffzeile inhaltlich prägnant zu verstärken. Zu der Betreffzeile „Besuchen Sie uns auf der ORGATEC" könnte der Preheader die Aufforderung beispielsweise durch Sätze wie „Lösen Sie Ihren Gutschein für die Eintrittskarte ein" sein.

Lernfeld: Multifunktionale Arbeitsplätze effizient organisieren

Anrede. Bauen Sie ein persönliches Verhältnis zu Ihrem Empfänger auf, indem Sie ihn mit seinem Namen ansprechen. Halten Sie sich vor Augen, dass Ihre Ausdrucksform Teil Ihrer Corporate Identity ist, häufig werden Anrede wie „Liebe Frau Nachname" oder „Sehr geehrte Frau Nachname" verwendet.

Text. Eine E-Mail sollte in den meisten Fällen eine zentrale Botschaft haben. Sofern Sie planen, verschiedene Nachrichten zu kommunizieren, versuchen Sie diese auf mehrere E-Mails aufzuteilen. Auf diese Weise gehen Sie sicher, dass jede Nachricht die Aufmerksamkeit erhält, die Sie sich wünschen. Eine Ausnahme bildet der Newsletter, darin können Sie mehrere Inhalte übermitteln. Doch achten Sie auch hier darauf, nicht zu viele Inhalte gleichzeitig zu bewerben.

Klären Sie zunächst, warum Sie überhaupt einen Newsletter erstellen:

- Welche genauen Ziele verfolgen Sie?
- Möchten Sie potenzielle und bestehende Kunden auf neue Produkte, besondere Veranstaltungen etc. aufmerksam machen?
- Geht es darum, Neukunden zu gewinnen oder die Beziehungen zu bereits bestehenden Kunden zu intensivieren?

Setzen Sie die wichtigste Information an den Anfang. Je mehr Ihre Leser scrollen müssen, desto höher ist die Wahrscheinlichkeit, dass diese nur einen Teil dessen lesen. Passende Bilder und multimediale Inhalte (Fotografie, Grafik, Animation, Audio und Video) werden vom Auge als erstes erfasst und wecken Aufmerksamkeit. Achten Sie darauf, solche Elemente der Corporate Identity anzupassen und nutzen Sie pro Nachricht nur ein interaktives Element. (vgl. Mailjet, 2018)

Design

Das Layout setzt sich aus Titelbild (auch Banner bezeichnet), Hauptteil und Fußzeile zusammen:

Titelbild. Das Titelbild schafft einen Übergang zum E-Mail-Inhalt und sorgt für eine sofortige Wiedererkennung. Dieser Bereich ist in der Regel starr. Das heißt, er ändert sich von E-Mail zu E-Mail nicht, um eine gewisse Einheitlichkeit zu garantieren.

Hauptteil. Im Hauptteil befindet sich die „eigentliche" E-Mail und beinhaltet den Text sowie die Grundaussagen. Stellen Sie die wichtigsten Informationen an den Anfang und lassen Sie die Kernaussage visuell herausstechen. Konzentrieren Sie sich auf ausgewählte Kerninhalte und präsentieren Sie diese häppchenweise in einzelnen Teilabschnitten mit Interesse weckenden Überschriften oder in Aufzählungen. Formatieren Sie den Text ggf. in Spalten, vergrößern Sie den Zeilenabstand und achten Sie darauf, dass die Textblöcke nicht zu lang sind.

Fußzeile. Der Footer enthält die Unternehmensinformationen (Impressum) sowie den Abmeldelink (siehe „Rechtliche Hinweise").

Die in Ihren Nachrichten verwendeten Farben spiegeln das Corporate Design des Unternehmens wider. Fügen Sie das Unternehmenslogo in den oberen Bereich ein.

Der Call-to-Action (Button etc.) sticht heraus und ist gut anklickbar. Call-to-Action wird eingesetzt, um die Newsletter-Empfänger nach der Wahrnehmung einer Werbebotschaft noch einmal direkt anzusprechen und ihnen den vielleicht nötigen Impuls zu geben, das beworbene Produkt zu kaufen oder sich weiterhin auf die gewünschte Art und Weise mit dem Unternehmen zu beschäftigen. Vermeiden Sie unbedingt schwammige Formulierungen. Ein „Hier klicken" verrät dem Empfänger der Nachricht nicht, wohin ihn der Klick führt und welchen Nutzen er davon hat. Ein „Jetzt bestellen" oder „Produkte vergleichen" ist da wesentlich konkreter und nutzerfreundlicher.

Rechtliche Hinweise

Newsletter dürfen nur versendet werden, wenn vorher die Einwilligung der Empfänger erfolgt ist. Rechtlich notwendige Informationen wie Firmenangaben für das Impressum sind vorgeschriebene Angaben und daher ohne Ausnahme in jeder E-Mail einzufügen. Bei Marketing E-Mails jeglicher Art wie etwa Newslettern ist darüber hinaus ein Abmeldelink verpflichtend. Zudem bietet der Footer Raum für folgende Angaben:

- Hinweise auf Allgemeine Geschäftsbedingungen (AGB), Datenschutz oder Nutzungshinweise
- evtl. Siegel und Auszeichnungen
- Servicehinweise zu Öffnungszeiten, Versand, Lieferung, Zahlungsarten, Rückgaberecht und Sicherheit
- Links auf die Unternehmenswebseite
- Logos von Partnern oder Marken aus dem Onlineshop
- Download-Links für Apps
- Banner/Werbung mit gezieltem Hinweis auf Produkte oder Gewinnspiele

Mailadressen beinhalten regelmäßig personenbezogene Daten, die von allen Empfängern einer Mail gelesen werden können. Entsprechend ist auch beim Versand von Rundmails dem Grundsatz der Datensparsamkeit Rechnung zu tragen und die EU-Datenschutz-Grundverordnung zu beachten. Beim Versand einer Rundmail oder eines Newsletters verstecken Sie die Empfänger durch den Eintrag der Mailadressen im „Bcc-Feld".

Versandzeit

Machen Sie sich auch Gedanken über die Versandzeit des Newsletters, er sollte den Empfänger zur richtigen Zeit erreichen. In der Regel erreichen Sie Ihre Zielgruppe und Kunden zu folgenden Zeiten am besten: Grundsätzlich kann man eine Unterscheidung daran festmachen, ob Sie sich B2B- oder im B2C-Bereich bewegen. Im B2B werden die E-Mails hauptsächlich während der üblichen Bürozeiten gelesen, im B2C hingegen eher am Abend und am Wochenende.

Telefax (LA 4.4)

Hat das Telefax im Zeitalter von E-Mail, SMS und MMS ausgedient? Das Telefax entwickelt sich aus der Erfordernis heraus, Dokumente originalgetreu an einen Empfänger ohne großen Zeitaufwand zu übermitteln. Der Begriff „Telefax" kommt aus dem Griechischen. Er setzt sich zusammen aus den Wortteilen „tele" = fern und „fax" = faksimile = „mach ein Gleiches").

Lernfeld: Multifunktionale Arbeitsplätze effizient organisieren

Beim Telefax wird ein bedrucktes oder beschriebenes Blatt in das Telefaxgerät gelegt und die Empfängernummer eingegeben. Auf Tastendruck liest das Gerät das Schreiben ein und wandelt das geschriebene Wort in elektrische Signale um. Diese werden über die Datenleitung an den Empfänger übermittelt. Das Empfangsgerät wandelt die elektrischen Signale wieder in geschriebene Wörter oder Zeichen um und druckt eine originalgetreue Kopie aus. Mithilfe eines akustischen Signals wird das Eintreffen eines Telefaxes am Empfangsgerät angezeigt.

Das Faxen erfolgt heute mit entsprechenden Faxgeräten oder Multifunktionsgeräten, die gleichermaßen drucken, scannen, kopieren und mailen können. Darüber hinaus ist das Faxen mit entsprechender Ausrüstung auch direkt vom PC aus oder über das Internet möglich.

Der große Vorteil des Telefaxes ist, dass nicht nur gedruckte Briefe versandt werden können, sondern auch handgeschriebene Texte, Zeichnungen, Grafiken, Stempel, Pläne o. Ä. Es ist kostengünstig, da es über die Telefonleitung abgewickelt wird, und wesentlich schneller als der normale Postweg. Man benötigt weniger Material, wie zum Beispiel Briefumschläge, da das Fax direkt beim Empfänger ausgedruckt wird. Durch Verbindungen innerhalb eines Unternehmens können sich die Mitarbeiter Botengänge ersparen. Darüber hinaus können Telefaxe weltweit eingesetzt werden, was einen schnellen, kostengünstigen Informationsaustausch ermöglicht. Telefaxe sind rechtsverbindlich, insofern können geschäftliche Vorgänge wie Bestellungen, Auftragsbestätigungen etc. per Telefax erledigt werden. Nach dem Versand wird ein Sendebericht ausgedruckt, der daraufhin zu kontrollieren ist, ob das Fax fehlerfrei mit allen Seiten übertragen wurde.

Das Telefaxgerät muss immer in Betrieb sein, um Faxe empfangen zu können, und verursacht damit Kosten durch Stromverbrauch. Hier bietet es sich an, stromsparende Geräte zu verwenden. Oftmals werden Schriftstücke vorab per Fax übermittelt, damit sie schnellstens dem Empfänger vorliegen, und anschließend per Post versandt, um die Rechtsgültigkeit zu wahren.

Wie beim Telefon bieten auch moderne Telefaxgeräte unterschiedliche Leistungsmerkmale: Die Ziel- und Kurzwahl ermöglicht das Speichern häufig verwendeter Faxnummern, was das Eingeben der Empfängernummer erspart. Faxgeräte verfügen über eine automatische Betriebsweise, sind also rund um die Uhr im Einsatz und jederzeit erreichbar. Allerdings sollte darauf geachtet werden, dass immer genügend Papier im dafür vorgesehenen Papierspeicher liegt. Ein Empfänger kann bei Bedarf bestimmte Informationen auf eigene Kosten selbstständig per Fax beim Absender abrufen.

Im Zeitalter von E-Mail und sonstigen Diensten hat auch das Telefax nach wie vor seine Daseinsberechtigung. Es ermöglicht das originalgetreue Versenden handschriftlich unterschriebener Dokumente. Darüber hinaus ist es sehr hilfreich zum Senden und Empfangen verschiedenster Dokumente innerhalb kürzester Zeit – der Gegenüber hat das Dokument direkt ausgedruckt vorliegen. Zudem liegt der Sendebericht und das Protokoll als zusätzlichen Nachweismöglichkeit.

Als Alternative bietet sich die Fax-Software für den Computer an. Damit können Faxe an richtige Faxgeräte versendet als auch Faxe empfangen werden. Das ist bequemer, schneller und günstiger. Allerdings sind die empfangenen Dokumente nicht mehr unbedingt richtlich anerkannt.

7. Manual: Multifunktionale Arbeitsplätze

Postbearbeitung

Nachdem Sie sich mit der Gestaltung des Arbeitsplatzes vertraut gemacht haben, kommen nun die Arbeitsabläufe im Büroalltag hinzu. Oft beginnt der Tag mit der Erledigung der Post und der E-Mail-Eingänge.

Posteingang

Die Arbeiten im Posteingang sind je nach Betriebsgröße unterschiedlich geregelt. Große Unternehmen haben eine eigene Abteilung – die Poststelle. Bei mittleren und kleinen Betrieben kann die Postbearbeitung dezentral durchgeführt werden. Grundsätzlich handelt es sich jedoch um die gleichen Arbeitsabläufe. Zunächst muss der Empfänger die eingehende Post übernehmen. Die Schriftstücke werden entweder durch den Postboten zugestellt oder aus einem Postfach abgeholt. Mithilfe der Postvollmacht kann der Empfänger allerdings jemanden beauftragen, der für ihn die Post übernehmen darf. Bei der Bearbeitung der eingehenden Post sind folgende Arbeiten durchzuführen:

Sortieren der Schriftstücke. Nach Eingang der Post werden die Sendungen sortiert und zwar nach: Geschäftspost, Privatpost, Irrläufer. Lediglich die Geschäftspost darf geöffnet werden. Alle anderen Sendungen sind dem Empfänger ungeöffnet zuzuleiten bzw. die Irrläufer kommen direkt wieder in die Ausgangspost.

Privatpost	Geschäftspost
Frau Maria Westermann Maschinenbaufabrik Otto Steinhauer Postfach 23 56 54470 Bernkastel-Kues	Maschinenbaufabrik Otto Steinhauer Frau Maria Westermann Postfach 23 56 54470 Bernkastel-Kues
Dieser Brief wird in der Poststelle nicht geöffnet, da der Name des Empfängers an erster Stelle genannt wird.	Dieser Brief wird in der Poststelle geöffnet, da das Unternehmen an erster Stelle genannt wird.

Öffnen der Geschäftspost. Die als persönlich oder vertraulich gekennzeichnete Post wird nicht geöffnet. Firmenpost ist vorsichtig zu öffnen (kein Zerschneiden von Unterlagen). Mithilfe eines Brieföffners können Briefe von Hand geöffnet werden. Größere Betriebe mit hohem Postaufkommen verfügen über eine Brieföffnermaschine. Diese Maschine schneidet einen schmalen Streifen vom oberen Rand der Briefhülle ab, ohne dass der Inhalt beschädigt wird. Alle nicht mehr benötigten Umschläge kommen zum Altpapier; Folien, gepolsterte Umschläge in die dafür vorgesehenen Sondermüllbehälter oder sie werden nochmals verwendet (Büroökologie).

Kontrollieren. Nach dem Öffnen wird das Schriftgut dem Umschlag entnommen. Dabei ist darauf zu achten, dass der Briefumschlag vollständig entleert wird (Leerkontrolle) und alle im Brief erwähnten Anlagen vorhanden sind. Fehlt eine Anlage, so wird dies handschriftlich auf dem Brief bei den Anlagen vermerkt. Wenn Brief- und Empfangsdatum mehrere Tage voneinander abweichen, wird der Briefumschlag als Nachweis für die verspätete Absendung an den Brief geheftet und durch einen Vermerk auf die Abweichung hingewiesen. Diese Kontrolle ist vor allem bei Terminsachen wichtig.

Lernfeld: Multifunktionale Arbeitsplätze effizient organisieren

Durch Zusammenheften wird garantiert, dass Brief und Anlagen zusammenbleiben. Bei umfangreichem Schriftgut verwendet man für die Leerkontrolle eine Leerkontrollanlage.

Anbringen des Eingangsstempels. Der Eingangsstempel wird üblicherweise rechts neben der Empfängeradresse auf dem Schriftstück angebracht. Bei Briefen, die nicht geöffnet werden dürfen, bringt man den Stempel auf das Kuvert links unten neben der Adresse des Empfängers an. Mit dem Eingangsstempel und dem Einsetzen des Eingangsdatums wird der tatsächliche Eingang des Briefes dokumentiert, was z. B. für die Nutzung des Skontos wichtig ist. Urkunden, z. B. Zeugnisse oder Verträge dürfen mit keinem Eingangsstempel versehen werden.

Sortieren. Die Sendungen müssen nun an die verschiedenen Abteilungen im Betrieb verteilt werden. Bei diesem Arbeitsgang werden die Postsendungen mittels verschiedener Hilfsmittel (z. B. Verteilmappen, Postkörbe, Sortierregale) geordnet.

Verteilen. Die in der Posteingangstelle vorbereitete Post muss an die verschiedenen Abteilungen verteilt werden. Die Mitarbeiter der einzelnen Abteilungen holen die Post selbst ab oder es gibt einen Botendienst. In größeren Betrieben wird die Eingangspost mit Förderanlagen in die Abteilungen transportiert.

Eingehende elektronische Post

E-Mail. Die Organisation von eingehenden E-Mails ist wenig hierarchisch, unkompliziert und verstärkt projektorientiert gegliedert. Die eingehenden E-Mails sind in der Regel direkt an den jeweiligen Mitarbeiter gerichtet. Dieser bearbeitet sie auch entsprechend eigenverantwortlich. Mithilfe einer speziellen Filterfunktion kann die eingehende Post nach individuell festlegbaren Stichwörtern vorsortiert und in Ordnern abgelegt werden. Ist der Empfänger der E-Mail nicht erreichbar (z. B. im Urlaub), kann automatisch mit einem Standardtext geantwortet werden (Abwesenheitsassistent).

Selten werden E-Mails direkt im Zentralserver abgelegt. Die Ablage erfolgt dort in der Regel nur dann, wenn die Unternehmung ein eigenes, firmeninternes Intranet oder Projektdatenbanken besitzt. Jeder der über Zugriffsrechte verfügt, kann die dort abgelegten Daten einsehen. Solche Daten sind wichtige oder bearbeitete Mails. Nach der Bearbeitung der eingegangenen E-Mails entscheidet der Sachbearbeiter meist nach eigenem Ermessen oder nach Rücksprache mit dem Projektleiter, welche Mails gelöscht und welche gespeichert werden.

E-Mail-Signatur. Eingehende E-Mails, die mit einer „sicheren elektronischen Signatur" versehen sind, entsprechen unterschriebenen Dokumenten! Damit können z. B. Kaufverträge über E-Mail abgeschickt werden. Sichere elektronische Signaturen werden von Zertifizierungsstellen ausgegeben, die selbst besondere Sicherheitsanforderungen einhalten müssen. Diese Dokumente werden auf jeden Fall auf Magnetbändern gespeichert, bearbeitet und aufbewahrt. Vielfach werden sie zusätzlich auf Papier ausgedruckt und nach herkömmlichen Methoden archiviert.

Postausgang

Ebenso wie im Posteingang können die Arbeiten im Postausgang je nach Betriebsgröße zentral oder dezentral durchgeführt werden. Man unterscheidet zwischen Tages- und Massenpost. Bei der Tagespost werden die fertiggestellten und auf Form, Inhalt und Tippfehler geprüften Schriftstücke zunächst in die Unterschriftsmappe gelegt und vom Zeichnungsberechtigten unterschrieben. Anschließend werden die Schriftstücke postfertig gemacht. Zur Massenpost gehören Sendungen mit gleichem Inhalt.

7. Manual: Multifunktionale Arbeitsplätze

Folgende Arbeiten sind durchzuführen:

Adressieren. In der Regel ist beim Schreiben eines Briefes das Adressieren erforderlich. Das Verwenden von Fensterbriefhüllen spart das zweimalige Schreiben der Anschrift. Beim PC ist es einfach möglich, auf Datenträger gespeicherte Anschriften in ein Schriftstück zu übernehmen bzw. einen Serienbrief zu erstellen.

Zusammentragen. Bei der Tagespost werden die verschiedenen Anlagen den Schreiben beigefügt. Das Zusammentragen der Massenpostsendungen kann sehr zeitaufwendig sein. Zusammentragmaschinen tragen die einzelnen Anlagen in der richtigen Reihenfolge zusammen. Dadurch wird die Arbeitszeit erheblich verkürzt.

Kontrolle auf Vollständigkeit. Beim Postausgang der Tagespost ist zu prüfen, ob die richtigen bzw. die angeführten Anlagen beigefügt sind und der Brief mit einer Unterschrift versehen ist.

Falzen. Je nach Größe der Schriftstücke und der unterschiedlichen Umhüllung gibt es verschiedene Falzarten. Brieffalzmaschinen falzen in einer hohen Geschwindigkeit.

Kuvertieren. Das Einlegen der Schriftstücke in die Umhüllung heißt Kuvertieren. Bei Fensterbriefhüllen ist darauf zu achten, dass die Anschrift auch tatsächlich im Fenster zu lesen ist. Kuvertiermaschinen führen diese Arbeit automatisch aus.

Sortieren und Wiegen. Die Tagespost wird nach Sendungsart und den Zusatzleistungen sortiert. Es folgt das Wiegen mit der Briefwaage. Diese Tätigkeiten entfallen bei der Massenpost, weil alle Sendungen den gleichen Inhalt haben. Es muss lediglich eine Sendung gewogen werden.

Schließen. Selbstklebende Briefhüllen beschleunigen diesen Arbeitsvorgang. Briefschließmaschinen schließen automatisch die Briefhüllen mit hoher Arbeitsgeschwindigkeit.

Frankieren. Die Versendungsart, die Zusatzleistungen, das Gewicht und das Briefhüllenformat bestimmen die Postgebühr einer Sendung. Das Freimachen kann durch die Post oder durch den Absender mittels Briefmarken, Freistempelungsmaschinen bzw. online erfolgen. Die Freistempelung durch den Absender mit Freistempelmaschine setzt eine vertragliche Vereinbarung mit der Deutschen Post AG voraus – Online-Formular: „Vereinbarung über die Absenderfreistempelung von Sendungen". Bei der Anschaffung einer Freistempelmaschine ist allerdings zu beachten, dass diese von der Post zugelassen sein muss.

Externer Frankierservice. Eine Rationalisierung des Frankiervorgangs kann dadurch erreicht werden, dass ein Betrieb den Frankierservice der Deutschen Post AG in Anspruch nimmt oder als Absender einen Antrag auf Freistellung stellt. Der Frankierservice der Deutschen Post AG übernimmt die maschinelle Frankierung aller Produkte (z. B. Briefe, Postkarten, Infopostsendungen, Streifbandzeitungen) und Zusatzleistungen national und international sowie Bücher- und Warensendungen national. Neben dem Entgelt für die Sendungen wird eine mengenabhängige Bearbeitungspauschale berechnet. Die Sendungen werden entweder in entsprechende Behälter bei der Deutschen Post abgegeben, von der Deutschen Post abgeholt oder in einen Umschlag gesteckt und in einen Briefkasten (mit dem Hinweis Frankierservice) eingeworfen.

Die entsprechende Serviceinformation der Deutschen Post AG gibt über die genauen Konditionen und Gebühren für diesen Service Auskunft.

Lernfeld: Multifunktionale Arbeitsplätze effizient organisieren

Ausgehende elektronische Post

Ausgehende E-Mails verschicken Sie üblicherweise von Ihrem PC direkt an den Empfänger. Häufig verwendete Adressen werden in elektronischen Adressbüchern gespeichert. Sie sparen dann das zeitaufwendige und fehleranfällige Eingeben der jeweiligen Adressen.

Professionell und im Sinne des Datenschutzes sollten Sie bei geschäftlichen Rundmails die E-Mail-Adressen der Empfänger in das Bcc-Feld setzen, weil nicht jeder Empfänger erfreut ist, wenn seine Adresse allen anderen Empfängern bekannt gemacht wird. Betriebsintern oder wenn alle Adressaten persönlich bekannt sind, ist das Angeben aller E-Mail-Adressen im Cc-Feld oft sinnvoll.

Beim Schreibstil unterscheiden Sie bitte zwischen Informationen an Geschäftspartner (Briefstil) einerseits und an Freunde und Mitarbeiter andererseits. Die vollständigen Absenderangaben sind bei Geschäftspartnern notwendig. Gesendete E-Mails werden in einem eigenen Ordner aufbewahrt, ausgedruckt und archiviert. Das Sendedatum soll auf dem Ausdruck erscheinen.

Wenn Dokumente nach § 126 BGB der Schriftform bedürfen, reicht eine E-Mail oder ein Fax nicht aus. Schriftform ist erforderlich, weil es das Gesetz vorschreibt, z. B. bei einer Kündigung des Arbeitsverhältnisses, Quittungen, Schuldanerkenntnissen, Verbraucherdarlehensverträgen oder weil es vertraglich vereinbart wurde. Die Schriftform ist gewahrt, wenn der Text vom Aussteller eigenhändig unterzeichnet ist.

Als Vereinfachung gegenüber der Schriftform hat der Gesetzgeber in § 126 b BGB die Textform eingeführt, die gegenüber der Schriftform auf eine eigenhändige Unterschrift verzichtet. Dokumente, die lediglich der Textform bedürfen, können rechtsgültig per E-Mail, Telefax oder per SMS verschickt werden.

E-Brief (elektronischer/digitaler Brief)

Outsourcing der Postbearbeitung. Für Unternehmen, Privatpersonen, Behörden, die ein- und ausgehende Post nicht selbst bearbeiten wollen, gibt es die Möglichkeit, diesen Arbeitsschritt von anderen Anbietern, wie z. B. Deutsche Post AG „E-Post" oder anderen Providern „E-Brief" erledigen zu lassen (Outsourcing). Druck, Kuvertierung, Frankierung und Zustellung der Sendungen werden ausgelagert und von einem externen Anbieter übernommen.

Postausgang. Der registrierte Absender versendet über einen Anbieter dieses Dienstes online seine Korrespondenz. Der Anbieter leitet die Korrespondenz an den Empfänger weiter. Wenn der Empfänger als Nutzer dieses digitalen Dienstes registriert ist, erhält er die Nachricht online zugestellt, andernfalls klassisch per Postboten. Da nur registrierte Teilnehmer diesen Dienst nutzen können, ist die Identität von Absender und Empfänger gesichert.

Bei diesem elektronischen Briefversand kostet online kommunizieren genauso viel wie ein normaler Brief – die Kosten für Druck, Papier und Umschläge werden aber eingespart. Auch können die Vorteile von Zusatzleistungen wie Einschreiben genutzt werden, womit der E-Brief dem althergebrachten Brief in nichts nachsteht. Der Administrationsaufwand ist gering, weil das Drucken, Falzen, Kuvertieren, Beschriften und Frankieren der Sendungen entfällt.

7. Manual: Multifunktionale Arbeitsplätze

Posteingang. Eingehende Briefpost wird vom Anbieter eingescannt und digital an den Empfänger weitergeleitet. So entfällt für den Empfänger das Öffnen der Briefumschläge und das Lochen und Abheften der Dokumente. Die Briefe landen nicht im Briefkasten bzw. Postfach, sondern digital im Computer und sind ortsunabhängig lesbar. Die Originalschriftstücke werden vom Anbieter zusätzlich verschickt.

Papierformate

Papierformate sind in den Reihen A, B, C und D in der DIN 476 (Deutsches Institut für Normung) verankert. Normen standardisieren, rationalisieren und vereinfachen das Arbeitsleben. So passt ein A4-Blatt in jeden Drucker, Kopierer, Ordner, Schnellhefter, Briefumschlag etc.

Ausgangsformat für alle Papierformate war ein Rechteck von 1 m² mit den Seitenlängen 1189 und 841 mm (A0-Format). Alle anderen Formate entstanden durch Halbieren oder Verdoppeln.

Die Angabe des Papiergewichtes auf der Packung für Druckerpapier von z. B. 80 g bezieht sich immer auf das Ausgangsformat A0. Nicht das A4-Blatt wiegt 80 g, sondern ein A0-Papier. Da ein A4-Blatt 16 x in das A0-Format passt, muss das Gewicht von 80 g durch 16 dividiert werden, sodass das A4-Blatt folglich nur 5 g wiegt.

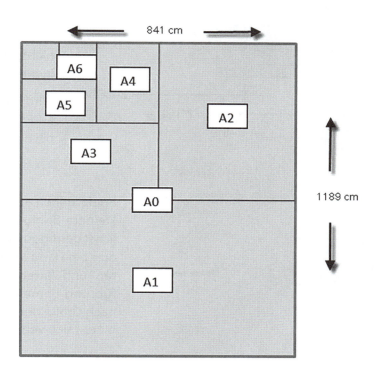

Die nachstehende Tabelle gibt einen Überblick über die DIN-Formate:

Format DIN A0	841 mm	x	1189 mm	Plakat, Poster
Format DIN A1	594 mm	x	841 mm	Flipchart, Landkarte
Format DIN A2	420 mm	x	594 mm	Plakat, Poster
Format DIN A3	297 mm	x	420 mm	Zeichenblock
Format DIN A4	210 mm	x	297 mm	Geschäftsbrief, Schulheft
Format DIN A5	148 mm	x	210 mm	kleines Schulheft, Block
Format DIN A6	105 mm	x	148 mm	Postkarte, Karteikarte
Format DIN A7	74 mm	x	105 mm	Visitenkarte, Spielkarte
Format DIN A8	52 mm	x	74 mm	
Format DIN A9	37 mm	x	52 mm	
Format DIN A10	26 mm	x	37 mm	

Lernfeld: Multifunktionale Arbeitsplätze effizient organisieren

Regulärer Transport (LA 3.8)

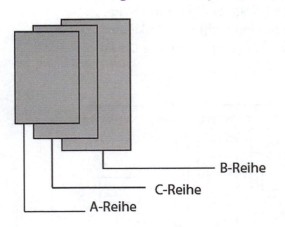

Die Briefhülle wird ausgehend vom Papierformat ausgewählt. Im Geschäftsbereich wird das Papierformat DIN A4 üblicherweise verwendet. Briefhüllenformate sind ebenso genormt und werden in der C- und B-Reihe angeboten. Zu der deutschen Norm gehören Briefhüllenformate in der B- und C-Reihe. Kurioserweise vergrößern sich die Formate nicht dem Alphabet entsprechend. Also die A-Reihe passt in die C-Reihe; und die C- Reihe passt in die B-Reihe.

Wird ein DIN A4-Blatt nicht gefaltet, passt es in eine DIN C4-Briefhülle. Werden umfangreiche Anlagen beigefügt, z. B. bei einer Bewerbung, bietet sich eine DIN B4-Briefhülle an.

Falzarten

Briefe sollten entlang der Falzmarken gefaltet werden, so dass sie in kleinere Briefumschläge passen, um die Kosten beim Porto möglichst gering zu halten. Je nach Volumen der Ausgangspost geschieht dies per Hand oder Falzmaschine. Rein sprachlich wird zwischen „falten" und „falzen" unterschieden. Mit „falzen" ist die maschinelle Ausführung gemeint, während „falten" von Hand ausgeführt wird. Je nach Größe der Schriftstücke und der unterschiedlichen Briefhüllen bieten sich verschiedene Falzarten an.

Bruch- oder Einfachfalz. Der Brief wird in der Mitte gefalzt (an der längeren Seite), so dass beispielsweise ein DIN-A4-Blatt in einen C5-Umschlag passt bzw. ein DIN-A5-Blatt in einen C6-Umschlag.

Kreuzfalz. Der Brief wir zweifach im rechten Winkel, jeweils in der Mitte der längeren Seite, gefalzt. So passt ein DIN-A4-Blatt in einen C6-Umschlag.

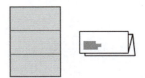

Zick-Zack- oder Leporello-Falz. Der Brief wird auf ca. 1/3 seiner ursprünglichen Größe gefalzt, so dass ein DIN-A4-Blatt in einen DIN-lang-Umschlag passt. Dabei wird der Briefbogen in wechselnden Richtungen gefalzt, wodurch sich eine zickzackartige Falzung ergibt. Im Gegensatz dazu steht die Wickelfalz, wo das Falzen in einer Richtung erfolgt.

Zickzackfalz mit Kreuzfalz. Der Briefbogen wird zunächst mittels Zick-Zack gefaltet und anschließend noch einmal mittels Kreuzfalz. So würde ein DIN-A4-Blatt in einen C6-Umschlag passen.

7. Manual: Multifunktionale Arbeitsplätze

Briefprodukte national (LA 4.8)

Der Preis eines Briefproduktes ist abhängig von den Maßen, dem Gewicht, der Sendungsart und der evtl. zusätzlich gewählten Versendungsform (z. B. Einschreiben). Folgende Briefprodukte bietet die Deutsche Post zurzeit an:

Sendungsart	Maße	Briefhüllenformate	Gewicht
Postkarte	L: 14–23,5 cm B: 9–12,5 cm		
Standardbrief	L: 14–23,5 cm B: 9–12,5 cm H: bis 0,5 cm	DL – DIN lang C6/B6	bis 20 g
Kompaktbrief	L: 10–23,5 cm B: 7–12,5 cm H: bis 1 cm	DL – DIN lang C6/B6	bis 50 g
Großbrief	L: 10–35,3 cm B: 7–25 cm H: bis 2 cm	DL – DIN lang C6/B6 C5/B5 C4/B4	bis 500 g
Maxibrief	L: 10–35,3 cm B: 7–25 cm H: bis 5 cm	DL – DIN lang C6/B6 C5/B5 C4/B4	bis 1 000 g

Rechtssicherer Transport (LA 4.8)

Wenn Sie einen Nachweis über den Versand der Sendung oder den genauen Zeitpunkt der Zustellung brauchen, bietet die Deutsche Post folgende Produkte an:

Einschreiben – wenn der Empfänger eine Dokumentation benötigt, wann und wo die Sendung eingeliefert und wann und wie bzw. an wen die Sendung zugestellt wurde. Mit dem Online-Service der Deutschen Post kann der Absender sich über den aktuellen Sendestatus informieren. Darin wird erkennbar, ob der Empfänger die Sendung angenommen oder die Annahme verweigert hat. Bei persönlich übergebenen Sendungen wird der Auslieferungsbeleg mit Unterschrift angezeigt.

Der Absender erhält einen Einlieferungsbeleg mit Datum. Im Falle von Verlust oder Beschädigung haftet die Deutsche Post. Der Zusteller übergibt die Sendung persönlich nur gegen Unterschrift an den Empfänger, seinen Bevollmächtigten oder einen Empfangsberechtigten (z. B. Ehegatte). Die Unterschrift kann im Internet unter Sendungsverfolgung angezeigt werden. Zum Preis der Sendung wird der Preis für das Einschreiben addiert. Das Einschreiben lässt sich mit folgenden Zusatzoptionen kombinieren, die dann auch noch zusätzlich kosten:

Einschreiben mit Rückschein – wenn der Versand wichtiger Dokumente und die Einhaltung von Fristen rechtssicher nachgewiesen werden sollen. Man klebt dazu auf der Rückseite des Briefumschlags einen ausgefüllten Rückschein auf. Bei Zustellung des Briefes bestätigt der Empfänger den Erhalt durch Unterschrift auf diesem Rückschein, der dann wieder an den Absender zurückgeschickt wird.

Lernfeld: Multifunktionale Arbeitsplätze effizient organisieren

Einschreiben „Eigenhändig" – wenn Sie sicher gehen wollen, dass die Sendung ausschließlich dem Empfänger persönlich oder einem zum Empfang schriftlich Bevollmächtigten übergeben werden soll. Die Unterschrift kann im Internet unter Sendungsverfolgung angezeigt werden.

Einschreiben „Einwurf" – wenn die Bestätigung der Zustellung genügt. Das Einschreiben wird in den Briefkasten, das Postfach oder eine andere Empfangsvorrichtung des Empfängers eingelegt, und der Zusteller bestätigt das durch seine Unterschrift.

Nachnahme – um sicher den Zahlungsbetrag zu erhalten. Der Zusteller händigt die Sendung nur aus, wenn der Empfänger den geforderten Betrag auch direkt an den Zusteller zahlt. Die Deutsche Post überweist dem Absender den Betrag auf sein Konto.

Günstiger Transport (LA 4.8)

Dialogpost. Größere Mengen von Sendungen mit gleichen nicht werblichen oder werblichen Inhalten können kostengünstig mit Dialogpost verschickt werden. Allerdings müssen bestimmte Mindestmengen eingeliefert werden:

Menge	Region
4.000 Sendungen DIALOGPOST	bundesweit
200 Sendungen DIALOGPOST	Für dieselbe Leitregion (Übereinstimmung der ersten beiden Stellen der Postleitzahl)
500 Sendungen DIALOGPOST EASY	Bundesweit (mit Zuschlag Kleinmenge), nur werbliche Inhalte

Zur DIALOGPOST mit **werblichen** Inhalten zählen:

- Angebote, die zum Ziel haben, Kunden zum Kauf oder zur Nutzung von Produkten und Dienstleistungen zu motivieren; Beifügung von Gratisproben, -mustern und -werbe artikeln möglich
- Imagewerbung
- Einladungen zur Teilnahme an Veranstaltungen wie z. B. Tag der offenen Tür, Jubiläen
- Mitteilungen im Rahmen von Bonusprogrammen in Verbindung mit Angeboten
- Einladungen zur Teilnahme an Gewinnspielen, Kundenmagazine, Spendenaufrufe

Hauptzweck: Anregung zum Kauf von Produkten und Dienstleistungen oder Präsentation der Leistungen. Hierbei müssen die Sendungen nicht inhaltsgleich sein.

Zur DIALOGPOST mit **nicht werblichen** Inhalten zählen:

- Markt- und Meinungsforschung
- allgemeine Kundeninformationen, z. B. AGB-Änderungen, Reiseunterlagen, Bestellbestätigungen, Rückrufaktionen, Nutzungshinweise zu einem bestehenden Vertrag, Vertragslaufzeiten, -änderungen, -kündigungen
- öffentliche Bekanntmachungen oder Mitteilungen
- Abfragen und Anforderungen
- Jahres- und Geschäftsberichte, Preislisten und Glückwünsche
- Bescheide (keine Gebührenbescheide), Gerichtspost, Wahlbenachrichtigungen
- Glückwünsche

Hauptzweck: Allgemeine Informationen und persönliche Mitteilungen stehen im Vordergrund. Hier ist die Inhaltsgleichheit zwingend erforderlich.

Das kann nicht mit DIALOGPOST versendet werden:

- Verkaufswaren (ausgenommen Bücher, Broschüren, Zeitungen und Zeitschriften)
- Zahlungsaufforderungen (z. B. Rechnungen, Mahnungen, Gebührenbescheide u. Ä.)

Postwurfsendung. Hierbei braucht der Absender keine Adresse. Er kann unadressierte inhaltsgleiche Werbesendungen flächendeckend an Haushalte verteilen lassen. Dazu schließt er einen Rahmenvertrag mit der Deutschen Post ab.

Warensendung. Warenlieferungen aller Art können verbilligt versandt werden. Allerdings darf die Sendung neben der Ware keine persönlichen Mitteilungen enthalten. Erlaubt sind als Anlage aber Rechnungen, Überweisungsvordrucke oder Bedienungsanleitungen. Die Warensendung muss grundsätzlich offen eingeliefert werden und die Aufschrift „Warensendung" oberhalb der Anschrift tragen.

Büchersendung. Versand von Büchern, Broschüren, Notenblättern und Landkarten (nicht zu Werbezwecken). Büchersendungen müssen grundsätzlich in einer offenen Umhüllung eingeliefert werden und die Aufschrift „Büchersendung" oberhalb der Anschrift tragen. Allerdings darf die Sendung neben dem Produkt keine persönliche Mitteilung enthalten.

Lernfeld: Multifunktionale Arbeitsplätze effizient organisieren

De-Mail (LA 4.9)

Vertrauliche Dokumente (z. B. an eine Behörde oder ein Unternehmen) können schnell, günstig, papierlos und rechtsverbindlich über ein staatlich geprüftes System per De-Mail versendet werden. Dazu zählen etwa amtliche, termingebundene Schreiben, bei denen bisher das Datum des Poststempels relevant ist. Auch die Korrespondenz mit Banken und Versicherungen ist per De-Mail möglich. Gegen Aufpreis gibt es De-Mail-Einschreiben, bei denen der Absender eine Zustellbestätigung erhält. Eine De-Mail ist im Gegensatz zu einer normalen E-Mail beim Versand gegen den Verlust der Vertraulichkeit, gegen Änderungen des Nachrichteninhaltes und der sog. Metadaten (z. B. Absenderadresse, Versandzeit, Versandoptionen) geschützt. Ungesicherte E-Mails können im Internet wie eine Postkarte von jedem Unberechtigten abgefangen, mitgelesen und verändert werden.

Der einheitliche gesetzliche De-Mail-Standard ermöglicht die sichere Kommunikation zwischen De-Mail-Nutzern und anderen zertifizierten De-Mail-Providern. Die zertifizierten Anbieter sind mit einem Siegel des Bundesamtes für Sicherheit in der Informationstechnik (BSI) ausgezeichnet. Das De-Mail-Gesetz stellt äußerst strenge Anforderungen an die organisatorische und technische Sicherheit. Für die Anmeldung zur De-Mail-Nutzung braucht man deshalb unter anderem Pass oder Personalausweis. Verschicken lässt sich die De-Mail nur von einem De-Mail-Konto zum anderen. De-Mail ist sicher durch die einwandfreie Identität von Sender und Empfänger, die persönliche De-Mail-Adresse und die verschlüsselte Übertragung. Auch sind De-Mails im Vergleich zu E-Mails zusätzlich geschützt, da häufiger Passwörter und Transaktionsnummern (TAN) eingegeben werden müssen. Der Aufbau des Postfachs und die grundsätzliche Bedienung sind bei einfachen E-Mails und De-Mails aber sehr ähnlich.

Die De-Mail kann kostengünstig als Ersatz für ein Einschreiben genutzt werden. Der Absender der De-Mail erhält auf Wunsch eine qualifiziert signierte Bestätigung, wann er die Nachricht verschickt hat und wann sie an das Postfach des Empfängers ausgeliefert wurde.

Der Versand von De-Mails ist kostengünstig, aber nicht kostenlos wie bei einer E-Mail. Einige De-Mail-Anbieter erlauben den kostenlosen Versand von einer gewissen Anzahl von De-Mails pro Monat. Für die darüber hinaus gehenden De-Mails fallen Kosten an. Hinzu kommt, dass die Empfangsbestätigung, also ein De-Mail-Einschreiben, zusätzliche Kosten verursacht. Diese sind im Vergleich zum Versand mittels Einschreiben allerdings wesentlich günstiger.

Da sich bei der De-Mail jeder mit seiner wahren Identität anmelden muss, ist der Empfänger eindeutig nachweisbar. Diese Zusatzvariante ersetzt aber nur die Textform und nicht die Schriftform. Wenn Dokumente nach § 126 BGB der Schriftform bedürfen, reicht eine E-Mail, De-Mail oder Telefax nicht aus. Schriftform ist erforderlich, weil es das Gesetz vorschreibt, z. B. bei einer Kündigung des Arbeitsverhältnisses, Schuldanerkenntnissen, Verbraucherdarlehensverträgen oder weil es vertraglich vereinbart wurde. Die Schriftform ist gewahrt, wenn der Text vom Aussteller eigenhändig unterzeichnet ist.

Als Vereinfachung gegenüber der Schriftform hat der Gesetzgeber in § 126 b BGB die Textform eingeführt, die gegenüber der Schriftform auf eine eigenhändige Unterschrift verzichtet. Dokumente, die lediglich der Textform bedürfen, können rechtsgültig per E-Mail, De-Mail und Telefax verschickt werden.

Betriebsinterne Veranstaltungsarten (LA 5.1)

Entsprechend der Zielsetzung gibt es unterschiedliche betriebsinterne Veranstaltungsarten. Sie unterscheiden sich in der Regel hinsichtlich Zweck und Ziel, Anzahl der Teilnehmer, Dauer und Vorbereitungszeit (vgl. Behrens-Schneider & Birven, 2003)

Intention	Veranstaltungsart	Anlass/Ziel
Förderung von Emotionen	Incentive - Veranstaltung	■ Steigerung der Attraktivität des Arbeitgebers, Wertschätzung der Mitarbeiter, Belohnung ■ Förderung der Entwicklung des Unternehmens durch Verbesserung der Kommunikation, des Informationsflusses, der Zusammenarbeit und Bildung abteilungsübergreifender Netzwerke
Förderung von Emotionen	Mitarbeiterevent	■ Identifikation der Mitarbeiter mit dem Unternehmen ■ Zusammenhalt stärken ■ Kräfte mobilisieren ■ Kommunikation von Change-Prozessen ■ Kommunikation der Unternehmensziele und -strategien ■ Belohnung, Information, Motivation ■ Förderung des Commitments
Förderung von Emotionen	Weihnachtsfeier	■ Wertschätzung, Belohnung, Motivation der Mitarbeiter(innen)
Vermittlung und Diskussion von Informationen	Fortbildung	■ Kompetenzerweiterung/Qualifizierung der Teilnehmer durch fachliches Input in Form von Vorträgen, Demonstrationen, Arbeitsphasen, Übungen, Austausch etc.
Vermittlung und Diskussion von Informationen	Schulung Workshop	■ Auseinandersetzung mit einem bestimmten Thema ■ Vermittlung eines Wissensgebietes ■ Erfahrungsaustausch ■ Demonstration und Übung ■ Praktische Anwendung steht im Mittelpunkt ■ Entstehung von neuen Lösungsansätzen, Strategien, Arbeitsabläufen in Arbeitsgruppen
Vermittlung und Diskussion von Informationen	Seminar	■ Im Gegensatz zur Schulung steht beim Seminar nicht die praktische Anwendung im Mittelpunkt, sondern eher die zugrunde liegende Theorie.
Vermittlung und Diskussion von Informationen	Webinar „Web und Seminar"	■ Ortsunabhängige, interaktive Teilnahme an einem Seminar, das im Internet in einem virtuellen Raum (Plattform) „live" stattfindet.

Lernfeld: Multifunktionale Arbeitsplätze effizient organisieren

Betriebsinterner Informationsaustausch	**Besprechung Sitzung**	■ Informationsaustausch über arbeitsbezogene Themen ■ Entscheidungs-, Lösungs- und Strategiefindung
	Hauptversammlung	■ Beschlussfassung über Bestellung der Mitglieder des Aufsichtsrats ■ Gewinnverteilung ■ Entlastung von Vorstand und Aufsichtsrat ■ Bestellung der Abschlussprüfer
	Kick-off-Meeting	■ Informationen zum Projekt ■ Projektauftrag, Strukturplan, Zeitplanung ■ Genehmigung des erarbeiteten Konzepts ■ Vorstellung der Projektbeteiligen
	Konferenz	■ Diskussion eines Themenschwerpunkts unter mehreren Personen und Beschlussfassung
	Videokonferenz	■ Siehe Konferenz ■ Ortsunabhängiger, mithilfe von techn. Einrichtungen zur Bild- und Tonübertragung geführter Nachrichtenaustausch zwischen Einzelpersonen bzw. Gruppen an zwei oder mehreren räumlich getrennten Orten

Besprechungen und Sitzungen

Wenn Mitarbeiter meist unter Teilnahme des Vorgesetzten innerhalb der eigenen Abteilung und über Abteilungsgrenzen hinweg sowie mit Kunden und Lieferanten zusammenkommen, um sich über arbeitsbezogene Themen zu informieren, Probleme auszutauschen und eine zukünftige gemeinsame Entscheidung/Lösung oder Strategie zu finden, spricht man von einer Besprechung bzw. Sitzung. Die Besprechung/Sitzung wird für einen kleinen Teilnehmerkreis von ca. zwei bis zwanzig Personen ausgerichtet und kann von einer Stunde bis zu mehreren Stunden dauern. Sie wird meist kurzfristig einberufen und der zeitliche Vorlauf ist aufgrund der geringen Teilnehmerzahl im Vergleich zu anderen Veranstaltungstypen (Konferenz, Seminar, Tagung, Event) äußerst gering.

Wenn in regelmäßigen Abständen und an festgelegten Tagen Besprechungen stattfinden, spricht man von Jours fixes. Auch im Rahmen von Projekten werden Jours fixes häufig genutzt, um über den Sachstand zu berichten.

Vorbereiten der Besprechung/Sitzung

Mitarbeiter verbringen viel Zeit in Besprechungen. Klären Sie zuerst immer ab, ob eine Besprechung wirklich notwendig ist oder ob sie durch ein Rundschreiben, eine E-Mail oder ein Telefonat ersetzt werden kann.

Eckdaten. Zu Beginn wird festgelegt, wer an der Besprechung teilnehmen soll. Der Ablauf der Besprechung mit Tagesordnungspunkten (TOP), z. B. Ziele, Themen, angestrebte Entscheidungen, wird geplant, um so einen Zeitrahmen für die Veranstaltung festzulegen. Als Nächstes ist ein Termin zu finden, der allen die Teilnahme ermöglichen soll. Dabei sind Feiertage, sogenannte Brückentage, Ferienzeiten und feste Termine der Teilnehmer zu beachten. Wenn der Zeitrahmen der Besprechung bekannt ist, kann eine Kollision mit anderen Terminen bzw. der Mittagspause vermieden werden. Vermeiden Sie Besprechungen nach dem Mittagessen und am späten Nachmittag. Zu diesen Zeiten ist der Leistungspegel am niedrigsten. Setzen Sie keine mehrstündigen Besprechungen an.

7. Manual: Multifunktionale Arbeitsplätze

Nutzen Sie eventuell vorhandene Software (Microsoft Outlook, Lotus Notes etc.), um einen passenden Termin für alle Teilnehmer (Kollegen und Geschäftspartner) zu ermitteln. Über den Kalender kann die Besprechung mit Uhrzeit und Teilnehmern eingegeben werden, um nach freien Zeiten zu suchen. Die Terminplaneranzeige gibt eine Übersicht über die verfügbaren Termine.

Ausstattung. Entsprechend der Teilnehmerzahl ist dann ein geeigneter Raum zu reservieren (evtl. auch mit entsprechender Software). Ist der Raum nicht mit dem erforderlichen technischen Equipment ausgestattet, muss dafür gesorgt werden, dass Medien wie PC/Laptop, Beamer, Presenter, Projektionswand, FlipChart mit Stiften, Whiteboard, Metaplanwände, Moderationsmaterial, Verlängerungskabel, Drucker, Internetzugang etc. am Besprechungstermin zur Verfügung stehen. Klären Sie im Vorfeld mit dem Leiter der Besprechung/Sitzung, ob den Teilnehmern vor, während oder nach der Besprechung Unterlagen ausgehändigt werden sollen. Diese sind dann frühzeitig zu erstellen bzw. zusammenzustellen.

Laden Sie die Teilnehmer ein und geben dabei die Eckdaten und Agenda (Ablauf einer Besprechung) bekannt, damit sich die Eingeladenen auf die Besprechung ggf. vorbereiten können. Organisieren Sie je nach Gepflogenheiten Ihres Betriebes Getränke und Snacks. Klären Sie mit dem Besprechungsleiter ab, welche Tischanordnung und Bestuhlung er vorsieht, z. B. U-Form, Blocktafel (Bestuhlung um einen rechteckigen Konferenztisch), Stuhlkreis etc. Verwenden Sie Sitzordnungen, die keine Rangordnung erkennen lassen, und achten Sie darauf, dass sich die Teilnehmer möglichst ohne Barrieren sehen können. Stimmen Sie mit dem Sitzungsleiter ab, wer das Protokoll führen soll und ob ein Verlaufs- oder Ergebnisprotokoll gewünscht ist.

Einrichten des Raumes

Die Konferenztische sollten genauso wie Fußboden und Fenster sauber sein. Abfalleimer müssen geleert sein, der Raum muss gelüftet werden und frische Gläser/Tassen für alle bereitstehen.

Werden Büromaterialien, wie Stifte, Papier und Klammern auf den Konferenztischen zur Verfügung gestellt, können Mitarbeiter und Gäste sich bedienen. Damit alle Projekte im Konferenzraum zu einem Erfolg führen, sollten genügend Steckdosen für Laptops, Handys und andere technische Geräte vorhanden sein. Kontrollieren Sie die vorhandene Tagungstechnik sowie die Abdunklungsmöglichkeit und legen Sie Arbeitsmittel, Tagesordnung, Unterlagen etc. aus. Stellen Sie Getränke und Snacks parat bzw. organisieren Sie eine Servicekraft, die zu gegebener Zeit Kaffee etc. anbietet.

Ordnen Sie die Tische an und stellen entsprechend der Teilnehmerzahl Stühle zur Verfügung. Wenn Sie externe Teilnehmer für die Besprechung/Sitzung eingeladen haben, sollten Sie im Foyer einen Aushang anbringen, der auf die Veranstaltung hinweist und ggf. Wegweiser zur Veranstaltung aufstellen. Ein Schild „Besprechung – Bitte nicht stören" unterbindet Unterbrechungen während der Veranstaltung. Dem Konferenzleiter sollte auch ein Ansprechpartner für technische Probleme bekannt sein; legen Sie ihm Namen und Telefonnummer an seinen Sitzplatz.

Nachbereiten der Besprechungen

Nach der Besprechung ist der Raum wieder in seinen Urzustand zu bringen. Das Protokoll muss zeitnah geschrieben und an die Teilnehmer weitergeleitet werden. Falls in der Sitzung Termine vereinbart wurden, sind diese zu notieren. Der Sitzungsleiter sollte zudem evaluieren, ob sein Sitzungsziel erreicht wurde, ob die Atmosphäre angenehm war, ob es Verbesserungspotenzial gibt etc.

Lernfeld: Multifunktionale Arbeitsplätze effizient organisieren

Innerbetrieblicher Schriftverkehr

Aktennotiz

Eine Aktennotiz ist eine kurze Niederschrift, die ausschließlich für den Gebrauch innerhalb einer Firma (Dienststelle u. Ä.) oder aber für den Verfasser selbst bestimmt ist. Der Inhalt der Aktennotiz wird aus dem Gedächtnis oder nach Stichworten festgehalten. Bei aller Kürze muss die Aktennotiz das Wesentliche enthalten. Für Aktennotizen (wie auch für Telefonnotizen und Aktenvermerke) gibt es keine allgemein verbindlichen Vorschriften. Doch empfiehlt es sich, diese Notizen einheitlich und übersichtlich zu gliedern (viele Unternehmen haben dafür besondere Vordrucke). Am besten gliedern Sie Ihre Aktennotizen durch Leitwörter: Betreff – Ort und Zeit – Teilnehmer. Die eigentliche Aktennotiz besteht in der Regel aus dem Gesprächsergebnis und den Folgerungen. Selbstverständlich sind alle Notizen dieser Art zu unterschreiben.

Telefonnotiz

Jedes wichtige Telefongespräch sollten Sie gut vorbereiten: Was wollen Sie erreichen oder vom Anzurufenden erfahren? Notieren Sie zuvor die Hauptgesprächspunkte und legen Sie alle Unterlagen zurecht, die Sie brauchen. Der „Telefonnotizrahmen" (Leitwörter) entspricht sinngemäß dem Rahmen (den Leitwörtern) für Aktennotizen: Betreff – Zeit – Anrufer (oder Name des Angerufenen). Die eigentliche Telefonnotiz besteht in der Regel aus dem Inhalt und den weiteren Maßnahmen.

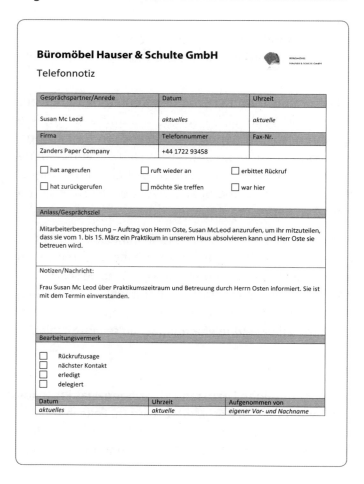

7. Manual: Multifunktionale Arbeitsplätze

Aktenvermerk

Die Kürze der Aktennotiz gibt keine Möglichkeit, neben dem knapp formulierten Gesprächsergebnis auch Hintergründe aufzuführen. Oft aber ist es vorteilhaft, nicht nur die Fakten zu nennen, sondern auch zu erläutern, wie es zu dem Gespräch gekommen ist („Vorgeschichte"), und die eigene Meinung zum Ausdruck zu bringen. In solchen Fällen schreiben Sie einen ausführlicheren „Aktenvermerk".

Das Muster zeigt Ihnen, wie Sie Ihre Aktenvermerke gliedern können.

Büromöbel Hauser & Schulte
54296 Trier – Balduinstraße 15

Einkaufsabteilung
Postfach 14 01 68 • 54290 Trier • 0651 487-1347

AKTENVERMERK

Gegenstand:	Preisvereinbarung mit Möbel fürs Büro KG Baumstraße 10–14, 30171 Hannover
Ort und Zeit:	Hannover, (gestern), 14:15–15:30 Uhr
Telefonkonferenz mit den Gesprächspartnern	Herr Leistner, Verkaufsabteilung Möbel fürs Büro KG Frau Reichert, Werbeabteilung Möbel fürs Büro KG Herr Thommes, Trier (Einkaufsabteilung)

Inhalt:

Nach der pünktlichen und sorgfältigen Ausführung unserer beiden Probeaufträge hat mich Frau Hauser beauftragt, in Hannover mit Möbel fürs Büro KG wegen besserer Konditionen zu verhandeln.

Die Verhandlungen verliefen positiv. Herr Leistner schlug gleich zu Anfang vor, uns auf alle Preise 35 % Nachlass zu gewähren.

Damit wir für die Produkte der Möbel fürs Büro KG intensiver werben können, wird Frau Reichert sofort Sonderprospekte gestalten und uns zur Begutachtung vorlegen. Für jede Möbelserie soll ein spezieller Prospekt angefertigt werden.

Wir sind übereingekommen, zum nächstmöglichen Termin eine gemeinsame Werbeaktion zu starten. Es ist vorgesehen, mit Inseraten zu beginnen, die in Tageszeitungen und einigen Fachzeitschriften erscheinen.

Ich empfehle, die Geschäftsverbindung mit Möbel fürs Büro KG auszubauen. Denn sowohl die Konditionen als auch die Qualität der Produkte liegen mit Sicherheit weit über dem Durchschnitt der Branche.

Trier, [aktuelles Tagesdatum]   **Verteiler**
Herr Reiter (Produktion)
Frau Thome (Verkauf)

Markus Thommes

Lernfeld: Multifunktionale Arbeitsplätze effizient organisieren

Interne Mitteilung

Ein wichtiges Mittel der innerbetrieblichen Kommunikation ist die geschäftsinterne Mitteilung. Durch sie werden wichtige Hinweise an andere Abteilungen gegeben, Entscheidungshilfen angefordert oder aktuelle Informationen ausgetauscht.

Die geschäftsinterne Mitteilung wird nicht als Brief angesehen, es entfallen daher die üblichen vom Geschäftsbrief bekannten Gliederungen, jedoch soll durch Form und Aufbau schnell erkennbar sein, wer an wen mit welcher Absicht schreibt. Die Mitteilung endet mit Datum und Unterschrift. Manchmal enthält Sie auch eine abtrennbare Empfangsbestätigung, die an den Absender zurückgeht (z. B. „Ich habe Ihre Mitteilung Nr. ... über ... am ... erhalten). In vielen Fällen ist die geschäftsinterne Mitteilung auch als Beweismittel von Bedeutung. Durch sie kann belegt werden, ob eine Information weitergegeben wurde bzw. ob jemand von ihr hätte wissen müssen.

Büromöbel Hauser & Schulte
54296 Trier – Balduinstraße 15

Interne Mitteilung

Von: Frau Schick, Einkauf
An: Markus Thommes, Einkauf

Organisation der Terminverwaltung

Sehr geehrter Herr Thommes,

im Rahmen der Koordination der Kundentermine fiel mir auf, dass einige Kollegen der Abteilung ihre Termine immer noch per Hand in einem Kalender notieren. Dies erschwert meine Arbeit insofern, dass ich bei der Vergabe von Kundenterminen keinen Einblick in deren Kalender habe. So ist es schwierig, gemeinsame Termine mit Kunden festzulegen. Bei den Kollegen, die mit Outlook arbeiten, besteht dieses Problem nicht.

Um dieses Problem aus der Welt zu schaffen, schlage ich vor, eine einheitliche Terminverwaltung in Outlook einzuführen. Zur Information ist die Erläuterung zur Freigabe des Kalenders für alle Benutzer beigefügt.

Wir sollten dies in der nächsten Abteilungsbesprechung auf die Agenda setzen.

Trier, 30. April 20..

i. A. Schick

Anlage
Erläuterungen zu Outlook

7. Manual: Multifunktionale Arbeitsplätze

Schriftstücke vervielfältigen (LA 4.5)

Vervielfältigungsmöglichkeiten

Beim Verteilen bzw. Vervielfältigen von Informationen werden Materialen wie Toner, Tinte, Papier, Briefumschläge sowie Energie (Strom) verbraucht und Geräte angeschafft, die die Umwelt belasten und Anschaffungs- und Wartungskosten verursachen.

Aus diesem Grund werden Daten immer mehr digitalisiert, um die Umwelt zu schonen und Kosten einzusparen, aber auch, um sich den veränderten Arbeitsbedingungen anzupassen. In den heutigen Büros, aber vor allem in Büros der Zukunft, haben nicht alle Mitarbeiter einen festen Arbeitsplatz, sondern wählen täglich einen für die Arbeitssituation passenden Arbeitsplatz aus.

© André Weißbrock – stock.adobe.com

Die Dokumente, die sie für ihre Arbeit benötigen, müssen folglich an allen möglichen Arbeitsplätzen, also in unterschiedlichen Räumen oder sogar zu Hause, verfügbar sein. Schriftstücke werden daher nicht mehr klassisch ausgedruckt und in Ordnern in Schränken aufbewahrt, sondern vielmehr digital in Ordnern auf Datenservern oder in Clouds gespeichert. Unterlagen bewahren die Mitarbeiter bis zur Weiterverarbeitung am nächsten Arbeitstag in persönlichen Fächern, Schubläden oder Caddys auf. Auch hat in der Regel jeder Mitarbeiter im Büro sein eigenes Notebook, das er in seinem abschließbaren Caddy unterbringen kann.

Scanner

Täglich gehen Briefe in Papierform ein. Um Material, z. B. Ordner, Hängehefter etc. und vor allem Raum für die Archivierung einzusparen, werden die Schriftstücke eingescannt. Der Gesetzgeber erlaubt das Einscannen von Schriftgut, wenn gewährleistet ist, dass die Daten während der vorgeschriebenen Aufbewahrungsfrist jederzeit innerhalb angemessener Frist lesbar gemacht werden können. Betriebe organisieren Ihr Schriftgut mit einem Dokumenten-Management-System, um die eingescannten Dokumente datenbankgestützt zu verwalten.

Neben der Einsparung von Archivierungsmaterial und –raum trägt ein Dokumenten-Management-System zur Papiereinsparung und damit zum Schutz der Umwelt bei. Schriftstücke müssen nicht mehr für mehrere Mitarbeiter ausgedruckt oder kopiert werden, weil alle Mitarbeiter Zugriff auf die erforderlichen Dokumente bzw. Dateien haben.

PDF-Dokumente

Nicht jedes Schriftstück muss ausgedruckt und kopiert werden. Beispielsweise könnten die vor einem Meeting notwendigen Unterlagen als pdf-Datei zusammengestellt und den Teilnehmern per Mail zugeschickt werden. So können sich die Teilnehmer bereits im Vorfeld alles anschauen und Sie können viele Kopien sparen. Wer dennoch eine Kopie haben möchte, der kann diese anfordern oder nutzt ein Tablet/Notebook im Meeting, um digital die Informationen einzusehen. Um das Corporate Behavior im Unternehmen zu leben, kann intern in der E-Mail ein Hinweis gegeben werden, auf den Druck des Materials möglichst zu verzichten.

Lernfeld: Multifunktionale Arbeitsplätze effizient organisieren

PC-Fax

Das Versenden oder Empfangen von Faxnachrichten ist mit entsprechender Software auch direkt vom PC aus oder über das Internet möglich. Eine Alternative zum klassischen Faxgerät sind Software-Lösungen für den eigenen Computern. Damit kann man sowohl Faxe an „richtige" Faxgeräte versenden, als auch Faxe empfangen.

Die gesendeten und empfangenen Faxe werden im E-Mail-Postfach und anschließend im Dokumenten-Management-System gespeichert, sodass kein Papier oder Tinte/Toner, wie beim Faxen mittels Faxgerät, verbraucht wird. Der Versand ist im Vergleich zu einem herkömmlichen Telefaxgerät zeitsparender und weniger aufwändig. Bei einem herkömmlichen Telefaxgerät ist die Blattanzahl für den Dokumenteneinzug begrenzt und es besteht die Gefahr, dass das Gerät mehrere Seiten einzieht und somit einzelne Seiten nicht korrekt eingelesen und übertragen werden. Mit einem Klick kann ein mehrseitiges Dokument gefaxt werden. Abhängig vom Anbieter kann die Sendebestätigung entweder per E-Mail übermittelt oder über eine Weboberfläche abgerufen werden.

Drucker

Beim Drucken ist erst einmal überlegen, ob der Ausdruck erforderlich ist. Wenn Dokumente z. B. für mehrere Personen ausgedruckt werden sollen, muss zuerst die Anzahl der erforderlichen Ausdrucke ermittelt und folglich auch nur die entsprechende Anzahl ausgedruckt werden. Ansonsten werden unter Umständen unnötige Seiten ausgedruckt.

Auch sollten Sie sich fragen, ob Sie bei einem mehrseitigen Dokument unbedingt alle Seiten ausdrucken müssen. In der Registerkarte Drucken können Sie die gewünschten Seitenzahlen angeben. Eingehende E-Mails müssen nicht zusätzlich ausgedruckt werden, sondern werden in Dateiordnern abgelegt.

Wenn nicht so viel Wert auf einen qualitativ hochwertigen Ausdruck gelegt wird, kann durch folgende Funktionen bzw. Einstellungen Verbrauchsmaterial eingespart und damit die Umwelt weniger belastet werden:

- die Option beim Ausdruck „Zwei Seiten pro Blatt" auswählen
- Blätter auf der Vorder- und Rückseite, also doppelseitig bedrucken
- den Spar-, Konzept- bzw. Entwurfsmodus einschalten, um weniger Tinte/Tone zu verbrauchen
- auf Farbe verzichten und stattdessen lediglich schwarz/weiß drucken

Sparen Sie Strom, indem Sie den Drucker nur einschalten, wenn Sie ihn auch wirklich benötigen. Tintenstrahldrucker säubern beim Einschalten immer ihre Düsen und verbrauchen damit Tinte. Wenn Sie den Drucker also erst einschalten, wenn Sie auch wirklich drucken möchten, sparen Sie Strom und Tinte. Drucker können so eingestellt werden, dass sie nach einer bestimmten Zeit in den Standby-Modus gehen und wieder aktiv werden, wenn gedruckt werden soll. Im Standby-Modus braucht der Drucker weniger Strom. Schaltet man hingegen den Drucker jedes Mal komplett aus, wird beim erneuten Einschalten der automatische Reinigungszyklus der Druckerdüsen wieder gestartet.

7. Manual: Multifunktionale Arbeitsplätze

Bei der Anschaffung eines Laser- oder Tintenstrahldruckers sollte nicht allein der Preis für das Gerät entscheidend sein, sondern vor allem der Preis des Verbrauchsmaterials. Informieren Sie sich im Vorfeld, wieviel der für das jeweilige Gerät erforderliche Toner bzw. die Tinte kostet.

Die Druckqualität der Farben ist bei Tinten- als auch Laserdruckern gleich. Der Tintenstrahldrucker setzt aber nicht so viel Feinstaub frei wie ein Laserdrucker. Feinstaub belastet die Umwelt und vor allem die Mitarbeiter; die winzigen Partikel dringen in die Lunge des Mitarbeiters. Laserdrucker sind daher oftmals in separaten Räumen aufgestellt, um die Gesundheit der Mitarbeiter zu schonen.

© Kitch Bain – stock.adobe.com

Plotter

Üblicherweise können mit einem Drucker Papier im Format DIN A4 oder A3 ausgedruckt werden. Wenn Unternehmen größere Ausdrucke, z. B. Pläne, benötigen, müssen Sie in einem Copy-Shop solche großformatigen Ausdrucke erledigen lassen. Wenn das Unternehmen häufig Ausdrucke über das A3-Format hinaus anfertigen muss, ist die Anschaffung eines Plotters unter Umständen günstiger. Die Kosten für die Geräteanschaffung amortisieren sich und der Weg zum Copy-Shop und die Kosten werden eingespart.

© mik-cz – stock.adobe.com

Kopierer

Kopiergeräte, die von einer Vielzahl von Mitarbeitern genutzt werden, können so eingerichtet werden, dass die Nutzer erst nach Eingabe einer Kostenstelle (Zahlencode für den Mitarbeiter selbst oder einer Abteilung) den Kopiervorgang starten können. So kann das Unternehmen den Verbrauch kontrollieren und einer Abteilung oder einem Mitarbeiter zuordnen. Ein Effekt ist sicherlich, dass die Mitarbeiter keine unüberlegten und überflüssigen Kopien anfertigen.

Genau wie beim Drucker ist im Vorfeld die genaue Anzahl der gebrauchten Kopien zu ermitteln. Die Option des doppelseitigen Kopierens oder des Verkleinerns (Zoomen) von zwei DIN-A4-Seiten auf ein DIN-A4-Blatt dient der Einsparung von Verbrauchsmaterial.

Die Energiesparfunktion eines Kopierers trägt zur Kostensenkung bei. Werden die Geräte eine längere Zeit (z. B. über das Wochenende oder in den Betriebsferien) nicht benutzt, dann sollte einfach der Stecker gezogen werden. Mit einer digitalen Zeitschaltuhr oder einer ausschaltbare Mehrfachsteckdose lassen sich alle Geräte auf Knopfdruck vom Netz nehmen.

Drucker, Plotter, Kopierer, Scanner können im Unternehmen miteinander vernetzt werden, d. h. sie können von jedem Arbeitsplatz aus genutzt werden. Jeder Mitarbeiter gibt eine Kostenstelle ein, um die Druckkosten zuordnen zu können. Wenn sich mehrere Mitarbeiter ein Gerät teilen, bedeutet das niedrigere Anschaffungskosten und vor allem können leistungsstarke, energiesparende, emissionsarme (Reduzierung von Feinstaub, Ozon, Benzol, Styrol, Formaldehyd etc.) Geräte angeschafft werden, die die Umwelt schonen.

© Verlag Europa-Lehrmittel

Lernfeld: Multifunktionale Arbeitsplätze effizient organisieren

Multifunktionsgeräte

Heutzutage sind die meisten Kopierer Multifunktionsgeräte: Sie können drucken, kopieren, scannen und teilweise faxen. Sie ermöglichen das Versenden des gescannten Dokumentes per E-Mail oder zu einem Scan-Ordner im Netz. Ein Multifunktionsgerät spart zum einen Platz und zum anderen Anschaffungs- und Wartungskosten. Selbst in einem kleineren Unternehmen ist ein Multifunktionsdrucker von Vorteil, da sich mehrerer Einzelgeräte aufgrund einer geringeren Nutzung nicht lohnen.

Kommunikationssysteme

Telefonanlage (LA 4.7)

Unternehmen nutzen Telefonanlagen mit vielen Funktionen, um die Kommunikation innerhalb des Unternehmens oder um Kontakte zu Kunden, Zulieferern etc. in Zeiten von Länder- und Zeitzonenübergreifenden Telefonkonferenzen und Mobilfunk zu bewältigen.

Mit modernen Telefonanlagen können Mitarbeiter etwa gemeinsam an Dokumenten arbeiten – egal, wo sie sich befinden, unabhängig von dem Endgerät, mit dem sie arbeiten – eine Internetverbindung genügt. Zukünftig werden Voice-over-IP-Anschlüsse die bisherigen analogen und ISDN-Anschlüsse ersetzen.

Festnetzanschlüsse

Analoger Telefonanschluss. Analoge Telefonanschlüsse ermöglichen Telefonate über das herkömmliche Telefonnetz zu führen, der Fachterminus lautet öffentlich vermitteltes Telefonnetzwerk (Public Switched Telephone Network, PSTN). Einer der erheblichen Nachteile von Analoganschlüssen ist, dass sie lediglich Sprachdaten übertragen können, E-Mails, Videodaten oder weitere Daten nicht.

ISDN-Telefonanschluss. Integrated Services Digital Network (ISDN)-Anschlüsse verleihen dem traditionellen analogen Netzwerk (PSTN) digitale Fähigkeiten. Das wesentliche Merkmal von ISDN ist, dass Nutzer in der Lage sind, Sprache und Daten gleichzeitig über das PSTN zu versenden. Demzufolge können Sprachleitungen dazu benutzt werden, weitere Services bereitzustellen, wie beispielsweise den Internetzugang.

Voice-over-IP-Anschlüsse. Vo-IP (Voice over Internet Protocoll)-Anschlüsse ermöglichen Telefonate über das Internet. VoIP-Telefonanlagen stellen Nutzern alle Funktionalitäten traditioneller Telefonanlagen zur Verfügung – in Verbindung mit allen Vorteilen, die das Internet bietet. Dies beinhaltet Kosteneffizienz, eine höhere Bandbreite und der parallele Transfer von Sprache und Daten wie beispielsweise Video. Die ISDN-Technik wird zunehmend von VoIP abgelöst.

IP- bzw. Internettelefonie

Mittels IP-Telefonie können Daten und Telefonate über ein und dasselbe Netzwerk geführt werden. Im Gegensatz zu analogen oder ISDN-Telefonanschlüsse, ermöglichen IP-Anschlüsse die Telefonie über den Internetanschluss. Hierfür ist es jedoch zunächst erforderlich, einen geeigneten VoIP-Anbieter zu finden. Eines der wichtigsten Kriterien zur Auswahl eines Voice-over-IP-Anbieters stellt die Datensicherheit dar. So sollte zumindest gewährleistet sein, dass die Anbieter sich an europäische Datenschutzrichtlinien halten und die Daten innerhalb ihres Systems verschlüsseln.

© Maksim Kabakou – stock.adobe.com

Bei der Internettelefonie werden den Verbindungen keine festen Leitungen mehr zugewiesen – stattdessen werden die analogen Sprachsignale für die Übertragung im Internet in digitale Signale umgewandelt und in Form von Datenpaketen über das Internet versandt. Beim Empfänger werden die einzelnen IP-Pakete dann wieder als Sprachinformation zusammengesetzt. Für den Verbindungsauf- und -abbau wird in den meisten Fällen das Session Initiation Protocol (SIP) genutzt. Hierbei registriert sich jeder Gesprächsteilnehmer mit seiner SIP-Adresse bei einem SIP-Server. Damit ein Verbindungsaufbau erfolgen kann, wendet sich das Endgerät des Anrufers an den SIP-Server und bekommt von diesem die IP-Adresse des Empfängers. Nutzt der Gesprächspartner keine IP-Telefonie oder einen anderen Provider, werden die analogen Sprachsignale ins herkömmliche Telefonnetz eingespeist oder umgekehrt speist der VoIP-Anbieter das Gespräch unbemerkt vom normalen Telefonnetz in das Internetnetz ein.

Um die Internettelefonie nutzen zu können, werden drei Dinge benötigt:

- Internetanschluss
- VoIP-Anbieter
- Geeignete Hardware, z. B.

PC mit Softphone (spezielle Software zur Internettelefonie) oder analoge oder ISDN-Telefonanlage mit Adapter oder Smartphone mit entsprechender App.

Der Nutzer kann sich an jedem beliebigen SIP-Endgerät (Session Initiation Protocol) weltweit anmelden, auf all seine Telefondienste zugreifen und seine Rufnummer behalten.

Der Nutzer kann seine IP-Telefonie-Einstellungen über eine Web-Benutzeroberfläche von jedem Internet-Zugang aus selbst vornehmen. So können Mitarbeiter angelegt, Weiterleitungen eingerichtet, bestimmte Rufnummern gesperrt, Rufgruppen eingerichtet oder ein paralleles Klingeln auf verschiedenen Endgeräten eingestellt werden.

Die IP-Technologie ermöglicht die Bündelung aller Dienste (Telefonie, Internet, Mobilfunk) in einem Komplettangebot, das für den Kunden in den meisten Fällen Kosteneinsparungen bedeutet, da alle Serviceleistungen von einem Anbieter bezogen werden können.

Da bei der IP-basierten Telefonie keine physische Telefonleitung zum Telefonieren benötigt wird, lässt sich ein IP-Telefoniezugang mit geeigneter VoIP-Hardware oder Software im Prinzip von jedem Internet-Zugang nutzen.

Lernfeld: Multifunktionale Arbeitsplätze effizient organisieren

Mit höherer Internetgeschwindigkeit ist ein größerer Datentransport möglich, der für einen schnelleren Informationsaustausch zwischen Kunden, Partnern und Lieferanten sorgt.

Ein IP-Anschluss ermöglicht das gleichzeitige Führen einer Vielzahl an Gesprächen und ist nicht mehr wie bei einem herkömmlichen ISDN-Anschluss auf nur zwei parallele Kanäle beschränkt. Wie viele Gespräche gleichzeitig geführt werden können, richtet sich zum einen nach der Datenübertragungsrate des Anschlusses und zum anderen nach der Anzahl der gebuchten Telefonnummern.

IP-Telefonie schafft die Voraussetzung für eine bestmögliche Vernetzung zwischen allen Mitarbeitern, egal ob diese im Ausland sind oder im Homeoffice arbeiten. So können Mitarbeiter zum Beispiel von einem beliebigen Standort an Telefon- oder Videokonferenzen teilnehmen oder ihre Daten miteinander teilen. Zudem lassen sich interne Abstimmungen dank Instant Messaging oder Voicemail schneller und leichter treffen.

Durch Internettelefonie kann außerdem die Kundenkommunikation verbessert werden. Auch wenn Mitarbeiter gerade nicht im Büro sind, können Kunden sie dank der problemlosen Integration von mobilen Endgeräten in die Telefonanlage unter ihrer gewöhnlichen Büronummer erreichen. Konnte ein Mitarbeiter einen Anruf einmal nicht entgegennehmen, so wird er per E-Mail über den verpassten Anruf informiert. Auch auf die Mailbox gesprochene Nachrichten erhält er als AudioDatei per Mail.

Neue Features sorgen für Zukunftsfähigkeit. Als Beispiel kann hierfür das Einbinden von CRM-Systemen (Customer Relationship Management bzw. Kundenbeziehungsmanagement) genannt werden. Das bietet den Unternehmen die Möglichkeit, ihre Kunden direkt aus dem CRM-System per Mausklick anzurufen. Erhält der Mitarbeiter einen Anruf, hat er außerdem alle wichtigen Kundeninformationen auf einen Blick.

Die meisten VoiP-Provider bieten Ihren Kunden unzählige Telefonfunktionen. Außer den klassischen Telefonanlagen-Funktionen wie „ein Gespräch halten, zwischen ein oder mehreren Gesprächspartner hin- und herschalten, also makeln, Telefonkonferenzen, Besetzt-Lampenfeld und Weiterleitungen, haben Nutzer beispielsweise Zugriff auf Features wie Videokonferenzen oder je nach gebuchter Option auf Unified Communications (vereinheitlichte Kommunikation). Unified Communication ist eine Art Plattform, auf der alle relevanten Kommunikationsdienste wie beispielsweise die klassische Telefonie, Videokonferenzen, E-Mail als auch Voice-Mail und Instant Messaging vereint werden. Sie ermöglicht es, jederzeit und ortsunabhängig auf Geräte und Informationen zugreifen zu können und hilft dabei Kommunikations- und Geschäftsprozesse zu optimieren.

Da die IP-Telefonie über das Internet stattfindet, ist es erforderlich, das Benutzerkonto mit einem sicheren Passwort zu schützen. Ein sicheres Passwort sollte mindestens acht Zeichen lang sein, aus Groß- und Kleinbuchstaben bestehen und mindestens ein Sonderzeichen beinhalten. (vgl. Pacetel, 2018)

7. Manual: Multifunktionale Arbeitsplätze

Ortsunabhängige Meetings (LA 4.7)

Für ortsunabhängige Meetings ist ein Internet-Anschluss, ein PC, Tablet oder Smartphone, eine Web-Cam und Mikrofon als Eingabegeräte, Bildschirm und Lautsprecher als Ausgabegeräte und eine Online-Meeting-Software erforderlich.

Virtuelle Besprechungen sind aber nicht für alle Gelegenheiten sinnvoll. So sollte das erste Kennenlernen eines Kunden oder Geschäftspartners, eine detaillierte Produktbeschreibung oder ein Krisengespräch eher in Form eines persönlichen Gesprächs stattfinden. Der Mitarbeiter muss die Balance zwischen virtuellen und realen Besprechungen finden.

Folgende Vorteile ergeben sich bei einer ortsunabhängigen Veranstaltung (Besprechungen, Konferenz, Produktvorführungen, Schulung etc.):

- Zeitersparnis, da die An- und Abfahrtszeit zum Veranstaltungsort entfällt
- Kostenersparnis, da keine Fahrtkosten entstehen und der Mitarbeiter die für die sonst anfallende Fahrzeit gewonnene Arbeitszeit für andere Tätigkeiten nutzen kann
- Flexibilität, da zu jeder Zeit und an jedem beliebigen Ort kommuniziert werden kann.
- Umweltschonung, da die Teilnehmer nicht mit Auto, Bahn oder Flugzeug anreisen müssen.

Telefonkonferenzen

Bei einer Telefonkonferenz nutzen die Teilnehmer die gleiche Leitung wie bei einem normalen Telefonat. Allerdings sprechen bei einer Telefonkonferenz mehr als zwei Leute miteinander. Daher spricht man in dem Fall von einer Telefon-Konferenz oder auch Konferenzschaltung per Telefon.

Eine klassische Telefonkonferenz funktioniert in der Regel so, dass zu einem bestehenden Telefonat ein dritter Anrufer von einem der beiden Anschlüsse aus in die Konferenz mit einbezogen wird. Wenn mehrere Teilnehmer zusammen kommunizieren möchten, sind professionelle Dienstleister komfortabler. Zwei Arten von Telefonkonferenzen werden unterschieden: Zum einen gibt es die Konferenz, bei der der Initiator der Konferenz eine Konferenz bei einem Konferenzserviceanbieter anmeldet und eine frei gewählte PIN dazu vergibt. Anschließend wählen sich die Konferenzteilnehmer über die Servicenummer des Konferenzanbieters mit Angabe der PIN ein. Jeder Teilnehmer zahlt seinen Anteil an Telefongebühren selbst. Alternativ dazu kann der Initiator die Konferenz etwas professioneller planen, indem er über das Portal des Serviceanbieters den Moderator festlegt, mögliche Einwahloption auswählt und die Aufnahme der Konferenz zu einem bestimmten Datum und Uhrzeit einplant. Die Gesprächspartner erhalten anschließend per E-Mail eine Einladung und können der Konferenz über den Link mit entsprechenden Zugangsdaten beitreten. Präsentationen und Bildschirminhalte können während der Konferenz mit allen Gesprächspartnern geteilt werden.

Bei einer Telefonkonferenz kann nebenbei etwas geschrieben werden. Dies würde bei einer Videokonferenz als unhöflich betrachtet werden. In einem Gespräch von Person zu Person wird erwartet, dass der Blickkontakt aufrecht erhalten bleibt.

Lernfeld: Multifunktionale Arbeitsplätze effizient organisieren

Videokonferenzen

Videokonferenzen erfordern eine Webcam für jeden Standort, der an der Besprechung beteiligt ist, und eine Internetverbindung. Bei der Videokonferenz werden (Bewegt-)Bild und Ton zwischen zwei oder mehr Standorten übertragen. Ebenso können bei dieser virtuellen Konferenz auch gemeinsam Daten bearbeitet werden. Bei einem Telefonat erkennt man an der Stimme des Gesprächspartners seine Stimmung bzw. seine Reaktion. Bei einer Videokonferenz können die Reaktionen des Gegenübers oder der gesamten Teilnehmer nicht nur aus der Stimmlage, sondern zusätzlich durch die Bildübertragung anhand der Mimik oder Gestik eindeutiger eingeschätzt werden.

© metamorworks – shutterstock.com

Die Anzahl der Teilnehmer ist entscheidend, ob eine Videokonferenz zweckmäßig ist. In einer Konferenz mit 100 oder mehr Teilnehmern ist die bildhafte Übertragung eher hinderlich. Wer seinen Gesprächspartner in der Masse erst suchen muss, der ist eher abgelenkt.

Die Konferenzteilnehmer erhalten einen Zugang über das Internet oder durch Anwählen der Konferenznummer via Telefonnetz. Die Liste der Teilnehmer wird eingeblendet, und ein Teilnehmer übernimmt in der Regel die Moderation. Der Moderator steuert den Bildschirm, den alle eingeblendet haben. Zwischendurch können auch die anderen Teilnehmer auf diesen Bildschirm zugreifen. Produkte können live am Bildschirm den Konferenzteilnehmern demonstriert, Produktschulungen am Bildschirm durchgeführt und die Bindung zu weiter entfernt wohnenden Kunden und Geschäftspartnern kann gestärkt werden. An Projektplänen, Entwürfen, Dokumenten kann ortsunabhängig gemeinsam gearbeitet werden.

Web-Konferenzen (Online-Konferenz, Online-Meeting, Web Meeting)

Im Unterschied zur Videokonferenz, bei der die Teilnehmer eine vergleichsweise abgeschirmte Gemeinschaft bilden, kann die Webkonferenz als ein Geschäftstreffen im Internet bezeichnet werden. Bei Web-Konferenzen wird in der Regel auf Video verzichtet. Webkonferenzen werden auch Online Konferenz, Online Meeting oder Web Meeting genannt, da die Konferenz (das Meeting) online im Internet stattfindet. Gemeinsam werden zum Beispiel Präsentationen betrachtet, Dokumente bearbeitet oder per Chat, Voice-over-IP (Internet-Telefonie) und Video diskutiert. Anders als bei der klassischen Videokonferenz liegt der Fokus bei Webkonferenzen weniger auf Diskussion, als vielmehr auf Zusammenarbeit. Beispiele sind:

- die gemeinsame Betrachtung von Präsentationen
- die gemeinsame Bearbeitung von Dokumenten
- das gemeinsame Brainstorming mithilfe von Whitebords
- regelmäßige Projektmeetings
- Abstimmungen von Entwürfen im Bereich Werbung, Architektur oder Design
- Produktschulungen für Mitarbeiter im Support und Vertrieb
- Webinare (Online Seminare) als zusätzliches Kundenbindungstool

7. Manual: Multifunktionale Arbeitsplätze

Manchmal werden Webkonferenzen auch als Videokonferenzen bezeichnet, weil bei der Konferenz auch das Videobild der Teilnehmer übermittelt werden kann. Webkonferenzen gibt es als kostenlose Variante (z. B. Skype oder Google Talk) oder als professionelle Business-Lösung.

Um eine Web-Konferenz zu starten, braucht nur der Organisator der Konferenz einen Zugang/eine Software von einem Webkonferenz-Anbieter. Der Webkonferenz-Service bietet in der Regel integrierte Telefonkonferenzen an, bei der die Voice-over-IP-Technik genutzt wird. Falls dieser Komfort nicht geboten wird, wählen sich die Konferenzteilnehmer parallel in eine klassische Telefonkonferenz ein. Die normalen Teilnehmer einer Webkonferenz bekommen vom Organisator der Webkonferenz (auch Initiator oder Moderator genannt) per E-Mail einen Weblink, über den sie in den virtuellen Meetingraum der Webkonferenz gelangen.

Neben Funktionen für Telefon- und Videokonferenzen stellen Online-Meeting-Plattformen dafür weitere Werkzeuge bereit.

Meist liegt der Schwerpunkt bei einer Webkonferenz auf dem gemeinsamen Ansehen und Bearbeiten von Dokumenten. Mithilfe der Rechner-Fernsteuerung (Application Sharing) kann nach Anwendungsfreigabe jeder Teilnehmer auf die Daten eines anderen interaktiv zugreifen. Dies ermöglicht das Festhalten konkreter Ergebnisse. Während einer Webkonferenz können Dokumente von allen Teilnehmern gemeinsam angesehen, bearbeitet und anschließend gespeichert werden (Document Sharing).

Selbst komplette Anwendungen (Software-Programme) können während einer Webkonferenz gemeinsam von allen Teilnehmern genutzt werden, ohne dass die Anwendung auf allen Rechnern installiert sein muss. Diese Funktion wird als Application Sharing bezeichnet („Teilen von Anwendungen"). Application im weitesten Sinne umfasst neben Software-Programmen auch Dokumente bzw. alle Arten von Daten. Aus Sicherheitsgründen muss diese Funktion während der Webkonferenz aktiv frei geschaltet werden, bevor alle Teilnehmer Zugriff auf Anwendungen oder Daten erhalten.

Für die Webkonferenz steht außerdem ein Whiteboard zur Verfügung, auf dem Zeichnungen und Notizen gemacht werden können – genau wie in einem echten Meeting. Die Informationen auf dem Whiteboard werden bei Bedarf am Ende des Meetings gespeichert und allen Teilnehmern zur Verfügung gestellt.

Bei Bedarf kann per Webcam auch das Video der Teilnehmer während der Konferenz angezeigt werden. Da die Übertragung von Bewegtbild erhebliche Bandbreite in Anspruch nimmt, leidet bei schwacher Netzanbindung die Qualität der Webkonferenz. Daher sollte vorher überlegt werden, ob das Video der Teilnehmer einen wirklichen Mehrwert für die Konferenz bietet.

Eine besondere Art der Webkonferenz ist das Web-Seminar, auch verkürzt Webinar genannt. Bei einem Webinar ist wie bei einem Präsenz-Seminar meist nur ein Redner aktiv. Die Teilnehmer eines Webinars kommen über einen Web-Zugang in den virtuellen Seminarraum. Wie bei einem normalen Seminar können die Teilnehmer mit dem Seminarleiter interagieren.

Der Vorteil der Web-Konferenz gegenüber einer einfachen Telefon- oder Video-Konferenz besteht in der Möglichkeit des direkten Austausches von Dateien und deren Bearbeitung in Echtzeit. (vgl. Telekonferenz.info, 2018).

Lernfeld: Multifunktionale Arbeitsplätze effizient organisieren

DSGVO-konforme Gesprächs- und Videokonferenzen

Bei vielen Telefonkonferenzen werden sensible Daten ausgetauscht. Um zu verhindern, dass diese in falsche Hände geraten, muss ein zuverlässiges Sicherheitskonzept zum Einsatz kommen. Unternehmen müssen daher sichere und DSGVO-konforme Instrumente einsetzen, um ihre Mitarbeiter und Geschäftspartner zu schützen. Es ist darauf zu achten, Software für herkömmliche Geräte oder Voiceover-IP (VoIP) zu nutzen, die Ende-zu-Ende-verschlüsselte Konferenzgespräche und Videokonferenzen ermöglichen.

Grundsätzlich sind Daten während Telefonkonferenzen aufgrund der Verbindung mehrerer Nutzer empfindlicher gegenüber dem Angriff von Dritten. Insbesondere gilt dies, wenn die Konferenz in Kombination mit Videoübertragungen am Computer stattfindet. Dann könnten Daten nicht nur abgehört, sondern auch via Internetverbindung direkt ausspioniert werden. Um zu verhindern, dass sich bei derartigen Verbindungen Dritte unbefugt zwischenschalten, gilt es die Authentizität der jeweiligen Gesprächspartner sorgfältig zu prüfen. Moderne Lösungen erlauben eine eindeutige Verifizierung der Teilnehmer über Login-Daten.

Kundenorientiertes Verhalten am Telefon (LA 4.6)

Ein hoher Prozentanteil der betrieblichen Kommunikation wird über das Telefon abgewickelt. Diese Kommunikationsart verlangt von den Mitarbeitern eine spezielle Höflichkeit. Die Stimme und die richtige Wortwahl müssen Mimik und Gestik ersetzen.

Begrüßung

In jedem Betrieb gibt es bestimmte Formen, wie die Mitarbeiter den Anruf annehmen. Normalerweise werden Firmenname, der eigene Name und der Tagesgruß genannt. Bei unserem Unternehmen meldet sich Frau Thome mit:

„Büromöbel Hauser & Schulte GmbH, Kathrin Thome, Guten Tag"

Der Tagesgruß steht nicht ohne Grund ganz am Ende Ihrer Grußformel. Der Anrufer möchte Ihnen schließlich zuerst Guten Morgen oder Guten Tag wünschen. Grüßen Sie freundlich, denn die ersten vier Sekunden entscheiden.

Sprache

© *Gerhard Seybert – stock.adobe.com*

Versuchen Sie aber nicht um jeden Preis freundlichen zu wirken, denn oftmals kommuniziert man dann mit zu hoher Stimme und übertriebenen Höflichkeitsformen („Einen wunderschönen Guten Tag"). Solche Äußerungen schrecken den Angerufenen eher ab. Achten Sie vielmehr schon bei der Begrüßung auf eine angemessene Sprechgeschwindigkeit und klare Aussprache. Ein schnelles Sprechtempo macht auf Ihr Gegenüber den Eindruck, dass Sie in Eile sind, keine Zeit haben und letzten Endes den Anrufer schnell loswerden wollen.

7. Manual: Multifunktionale Arbeitsplätze

Begrüßen Sie am Telefon mit einer entspannten und gleichzeitig interessierten Stimme und übertragen somit Ihre Gelassenheit und Ihre Stimmung unbewusst auf Ihren Anrufer. (vgl. Vertriebsmanager, 2018). Fassen Sie sich kurz und sprechen Sie einfach (z. B. „einfach" statt „unkompliziert" oder „Frage" statt „Fragestellung"). Sprechen Sie deutlich, verschlucken Sie keine Wortendungen, sprechen Sie in vollständigen Sätzen.

Gestik/Mimik

Beim Telefonat entstehen vor dem inneren Auge Ihres Gesprächspartners Bilder Ihrer Aktivitäten und Ihrer Körperhaltung. Vermeiden Sie hektische und unkontrollierte Bewegungen, wie z. B. nervöses Herumspielen mit dem Kugelschreiber in der Hand, Herumlaufen durchs Büro, genervtes Fallenlassen in den Bürostuhl. Hektische Bewegungen verbreiten Unsicherheit und wirken sich negativ auf Ihre Stimme aus. Mit Ihrer Stimme und dem Tonfall veraten Sie, ob Sie aufmerksam zuhören, ob Sie lügen oder die Wahrheit sagen, ob Sie hart zu Ihrer Aussage stehen oder kompromissbereit sind.

Zeitpunkt

Haben Sie Ärger mit Kollegen oder Vorgesetzten, so darf sich dieser nicht im Telefonat wiederfinden. Ein Telefonat sollte somit nicht unter emotionaler Belastung geführt werden; notfalls warten, bis Sie sich abgeregt haben.

Empathie

Sprechen Sie den Partner immer wieder mit Namen an. Beginnen Sie eine längere telefonische Verhandlung immer mit etwas Smalltalk. Sie stellen (in der Regel völlig unbewusst) fest, wie die Stimme des Verhandlungspartners klingt, solange er entspannt ist. Sie gewinnen daraus eine Art unbewussten „Prüfstein" für Gesprächssituationen, in denen Anspannung, Zorn, Lügen usw. die Stimme des Gesprächspartners verändern.

Gesprächsführung

Fassen Sie sich kurz und sprechen Sie einfach (z. B. „einfach" statt „unkompliziert" oder „Frage" statt „Fragestellung"). Sprechen Sie deutlich, verschlucken Sie keine Wortendungen, sprechen Sie in vollständigen Sätzen. Richten Sie Fragen an Ihren Gesprächspartner – wer fragt, führt das Gespräch. Mit geschickten Fragen aktivieren Sie Ihren Gesprächspartner. Am besten geeignet sind offene Fragen, also Fragen, die nicht mit „ja" oder „nein" zu beantworten sind, sondern ausführliche Antworten erfordern.

> „Womit kann ich Ihnen weiterhelfen?"
> „Wie stellen Sie sich die Einrichtung Ihres Büros vor?"

Schließen Sie das Gespräch ab, indem Sie nochmals die Gesprächspunkte zusammenfassen und die weitere Vorgehensweise abklären.

Lernfeld: Multifunktionale Arbeitsplätze effizient organisieren

Gesprächszeiten

© MTG – stock.adobe.com

Darüber hinaus führen Sie ein Telefonat zu den ortsüblichen Bürozeiten. Ist ein Gespräch mit einem Kunden in einer anderen Zeitzone erforderlich (z. B. in Amerika), so ist die Zeitverschiebung entsprechend zu beachten. Achten Sie darauf, dass keine Nebengeräusche das Gespräch stören.

Wenn Ihre Stimme sicher klingen soll, müssen Sie es selbst auch sein. Dazu gehört, dass Sie sich auf das Telefon vorbereiten, indem Sie sich das erforderliche Schreibmaterial, wie Stifte und Papier, die Informationen, wie z. B. Rufnummer, Name des Gesprächspartners, bereitlegen und den Vorgang dazu am PC öffnen bzw. die Unterlagen parat halten. Damit Sie nicht aus dem Konzept kommen, notieren Sie sich die geplanten Gesprächspunkte.

Nichts ist peinlicher, als nochmals anzurufen, weil ein Gesprächspunkt nicht abgeklärt wurde. Zum besseren Verständnis ist es hilfreich, die amtliche Buchstabiertafel (kaufmännisches Alphabet) zu kennen. So können Sie Missverständnisse bei der Schreibung von Namen durch professionelles Buchstabieren vermeiden.

Thome – Theodor – Heinrich – Otto – Martha – Emil

Nach dem Telefonat. Dokumentieren Sie im Nachgang zu Ihrem Telefonat die wichtigsten Fakten und das Vereinbarte in einer kurzen Telefonnotiz.

7. Manual: Multifunktionale Arbeitsplätze

Telefon- und Gesprächsnotiz

BÜROMÖBEL
HAUSER & SCHLTE GMBH

Gesprächspartner	
Anruf/Besuch von/ bei Herrn/Frau	
Firma	
Abteilung	
Telefonnummer	
Datum	
Uhrzeit	
Aufgenommen von	
Inhalt	
Frage(n)/ Besprechungspunkte	
Notizen/Ergebnisse	
Zusammenfassung	

Lernfeld: Multifunktionale Arbeitsplätze effizient organisieren

Was ist ein Projekt?

Definition nach DIN 69901: Ein Projekt ist ein Vorhaben, das im Wesentlichen durch Einmaligkeit der Bedingungen in ihrer Gesamtheit gekennzeichnet ist, wie z. B.:

- Definierte Zielvorgabe
- Zeitliche, finanzielle, personelle oder andere Bedingungen
- Abgrenzungen gegenüber anderen Vorhaben
- Projektspezifische Organisation

Daneben zeichnen sich Projekte durch Neuartigkeit, Komplexität, Zusammenarbeit in interdisziplinären Teams, eine flache Hierarchie und kurze Entscheidungswege aus. Ein Projekt ist immer ein Balanceakt zwischen Zeit, Geld und Ressourcen, weil in der Regel nichts davon unbegrenzt zur Verfügung steht. Da viele Aufgaben in den Unternehmen nur noch fach- oder bereichsübergreifend gelöst werden können, werden sie immer häufiger als Projekte geplant und realisiert.

Projektmanagement (PM)

Für die Planung und Durchführung eines Projektes stellt das PM ein geeignetes Instrument dar. PM ist die zielorientierte Vorbereitung, Planung, Steuerung, Dokumentation und Überwachung von Projekten mithilfe spezifischer Instrumente. Der Begriff Instrument umfasst sowohl Methoden und Techniken des Projektmanagements (Netzplantechnik, Nutzwertanalyse, Brainstorming) als auch Werkzeuge (Softwareprogramme für Netzplantechnik, Projektstrukturplan, Ressourcenstrukturplan).

„Bei der Einführung eines systematischen Projektmanagements, das mit einem hohen Aufwand verbunden ist, müssen erst einmal die Mitarbeiter geschult werden. Der Aufwand lohnt sich, weil sich daraus folgende Vorteile ergeben:

- Hohe Qualität von Produkten und Leistungen = Zufriedenheit des Auftraggebers
- Rasche Realisierung und hohe Plantreue (Qualität, Termine, Ressourcen, Kosten)
- Kostenoptimierung
- Sicherung der Akzeptanz von Lösungen durch Teamarbeit und gezieltes Marketing
- Höhere Mitarbeiterzufriedenheit
- Klare Zuständigkeiten
- Individuelles und organisatorisches Lernen
- Transparenz und Nachvollziehbarkeit durch Projektdokumentation

Es wäre Verschwendung, die bewährten PM-Methoden nicht zu nutzen. Alle Erfahrungen zeigen, dass mit ihrer Hilfe Vorhaben besser, schneller, zielgenauer und fehlerfreier durchgeführt werden können" (Zell, 2007, S. 3).

8. Manual: Projektmanagement

Ablauf von Projekten

Ein Projekt durchläuft von der ersten Idee bis zum Abschluss verschiedene Phasen. Diese sind unterschiedlich lang, können je nach Art des Projekts verschiedene Bezeichnungen aufweisen. Selbst die Anzahl der Unterteilungen kann stark variieren. Abhängig von der Art des Projektgegenstandes ergeben sich unterschiedliche Projektphasen. Ein IT-Projekt beinhaltet z. B. eine Testphase und nach der Abnahme einer Softwareinstallation folgt die Phase der Schulung. Bei einer Veranstaltung (Betriebsfest) ergibt sich keine Testphase. Aber in jedem Projekt werden die nachfolgenden Phasen durchlaufen:

1. Phase: Definition. Zunächst wird die Ausgangssituation des Projektes analysiert. Die Projektidee wird daraufhin konkretisiert und grob geplant. Es werden Entscheidungen über eine Projektorganisation getroffen, es werden mögliche Ziele abgeleitet und die Projektkosten geschätzt. In einer Start-up-Veranstaltung wird der Projektantrag/-auftrag dem Team vorgestellt.

2. Phase: Planung. Das Projektteam konkretisiert die Planung. Es werden einzelne Arbeitspakete geschnürt und in einem Projektstrukturplan zusammengefasst. Dieser wird dann durch die Termin-, Kosten- und Personalplanung ergänzt. Das Projektteam sucht nach möglichen Projektrisiken und nach Gegenmaßnahmen, um diese Risiken bereits im Vorfeld auszuschließen. In einem Kick-off-Meeting wird die Freigabe zur Projektausführung erteilt.

3. Phase: Durchführung. Die Projektziele werden in mehreren Phasen umgesetzt und durch Meilensteine, welche wesentliche Zwischenergebnisse im Projekt darstellen, abgeschlossen. Durch permanentes Projektcontrolling wird die Planung immer wieder an die aktuellen Rahmenbedingungen angepasst.

4. Phase: Abschluss. Das Projekt wird präsentiert und evaluiert (bewertet). Die Projektdokumentation wird vervollständigt und der Projektabschlussbericht erstellt. Abschließend erfolgt die Entlastung des Projektteams, womit das Projekt beendet ist.

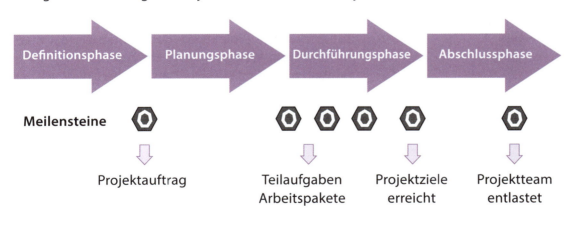

initiieren – planen – durchführen – kontrollieren – dokumentieren – abschließen

1. Phase: Projekte definieren

Bevor das Projekt geplant wird, muss in der Definitionsphase geklärt werden, worum es eigentlich in dem Projekt geht (Projektgegenstand) und wer am Projekt beteiligt ist (interne und externe Stakeholder). Je nach Art des Projektes fallen mehr oder weniger umfangreiche Aufgaben und Analysen an. Die nachfolgend dargestellten Elemente kommen nicht alle in jedem Projekt vollständig zum Tragen oder werden in genau dieser Reihenfolge durchlaufen. Alles in allem ist es aber ein gutes Gerüst für die Definitionsphase.

Projektziele

„Die Schwierigkeit, eindeutige Projektziele zu Beginn des Projekts zu formulieren, besteht vor allem darin, dass der Auftraggeber oft selbst nur eine sehr vage Vorstellung von den Projektergebnissen hat (z. B. „Wir möchten die Durchlaufzeiten verkürzen." oder „Die Kundenbindung soll verbessert werden."). Bei diesen Formulierungen handelt es sich um Wünsche, Absichtserklärungen und gute Vorsätze, aber noch nicht um Projektziele" (akademie.de, 22. Juni 2008).

Ziele definieren und strukturieren

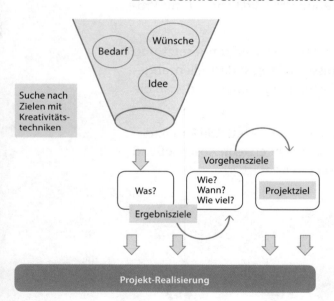

Die vom Auftraggeber genannte Ausgangssituation muss nun in Zielen konkretisiert werden.

Der Projektleiter und sein Team formulieren dazu Ergebnisziele (Was soll das Projekt erreichen bzw. was soll mit dem Projekt bezweckt werden?).

Anschließend überlegt sich das Projektteam Mittel und Wege, um die Ergebnisziele zu erreichen. Dazu werden sogenannte Vorgehensziele gesucht (mittels Kreativitätstechniken) und formuliert.

Gut formulierte Projektziele geben dem Projekt Klarheit auf dem weiteren Weg. Sie beachten die Rahmenbedingungen. Sie sind Zielvorgaben, die messbar beschrieben werden, damit am Projektabschluss klar zu erkennen ist, ob das Projekt erfolgreich war.

8. Manual: Projektmanagement

Magisches Dreieck

Bei der Formulierung der Ergebnis- und Vorgehensziele müssen neben dem Sachziel auch immer Kostenziele und Terminziele mit einfließen:

- Das Sachziel, das mit einer bestimmten Qualität erreicht werden soll.
- Der Zeitraum bzw. der Termin, in dem bzw. bis zu dem das Projekt abgeschlossen werden muss.
- Die Kosten (d. h. Finanzmittel, Arbeitskraft und andere Ressourcen) die maximal dafür eingesetzt werden dürfen.

Alle drei Zielkomponenten lassen sich sowohl auf das Gesamtziel als auch auf isolierte Teilziele beziehen. Zwischen den drei Projektzielen besteht ein unterschiedliches Maß an Zielverträglichkeit – sie können auch in einem Zielkonflikt mit den Erwartungen der Beteiligten (Stakeholder) stehen. Das Management eines Projekts ist ein permanenter Optimierungsprozess, bei dem man versucht, ein möglichst gutes Ergebnis in möglichst kurzer Zeit zu möglichst geringen Kosten zu erreichen.

Zielformulierungen nach dem SMART-Prinzip

Bei Projektende muss entschieden werden können, ob das Projektziel erreicht oder verfehlt wurde. Bewährt hat sich dafür, die Ziele nach dem SMART-Prinzip zu definieren:

Kriterien nach dem SMART-Prinzip
Spezifisch, konkret (kein Spielraum für Interpretationen)
Messbar, überprüfbar (wer, was, wann, wie viel ...)
Akzeptiert, wertvoll, Nutzen muss existieren, von allen getragen
Realistisch, erreichbar (auch bei Hindernissen)
Terminiert – d. h. es gibt feste Zwischen- und Endtermine

Doch mit der Zielformulierung ist es nicht getan. Ein Maßstab, an dem der Grad der Erreichung der Projektziele gemessen werden kann, muss festgelegt werden (z. B. „die Durchlaufzeiten um x Tage zu verkürzen" oder „Die Kundenbindung um fünf bis acht Prozent zu verbessern"). Beim Formulieren von Projektzielen soll der Nutzen für den Auftraggeber klar erkennbar sein (z. B. „senkt die Prozesskosten der Bestellvorgänge um mindestens vierzig Prozent, ... erleichtert den Vergleich verschiedener Angebote, ... beendet das Fotokopieren von Faxen").

Vorstellen der Projektziele im Kick-off-Meeting

Der Auftragnehmer sollte dem Auftraggeber die Ergebnis- und erforderlichen Vorgehensziele in strukturierter Form veranschaulichen. In einer moderierten Sitzung mit den wichtigsten Stakeholdern können somit auf ideale Weise die Projektziele vorgestellt und gleichzeitig ein Konsens darüber erreicht werden.

Lernfeld: Multifunktionale Arbeitsplätze effizient organisieren

Meilensteine definieren

„Meilenstein" ist ein Fachbegriff des Projektmanagements. Die DIN 69900-1 definiert den Begriff „Meilenstein" im Projektmanagement als „Ereignis besonderer Bedeutung". Und was heißt das genau?

Während ein Arbeitspaket eine Tätigkeit beschreibt, die zu erledigen ist, signalisieren Meilensteine eine Zustandsänderung. Ein Ergebnis ist eben entweder da oder nicht da; ein Arbeitspaket ist entweder vollständig oder nicht vollständig (neunzig Prozent vollständig oder fast fertig hilft nicht). Ein Meilenstein kennzeichnet wichtige Ecktermine in einem Projekt und hat in einem Terminplan keine echte Dauer (Dauer = 0), sondern markiert schlicht den Endpunkt einer oder mehrerer in dem Meilenstein zusammenlaufenden Aktivitäten. Meilensteine sind typischerweise Entscheidungssitzungen, die den Projektbeteiligten, dem Projekt-Auftraggeber und auch den Projekt-Stakeholdern eine hervorragende Orientierung liefern.

„Meilensteine sind zum einen sehr wichtig für das Projektmanagement, da sie den gesamten Ablauf in mehrere kleine und überschaubare Etappen und Zwischenziele einteilen. Dadurch kann auf dem Weg eines bestimmten Projekts immer wieder innegehalten und kontrolliert werden, wie der Stand der Dinge ist, ob die Richtung geändert werden muss oder wie man den nächsten Meilenstein erreichen kann. So bleibt stets der Überblick gewahrt und das Projekt gerät nicht außer Kontrolle.

Zum anderen sind Meilensteine aber auch die Stellen in einem Projekt, an denen etwas schiefgehen kann; Stellen, die besonders kritisch sind und die einen Wendepunkt im Verlauf des gesamten Projektes darstellen, da der weitere Ablauf vom Erreichen dieses Meilensteins abhängt. Es sind daher kleine Kontrollpunkte, die erreicht werden müssen, um ein Projekt erfolgreich durchzuführen oder eventuell vorzeitig abzubrechen, bevor schon zu viel investiert wurde" (Alby, 2008).

Geplante Meilensteinergebnisse sollten möglichst präzise, überprüfbar formuliert werden. Es werden ihnen geplante Projekt-Zwischenziele (Meilensteininhalte) und ein Plantermin (Meilensteintermin) zugeordnet. Meilensteine werden im Zeitplan (Balkendiagramm) gekennzeichnet.

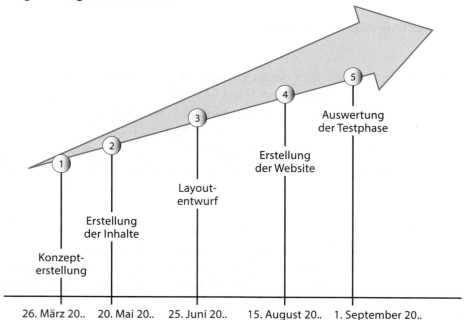

8. Manual: Projektmanagement

Projektantrag

Der Projektantrag ist nach DIN 69905 der „Antrag auf Projektgründung". Die Stellung eines Projektantrags ist typisch für interne Projekte oder öffentlich geförderte Projekte. Wenn z. B. ein Mitarbeiter oder eine Abteilung einen Vorschlag macht, der umgesetzt werden soll, kann dazu ein Projektantrag gestellt werden. Wenn der Vorgesetzte einen Sinn und Nutzen an der Umsetzung sieht, wird er den Projektantrag genehmigen. Mit Genehmigung wird daraus ein Projektauftrag und die Planungsphase kann beginnen.

Projektauftrag

Bei privatwirtschaftlichen Projekten im externen Auftragsverhältnis wird das Projekt in der Folge von Ausschreibung, Angebot und Auftrag gegründet. Anschließend wird in Zusammenarbeit mit dem Projektleiter der Projektauftrag konzipiert.

In Abstimmung mit dem Auftraggeber wird bei kleineren oder internen Projekten ein Projektauftrag, bei größeren und komplexeren Projekten ein Lasten-/Pflichtenheft erarbeitet, das Bestandteil des Auftrags wird. Der Auftraggeber beschreibt im Lastenheft (auch Grobkonzept genannt), was es genau zu lösen gilt und wofür man dies lösen soll; der Auftragnehmer beschreibt im Pflichtenheft (Feinkonzept), wie und womit er die Projektrealisierung macht.

Mit dem Projektauftrag wird es dann verbindlich für beide Seiten: Auftraggeber und Auftragnehmer halten fest, was bis wann zu welchem Preis in welcher Qualität erreicht sein soll. Spätestens jetzt müssen sich die Verantwortlichen um die Zusammenstellung des Teams kümmern. Mit der Zusammenstellung des Teams ist schon ein Teil der Projektorganisation geklärt, es müssen aber noch organisatorische Regelungen getroffen und die Führungs- und Entscheidungsstrukturen festgelegt werden.

Der Projektauftrag dient dem Projektleiter als Leitlinie während der Laufzeit des gesamten Projekts. Er ist der rote Faden neben dem Projektplan. Anhand des Projektauftrags kann der Projektleiter zu jeder Zeit überprüfen, ob die Zielsetzung des Projekts erreicht wird. Diese Aussage lässt sich aus einem Projektplan nicht komplett herleiten. Der Projektplan beinhaltet nur Informationen über Kosten, Termine und Ressourcen.

Der ausgearbeitete und unterschriebene Projektauftrag sollte vor Beginn des Projektes vorliegen. D. h. die Vorarbeiten, die dazu führen, dass ein Projekt aufgesetzt wird, sollten abgeschlossen sein. Im Regelfall ist dies ein Projektantrag oder eine Vorstudie (vgl. Rehn-Göstenmeier, 2008).

Lernfeld: Multifunktionale Arbeitsplätze effizient organisieren

Projektantrag/-auftrag

Projekttitel

1. Projektdaten

Start		Projektnummer	
Ende			

2. Projektorganisation

Projektleiter(in)		Auftraggeber(in)	
Projekt-Team	<Name, Abteilung>	Lenkungs-ausschuss	
Sonstige Beteiligte	<z. B. externe bzw. interne Beteiligte, die nicht direkt zum Projektteam gehören.>		

3. Projektbeschreibung

Ausgangssituation/ Projektbegründung:	
Projektgesamtziel	
Projektteilziele	**Messbare Ergebnisse**
<Ergebnis-Teilziel 1>	
<Ergebnis-Teilziel 2>	
<Vorgehens-Teilziel 1>	
<Vorgehens-Teilziel 2>	
<Vorgehens-Teilziel 3>	
Nicht-Ziele	<Was ist explizit nicht im Projekt enthalten?>
Teilprojekte und Teilaufgaben (Phasen)	1. 2. 3. 4.

8. Manual: Projektmanagement

3. Projektbeschreibung	
Projektrisiken	- \<Qualitätsrisiken\> - \<Technische Risiken\> - \<Auslastungsrisiken\> - \<Terminrisiken\> - \<Akzeptanzrisiken\> - …

4. Projektbudget und Wirtschaftlichkeit	
Personalaufwand	\<Beteiligter plus Aufwand in Stunden oder Tagen\>
Personalkosten	\<Summe in Euro, Personalaufwand mal individuelle Stundensätze\>
Ausgabewirksame Kosten	\<Z. B. Beratungskosten\> \<In Euro\> \<Kostenposition\>
Sonstige Ressourcen	\<Z. B. Maschinen, Labors, Räume\>
Gesamt-Projekt-Kosten Projektbudget	\<In Euro\>
Projekteinnahmen/ Wirtschaftlichkeit	\<Sind während oder nach Beendigung des Projekts Einnahmen zu erwarten, mit denen die Projektkosten kompensiert werden können?\>
Folgekosten nach Beendigung des Projekts	\<Entstehen Folgekosten, die bereits jetzt berücksichtigt werden müssen?\>

5. Projektkategorisierung   0 = sehr gering, 3 = sehr hoch

	0	1	2	3
Strategische Bedeutung				
Risikogehalt				
Komplexitäts-/Schwierigkeitsgrad				
Neuartigkeitsgrad				
Termindruck				
Klarheit über Projektziele/Kundenanforderungen				

Einreichung Projektauftrag

_____
Datum, Unterschrift Projektleiter(in)

Projektentscheidung
- ☐ Das Projekt wird bewilligt.
- ☐ Das Projekt wird nicht bewilligt.

_____
Datum, Unterschrift Projektleiter(in)

© Verlag Europa-Lehrmittel

Lernfeld: Multifunktionale Arbeitsplätze effizient organisieren

Projektauftrag

Projekttitel	Interne Mitarbeiterschulung zur Netzplantechnik

1. Projektdaten			
Start	04.01.20..	Projektnummer	20..-3
Ende	15.03.20..		

2. Projektorganisation			
Projektleiter(in)	Frau Torn	Auftraggeber(in)	Büromöbel Hauser & Schulte GmbH
Projekt-Team	Frau Wunn, Herr Reienbach, Frau Emsig	Lenkungs-ausschuss	Herr Schulte, Frau Torn
Sonstige Beteiligte	Keine		

3. Projektbeschreibung	
Ausgangssituation/ Projektbegründung	Die Mitarbeiter der Büromöbel Hauser & Schulte GmbH sollen zur professionellen Planung von Projekten in die Netzplantechnik eingewiesen werden.
Projektgesamtziel	Die Mitarbeiter der Büromöbel Hauser & Schulte GmbH beschreiben, planen, steuern und überwachen zukünftige größere Projekte mithilfe der Netzplantechnik. Spätestens in einem halben Jahr soll die Termintreue um 30 % gesteigert und der Personaleinsatz der Projektdurchführung um 10 % optimiert werden.
Projekt-Teilziele	Messbare Ergebnisse
Ergebnis-Teilziele	70 % der Schulungsteilnehmer lösen korrekt die Anwendungsaufgabe zur Netzplantechnik
	80 % der Schulungsteilnehmer fanden die Schulung verständlich und wertvoll für die berufliche Zukunft
Vorgehens-Teilziele	Theorie zur Netzplantechnik bis zum 18.01.20.. aneignen
	Informationen bis zum 22.02.20.. computerunterstützt veranschaulichen
	Handout für die Teilnehmer(innen) bis zum 22.02.20.. erstellen
	Fortbildung am 10.03.20.. mithilfe eines Moderationsplans durchführen
	Teilnehmer führen eine 30-minütige Übungsaufgabe durch
Teilprojekte und Teilaufgaben (Phasen)	**Schulung vorbereiten (Phase: Vorbereiten)** - Informationen sammeln - PowerPoint-Präsentation erstellen - Handout und Übungsaufgabe für die Teilnehmer erstellen - Schulungsplan erstellen - Raum einrichten **Schulung durchführen (Phase: Durchführen)** - Schulung durchführen - Netzplantechnik anwenden - Feedback der Schulung - Schulung nachbereiten (Phase: Nachbereiten) - Reflexion der Schulung

8. Manual: Projektmanagement

3. Projektbeschreibung	
Projektrisiken	**Qualitätsrisiken** - Lückenhafte Informationen - Inhalte unverständlich aufbereitet - Wenig lehrreiche Schulung - Kein teilnehmerorientiertes, anschauliches Handout - Zu schwierige Übungsaufgaben **Technische Risiken** - Schlechte Lichtverhältnisse - Beamer funktioniert nicht - Beamer nicht optimal aufgestellt **Terminrisiken** - Schulung verläuft nicht im Zeitrahmen - Handout, Präsentationsfolien nicht rechtzeitig fertig **Akzeptanzrisiken** - Teilnehmer lehnen das Thema der Schulung ab - Teilnehmer akzeptieren die Dozentin/den Dozenten

4. Projektbudget und Wirtschaftlichkeit	
Personalaufwand	20 Stunden
Personalkosten	à 35 €
Ausgabewirksame Kosten	keine
Sonstige Ressourcen	keine
Gesamt-Projekt-Kosten Projektbudget	5.000 €
Projekteinnahmen/ Wirtschaftlichkeit	keine
Folgekosten nach Beendigung des Projekts	keine
Einreichung Projektantrag	_____ Datum, Unterschrift Projektleiter(in)
Projektentscheidung	☐ Das Projekt wird bewilligt. ☐ Das Projekt wird nicht bewilligt. _____ Datum, Unterschrift Auftraggeber(in)

Lernfeld: Multifunktionale Arbeitsplätze effizient organisieren

Projektbeteiligte

In ein Projekt sind die unterschiedlichsten Unternehmensbereiche involviert: Geschäftsleitung, Marketing, Vertrieb, Einkauf, EDV etc. Aus diesen Bereichen werden gute Mitarbeiter rekrutiert und in einem Projektteam zusammengestellt. Das Zusammenspiel wird über eine klare Verteilung der Rollen und Verantwortlichkeiten im Projekt geregelt. Der Aufbau einer professionellen Projektorganisation ist einer der Schlüssel zum Erfolg. Sie setzt sich aus folgenden wesentlichen Instanzen zusammen:

Der Auftraggeber

Wenn ein Projekt im Auftrag eines Kunden durchgeführt wird, handelt es sich um einen externen Auftraggeber. Bei einem internen Projekt wird in der Regel die Unternehmensleitung der Auftraggeber sein. In beiden Fällen legt der Auftraggeber die Projektziele fest und stimmt diese mit dem Projektleiter ab.

Der Lenkungsausschuss – auch Projektsteuerungsgremium genannt

„Für größere Projekte empfiehlt sich die Einrichtung eines Lenkungsausschusses, der in manchen Unternehmen auch als Projektsteuerungsgremium bezeichnet wird. In ihm sollten alle Interessenvertreter (engl.: stakeholder), also die Mitglieder der Unternehmensleitung sowie Führungskräfte und Mitarbeiter von beteiligten Abteilungen vertreten sein. Bei externen Projekten sollte der Aufraggeber vertreten sein. Der kleinste Lenkungsausschuss wären Projektleiter und der Auftraggeber. Er hat üblicherweise die folgenden Aufgaben:

- Ernennt den Projektleiter
- Bestätigt die Projektmitarbeiter auf Vorschlag des Projektleiters
- Beurteilt und bestätigt die Projektplanung des Projektleiters
- Überwacht die Projektdurchführung
- Prüft die Berichte der Projektleitung
- Entscheidet über alternative Vorgehensweisen und Änderungen bei außerordentlichen Projektsituationen, welche die Kompetenz des Projektleiters übersteigen" (Zell, 2007, S. 26)

Der Projektleiter

Der Projektleiter trägt die Verantwortung für die Realisierung der in der Projektdefinition festgelegten Projektziele: Termin, Kosten und Produktqualität. Er plant und steuert die operative Umsetzung des Projektes. Ein typischer Projektleiter führt sein Projektteam und ist selbst Teil des Teams. Der Projektleiter hat folgende Aufgaben:

- Konzipiert, plant und koordiniert die Projekttätigkeiten (Aktivitätenplan)
- Benennt die internen und externen Projektteilnehmer
- Steuert und überwacht den Projektfortschritt
- Berichtet regelmäßig den Projektstand an den Lenkungsausschuss

8. Manual: Projektmanagement

„Der Projektleiter muss nicht nur vom Fach etwas verstehen, sondern braucht Fähigkeiten hinsichtlich Führung, insbesondere Teamführung, und die sogenannten Soft Skills. Und natürlich braucht er umfassende Kenntnisse im Projektmanagement. Ein autoritärer Führungsstil ist für die Projektarbeit ungeeignet" (Zell, 2007, S. 34).

Der Projektleiter sollte:

- Bei Entscheidungen die Projektmitarbeiter einbinden – ihnen zeigen, dass er sie als Experten akzeptiert
- Die Aufgaben und die Verantwortung für die einzelnen Arbeitspakete delegieren und damit dem einzelnen Projektmitarbeiter Befugnisse und Kompetenzen einräumen
- Den Projektmitarbeitern Gestaltungs- und Handlungsfreiräume geben
- Lob und Anerkennung äußern
- Eine offene und vertrauensvolle Kommunikation pflegen, d.h. seine Mitarbeiter umfassend und schnell informieren
- Eventuell im Team auftretende Konflikte gemeinsam mit den Mitarbeitern lösen

Das Projektteam

Für die Fachaufgaben und das Erledigen der Arbeitspakete stellt der Projektleiter mit dem Lenkungsausschuss das Projektteam aus internen und externen Fachleuten zusammen. Die im Projektteam engagierten Mitarbeiter verfügen über die notwendigen Kompetenzen und werden dem Projektleiter unterstellt. Fehlende Kenntnisse sind durch entsprechende Fortbildungsmaßnahmen zu erwerben. Sie werden vom Projektleiter in Abstimmung mit den Linienvorgesetzten bestimmt.

Die Rollen, Aufgaben und Verantwortlichkeiten der Projektmitarbeiter werden schriftlich festgelegt. Dazu dient der Projektstrukturplan (PSP), mit dessen Hilfe sich Arbeitspakete definieren und den einzelnen Projektmitarbeitern eindeutig zuordnen lassen. Der Projektleiter muss zudem die zeitliche Verfügbarkeit der Projektmitarbeiter frühzeitig mit den jeweiligen Abteilungsleitern klären. Jeder Projektmitarbeiter übernimmt Verantwortung für „sein" Arbeitspaket, berichtet über den Arbeitsfortschritt und eventuelle Probleme anderer Projektmitarbeiter.

Für größere, in sich geschlossene, klar abgegrenzte Aufgabenblöcke setzt der Projektleiter Teilprojekte auf und installiert entsprechende Teilprojektteams, die ihm unterstellt werden. Eine geeignete Größe für Arbeitsteams liegt zwischen zwei und acht Personen. Drei bis vier Personen sind optimal. Auch innerhalb des Teams sollten die Aufgaben und Zuständigkeiten der Teammitglieder klar verteilt sein.

Typische organisatorische Probleme in Projekten sind:

- Unklare Verteilung der Zuständigkeiten und Verantwortlichkeiten
- Mitarbeiter stehen nur auf dem Papier, nicht aber in der Realität für das Projekt zur Verfügung
- Grabenkämpfe zwischen den unterschiedlichen Unternehmensbereichen und Teilprojekten
- Fehlende Rückendeckung durch das Topmanagement

Lernfeld: Multifunktionale Arbeitsplätze effizient organisieren

Start-up-Workshop

Ein Start-up-Workshop ist die erste offizielle Sitzung des Projektteams, nachdem der Projektauftrag erteilt wurde. Sie dient noch nicht dazu, inhaltlich am Projekt zu arbeiten, sondern soll Gelegenheit für die Teammitglieder geben, sich über das Projektziel zu informieren und sich gegenseitig kennenzulernen. Der Start-up-Workshop soll verschiedenen Zielen dienen:

Vorstellung der einzelnen Teammitglieder

Um später auch die direkte Kommunikation im Projektteam sicherzustellen, muss jedem Teammitglied klar sein, wer welche Erfahrungen und Know-how-Schwerpunkte besitzt. Dies ist insbesondere auch wichtig für Themen, die nicht im unmittelbaren Zusammenhang mit dem eigentlichen Projekt-Thema stehen, da häufig Wissen aus anderen, angrenzenden Bereichen nützlich für die Lösung von Problemen ist. Außerdem ist dies der geeignete Zeitpunkt, um die Erwartungen, Hoffnungen und Wünsche der Teammitglieder abzufragen und gegebenenfalls zu korrigieren.

Klärung der Rollen der einzelnen Teammitglieder

Für jedes Teammitglied gibt es bereits zu Beginn eines Projektes eine oder mehrere ihm zugedachte Rollen (fachlich und/oder organisatorisch). Diese sollten während der Projektstartveranstaltung angesprochen und eventuell korrigiert/ergänzt werden.

Herstellen eines gemeinsamen Informationsstandes

Da im Vorfeld bis zu einem offiziellen Projektauftrag meist schon Gerüchte über das neue Projekt entstehen, sollten die Teammitglieder ganz zu Anfang insbesondere über das genaue Projektziel sowie die sonstigen Rahmenbedingungen informiert werden. Falls möglich, ist es natürlich sinnvoll, das Ziel noch einmal zur Diskussion zu stellen und so auch die Teammitglieder am Prozess der Zielfindung zu beteiligen.

Festlegen von Spielregeln für die Teamarbeit

Die Zusammenarbeit im Projektteam kann mit der Vereinbarung von Spielregeln konfliktfreier gestaltet werden. Sie sollten von allen Teammitgliedern gemeinsam erarbeitet werden, damit von Beginn an eine hohe Akzeptanz vorhanden ist. Folgende Themenbereiche können in die Spielregeln miteinbezogen werden:

- Organisation (Protokoll, Raumreservierung, Beschlussfindung, Moderation usw.)
- Kommunikation innerhalb des Teams und mit der Umgebung
- Verhaltenskodex (Sitzungsvorbereitung, Pünktlichkeit, maximale Redezeit usw.)
- Sanktionen bei Nichteinhalten der Spielregeln („Mannschaftskasse" ...)

Der Workshop muss vorbereitet werden. Alle Teilnehmer sollten eine Tagesordnung erhalten. Die Ergebnisse des Workshops sind in einem Protokoll festzuhalten. Die im Workshop erarbeiteten Ergebnisse bilden die Grundlage für die Vorbereitung des Kick-off-Meetings.

„Folgender Ablauf für einen Start-up-Workshop hat sich als sinnvoll erwiesen:

- Der Projektleiter eröffnet die Sitzung. Er stellt sich kurz selbst vor und informiert dabei auch über seine relevanten Erfahrungen aus der Vergangenheit.
- Der Projektleiter stellt kurz das inhaltliche Projektziel vor.
- Jedes Teammitglied stellt sich selbst kurz vor und schildert seine Erfahrungen, die es möglicherweise auch aus früheren ähnlichen Projekten einbringen kann. Außerdem kann jeder Teilnehmer seine Wünsche und Befürchtungen äußern, die zunächst kommentarlos aufgenommen werden.
- Der Projektleiter informiert über weitere Details zum Projektauftrag und geht dabei auch auf die Wünsche und Vorschläge der Teammitglieder ein. Dazu gehört auch die Information über Aufgaben und Befugnisse von Instanzen und Gremien aus der Projektorganisation (Entscheidungsgremien, Auftraggeber usw.).
- Gemeinsam werden die Spielregeln für die künftige Zusammenarbeit im Team festgelegt.
- Die weitere Vorgehensweise wird vereinbart (nächster Termin, Tagesordnungspunkte usw.)" (Jungbluth, 1998).

Der Start-up-Workshop und das Kick-off-Meeting sind zwei unterschiedliche Veranstaltungstypen. Der Start-up-Workshop ist vorwiegend teamintern und ein echtes Arbeitsmeeting. In dieser Sitzung besteht die Chance, dass sich ein „Wir-Gefühl" entwickelt.

Das Kick-off-Meeting bezieht weitere Projektbeteiligte mit ein und hat einen stärkeren formellen Charakter. In der Praxis werden Start-up-Workshops und Kick-off-Meetings auch kombiniert – man macht nur eine Veranstaltung. Das ist bei kleineren Projekten mit wenig Beteiligten aus arbeitsökonomischen Gründen sinnvoll.

Meilenstein-Meeting

Beim Erreichen eines Meilensteins sollten Reviews (engl.: Überprüfungen) durchgeführt werden. Dabei geht es darum, den augenblicklichen Projektstatus festzustellen und zu bestimmen, was jetzt weiter getan werden soll. Diese Review-Meetings können beispielsweise mit dem Lenkungsausschuss durchgeführt werden, um nach Abschluss einer Projektphase die nächste Phase (Budget, Terminplanung) freizugeben.

Lernfeld: Multifunktionale Arbeitsplätze effizient organisieren

Jour-fixe-Besprechung

„Projektteams installieren einen Jour fixe als regelmäßige Veranstaltung (z. B. immer montags 15:00 Uhr), auf der der momentane Status und alle wichtigen Angelegenheiten im Projekt besprochen werden:

- Arbeitsfortschritt bei den Arbeitspaketen/Teilprojekten und Terminen
- Schwierigkeiten und Probleme
- Personaleinsatzplanung
- Änderungen der Projektanforderungen usw.

Der Teilnehmerkreis an der Jour-fixe-Besprechung ist so festgelegt, dass alle wesentlichen Projektbeteiligten teilnehmen".

Weitere Meetings

„Bei Bedarf werden weitere Projektbesprechungen durchgeführt. Das Spektrum kann von Telefonkonferenzen bis hin zu Workshops reichen. Telefonkonferenzen eignen sich gut zur Abstimmung der Projektbeteiligungen bei operativen Projektaufgaben. Workshops sind nützlich, wenn es um die Ermittlung und Abstimmung von Projektanforderungen geht" (vgl. Webagancy, 2008).

© iceteaimages – stock.adobe.com

2. Phase: Projekte planen

Schon die Phase der Projektdefinition umfasste planerische Aufgaben. Es wurde bereits eine Grobplanung gemacht und das Projekt in Phasen gegliedert. Daran schließt sich die eigentliche Planungsphase an, in der das Projekt im Detail geplant wird. In der Planungsphase werden u. a. folgende Pläne erstellt: Projektstrukturplan, Termin- oder Projektablaufplan, Ressourcen-, Kostenplan.

„Die Projektplanung ist kein einmaliger Vorgang, sondern ein laufender Prozess. Bei zunehmender Planungssicherheit oder bei Änderung der Randbedingungen muss die Planung angepasst werden. Ziel der Planung ist es, möglichst realistische Werte für Aufwände, Kosten und Termine zu ermitteln, die dann im Rahmen des Controllings überprüft werden können. Dabei kommt es nicht vorrangig auf den Detaillierungsgrad an, sondern insbesondere darauf, dass die geplanten Werte bei der Durchführung eingehalten werden können" (Hellwig et al., 2007, S. 23).

Arbeitspaketentwicklung

„Arbeitspakete sind nichts anderes als Teilaufgaben, die in einem Projekt zu erfüllen sind und die im Projektstrukturplan nicht mehr weiter untergliedert werden. In einem Ablaufplan können sie unter Umständen aber durchaus noch weiter in einzelne Vorgänge unterteilt sein. Soweit es sich nicht um eine Routineaufgabe handelt, muss der Inhalt eines Arbeitspakets zu Beginn des Vorhabens so sorgfältig wie nur möglich beschrieben werden. Damit wird nicht nur die Schätzung der Kosten erleichtert, sondern auch die spätere Projektkontrolle, in der geprüft wird, ob die einzelnen Arbeitspakete erledigt sind oder nicht" (Schelle, 2007, S. 117).

Wichtig bei der Planung der Arbeitspakete ist: Die einzelnen Pakete untereinander sind exakt abgegrenzt (keine Überschneidung mit anderen Arbeitspaketen). Für jedes Paket ist als Zielgröße ein konkretes Ergebnis festzulegen. Die Arbeitspakete können somit gleichsam als isolierte Einzelaufträge innerhalb eines Projektes angesehen werden und zur Bearbeitung an Einzelpersonen, Arbeitsgruppen oder externe Projektpartner vergeben werden.

Im Rahmen der Planung von Arbeitspaketen findet auch eine erste Aufwandsschätzung statt. Dazu ist für das Arbeitspaket ein Zeitschätzwert zu bestimmen. Der Zeitschätzwert pro Arbeitspaket hängt vor allem davon ab, wie viel Ressourcen (Personen) für die Bearbeitung der einzelnen Arbeitspakte zur Verfügung stehen bzw. benötigt werden. Das ist auch der Grund dafür, dass die Werte oft als sogenannte Personentage (PT) bzw. -monate, -jahre angegeben werden.

Lernfeld: Multifunktionale Arbeitsplätze effizient organisieren

Für die Ermittlung der Arbeitspakete (AP) gibt es zwei Vorgehensweisen:

Top-down (von oben nach unten)

Hier wird das Vorhaben in kleinere Teilprojekte oder Teilaufgaben zerlegt, die dann noch weiter in AP aufgegliedert werden. Das AP wird selbst nicht mehr weiter zerlegt, es ist das letzte und unterste Element des Projektstrukturplans.

Eine ideale Unterstützung bei der Top-down-Methode ist das MindMapping: Ausgehend von dem Projektnamen in der Mitte werden Hauptzweige mit den Teilprojekten oder Teilaufgaben um die Mitte herum platziert. Die Teilprojekte und -aufgaben werden am Ende des Astes weiter aufgeschlüsselt und als Arbeitspakete notiert.

Bottom-up (von unten nach oben)

Die Bottom-up-Methode eignet sich, wenn Projektleiter und -team sich über die Vorgehensweise wenig oder gar nicht im Klaren sind.

Hilfreich ist hier ein Brainstorming. Das Projektteam sammelt erst einmal alle Aktivitäten und schreibt diese Ideen auf. Damit erhält das Team zunächst eine ungeordnete Menge von Tätigkeiten/Stichworten, gleichzeitig erhält es aber einen Überblick. Die Tätigkeiten werden geclustert, also nach bestimmten Gesichtspunkten zusammengelegt und einem Oberbegriff zugeordnet. Das Projekt bekommt eine Struktur.

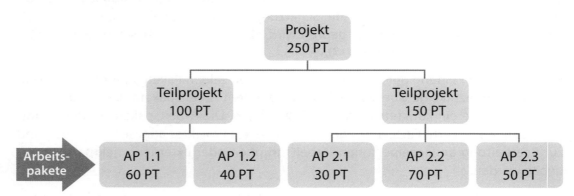

8. Manual: Projektmanagement

Formular für Arbeitspaketbeschreibung

Da Arbeitspakete hinsichtlich ihrer Ziele, Aktivitäten, Kosten und Zeiten klar beschrieben werden sollten, ist es hilfreich, ein Formular für eine Arbeitspaketbeschreibung auszufüllen.

Arbeitspaketbeschreibung

Projektname: Projektleiter(in):

Arbeitspaketbezeichnung: Arbeitspaket-Nummer:

Verantwortlich für das Arbeitspaket: Beginn: Ende:

Ergebnisse (Was genau soll bei diesem Arbeitspaket herauskommen?):

Tätigkeiten (Was genau muss in diesem Arbeitspaket gemacht werden? Welche Prozessschnittstelle müssen berücksichtigt werden?):

Voraussetzungen (Welche AP müssen abgeschlossen sein? Welche AP folgen? Welche Ressourcen benötigen wir?):

_____ _____
Auftraggeber/Projektleiter Arbeitspaketverantwortliche/-r

_____
Controlling (bei Abnahme)

Lernfeld: Multifunktionale Arbeitsplätze effizient organisieren

Projektstrukturplan

Die Projektplanung beginnt mit der Erarbeitung des Projektstrukturplans (PSP). Der Projektstrukturplan ist die Grundlage für die weiteren Planungsschritte. Seine Aufgabe ist die Ermittlung sämtlicher zur Erreichung des Projektziels durchzuführender Arbeitspakete.

Der PSP gliedert das Projekt, ausgehend vom Projektaufwand in

- Teilprojekte und
- Arbeitspakete

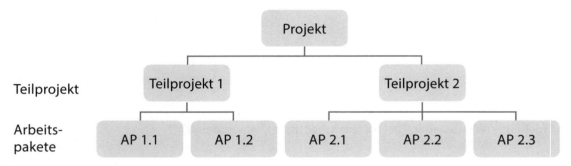

Man kennt das Projektziel und man weiß, dass eine Menge an Arbeiten zu erledigen ist, um dieses zu erreichen. Diese Menge ist aber im Detail noch unbekannt und vor allem noch völlig unstrukturiert. Der PSP ist eine Methode, um diese Arbeitsmenge zu zergliedern, in Teilprojekte und in einzelne Arbeitspakete. Wichtig ist natürlich, alle notwendigen Arbeiten tatsächlich auch zu erkennen – und keine zu vergessen. Denn auf dem PSP bauen alle weiteren Planungsschritte auf. Als Darstellungsform wird hierfür meist das Organigramm gewählt, alternativ die Listendarstellung mit Nummerierung und Einrückungen.

Nach folgenden Kriterien können die **Teilprojekte** des Projektes gegliedert werden:

Objekt/Produkt: Homepagegestaltung, Rechtsgrundlage der Homepage, Inhalte,
Phasen: Vorbereitung, Pretest, Durchführung, Nachbereitung
Tätigkeiten/Funktionen: Catering, Teilnehmer, Rahmenprogramm, Technik

Ziel des PSP ist nur die inhaltliche Zergliederung der Gesamtaufgabe, noch nicht die Ermittlung der zeitlichen Reihenfolge der einzelnen Aktivitäten. Der PSP sollte so weit detailliert werden, bis auf der untersten Ebene alle Aktivitäten zu Teilaufgaben/Arbeitspaketen (AP) zusammengefasst und einem Verantwortlichen genau zugeordnet werden können. Dabei ist es wichtig, alle Aktivitäten zu erfassen und klar voneinander abzugrenzen. Bei Großprojekten ist die Erstellung eines PSP unbedingt erforderlich. Bei Kleinprojekten kann auf einen PSP verzichtet und gleich ein Ablaufplan oder ein Balkendiagramm erstellt werden.

Erst wenn der Projektstrukturplan vollständig erarbeitet ist, kann der Projektablaufplan (PAP) erstellt werden. Aus dem PAP gehen dann die Termine für die einzelnen Arbeitspakete direkt hervor (vgl. Zell, 2007, S. 52–53).

8. Manual: Projektmanagement

Projektablaufplan

Im Projektablaufplan (PAP) werden die zwei nächsten Schritte in der Projektplanung abgehandelt:

- Die Vorgänge werden in eine logische Abfolge gebracht
- Die Dauer für jeden Vorgang wird festgelegt

Dazu ist zu klären:

- Welche Vorgänge müssen abgeschlossen sein, damit ein Vorgang begonnen werden kann?
- Ist ein Vorgang seinerseits Voraussetzung für andere Vorgänge?
- Welche Vorgänge können nur zeitlich nacheinander, welche auch parallel durchgeführt werden?

Empfehlenswert ist es, zuerst die Reihenfolge der Arbeitspakete zu planen und dann in einem getrennten Schritt Zeiten und Dauern der einzelnen Arbeitspakete einzuschätzen bzw. zu ermitteln (vgl. Zell, 2007, S. 58). Das Ergebnis der Ablaufplanung kann in einer Tabelle (Vorgangsliste) oder in grafischer Form dargelegt werden.

AP-Nr.	Vorgangsbezeichnung	Dauer in Wochen	Vorgänger	Nachfolger
1	Vorstudie	1	–	2, 3
2	Ist-Analyse	4	1	4
3	-			
4				
5				
6				

Zeit- und Terminplanung

„Die Terminplanung baut auf dem Ablaufplan auf. Die Dauer der einzelnen Vorgänge muss geschätzt werden. Es gibt drei Methoden der Terminplanung:

- Vorgangsliste
- Balkendiagramm
- Netzplantechnik

In der Praxis kommen vor allem das Balkendiagramm und bei umfangreicheren Projekten die Netzplantechnik zur Anwendung" (Zell, 2007, S. 59).

Lernfeld: Multifunktionale Arbeitsplätze effizient organisieren

Ressourcenplanung

Die DIN 69902 spricht nicht von Ressourcen, sondern von Einsatzmitteln. Sie definiert Einsatzmittel als „Personal- und Sachmittel, die zur Durchführung von Vorgängen, Arbeitspaketen oder Projekten benötigt werden. Einsatzmittel können wiederholt oder nur einmal einsetzbar sein. Sie können in Wert oder Mengeneinheiten beschrieben und für einen Zeitpunkt oder Zeitraum disponiert werden."

Hauptgruppen der Ressourcenplanung

1. Personal
2. Betriebsmittel (z. B. Maschinen, Computer) ⇒ nutzen sich durch ihren Einsatz ab, verlieren an Wert
3. Material, Sachmittel (z. B. Papier, Telefon) ⇒ werden verbraucht
4. Sonstige Leistungen (z. B. externe Dienstleistungen, Reiseaufwendungen)

Als nächste Aufgabe der Projektplanung ist zu ermitteln, welche Einsatzmittel in welcher Menge für die Projektdurchführung benötigt werden. Da bei den meisten Projekten die Ressource Personal die größte Rolle spielt, ist ihr bei der Planung die größte Aufmerksamkeit zu widmen.

Aufgabe der Ressourcenplanung

Bedarfsermittlung

Welche Ressourcen werden in welcher Menge und Qualität für die Projektdurchführung benötigt?

Ermittlung der verfügbaren Kapazität

Welche Kapazitäten stehen dazu im geplanten Zeitraum zur Verfügung?

Ermittlung der Engpässe

Bei welchen Ressourcen könnten Engpässe auftreten?

Optimierung

Den Ressourceneinsatz gilt es zu optimieren, sodass die Projektziele zu minimalen Kosten erreicht werden. Unter Umständen muss dazu die Terminplanung noch einmal revidiert werden. Hier kommt wieder das „magische Dreieck" ins Spiel. Hat ein frühes Projektende absolute Priorität, wird man zusätzliche Ressourcen einsetzen – selbst wenn dies die Kosten nach oben treibt. Spielt dagegen Zeit keine Rolle, wird man die Kapazitäten so planen können, dass die Kosten minimiert werden (vgl. Zell, 2007, S. 67–68).

Nun hängt die Dauer eines jeden Vorgangs natürlich von den vorhandenen Kapazitäten (Ressourcen) ab. Beispiel: Die Büros sollen neu gestrichen werden. Der Malermeister geht davon aus, dass dafür achtzig Stunden benötigt werden. Zwei Maler brauchen dazu fünf Tage, an denen sie jeweils acht Stunden arbeiten.

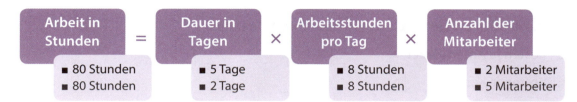

Wenn die Renovierung aber keine fünf Tage, sondern lediglich zwei Tage dauern soll, müssen also mehr Maler angeheuert werden; z. B. **80 Stunden = 2 x 8 x 5**

Die Dauer eines Vorgangs ist also nichts anderes als die Zeitspanne zwischen Anfang und Ende des Vorgangs. Die Dauer der Arbeitspakete muss geschätzt werden, um konkrete Termine berechnen zu können. Aus dem Projektstrukturplan werden die Vorgänge entnommen und deren Dauer geschätzt.

Zur Kostenplanung gibt Zell (2007, S. 70–71) u. a. an, dass sie auf der Einsatzmittel- bzw. Ressourcenplanung aufbaut: Zu den Kosten kommt man, indem man die Einsatzmittel mit ihren Preisen bewertet. Daraus ergeben sich sowohl die Gesamtkosten des Projektes als auch die zeitliche Verteilung der Projektkosten über die Projektlaufzeit. Es ist wichtig, alle durch das Projekt verursachten Kosten diesem auch zuzurechnen. Beispielsweise ist an die Kosten für die Projektvorbereitung und Projektplanung zu denken. Bei einem Kundenauftrag muss auch der Akquisitionsaufwand berücksichtigt werden.

Kostenplanung

Warum man eine Projektkostenplanung macht:

- Bei einem internen Projekt dient die Kostenplanung zur Wirtschaftlichkeitsrechnung (Kosten-Nutzen-Analyse, Vergleiche alternativer Projekte, Investitionsrechnung)
- Für externe Projekte liefert die Kostenplanung die Basis für die Angebotserstellung und Rechnungsstellung
- Der Kostenplan bildet die Grundlage für die Finanzplanung, d. h. die Planung der Zahlungen im zeitlichen Ablauf
- Die Kostenplanung ermittelt die Plankosten, die für das projektbegleitende Controlling benötigt werden

Zum einen kann es sein, dass die Entscheidung zur Projektdurchführung noch nicht gefallen ist, weil man hinsichtlich der Wirtschaftlichkeit des Vorhabens noch unsicher ist. Erst eine detaillierte Kostenplanung wird die dazu notwendige Entscheidungsgrundlage liefern. Das gilt für interne und externe Projekte.

Lernfeld: Multifunktionale Arbeitsplätze effizient organisieren

Zum anderen hat die Kostenplanung das Ziel oder die Aufgabe, die Planvorgaben für das Projektcontrolling zu liefern. Ein Kostencontrolling wird erst möglich, wenn jedem Arbeitspaket Plankosten zugeordnet wurden. So lässt sich dann in der Durchführung kontrollieren, ob diese Kostenvorgaben eingehalten werden oder nicht. Eine Kostenplanung ist Grundlage für das Kostencontrolling.

Die Kostenplanung ermittelt bzw. schätzt folgende Daten:

- Kosten je Arbeitspaket
- Kosten je Kostenart
- Kosten im Zeitablauf
- Gesamte Projektkosten.

Kostenplanung auf Basis der Arbeitspakete:

Nr.	Arbeits-paket	Personal	Material	Betriebs-mittel	Sonstiges	Gesamt
1.1	AP1	40	100	10	20	170
1.2	AP2	30	20	15	20	85
1.3						
1.4						
1.5						
	Summe					
	Gewinnzuschlag rund 10 %					
	Angebotspreis					

Bei externen Projekten wird zu den ermittelten Selbstkosten der Gewinnzuschlag addiert und man erhält den Angebotspreis.

Qualitätssicherungsplan

Die Zufriedenheit des Auftraggebers hängt weit mehr von der Qualität des gelieferten Produkts ab als die Einhaltung der zugesagten Termine und Kosten. Der Ärger mit überzogenen Terminen und erhöhten Kosten lässt mit der Zeit nach; der Ärger mit einem Produkt, das man Tag für Tag benutzt und das ständig Probleme bereitet, bleibt.

Das projektbegleitende Qualitätsmanagement soll von Anfang an dafür sorgen, dass dem Auftraggeber die zugesagte Qualität erbracht wird. Die Qualitätsmerkmale sind schon in der Planungsphase zu definieren und mit dem Auftraggeber abzustimmen. Das Projekt muss für alle Beteiligten transparent sein. Alle Projektbeteiligten kennen somit die geforderten Qualitätsziele und sind für die Einhaltung verantwortlich.

Das Erreichen der Qualitätsziele muss durch geeignete Kontrollen regelmäßig hinterfragt und überprüft werden. Hierzu eignen sich Checklisten/Prüffragenkatalog oder Teststrategien (vgl. Schelle, 2007, S. 195).

Risikoplan

Die weitaus häufigsten Ursachen gescheiterter Projekte liegen in der Terminüberziehung, der Überschreitung der geplanten Kosten und der Verfehlung der gesetzten Qualitätsziele.

Diese Probleme treten häufig an den Prozessschnittstellen auf. „Eine Prozessschnittstelle ist dann gegeben, wenn innerhalb eines Prozesses der betreffende Vorgang an eine andere Stelle weitergegeben wird – es kommt zu einem Verantwortungswechsel" (GP Österreich, 2011). Wenn zum Beispiel Informationen von dem Auftraggeber notwendig sind, erwartet das Projektteam, dass die Informationen korrekt sind.

„Entscheidend ist, dass jede Schnittstelle hinsichtlich ihrer Notwendigkeit hinterfragt wird. Prozessschnittstellen sind stets mögliche Quellen für Fehler und Verzögerungen. Sie verursachen Koordinations- und Kontrollaufwand. Sie können Missverständnisse und Fehler erzeugen, Entscheidungen verzögern, Zeit verbrauchen, die Kommunikation erschweren, zu Informationsverlusten führen und mindern insgesamt die Ergebnisqualität sowie die Produktivität." (GP Österreich, 2011) Oft kommt es vor, dass die Informationen von externen Partnern zeitlich verzögert oder gar nicht kommen, so ist der Zeitplan gefährdet.

Auf diese Prozessschnittstellen sollte ein großes Augenmerk gelegt werden, da die Gefahr von Reibungs-, Qualitäts- und Zeitverlusten sowie redundante Arbeiten besteht. Um diesem vorzubeugen, sollte an diesen Stellen im Vorfeld umfassend kommuniziert und intensiv kooperiert werden. Die Prozessschnittstellen sind im Risikoplan zu definieren und zu dokumentieren.

„Der Risikoplan beschreibt die möglichen Risiken, die den geplanten Projektverlauf beeinflussen könnten. Zu jedem genannten Risiko sind auch die möglichen Abhilfemaßnahmen zu beschreiben" (Groha, 2008, S. 2).

Am besten fragt man sich:

- Welche Stärken und Schwächen hat mein Projekt?
- Welche Chancen und Gefahren beeinflussen das Ergebnis?
- Werden so die kritischen Erfolgsfaktoren ermittelt?

In jedem Projekt muss eine Risikobetrachtung durchgeführt werden. Diese sollte im Qualitätssicherungsplan verankert werden. Die Risikofaktoren Zeit und Kosten sollten als Puffer eingeplant werden. Es hat sich nicht bewährt, für risikoreiche Arbeitspakete mehr Zeit bzw. Kosten einzuplanen. So kann verhindert werden, dass das Projekt bei Nicht-Risiko-Eintritt unnötig verzögert wird.

Tipp: Checklisten, die aus der Auswertung vorangegangener Projekte erstellt wurden, sollten in der frühen Phase der Projektplanung herangezogen werden.

Lernfeld: Multifunktionale Arbeitsplätze effizient organisieren

Kick-off-Meeting

Das Kick-off-Meeting stellt den offiziellen Start des Projektes dar. Während es beim Start-up-Workshop darum ging, Dinge innerhalb des engeren Projektteams zu planen, zu diskutieren und gemeinsam zu erarbeiten, geht es beim Kick-off-Meeting mehr um die Information über das Projekt und um die Genehmigung des bisher erarbeiteten Konzeptes.

Das Kick-off-Meeting wird in der Regel von der Projektleitung moderiert und in Zusammenarbeit mit dem Projektteam vorbereitet. Im Gegensatz zum Start-up-Workshop nehmen daran, neben dem Projektleiter und -team, die Vertreter der Auftraggeber und wichtige Stakeholder teil. Die Tagesordnung des Meetings kann folgendermaßen aussehen:

- Vorstellung aller am Projekt beteiligten Personen (Projektleiter und -mitglieder)
- Ziele des Projektes, Projektauftrag
- Projektstrukturplan (Arbeitspakete und Teilprojekte)
- Zeitplanung und Meilensteine des Projektes

Die Ergebnisse und Beschlüsse des Meetings werden dokumentiert und über einen Verteiler den am Projekt beteiligten Personen zugeleitet (vgl. Zell, 2007, S. 50).

Ende der Planungsphase

Auch wenn im Team in der Planungsphase eng zusammengearbeitet wurde und viele Informationen schon weitergegeben wurden, muss noch sichergestellt werden, dass alle Bescheid wissen und auf dem aktuellen Stand sind:

1. Alle Arbeitspakete sind eindeutig definiert, die Prozessschnittstellen gekennzeichnet und mit allen nötigen Informationen versehen.
2. Alle Teammitglieder kennen ihre Arbeitspakete – die Aufgaben sind geklärt und Besonderheiten sind bekannt.
3. Urlaubszeiten und andere planbare Abwesenheitszeiten sind im Ressourcenplan berücksichtigt.
4. Organisatorische Fragen müssen geklärt sein, wie z. B.:

- Wo werden die Dokumente abgelegt?
- Wie sieht die Datenstruktur bei der elektronischen Ablage aus?
- Wo finden die Projektbeteiligten Büromaterial?
- Wer besorgt das Büromaterial?
- Wann und wo finden die Meetings statt? Wer nimmt daran teil?
- In welcher Form sollen Rückmeldungen zu Arbeitspaketen erfolgen (Brief, E-Mail, Internet-Plattform)?
- Wer erhält die Informationen? In welchen Abständen bzw. wann?
- Stehen die Kontaktdaten der Projektbeteiligten allen zur Verfügung?

8. Manual: Projektmanagement

3. Phase: Projekte durchführen

Die Planung ist fertig, nun geht es an die Umsetzung. Jetzt heißt es aufpassen! Werden die Termine eingehalten? Bleiben die Kosten im geplanten Rahmen? Sind die Inhalte und die erbrachte Qualität ausreichend? Es kommt auf das Zusammenspiel von Projektsteuerung, Projektcontrolling und Projektdokumentation an.

Die Projektsteuerung ist die zielgerichtete Lenkung aller Tätigkeiten im Rahmen eines Projektes zur rechtzeitigen Fertigstellung des Projektergebnisses.

Projektcontrolling heißt nicht nur kontrollieren im Sinne von überwachen, sondern auch Abweichungen erkennen und entsprechende Maßnahmen zur Korrektur treffen. Je früher Abweichungen ermittelt werden, desto besser können Maßnahmen zur Risikominimierung entwickelt bzw. ergriffen werden.

Sowohl für die Projektsteuerung als auch für das Projektcontrolling ist es unbedingt erforderlich, stets auf alle relevanten Informationen zurückzugreifen. Diese Aufgaben übernimmt die Projektdokumentation.

Projektsteuerung

Die Projektsteuerung übernimmt in der Regel der Projektleiter. Um das Projekt auf Erfolgskurs halten zu können, muss er über den jeweiligen Projektstand Bescheid wissen. Zu den zentralen Aufgaben des Projektleiters in der Projektsteuerung gehören die Kontrolle und Überwachung der Messgrößen Sachfortschritt (Ziele), Kosten und Termine. Der Projektleiter sollte jederzeit darüber Auskunft geben können, welche Fortschritte das Projekt macht, und ob der Termin und das Budget eingehalten werden können oder nicht.

Das Ziel der Projektsteuerung besteht vor allem darin, die Transparenz des Projektgeschehens sicherzustellen. Auch die beteiligten Abteilungen, das Projektsteuerungsgremium und die Geschäftsleitung müssen regelmäßig informiert werden.

Wesentlich für den Erfolg von Projektsteuerungsmaßnahmen ist u. a., dass die Informationen schnell verfügbar sind. Sie sollten genau und frei von Redundanzen sein. Planabweichungen müssen rechtzeitig bekannt gegeben werden. Es kommt auf die Frühwarnung an, um das Projekt nicht zu gefährden.

Der Projektleiter sollte den ständigen Kontakt zu seinen Projektmitarbeitern pflegen, damit er über die Stimmungen und die Konflikte zwischen Teammitgliedern informiert ist und entsprechend handeln kann, da dies meist nicht in den Berichten erwähnt wird.

Lernfeld: Multifunktionale Arbeitsplätze effizient organisieren

Führung des Projektteams

Zur Durchführungsphase gehören regelmäßige Rückmeldungen der Teammitglieder und Meetings. Der Projektumfang bestimmt den Rhythmus der Meetings. Oberstes Ziel ist es, dass die Projektleitung über den Fortschritt der einzelnen Arbeitspakete und mögliche Verzögerungen informiert wird. Diese Sitzungen erfordern viel Zeit, umso wichtiger ist es, dass diese zielgerichtet und produktiv verlaufen.

Tipps für effiziente Teamsitzungen

Tagesordnungspunkte: „Schicken Sie ein bis zwei Tage vor der Sitzung per E-Mail eine Liste herum, auf der jedes Teammitglied seine Vorschläge (TOPs) eintragen kann. Prüfen Sie auch im Vorfeld kritisch, ob wirklich jeder Punkt auf die Tagesordnung muss.

Gesprächsleitung: Jede Teambesprechung braucht einen Gesprächsleiter. Das muss nicht zwangläufig der Projektleiter sein. Er kann die Gesprächsführung bei einzelnen Themen oder auch ganz auf jemand anders übertragen. Aufgabe des Gesprächsleiters ist es, das eigentliche Ziel der Sitzung im Auge zu behalten, das heißt Beschlüsse herbeizuführen, auf die Einhaltung der Redezeiten zu achten usw. Diskussionen, die in die falsche Richtung laufen, kann der Gesprächsleiter vermeiden, indem er zwischenzeitlich die Beiträge zusammenfasst („A ist der Meinung, dass ..."; „B äußert dagegen Bedenken ..."; „Wie könnte die Lösung aussehen?").

Regeln: Vereinbaren Sie verbindliche Regeln für den Austausch untereinander. Eine solche Regel kann zum Beispiel heißen, dass kein Redebeitrag länger als zwei Minuten dauern sollte. Der Gesprächsleiter hat so die Möglichkeit, Vielredner zu unterbrechen und auf diese untereinander vereinbarten Regeln hinzuweisen und das Gespräch entsprechend zu lenken. Bestimmen Sie zu Beginn der Sitzung einen Protokollführer. Das Protokoll muss nicht aufwendig gestaltet werden, sollte aber die Ergebnisse der Sitzung zusammenfassen. Außerdem muss nachvollziehbar sein, wer welche Aufgabe übernimmt.

Zeitrahmen: Klären Sie vor Beginn der Sitzung, wie lange diese dauern soll. Halten Sie sich dann aber auch an den vereinbarten Zeitrahmen. Länger als neunzig Minuten sollte keine Teambesprechung dauern, da ansonsten die Konzentration und die Motivation der Beteiligten nachlassen" (VNR-Redaktion, 27. Juli 2008).

Ziele von Team und Teamleiterbesprechungen:

- Die Projektleitung sowie die Projektmitarbeiter verschaffen sich eine Orientierung über die Projektentwicklung in den einzelnen Projektteilbereichen.

- Der Projektstatus wird aufgenommen und daraus werden Konsequenzen gezogen.

- Aktuelle Probleme werden angesprochen und Lösungen entwickelt.

- Teamentscheidungen werden in Besprechungen vorbereitet und es wird ein gemeinsamer Beschluss herbeigeführt.

- Teamleiter entwickeln ein Verantwortungsbewusstsein in ihren Teilbereichen und entlasten den Projektleiter.

- Projektbeteiligte identifizieren sich mit dem Gesamtprojekt.

8. Manual: Projektmanagement

Formular für Protokolle

Protokoll

Projektsitzung vom: Projektbezeichnung:

Ort: Projektnummer:

Datum: Raum:

Beginn: Ende:

Sitzungsleiter:

Teilnehmer(innen):

Ziel(e) der Teamsitzung:

Sitzungsverlauf

Nr.:   Tagesordnungspunkte   erledigt

Ergebnisse:

TOP: Beschreibung/Verantwortlich/Beteiligte   Termin

Termin der nächsten Sitzung:

_____   _____
Unterschrift Projekteiter(in)   Unterschrift Protokollant(in)
Anlage(n)   Verteiler

Lernfeld: Multifunktionale Arbeitsplätze effizient organisieren

Projektcontrolling

Das Projektcontrolling ist zuständig, die Zielvorgaben mit dem laufenden Projekt zu vergleichen, Abweichungen auf ihre Ursachen hin zu untersuchen und Gegenmaßnahmen vorzuschlagen.

Kontrolle Sachstand

Man kann nur das kontrollieren, was vorab geplant bzw. als „Soll" festgelegt ist. Die Kontrolle des sachlichen Projektfortschritts ist komplizierter als die Kontrolle der Termine und Kosten. Bei Terminen und Kosten hat man eine einfache Messgrundlage für die Durchführung der Kontrolle. Diese fehlt jedoch bei der Feststellung des Projektfortschritts. Grundsätzlich können zwei Möglichkeiten der Feststellung des Fertigstellungsgrads unterschieden werden:

Bei der Ermittlung des **relativen Fertigstellungsgrads** fragt man einfach die Arbeitspaket-Verantwortlichen, zu wie viel Prozent ihr Arbeitspaket fertig ist. Bei dieser Vorgehensweise erhält man allerdings subjektive Einschätzungen, die oft kaum brauchbar sind. Aufgrund sich rasch einstellender Anfangserfolge überschätzen Arbeitspaket-Verantwortliche meist ihre bereits erbrachte Leistung. Gleichzeitig neigen sie dazu, den Aufwand für die noch zu leistende Arbeit zu unterschätzen.

Bei der Feststellung des **absoluten Fertigstellungsgrads** geht es nicht um die Frage, zu wie viel Prozent ein Arbeitspaket fertig ist, sondern ob ein Arbeitspaket fertiggestellt worden ist. Der absolute Fertigstellungsgrad ergibt sich demnach als Summe des Zeitaufwands der bereits abgeschlossenen Arbeitspakete bezogen auf den Zeitaufwand aller Arbeitspakete, d. h. des Gesamtprojekts. Die Anwendung dieser Methode ist natürlich nur dann sinnvoll, wenn das Projekt in zahlreiche Arbeitspakete zerlegt ist und die Arbeitspakete hinsichtlich ihres Zeitaufwandes ähnlich dimensioniert sind.

Kontrolle der Projektkosten

Wenn man mit dem Projekt dem Kunden einen Festpreis zugesagt hat, kommt der Kostenkontrolle eine unternehmerisch lebenswichtige Bedeutung zu. Aber auch bei unternehmensinternen Projekten bedeutet eine Kostenüberschreitung, dass die verbrauchten Mittel für andere wichtige Vorhaben nicht mehr zur Verfügung stehen. In jedem Fall wäre es fatal, wenn man eine Kostenüberschreitung erst in der Nachkalkulation feststellen würde. Je früher und genauer der Projektleiter sich abzeichnende Kostenüberschreitungen lokalisieren kann, desto schneller kann er reagieren und das Problem eindämmen. Sowohl bei der Kontrolle der Projektkosten als auch bei der Kontrolle der Projekttermine gilt das Prinzip des „Soll-Ist-Vergleichs". Der Soll-Ist-Vergleich erfolgt in drei Schritten:

1. Schritt: Feststellung der Abweichungen

Im ersten Schritt werden die absoluten und prozentualen Abweichungen ermittelt. Im Beispiel auf der nachfolgenden Seite zeigt sich bei der Analyse der Sachkosten, dass das erste Arbeitspaket um beinahe acht Prozent teurer geworden ist als geplant, allerdings das fünfte Arbeitspaket ca. dreizehn Prozent günstiger geworden ist.

Arbeitspakete	Soll	Ist	Abweichungen absolut	Abweichungen prozentual
AP 1	6.500,00 €	7.000,00 €	+ 500,00 €	+ 7,7 %
AP 2	7.850,00 €	8.500,00 €	+ 650,00 €	+ 8,3 %
AP 3	6.840,00 €	6.840,00 €	0,00 €	0,0 %
AP 4	6.520,00 €	6.800,00 €	+ 280,00 €	+ 4,3 %
AP 5	2.310,00 €	2.000,00 €	– 310,00 €	– 13,4 %
AP 6	800,00 €	800,00 €	0,00 €	0,0 %

2. Schritt: Analyse der Ursachen

Der zweite Schritt besteht darin, die Ursachen der Abweichung zu ermitteln. Generell können die festgestellten Abweichungen auf folgende Ursachen zurückgeführt werden:

- **Unrealistische Planung:** zum Beispiel aufgrund mangelnder Planungserfahrung, fehlender Erfahrungswerte aus ähnlichen Projekten, Unterschätzung der Projektkomplexität
- **Unerwartete Änderungen** der Rahmenbedingungen: Marktereignisse, Verschiebung von Prioritäten, nachträgliche Änderungswünsche des Auftraggebers
- **Fehlerhafte Ausführung:** mangelnde Qualität der Arbeitspaket-Ergebnisse, Nachbesserungsbedarf

3. Schritt: Gegenmaßnahmen (Anpassungen) einleiten
(z. B. Lieferant kann nicht liefern.)

- Kurzfristig kann man versuchen, Sonderkonditionen mit anderen Lieferanten auszuhandeln, um die Budgetüberschreitung in der Summe wieder auszugleichen.
- Mittelfristig sollten Sie auch die anderen Arbeitspakete auf mögliche Lieferantenabhängigkeiten überprüfen.
- Langfristig sollten Sie bei der Planung Ihrer Projekte bereits frühzeitig mögliche Ersatzlieferanten berücksichtigen.

Kontrolle der Projekttermine

Alles, was bisher über die Kontrolle der Projektkosten gesagt wurde, gilt prinzipiell auch analog für die Kontrolle der Projekttermine. Grundlage für die Terminkontrolle ist die Terminplanung des Projektablaufplans (PAP). Diese sollte man im Projektverlauf ständig aktualisieren. Zwei einfache Instrumente zur Überwachung der Projekttermine sind die einfache **Vorgangsliste** und das **Balkendiagramm**.

Allen Ansätzen der Terminsteuerung ist gemeinsam, dass ihnen (genauso wie bei der Kontrolle der Projektkosten) die Logik des Soll-Ist-Vergleichs zugrunde liegt. Bei umfangreichen Projekten wird eine besondere Variante des Soll-Ist-Vergleich nämlich die **Meilenstein-Trend-Analyse,** vorgenommen. Diese stellt in einer einzigen Grafik die ursprünglich geplanten Meilensteintermine sowie deren spätere zeitliche Verschiebung im Projektverlauf dar" (akademie.de, 25. Juli 2008).

Lernfeld: Multifunktionale Arbeitsplätze effizient organisieren

Meilenstein-Trend-Analyse

Im Beispiel ist die grafische Darstellung einer Meilenstein-Trend-Analyse über den Berichtszeitraum Januar 2009 bis März 2010 für vier Meilensteine zu sehen.

Quadrat: In der ursprünglichen Planung war für diesen Meilenstein der Februar 2010 als Endtermin vorgesehen. Aus der Grafik lässt sich entnehmen, dass sich im August 2009 erkennen ließ, dass die Erfüllung des Meilensteins bereits im Oktober 2009 erreicht sein würde.

Der wiederholt fallende Verlauf der Reihe deutet auf eine Planung mit zu hohen Sicherheitspuffern hin. Der Meilenstein wird deutlich früher erreicht als geplant. Bei einer genaueren Terminvorhersage hätte zum Beispiel die Verteilung der Ressourcen optimiert werden können.

Dreieck: Hier zeigt sich das extreme Gegenteil der grünen Reihe. Der stark ansteigende Verlauf zeigt eine zu optimistische Terminplanung an. Der ursprünglich vorgesehene Termin für Oktober 2009 kann nicht gehalten werden und muss mehrfach nach hinten verschoben werden.

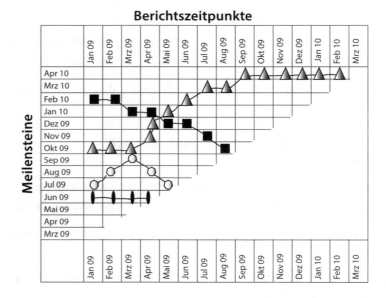

Wichtige Regeln zum Umgang mit Änderungswünschen des Kunden

- Änderungswünsche des Auftraggebers sollte man niemals spontan akzeptieren oder ablehnen. Sollte sich die Unmöglichkeit der Änderung herausstellen, kann man die Zusage später nur schwer zurücknehmen.

- Die Auswirkungen des Änderungswunsches auf das Projekt muss man genau analysieren, am besten gemeinsam mit dem Team. Wenn der Änderungswunsch dem Zeit- und Ressourcenplan schadet, sollte man mit dem Auftraggeber klären, ob ihm der Änderungswunsch dies wert ist.

- Wenn man keine Wahl hat, als den Änderungsauftrag zu akzeptieren, sollte man die Auswirkungen auf das Projekt genau dokumentieren. Wenn man dann später die unvermeidlichen Budgetüberschreitungen und Terminverzögerungen erklären muss, hat man sich bereits frühzeitig abgesichert.

8. Manual: Projektmanagement

Projektdokumentation

Während der eigentlichen Projektumsetzung sind über die Fortschrittskontrolle hinaus weitere Aktivitäten notwendig, die vor allem den Bereich Information und Dokumentation betreffen.

Projekt-Berichtswesen (Report)

Die Projektbeteiligten (Auftraggeber, Unternehmensleitung, Projektleitung, Projektteam) benötigen zur zielgerichteten Steuerung der Projektarbeit in regelmäßigen Abständen geeignete Informationen. Sie müssen über Verlauf, Vorgangsstatus, Kosten, Ressourcen und Arbeitsauslastung des Projektes auf dem Laufenden gehalten werden.

Der Aufwand des Berichtswesens ist zweckmäßig, weil

- das Projektteam dadurch kontinuierlich informiert wird
- ein Nachweis der erbrachten Leistungen gegenüber dem Auftraggeber erfolgt
- die erzielten Projektfortschritte beurteilt werden können
- ein kontinuierliches Marketing der Projektergebnisse betrieben werden kann
- die Berichte als Grundlage für eine spätere Weiterentwicklung der Projektergebnisse dienen

Projektberichtsplan

Ohne einen vereinbarten Berichtsplan ist ein modernes Projektmanagement nicht denkbar.

Berichtsart	Berichtsersteller	Berichtszeitpunkt	Empfänger/Verteiler
Projektstrukturplan	Projektleiter	Tag der Genehmigung	Auftraggeber Projektlenkungsausschuss Projektteam
Projektstatusbericht	Projektleiter Arbeitspaketver- antwortlicher	z. B. immer mon- tags 15:00 Uhr Jour-fixe-Besprechung	Auftraggeber Projektlenkungsausschuss Projektteam
Sofortbericht	Projektleiter	bei Krisen	Auftraggeber Projektlenkungsausschuss Projektteam
Meilenstein- berichte Besprechungs- protokolle	Projektleiter	Abschluss eines Meilensteinmeetings Abschluss einer Projektphase	Teilnehmer des Meilensteinmeetings Projektlenkungsausschuss
Arbeitspaketbericht	Arbeitspaketver- antwortlicher	Abschluss des Arbeitspaketes	Auftraggeber Projektlenkungsausschuss Projektteam
Abschlussbericht	Projektleiter	Projektabschlussphase	Auftraggeber Projektlenkungsausschuss Projektteam

Lernfeld: Multifunktionale Arbeitsplätze effizient organisieren

Die Berichte werden an die Empfänger via E-Mail gesendet und stehen allen Beteiligten auf einer Onlineplattform zur Verfügung.

Ein weiteres, wichtiges Instrument zur Steuerung der Projektarbeit ist eine ordentliche Dokumentation in einem Projektordner. In den vier Phasen des Projektverlauf sollte Folgendes dokumentiert werden:

Phase	Dokumentation
Projektdefinition	Projektauftrag Stakeholder-Analysen Protokoll des Start-up-Workshops Projektkorrespondenz
Projektplanung	Arbeitspaketbeschreibungen Projektstrukturplan Projektablaufplan Termin-, Kosten- und Ressourcenplan Protokolle Meilenstein-Übersichten Projektkorrespondenz Kick-off-Meetings
Projektdurchführung	Statusberichte Abweichungsanalysen Trendanalysen Protokolle Projektkorrespondenz Projektberichtsplan Checklisten
Projektabschluss	Abnahmeprotokoll Auswertung von Fragebögen zum Projekt Präsentationsunterlagen Abschlussbericht Resümee des Projektablaufs (lessons learned)

Für regelmäßig durchzuführende Projektbesprechungen empfiehlt es sich, ein Standardformular für die Dokumentation des Projektstatus zu verwenden.

8. Manual: Projektmanagement

Formular für den Projektstatusbericht

Projektstatusbericht

Datum: Projektbezeichnung:

Ort: Projektnummer:

Erstellt von <Projektleiter>

Verteiler: <Auftraggeber, Lenkungsausschuss, Teammitglieder>

Projektstatus:

☐ o. k.

☐ einige Schwierigkeiten

☐ erhebliche Probleme

Kurzbeschreibung Projektstatus

<Wo stehen wir?>

Erledigte Arbeitspakete

AP 1   <Bezeichnung des Vorgangs>

AP 2   <Bezeichnung des Vorgangs>

AP 3

AP 4

Vorliegende Zwischenergebnisse

AP 5.1   <Stand des Vorgangs>

AP 5.2

Kostensituation

<Wie viele Kosten sind angefallen, welche Restkosten sind noch zu erwarten?>

Terminsituation

<Lassen sich die zugesagten Meilensteine und der Projektendtermin halten?>

Sich abzeichnende Schwierigkeiten und Maßnahmen der Gegensteuerung

Wesentliche Aufgaben der Folgemonate und Planung

4. Phase: Projekte abschließen

In der letzten Phase des Projektzyklus' wird das Projektergebnis an den Auftraggeber übergeben, die Projektorganisation wird aufgelöst und ein Resümee aus dem zurückliegenden Projektverlauf gezogen.

Ein systematischer Abschluss für das Projekt selbst und auch für zukünftige Projekte sind von großer Bedeutung, da aus positiven wie auch negativen Erfahrungen, die gemacht wurden, sehr viel gelernt werden kann. Die Überprüfung sollte sich dabei nicht nur auf das Sachergebnis konzentrieren, sondern auch auf die Art und Weise der Zusammenarbeit.

Der Projektabschluss ist nach DIN 69905 das „formale Ende eines Projekts" und besteht in der „Beendigung aller Tätigkeiten, die mit dem Projekt in Zusammenhang stehen".

Projektabschlusspräsentation

Zu jedem erfolgreichen Projekt gehört eine Abschlusspräsentation. Zielgruppe dieser Abschlusspräsentation sind alle Teilnehmer, in erster Linie der Auftraggeber und der Lenkungsausschuss, ggf. können auch weitere Mitglieder des Projektteams beteiligt werden. Die Einladung zur Abschlusssitzung beinhaltet eine ausführliche Agenda, in der die Ziele klar definiert sind.

Agenda einer Abschlusspräsentation

1. Zielsetzung
2. Projektorganisation
3. Vorgehensweise und Ergebnisse
4. Praktische Umsetzung

Inhalt der Präsentation ist es, den endgültigen Projektstatus wiederzugeben. Dieser Status umfasst neben den erreichten Zielen auch die durchgeführten Arbeiten. Der Erreichungsgrad der Ziele kann einfach dargelegt werden, indem der aktuelle Stand des Projektes mit den im Projektauftrag definierten Zielen verglichen wird. Sollten vereinbarte Ziele nicht erreicht worden sein, müssen die Gründe dafür ausreichend dargelegt werden.

Üblicherweise wird ein **Abnahmeprotokoll** erstellt und zur Unterschrift vorgelegt. Wenn alles stimmt, ist der Kunde zufrieden und nimmt das Projekt ab. Ansonsten ist eine Nachbesserung erforderlich, die aber in einem realistischen Zeitrahmen durchgeführt werden muss. Dies führt dazu, dass die Abnahmeprozedur erneut zu durchlaufen ist.

Die Abschlusspräsentation ist ein wichtiges Marketinginstrument. Eine schlechte Abschlusspräsentation schmälert maßgeblich den Erfolg des Projektes und damit auch die Arbeit des Projektteams (vgl. Hilgenberg, 17/2000, S. 2).

8. Manual: Projektmanagement

Formular für das Projektabnahmeprotokoll

Projektabnahmeprotokoll	
Auftraggeber:	Datum:
Projektleiter:	Projektnummer:
Projektbeginn:	Projektende:
Projektbezeichnung:	

1. Ergebnisse

Projektauftrag (Zielsetzung des Projekts):

Zielerreichung, wichtige Einzelergebnisse:

Abweichungen:

2. Projektabnahme

Abgenommen am:	Abgelehnt am:
Besonderheiten:	Grund für die Ablehnung:

_____ _____
Unterschrift: Projektleiter   Unterschrift: Auftraggeber

Auflösung der Projektorganisation

Abschluss der Projektdokumentation

Während eines Projektes werden viel Papier und viele Dateien erzeugt. Diese Arbeitsergebnisse gilt es zum Abschluss des Projektes zu ordnen, zu archivieren und verfügbar zu machen. Die Projektdokumentation wird damit abgeschlossen. Diese Arbeit ist für die Zeit nach dem Projekt besonders wichtig. Viele Projektunterlagen sind im Laufe des Projekts veraltet bzw. immer noch unvollständig. Damit sich nach Abschluss des Projektes auch Projektfremde in diesen Unterlagen zurechtfinden, muss hier rigoros „ausgemistet" werden. Idealerweise werden alle relevanten Dateien zusätzlich auf einem Speichermedium archiviert.

Endabrechnung

Die Projektabrechnung muss abgeschlossen werden. Sobald die vertraglichen Dinge geklärt und die Abschlussrechnungen beglichen sind, kann die Kostenstelle des Projektes geschlossen werden.

Freigabe der Projektmitglieder/-ressourcen

„Zu Beginn eines Projektes wird neben dem Projektleiter auch ein Projektteam definiert. Für die Laufzeit des Projektes sind diese Mitarbeiter mehr oder weniger stark für das Projekt geblockt. Erst mit Abschluss des Projektes sollten diese Ressourcen wieder für andere Aufgaben frei sein.

Einem vorzeitigen Abzug von Ressourcen ist vorzubeugen. Gerade bei den Abschlussarbeiten kommt es immer wieder vor, dass der Projektleiter irgendwann allein dasteht und wegen der Masse der noch zu leistenden Arbeiten das Projekt nicht korrekt zum Abschluss bringen kann" (Hilgenberg, 17/2000, S. 3).

Der Projektleiter sollte daher rechtzeitig vor Beendigung des Projekts mit den Teammitgliedern reden und ihnen neue Perspektiven aufzeichnen. Sonst besteht die Gefahr, dass die Projektbeteiligten versuchen, das Vorhaben in die Länge zu ziehen, weil sie nicht wissen, was sie nach dem Abschluss erwartet, oder weil sie befürchten, dass keine Arbeit mehr für sie da ist. Eine andere Reaktion ist, dass Teammitglieder vor Beendigung des Projektes abspringen, um rechtzeitig ein neues Projekt zu bekommen. Ziel ist es, dass die Projektgruppe sich erst nach vollbrachter Arbeit auflösen soll.

Ebenso verhält es sich mit anderen Ressourcen, wie z. B. Räumlichkeiten und Arbeitsmitteln. Auch diese Ressourcen sollten erst nach der Freigabe durch den Projektleiter wieder anderweitig genutzt werden können, ansonsten kann es passieren, dass Maschinen abgezogen werden, bevor das Projekt abgeschlossen ist.

Projektabschlussbericht

In der Regel ist am Schluss ein Abschlussbericht zu schreiben. Dies ist üblicherweise Aufgabe des Projektleiters. Die Teammitglieder arbeiten ihm zu. Da der Bericht in erster Linie für den Auftraggeber gedacht ist, sollten die Strukturierung und der Umfang schon zu Projektbeginn mit ihm abgestimmt werden.

8. Manual: Projektmanagement

Formular für den Projektabschlussbericht

Projektabschlussbericht

Auftraggeber: Datum:

Projektleiter: Projektnummer:

Projektbezeichnung:

1. Erfolgsmessung

Zielerreichung Leistungen:
<Erreicht? Wenn nicht, warum nicht?>

Zielerreichung Termine
<Erreicht? Wenn nicht, warum nicht?>

Zielerreichung Kosten:
<Erreicht? Wenn nicht, warum nicht?>

2. Reflexion/lessons learned

Team/Zusammenarbeit:

Projektmanagement:

Sonstige Learnings

3. Planung Nachprojektphase/Restaufgaben

Was?   Wer?

4. Projektabnahme

☐ Das Projekt wird abgenommen.
☐ Das Projekt wird unter der Einhaltung folgender Auflagen abgenommen:
☐ …

_____   _____
Unterschrift Projektleiter   Unterschrift Auftraggeber

Verteiler:

© Verlag Europa-Lehrmittel

Lernfeld: Multifunktionale Arbeitsplätze effizient organisieren

Resümee des Projektablaufs (lessons learned)

Das letzte Zusammentreffen für die Projektleitung und alle Teammitglieder findet in Form eines Projektabschluss-Workshops statt. Die gemachten Projekterfahrungen werden ausgewertet. Diese Projektnachbetrachtung hat zum Ziel, dass in Zukunft aus den Erfahrungen eine immer effektivere Projektarbeit entsteht. Dies betrifft neben der Verbesserung der eigenen Arbeit auch das verbesserte Zusammenspiel im Team. Aus diesem Grunde sollten bei der Nachbetrachtung primär die folgenden Fragen behandelt werden:

- Inwieweit wurde das Projektziel erreicht?
- Was hätte man besser machen können?
- Was funktionierte gut und hat das Projekt weitergebracht?
- Welche Erfahrungen nimmt jeder Einzelne mit?
- Was sollte in zukünftigen Projekten vergleichbarer Art anders gemacht werden?
- Wie gehen wir mit unseren Erkenntnissen um?

Aber nicht nur die Beachtung von Fehlern soll Bestandteil einer Nachbetrachtung sein. Auch die Dinge, die im Projekt gut gelaufen sind und das Projekt weitergebracht haben, sollten genau analysiert werden. Zumeist ergeben sich aus bewährten Vorgehensweisen wiederverwendbare Raster und Strukturen für Folgeprojekte. Die Nachbetrachtung eines Projekts bietet daher die Möglichkeit, für die nächsten Projekte viel Arbeit zu sparen.

Sinnvollerweise sollte die Nachbetrachtung des Projekts in Form eines Berichts schriftlich niedergelegt werden. Dieser Bericht sollte zwei Teile umfassen. Ein Teil sollte die Dinge enthalten, die das Projekt positiv beeinflusst und weitergebracht haben. Der andere sollte die Dinge enthalten, die sich für das Projekt nachteilig ausgewirkt haben. Dies betrifft nicht nur Fehler, die im Projekt begangen worden sind, sondern auch Ereignisse und Einflüsse, die das Projekt negativ beeinflusst haben.

Diese Auswertung und Speicherung (DIN 69905) der Projektinformationen ist eine wichtige Aufgabe eines Projektinformationsmanagementsystems. Die Projekterfahrungen (lessons learned) sollten systematisch zusammengestellt werden und für die Nachfolgeprojekte leicht zugänglich gemacht werden.

Abschlussfeier – Final Event

„Der erfolgreiche Abschluss eines Projekts sollte zeitnah gebührend gefeiert werden. Deshalb ist der Final Event z. B. in Form eines gemeinsamen Abendessens mit allen Beteiligten ein wichtiger und notwendiger Teil des Projekts. Alle Projektmitglieder waren während eines Projekts hohen Belastungen ausgesetzt. Dies anzuerkennen soll Aufgabe solch einer gemeinsamen Feier sein. Neben dem Projektleiter und den Projektteilnehmern sollte auch der Auftraggeber anwesend sein. Damit besteht für ihn die Möglichkeit, sich für die geleistete Arbeit abschließend vor dem gesamten Team zu bedanken.

Der Rahmen dieses Anlasses sollte im Verhältnis zum Gesamtprojekt gewählt werden. Es gibt zwischen Imbiss und Gourmettempel eine große Bandbreite von Möglichkeiten. Hier sollte mit Feingefühl der richtige Rahmen gefunden werden.

Wichtig ist, dass in der Veranstaltung alle Leistungen der Teammitglieder gewürdigt werden. Denn schließlich hängt der Erfolg eines Projektes vom Team ab, das gemeinsam die Ziele verfolgt und erreicht hat" (Hilgenberg, 18/2000, S. 2).

Interview

Der Organisator beschafft sich alle notwendigen Informationen durch ein Gespräch mit dem Mitarbeiter. Dabei können gezielte Fragen zu einzelnen Problemen gestellt werden. Bei Unklarheiten können Rückfragen zum Verständnis beitragen. Allerdings erfordert diese Methode ein hohes Maß an Kontaktfähigkeit und Einfühlungsvermögen vom Organisator.

Um das Interview zu strukturieren, entwickeln Sie einen Leitfaden für Ihre Interviewfragen und ordnen Sie sie in einer Reihenfolge. Beginnen Sie mit den Einstiegsfragen, durch die Sie zu Ihrem Interviewpartner eine erste Kommunikationsbeziehung aufbauen. Danach folgen die Interviewfragen zu Ihrem Projektthema. Wie bei der Erstellung eines Fragebogens können auch beim Interview unterschiedliche Fragestellungen eingesetzt werden:

Direkte Frage	Sie bezieht sich unmittelbar auf den Sachverhalt. (z. B.: Welchen Drucker würden Sie kaufen?)
Indirekte Frage	Sie wird dann verwandt, wenn psychologisch problematische Sachverhalte abgefragt werden. Dadurch können über Umwege mögliche Antworthemmungen der Befragten umgangen werden. (z. B.: Welche Eigenschaften müsste der Drucker haben, damit er Ihren Anforderungen entspricht?)
Assoziative Frage	Den Befragten werden bestimmte Reizworte vorgegeben; Sie sollen sich dann zu den daraus ergebenden Assoziationen spontan äußern. (z. B.: Was fällt Ihnen spontan zu diesem Druckermodell ein?)

- Stellen Sie im Interview möglichst offene Fragen, bei denen die befragte Person die Antwort mit eigenen Worten formulieren muss.

- Formulieren Sie „W-Fragen" (welche, wie, weshalb, warum). Dadurch erhalten Sie vielschichtige Antworten, die Ihnen neue Informationen für Ihr Projektthema bringen können.

- Reden Sie Ihren Gesprächspartner persönlich mit seinem Namen an.

- Hören Sie den Antworten aktiv und konzentriert zu.

- Stellen Sie verständnisvolle Zwischenfragen und machen Sie Bemerkungen.

- Halten Sie zur interviewten Person Blickkontakt.

- Würdigen Sie die vorgetragenen Argumentationen und versuchen Sie, wenn es notwendig ist, mit einem Widerspruch (ja, aber ...) das Gespräch zu vertiefen.

- Denken Sie stets mit und stellen Sie weitere Zwischenfragen im Hinblick auf Ihr verfolgtes Interviewziel.

Lernfeld: Multifunktionale Arbeitsplätze effizient organisieren

Dokumentenanalyse

Neue Informationen werden aus vorhandenen Dokumenten gewonnen. So wird kein gesonderter Aufwand für die Informationsgewinnung betrieben, bei der etwa die betroffenen Personen einbezogen werden.

Zunächst werden die möglichen Informationsquellen (Archive, Web) gesichtet und gezielte Recherchen durchgeführt. Gefundene Dokumente werden ausgewertet und im Hinblick auf den Erhebungszweck neu strukturiert. Die Dokumentationsanalyse macht sich die Tatsache zunutze, dass Träger von Informationen nicht nur Menschen sind.

Belege, Statistiken, Literatur, technische Zeichnungen, Datenbanken, Internet (Netzwerke) erhalten ebenfalls Informationen, die für die Projektarbeit genutzt werden können. Nach der Sammlung der geeigneten Dokumente gilt es Kriterien festzulegen, nach denen eine Auswertung durchzuführen ist.

Beobachtung

Bei der Beobachtung wird der Arbeitsablauf über einen längeren Zeitraum vom Organisator beobachtet. Sie wird angewandt, wenn möglichst exakt Arbeitsauslastungen, Störquellen und Arbeitszeiten erfasst werden sollen.

Die Beobachtung kann offen oder verdeckt durch ausgewählte Personen aus dem Projektteam durchgeführt werden. Eine verdeckte Beobachtung widerspricht allerdings allen zeitgemäßen Führungsstilen und ist rechtlich bedenklich. Möglich ist entweder eine Vollzeit- oder Multimomentbeobachtung.

8. Manual: Projektmanagement

Aufgabenanalyse

Eine Grundanforderung an die Organisationstätigkeit ist die Aufgabenanalyse (Aufgabe). Der Betriebszweck wird dabei planerisch in verschiedene Teilaufgaben zerlegt. Diese Aufgaben werden daraufhin untersucht, welche Anforderungen für ihre Erledigung gestellt werden müssen (Stellenbildung) und wie sie am effizientesten bewältigt werden können.

Dazu haben sich zwei Fragestellungen bewährt („Und-oder-Regel"):

- Welche einzelnen Teilaufgaben müssen erledigt werden, um die gesamte Aufgabe zu bewältigen?
- Welche Arten und Weisen der Erledigung der Aufgabe kommen in Frage?

Verrichtung	Führung des Sekretariats
Objekt	Korrespondenz, Post und Telefonannahme, Büroorganisation
Zeit	von 08:00 Uhr bis 17:00 Uhr, Sekretariat
Arbeitsmittel	PC, Büroeinrichtung
Teilaufgabe	Erledigung der Korrespondenz nach Diktat
	Wiedervorlagemappe verwalten
	Ablage organisieren
	Annahme und Verteilung eingehender Telefonate
	Postein- und -ausgang
	Bestandsführung und Einkauf von Büromaterial
	Organisation der Geschäftsreisen
Alternative	Problem – Bereitschaftszeit 9 Stunden
	Erledigung durch berufserfahrene Vollzeitkraft
	Problem – Koordination der Aufgabenteilung
	Job-Sharing für zwei berufserfahrene Teilzeitkräfte

Teilaufgaben sind z. B. Beschaffung, Produktion und Absatz eines Produktes usw. (funktionale Organisation). Bei der Art und Weise der Erledigung wird z. B. im Produktionsbereich zwischen den Fertigungstypen Fließfertigung, Gruppenarbeit, Werkstattfertigung und Baustellenfertigung unterschieden. Die Zerlegung in Teilaufgaben kann sich nicht nur hauptsächlich an der Verrichtung oder Tätigkeit (z. B. Schreiben von Briefen) orientieren, sondern auch an dem Gegenstand oder Objekt (z. B. Brief, der von verschiedenen Personen entworfen, diktiert, geschrieben, kuvertiert und frankiert wird). Außerdem lassen sich Aufgaben nach ihrem Rang (Entscheidung, Leitung oder Ausführung), Zweck (z. B. direkt zweckbezogene Tätigkeiten, wie Kundendienst, und indirekt zweckbezogene Verwaltungstätigkeiten) oder nach den Phasen ihrer Erledigung untersuchen.

Lernfeld: Multifunktionale Arbeitsplätze effizient organisieren

Prozessanalyse

„Die Prozessanalyse hat das Ziel, die Abläufe und Strukturen des Unternehmens vor dem Hintergrund des Unternehmensumfelds zu erfassen. Die Erfassung der Prozesse erfolgt in der üblichen, mehrstufigen Abfolge von Interviews und gemeinsamen Reviews. Ziel der Prozessanalyse ist ein vernetztes Bild der Unternehmenslandschaft. Zugleich werden Aussagen über Stärken und Schwächen beziehungsweise Risiken transparent und in entsprechende Ursache-Wirkungsbeziehungen gesetzt" (Schniz 2008).

In einer Prozessanalyse stellen sich im Wesentlichen folgende Fragen: Wo kann ich die Vorgehensweise vereinheitlichen? Wie können gruppenübergreifende Prozesse synchronisiert werden? Wo können Prozesse logisch verbessert werden (Vermeidung unnötiger Arbeitsschleifen)? Sind alle Prozesse ausreichend mit Informationen versehen? Welches sind die Schlüsselindikatoren zur Bildung von Kennzahlen?

Die Prozessanalyse lässt sich in drei Phasen unterteilen:

Aufnahme der Unternehmensstruktur. Ziel dieser Phase ist es, sich ein ganzheitliches Bild der Organisations- und Aufbaustruktur des Unternehmens zu verschaffen, um später bei der Ist-Aufnahme der Prozesse die örtlichen Gegebenheiten, die internen Ansprechpartner und die bestehenden Hierarchieebenen zu kennen. Schon hier lassen sich oft Schwachstellen erkennen (z. B. zu viele Hierarchieebenen).

Aufnahme der Geschäftsprozesse (Ist-Analyse). Durch die Aufnahme des Ist-Zustandes soll ein Modell der im Unternehmen ablaufenden Geschäftsprozesse erstellt werden. Dabei konzentriert man sich u. a. auf die wichtigsten Kernprozesse und auf solche Prozesse, bei denen ein Verbesserungspotenzial offensichtlich ist.

Analyse der Geschäftsprozesse. In dieser Phase wird die ermittelte Ist-Analyse mithilfe von Prozesskostenrechnung, Schwachstellenanalyse, Benchmarking und durch die Simulation von Prozesszeiten auf mögliche Schwachstellen und Einsparpotenziale überprüft.

Methoden der Ist-Analyse

Um die ersten beiden Phasen einer Prozessanalyse durchzuführen, benötigt man verschiedene Daten zur Unternehmensstruktur und zu den einzelnen Geschäftsprozessen. Diese kann mit der Mitarbeiterbefragung oder den eigenen Beobachtungen erfasst werden" (Beher, Tyll 2001/2002).

8. Manual: Projektmanagement

Stakeholderanalyse – Umfeldanalyse (LA 5.2)

Stakeholder („to have a stake in" ein Interesse haben an/betroffen sein von) beeinflussen das Erreichen von Unternehmenszielen. Es sind Personen oder -gruppen, die in Beziehung zum Unternehmen oder zum Projekt stehen. Projekt-Stakeholder können von dem Projekt sowohl positiv als auch negativ betroffen werden. Die Akzeptanz für das Projekt im Umfeld ist für den Projekterfolg wichtig. Es ist nachteilig, wenn die Stakeholder nicht einbezogen werden, wenn sie mit ihren Bedenken, aber auch mit ihren möglicherweise nützlichen Ratschlägen übergangen werden.

Die Stakeholderanalyse gliedert sich in vier Schritte:

1. **Wer sind die Stakeholder?** Dazu braucht man frühzeitig eine möglichst vollständige Identifikation der wichtigen Personen, die Einfluss auf das Projekt und die Projektergebnisse haben. Besonderes Augenmerk gilt den projektkritischen Stakeholdern. Man muss aber auch die Stakeholder kennen, die dem Projekt positiv und fördernd gegenüberstehen. Es lassen sich die internen (Geschäftsführung, Mitarbeiter, Betriebsrat) von den externen (Kunden, Konkurrenten, Lieferanten) Stakeholdern unterscheiden.

2. **Betroffenheit, Interesse und Macht untersuchen.** Es ist zu prüfen, in welcher Weise die identifizierten Stakeholder von dem Projekt betroffen sind. Manchmal ist die subjektiv empfundene Betroffenheit größer, als es tatsächlich der Fall ist. Es ist zu ermitteln, welche Interessen sie in Bezug auf das Projekt verfolgen und welchen Einfluss sie nehmen können.

3. **Wie werden sich Stakeholder verhalten?** Mit welchen Stakeholdern können sich Konflikte ergeben und mit welchem Ausmaß an Konflikt ist zu rechnen? Aber auch: Wo sind Projektbefürworter und in welcher Weise können diese den Fortgang des Projektes unterstützen?

4. **Maßnahmen planen – Projektmarketing:** Mit diesen Maßnahmen will man auf die Stakeholder so einwirken, dass das Projekt trotz aller Betroffenheit und evtl. gegensätzlicher Interessen zum Erfolg führt. Mit einem guten Projektmarketing lassen sich evtl. Widerstände mindern und potenzielle Unterstützer aktivieren. Pflegen Sie die Beziehungen zu den Unterstützern, denn diese werden Sie brauchen, wenn es zu Schwierigkeiten im Projekt kommt. Eine offene Informationspolitik (Betriebszeitung, Informationsveranstaltung, Workshop, Pressemitteilungen) ist meist hilfreich (vgl. Zell, 2007, S. 37–39).

> Stakeholder sind Personen, für die es aufgrund ihrer Interessenlage von Belang ist, wie ein bestimmtes Unternehmen sich verhält (z. B. Mitarbeiter, Kunde, Lieferant)

Identifikation potenzieller Stakeholder → Strategische Einordnung → Vorhersagen des Stakeholderverhaltens → Maßnahmen planen und umsetzen

Lernfeld: Multifunktionale Arbeitsplätze effizient organisieren

Nutzwertanalyse

„Nutzwertanalysen stellen den Nutzen zwei oder mehrerer Lösungen einander gegenüber. Sie bilden eine gute Entscheidungsgrundlage. Nutzwertanalysen sind prinzipiell Entscheidungstabellen, bei denen einzelne Kriterien gewichtet werden.

1. Schritt: Sammeln Sie alle Eigenschaften und Merkmale (harte und weiche), die Ihnen zu der jeweiligen Anschaffung einfallen, und listen Sie diese auf. Für einen objektiven Vergleich müssen Sie immer eine Anzahl „harter Faktoren" (z. B Preis, Energieverbrauch) und „weicher Faktoren" (z. B. Bedienerfreundlichkeit, Wartungsfreiheit) mit in die Entscheidung einbeziehen.

2. Schritt: Definieren Sie K.o.-Kriterien (Mindest-/Höchstbedingungen, deren Erfüllung zwingend gefordert wird) für die einzelnen Merkmale.

3. Schritt: Bewerten Sie jedes einzelne Merkmal mit einer subjektiven Wichtigkeit (G). Sie können beliebige Wertebereiche wählen (1 bis 5, 1 bis 10, 0,1 bis 1,0 usw.).

4. Schritt: Untersuchen Sie alle Alternativen nach K.o.-Kriterien und sondern Sie alle Möglichkeiten aus, die ein solches K.o.-Kriterien aufweisen.

5. Schritt: Vergeben Sie nun für alle Alternativen Punkte für die jeweiligen Merkmale (M). Je besser das Merkmal erfüllt ist, desto höher ist die Punktzahl.

6. Schritt: Multiplizieren Sie die Bewertungen (M) mit den Gewichtungen (G) und summieren Sie dann alle Zahlen zu einem Gesamtergebnis. Die Variante mit dem höchsten Zielerreichungsgrad ist die empfehlenswerteste" (VNR-Redaktion 3. Juni 2008).

Nutzwertanalyse: Beispiel zur Bewertung verschiedener Maschinen

	Gew. (G)	Maschine 1 Punkte	G.M1	Maschine 2 Punkte	G.M2	Maschine 3 Punkte	G.M3
Kosten	44	9	396	7	308	8	352
Leistung	31	7	217	9	279	5	155
Komfort	14	6	84	10	140	0	0
Design	8	0	8	4	32	6	48
Ökologie	3	6	18	8	24	0	0
…	…	…	…	…	…	…	…
Ergebnis	100		723		783		555

Vergessen Sie aber nie, dass die Ergebnisse zu einem großen Teil auf subjektiven Einschätzungen basieren.

Kosten-Nutzen-Analyse

Im Unterschied zur Nutzwertanalyse werden bei der Kosten-Nutzen-Analyse die mehrdimensionalen Zielsetzungen in eine monetäre Größe verdichtet. Das Verfahren läuft in drei Schritten ab. (monetär = das Geld betreffend)

Kostenanalyse

Hier werden beispielsweise Anschaffungskosten, laufende Wartung pro Jahr, Betriebsmittel pro Jahr und Wiederverkaufserlöse errechnet und auf den Investitionszeitraum hochgerechnet. Als Ergebnis erhält man die Kosten im Investitionszeitraum.

Korrektur der Nutzwertanalyse

Wenn der Kosten-Nutzen-Analyse eine Nutzwertanalyse vorausgegangen ist, werden von den Gesamtpunkten die Punkte abgezogen, die für die finanziellen Größen (Kostengrößen) vergeben wurden, um die „Restpunkte" zu erhalten.

Finanzieller Aufwand pro Qualitätspunkt

Schließlich dividiert man die Kosten im Investitionszeitraum durch die Restpunkte und erhält den finanziellen Aufwand pro Qualitätspunkt. In dem aufgeführten Beispiel sollte für die Maschine 2 mit 20,54 EUR pro Qualitäts(nutzen)punkt entschieden werden.

Beispiel zur Bewertung verschiedener Maschinen	Maschine 1	Maschine 2	Maschine 3
Kostenanalyse	**EUR**	**EUR**	**EUR**
Anschaffungskosten	9.100	7.500	8.250
laufende Wartung (pro Jahr)	600	700	500
Betriebsmittel (pro Jahr)	240	260	150
Wiederverkaufserlös	5.000	3.500	4.000
Nutzungsdauer: 6 Jahre			
Anschaffungskosten	9.100	7.500	8.250
Wartung	3.600	4.200	3.000
Betriebsmittel	1.440	1.560	900
Wiederverkaufserlös	− 5.000	− 3.500	− 4.000
Kosten im Investitionszeitraum	**9.100**	**9.760**	**8.150**
Korrektur der Nutzwertanalyse			
Ergebnis der Nutzwertanalyse	723	783	555
abzüglich Punkte der Nutzwertanalyse für finanzielle Größen	396	308	352
Restpunkte (der Nutzwertanalyse)	327	475	203
Finanzieller Aufwand pro Qualitätspunkt	27,95	20,45	40,14
Reihenfolge	2	1	3

Lernfeld: Multifunktionale Arbeitsplätze effizient organisieren

Checklistentechnik/Prüffragenkatalog

Die Checkliste ist eine Zusammenstellung von Fragen, mit denen versucht wird, alle Problemfelder des Ist-Zustandes zu behandeln und systematisch Schwachstellen zu finden. Entscheidungsrelevante Merkmale werden als Frage formuliert und zu einem Katalog zusammengefasst. Bei der Zusammensetzung spielen sowohl die logische Betrachtung des Untersuchungsbereiches als auch die Erfahrungen aus der Praxis eine relevante Rolle.

Zwei Zielvorstellungen müssen bei der Erstellung beachtet werden. Zum einen sollen Schwachstellen und Mängel erkannt werden, zum anderen geläufige Lösungsmöglichkeiten des Untersuchungsbereichs untersucht werden. Für viele Aufgaben gibt es bereits Checklisten, die von Experten erstellt wurden und die dem Nutzer aufzeigen wollen, wie er eine Lösung für seine Aufgabe findet. Man findet sie im Internet, in Büchern oder Fachzeitschriften. Problem dabei ist, die richtige und passende Checkliste für die je eigene Aufgabe zu finden.

Checklisten dienen der Übersicht, dem Einstieg in eine neue Arbeitsaufgabe sowie einer strukturierten Vorgehensweise. Selten machen sie das „Selbst-Nachdenken" überflüssig. Erst in Kombination mit den eigenen Erfahrungen werden sie zu einem nützlichen Arbeitsinstrument.

Folgende Aspekte sind zu beachten:

1. Erstellen Sie eine Arbeits- bzw. Formatvorlage für Ihre Checklisten, die wichtige Informationen enthält wie: Name des Erstellers, Themenbereich, Thema, Datum der Erstellung oder Versionsnummer. Das Layout sollte ansprechend und übersichtlich sein.

2. Sammeln Sie so viele Aspekte wie möglich, die in der Checkliste für das jeweilige Thema aufgenommen werden können.

3. Sprechen Sie mit Experten zum Thema, sammeln Sie Informationen aus dem Internet, aus Fachbüchern oder aus bestehenden Checklisten.

4. Erstellen Sie Ihre eigene Checkliste. Achten Sie darauf, dass diese dem Nutzer genug Freiraum bietet, damit zu arbeiten.

5. Formulieren Sie die Aspekte bzw. Kriterien überprüfbar sind. Die Antworten des Nutzers müssen stimmig mit den Kriterien sein.

6. Hilfreich sind Tabellen mit leeren Spalten, in die der Nutzer eigene Ideen oder seine spezifischen Aspekte eintragen kann.

7. Eine besondere Form sind „Erinnerungs-Checklisten" oder „Analyse-Checklisten": Hier werden viele Fragen gestellt, die der Nutzer mit Ja/Nein oder ähnlichen Kategorien beantwortet. Sie dienen dazu, dass alle wichtigen Aspekte berücksichtigt werden.

8. Manual: Projektmanagement

Balkendiagramm – Gantt-Darstellung

„Das Balkendiagramm ist eine relativ einfache anschauliche Form, den zeitlichen Ablauf der einzelnen Arbeitspakete eines Projektes als Balken darzustellen. Es eignet sich auch für die Terminkontrolle in der Durchführungsphase. Für einfache Projekte mit einigen Vorgängen reicht das Balkendiagramm für die Terminplanung völlig aus. Der Vorteil dieser Art der Darstellung ist die Übersichtlichkeit" (Zell, 2007, S. 61).

Mit Gantt-Diagrammen stellt man den zeitlichen Ablauf von Projekten und deren Teilschritten dar. Insbesondere wird dabei ein direkter Bezug zum Kalender hergestellt. Im einfachsten Fall handelt es sich um simple Balkendiagramme. Sie sind leicht zu erstellen und weit verbreitet. Ein Gantt-Diagramm zeigt hervorragend den sequenziellen und den parallelen Fortschritt eines Projekts. Für die Darstellung von komplizierten Abhängigkeiten und Verflechtungen ist es dagegen weniger geeignet. Dafür ist die Darstellung übersichtlicher und es ergibt sich auch bei weniger exakter Planbarkeit bereits eine brauchbare Aussagekraft.

Typisch für diese Darstellungsform sind folgende Eigenschaften:

- Am oberen Rand des Diagramms befindet sich eine Zeitleiste.
- Jedem Vorgang wird ein Balken zugeordnet, dessen Länge die Dauer des Vorgangs widerspiegelt.
- Anhand der Position des Balkens können der geplante Anfang und das geplante Ende des Vorgangs abgelesen werden.

In einem Gantt-Diagramm werden Aufgaben in der Regel nach ihrem frühesten Starttermin sortiert. Durch den Einsatz von Farben und zusätzlichen senkrechten Linien lassen sich Gliederungen nach ausführenden Personen oder Teams und die Abgrenzung einzelner Projektphasen ohne Einbußen für die Verständlichkeit hinzufügen.

Es gibt eine große Anzahl an Software auf dem Markt. Die Freeware OpenProj lässt sich kostenfrei downloaden.

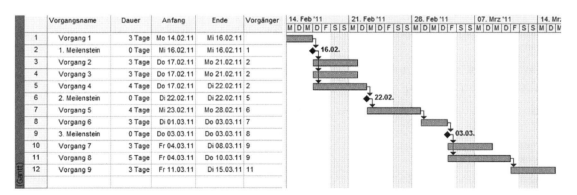

Lernfeld: Multifunktionale Arbeitsplätze effizient organisieren

Morphologische Analyse

Die Morphologische Analyse ist eine Methode, welche genutzt wird, um ein Problem (z. B. das Finden neuer Produktideen oder neuer Dienstleistungen) strukturiert zu lösen. Die zu lösenden Probleme sind natürlicher Art, beinhalten echte Unsicherheiten und können nicht modelliert oder simuliert werden. Deshalb erfordern sie eine beurteilende Vorgehensweise.

Die Kreativitätsmethode der Morphologischen Analyse bietet hier einen geeigneten Ansatzpunkt. Die Morphologische Analyse soll helfen, multidimensionale (zwei- oder mehrdimensional), nicht quantifizierbare und komplexe Beziehungen strukturiert zu erfassen und daraus den gewünschten Nutzen abzuleiten, z. B. in Form der Identifikation von neuen Produktideen, neuen Dienstleistungen und erforderlichen Problemlösungen.

Bei dieser Methode geht es darum, ein Problem durch Zerlegung in seine Einzelteile vereinfacht lösen zu können. Zunächst ist hierzu das Problem prägnant zu formulieren und in seine Bestandteile zu zerlegen. Am Beispiel einer Druckerfirma könnte die Problemformulierung folgendermaßen aussehen: „Es soll ein neuer, innovativer Tintenstrahldrucker entworfen werden." Die Zerlegung erfolgt in der Regel am einfachsten anhand der charakteristischen Eigenschaften des zugrunde liegenden Systems, z. B. Material des Druckergehäuses und der Druckgeschwindigkeit. Dabei sollte man darauf achten, dass die gewählten Eigenschaften nicht voneinander abhängen. Die Eigenschaften sind dann zusammen mit den alternativen Wertausprägungen dieser Eigenschaften in einem nachvollziehbaren Schema (Morphologischer Kasten), z. B. einer Relation, anzuordnen. Die Eigenschaften fügt man als Zeilenbeschriftungen des Morphologischen Kastens ein.

Die Auswahl der Lösung kann systematisch oder intuitiv erfolgen. Hierbei bilden alle Kombinationen der unterschiedlichen Ausprägungen die möglichen Lösungen. Es ist jedoch darauf zu achten, dass die Kombinationen auch praktikabel sein müssen. Abschließend werden die Lösungen erst bewertet und dann wird auf der Basis dieser Bewertung entschieden, welche Lösung umgesetzt wird (vgl. Schramm, 2008).

Merkmal	Ausprägung						
Gehäuse-Material	Stahl	Aluminium	Kunststoff	Holz	Alu/Kunststoff	Alu/Holz	
Papiervorrat	10 Blatt	20 Blatt	50 Blatt	100 Blatt	200 Blatt	500 Blatt	
Anschluss	USB	COM	Infrarot	Funk			
Tinte	Schwarz	2 Patronen, s/w und Farbe	3 Patronen	4 Patronen			
Patronenvolumen	20 ml	30 ml	40 ml	60 ml	100 ml	150 ml	200 ml
Geschwindigkeit	2 Blatt/min.	10 Blatt/min.	20 Blatt/min.	40 Blatt/min	60 Blatt/min.	80 Blatt/min.	100 Blatt/min
Service	Kein Service	Garantie mit Vor-Ort-Service	Garantie	24 Std.	24 Std. kostenlos		
Zusatzfunktionen	Keine	Tintenstandmessung	Kopierer	Fax	Scanner	2 Papierfächer	A3 Druck

8. Manual: Projektmanagement

Szenariotechnik

Mithilfe der Szenario-Methode werden mehrere alternative Vorstellungen von wahrscheinlicher Zukunft entwickelt, und es werden Maßnahmen erarbeitet, die positive Entwicklungstrends fördern bzw. negative vermeiden.

Die Szenario-Methode beginnt damit, dass eine Ausgangssituation beschrieben wird. Anschließend werden mögliche Einflussfaktoren gesammelt und mögliche zukünftige Entwicklungen dieser Einflussfaktoren beschrieben. Hieraus werden alternativ Extremszenarien entworfen, indem die Entwicklungen verschiedener Einflussfaktoren sinnvoll kombiniert werden. Abschließend werden Chancen und Risiken für den Fall ermittelt, dass ein Szenario Realität wird, und entsprechende (Gegen-)Maßnahmen werden abgeleitet.

Phasen der Szenariotechnik

1. Phase	**Strukturieren und Definieren des Themas (Problemanalyse).** Als Erstes muss das Thema abgegrenzt werden. Strukturmerkmale, Kenngrößen und aktuelle Probleme sind zu ermitteln. Der gegenwärtige Zustand des Themenfelds wird beschrieben.
2. Phase	**Identifizieren und Strukturieren der wichtigsten Einflussfaktoren und Einflussbereiche auf das Thema (Einflussanalyse).** Alle Einflussfaktoren auf das Thema werden gesammelt, sortiert und zu Bündeln zusammengefasst. Die strukturierten Einflussfaktoren werden hinsichtlich ihrer Wirkungsintensität bewertet.
3. Phase	**Formulieren von Deskriptoren und Aufstellen von Projektionen und Annahmen (Deskriptorenanalyse).** Die ermittelten Einflussfaktoren werden als quantitative oder beschreibende Kenngrößen (Deskriptoren) formuliert. Die Deskriptoren sollen alle wichtigen Einflussfaktoren abdecken. Durch die Deskriptoren sind sowohl quantifizierbare Trends als auch qualitative Entwicklungen zu erfassen. Der größte Teil der Einflussfaktoren ist qualitativer Art; sie können problemlos bearbeitet werden.
4. Phase	**Bilden und Auswählen alternativer konsistenter Annahmekombinationen.** Die Entwicklung der Einflussfaktoren (Deskriptoren) wird dahingehend untersucht, inwieweit sie sich gegenseitig verstärken oder abschwächen. Daraus werden mögliche Zukunftsbilder zusammengefasst.
5. Phase	**Szenario-Interpretation.** Zwei konträre Extremszenarien werden konkretisiert und ein positives und ein negatives Zukunftsbild entwickelt. Daraus wird ein Trendszenario entwickelt.
6. Phase	**Konsequenzenanalyse.** Es werden Chancen und Risiken für den Fall ermittelt, dass ein Szenario Realität wird.
7. Phase	**Szenario-Transfer.** Maßnahmen werden entwickelt, die positive Entwicklungstrends fördern und negative vermeiden.
8. Phase	**Konzipieren von Maßnahmen und Planungen.** Dieser Schritt gehört im engeren Sinne nicht mehr zur Szenariotechnik. Es hat sich jedoch bewährt, die Umsetzung im gleichen Team, das die Szenarien erarbeitet hat, anzudenken. Zunächst werden Konsequenzen abgeleitet und daraus dann strategische Leitlinien und konkrete Maßnahmen entwickelt (Geschka & Schwarz-Geschka, 2008, S. 3–5).

Lernfeld: Multifunktionale Arbeitsplätze effizient organisieren

Arbeitstechniken

Texte markieren

Wichtige Textstellen sollten hervorgehoben werden, damit sie leicht wiederzufinden sind. Es können Texte durch Codes oder Stichwörter ergänzt oder Wichtiges durch Farbe und Symbole markiert werden. Pfeile zeigen Zusammenhänge. Auch eigene Fragen, Widersprüche und Zustimmungen können durch Bildzeichen verdeutlicht werden. Es kommt auf das Thema der Arbeit, die Fragestellung bzw. das Erkenntnisinteresse an, was hervorzuheben ist. Häufig sind es:

- Fachbegriffe
- thematisch relevante Schlüsselwörter
- Definitionen
- Regeln
- Jahresangaben
- Literaturhinweise
- zentrale Thesen
- Textstellen, die Widerspruch erregen

Techniken: Mit Unterstreichungen (am besten eignet sich dazu ein Bleistift) können schon bei der ersten Lektüre eines Textes wichtige Gesichtspunkte hervorgehoben werden. Allerdings sollten Sie sich vor zeilenweisem Unterstreichen hüten. Stattdessen ist ein Längsstrich am Rand des Textes angebracht, wenn Passagen länger als zwei Zeilen, gekennzeichnet werden. Im zweiten Lektüredurchgang können dann bei genauerer Textkenntnis einzelne Begriffe und Wendungen in dem so markierten Abschnitt hervorgehoben werden. (Dazu kann ein Textmarker eingesetzt werden.)

Randbemerkungen oder Markierungen am Rand oder innerhalb eines Textes bewirken den nötigen Überblick. Ziel ist es, die Schlüsselbegriffe zu erfassen, die Hauptthesen zu erkennen und den gedanklichen Aufbau des Textes herauszuarbeiten. Im Prinzip sollte es möglich sein, mit den markierten Stellen den Text kurz zusammenzufassen. Fehlen zur Logik Punkte, wurde unvollständig markiert!

Um das Markieren und Hervorheben übersichtlich zu gestalten und die Markierungen auch nach längerer Zeit noch verstehen zu können, können bestimmte Arten von Randmarkierungen oder -kommentaren verwendet werden. Hierzu ein paar Vorschläge:

Randmarkierungen	Markierungen innerhalb des Textes	Randkommentare
⇒ / wichtig	⇒ einkreisen	⇒ Th (These)
⇒ // sehr wichtig	⇒ einrahmen	⇒ Arg (Argument)
⇒ ! erstaunlich	⇒ unterstreichen	⇒ Def (Definition)
⇒ ? fragwürdig	⇒ Wellenlinien	⇒ Log (Logik)
⇒ + gut	⇒ mehrfarbig markieren	⇒ Bsp (Beispiel)
⇒ – schlecht		

9. Manual: Arbeitstechniken und Methoden

Inhalte strukturieren und visualisieren

Um das Strukturieren der Texte, einzelner Textpassagen oder Sinnabschnitte zu erleichtern, können Sie z. B. grafische Strukturierungshilfen nutzen. Listen Sie dazu zunächst alle Textelemente, die Sie in eine Struktur bringen möchten, auf und bringen Sie sie in einem nächsten Schritt in eine räumliche Ordnung zueinander. Das kann durch typografische bzw. durch grafische Mittel geschehen.

Zu den **typografischen** Mitteln zählen Absätze, mehrspaltiger Text, Nummerierung und Aufzählung.

Grafische Mittel (Visualisierungen) bieten sich an, um Texte und Textinhalte zu ordnen, Verbindungen zu erkennen und Zusammenhänge herzustellen. MS-Word bietet hier unter „Illustrationen – SmartArt" eine große Vielfalt von grafischen Darstellungen an.

Was wird geordnet?	Wie wird geordnet?	Beispiele
Gleiche Ebene Aufzählung	Liste	
Über- und Unterordnung	Organigramm/Hierarchie, MindMap (siehe nächste Seite)	
Elemente, die zu vergleichen oder zu beurteilen sind	Matrix Entscheidungs-Matrix	
In welcher Beziehung stehen die Aussagen zueinander?	Pro und Kontra, Ideen vergleichen, Beziehungsnetz	
Dinge, die in einer Entwicklung stehen	Prozessablauf	

Lernfeld: Multifunktionale Arbeitsplätze effizient organisieren

MindMaps erstellen (LA 1.2)

MindMapping ist eine gehirngerechte Kreativitätstechnik, die in den Siebzigerjahren von Tony Buzan erfunden wurde. In MindMaps notieren Sie Ihre Gedanken nicht wie üblich hinter- oder untereinander. Stattdessen schreiben Sie das Hauptthema Ihrer Notizen auf die Mitte des Blattes und notieren Ihre Gedanken als Schlüsselwörter auf Linien, die von der Mitte der MindMap ausgehen. Dadurch entsteht eine bildhafte Darstellung Ihrer Gedanken, also so etwas wie eine Gedankenkarte.

MindMaps unterstützen das radiale Denken, sprich die unterschiedlichen Funktionen der Gehirnhälften. Die rechte Hälfte ist bestimmend für Räumlichkeit, Gestalt, Vorstellungsvermögen, Rhythmus und emotionale Verarbeitung. Die linke Seite hingegen steht für Symbole, Wörter, Zahlen sowie Logik. Somit haben MindMaps gegenüber linearen Notizen und Aufzeichnungen viele Vorteile: Man spart beim Anfertigen, Lesen oder Wiederholen viel Zeit, da man sich auf wichtige Schlüsselwörter und Themen konzentriert. Kreativität und Erinnerung werden aktiviert, und damit wächst auch der Gedankenstrom.

MindMaps von Hand

- Das Papier wird im Querformat genutzt. In die Mitte der Seite wird ein einprägsames Bild gezeichnet oder das Hauptthema geschrieben.

- Von dem zentralen Bild/Hauptthema ausgehend wird für jeden tiefergehenden Gedanken bzw. Unterpunkt eine Linie gezeichnet.

- Auf diese Linien werden die einzelnen Schlüsselwörter zu den Unterpunkten geschrieben. Diese Wörter sollten in Druckbuchstaben eingetragen werden, um die Lesbarkeit und Einprägsamkeit der MindMap zu erhöhen (nur Wörter – keine ganzen Sätze).

- Von den eingezeichneten Linien können wiederum Linien ausgehen, auf denen die einzelnen Hauptgedanken weiter untergliedert werden. Von diesen weiterführenden Linien können wieder andere ausgehen etc.

- Benutzen Sie unterschiedliche Farben, um die Übersichtlichkeit zu erhöhen. Gleichzeitig können beispielsweise auch zusammengehörende Gedanken und Ideen leicht durch Verwendung der gleichen Farbe verdeutlicht werden.

- Symbole, wie z. B. Pfeile, geometrische Figuren, kleine Bilder, gemalte Ausrufe- oder Fragezeichen und selbst definierte Sinnbilder, sind so oft wie möglich zu nutzen; sie erleichtern die Erfassung des Inhalts und können helfen, einzelne Bereiche abzugrenzen oder hervorzuheben.

Bei kreativen Überlegungen sollten Sie sich nicht allzu lange damit beschäftigen, an welcher Stelle die MindMap ergänzt wird. Das stört nur den freien Gedankenfluss; schließlich kann schneller gedacht als geschrieben werden. Umstellungen können später immer noch in einer Neuzeichnung vorgenommen werden. Dieses Vorgehen hat außerdem den Vorteil, sich ein weiteres Mal mit der gemappten Thematik zu befassen. So kann der Inhalt besser erinnert und verstanden werden, und es besteht die Chance, den entscheidenden Gedanken gerade bei dieser Neugestaltung zu bekommen. MindMapping kommt überall dort zum Einsatz, wo kreatives Denken, Entscheidungsfindung, Brainstorming, Teamarbeit oder Projektmanagement gefragt sind.

9. Manual: Arbeitstechniken und Methoden

MindMaps am PC

MindMapping am Computer ist einfach praktisch. Man kann den kreativen Teil des Prozesses strikt von seinem auszuführenden Teil trennen. Mit der Zoom-Technik des Programms ist es möglich, sehr große Mappen zu erstellen. Befinden sich mehrere MindMaps auf verschiedenen Ebenen, kann man sie durch Links miteinander verbinden.

Es gibt eine MindManager-Software für den Schulgebrauch, den sogenannten MindManager-Smart. Diese Version wird von der Firma Mindjet für Schulen kostenlos zur Verfügung gestellt. Schulen aus Deutschland können die Version von den Bildungsservern ihrer Länder downloaden. Geeignet ist der MindManager-Smart für die Unterrichtsvorbereitung, Erarbeitung von Inhalten, Vorbereitung von Referaten und Projektarbeit.

Der Aufbau einer MindMap gliedert sich typischerweise in folgende Schritte:

1. Start mit dem zentralen Thema/Konzept
2. Erzeugen von Zweigen und Unterzweigen, die alle damit verbundenen Ideen und Themen aufnehmen
3. Hinzufügen von Bildern, Dokumenten und Hyperlinks zu jedem Zweig nach Bedarf
4. Logische Anordnung der Zweige
5. Erzeugen von sichtbaren Links zwischen miteinander in Beziehung stehenden Zweigen
6. Präsentieren oder Veröffentlichen der MindMap

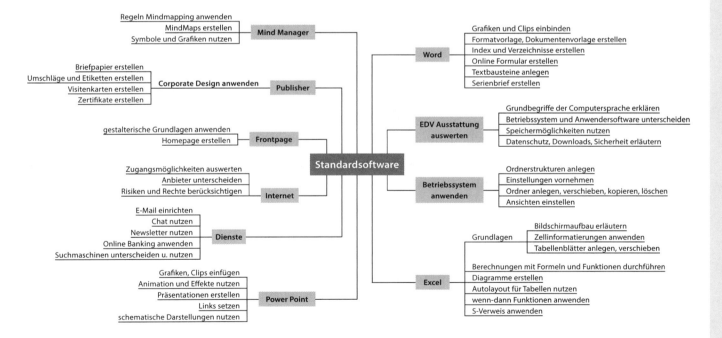

Lernfeld: Multifunktionale Arbeitsplätze effizient organisieren

Checklistentechnik anwenden (LA 1.2)

Die Checkliste ist eine Zusammenstellung von Fragen, mit denen versucht wird, alle Problemfelder des Istzustandes zu behandeln und systematisch Schwachstellen zu finden. Entscheidungsrelevante Merkmale werden als Frage formuliert und zu einem Katalog zusammengefasst. Bei der Zusammensetzung spielen sowohl die logische Betrachtung des Untersuchungsbereichs als auch die Erfahrungen aus der Praxis eine relevante Rolle.

Zwei Zielvorstellungen müssen bei der Erstellung beachtet werden: Zum einen sollen Schwachstellen und Mängel erkannt werden, zum anderen geläufige Lösungsmöglichkeiten des Untersuchungsbereichs geprüft werden. Für viele Aufgaben gibt es bereits Checklisten, die von Experten erstellt wurden und die dem Nutzer aufzeigen wollen, wie er eine Lösung für seine Aufgabe findet. Man findet sie im Internet, in Büchern oder Fachzeitschriften. Problem dabei ist, die jeweils richtige und passende Checkliste für die eigene Aufgabe zu finden.

Checklisten dienen der Übersicht, dem Einstieg in eine neue Arbeitsaufgabe sowie einer strukturierten Vorgehensweise. Selten machen sie das Nachdenken überflüssig. Erst in Kombination mit den eigenen Erfahrungen werden sie zu einem nützlichen Arbeitsinstrument.

Folgende Aspekte sind zu beachten:

1. Erstellen Sie eine Arbeits- bzw. Formatvorlage für Ihre Checklisten, die wichtige Informationen enthält wie: Name des Erstellers, Themenbereich, Thema, Datum der Erstellung oder Versionsnummer. Das Layout sollte ansprechend und übersichtlich sein.

2. Sammeln Sie so viele Aspekte wie möglich, die in der Checkliste für das jeweilige Thema aufgenommen werden können.

3. Sprechen Sie mit Experten zum Thema, sammeln Sie Informationen aus dem Internet, aus Fachbüchern oder aus bestehenden Checklisten.

4. Erstellen Sie Ihre eigene Checkliste. Achten Sie darauf, dass diese den Nutzern genug Freiraum bietet, damit zu arbeiten.

5. Hilfreich sind Tabellen mit leeren Spalten, in die Nutzer eigene Ideen oder spezifische Aspekte eintragen können.

6. Eine besondere Form sind „Erinnerungs-Checklisten" oder „Analyse-Checklisten": Hier werden viele Fragen gestellt, die Nutzer mit Ja/Nein oder ähnlichen Kategorien beantworten. Sie dienen dazu, dass alle wichtigen Aspekte berücksichtigt werden.

9. Manual: Arbeitstechniken und Methoden

Informationsblätter erstellen (LA 1.1)

Informationsblätter sollten zielgruppenorientiert, ansprechend und nach den Regeln des **Corporate Design** (Schriftzug, Logo, Farbe usw.) gestaltet sein, damit der Leser sich schnell auf dem Blatt zurechtfindet und die Informationen einen Wiedererkennungswert haben. Aufgrund dieses Erscheinungsbilds ist der Leser sofort in der Lage, den Absender zuzuordnen. Im Kopfteil sollten **Lenkungsinformationen** stehen: Logo, Name, Datum und Titel. In der Fußzeile stehen die Kontaktdaten wie E-Mail-Adresse, Anschrift bzw. Telefonnummer. Die Officeprogramme bieten einen breiten Gestaltungsspielraum für das Layout. Allerdings sollten Sie die typografischen Regeln beachten, um einen ansprechenden Gesamteindruck zu erzielen.

Typografische Regeln für die Gestaltung von Informationsblättern

Verwenden Sie niemals mehr als drei verschiedene Schriftarten, Schriftfarben, Schriftgrößen oder Schriftschnitte (fett, kursiv usw.). Wir unterscheiden zwischen schwachen, mittleren und starken Hervorhebungen. Zu den schwachen Hervorhebungen, die erst während des Lesens auffallen, zählen Anführungszeichen und Kursivschrift.

Fettdruck und Farbe gehören zu den mittleren Hervorhebungen. Satzzeichen innerhalb einer Hervorhebung werden in die Formatierung mit einbezogen, wenn sie inhaltlich zum hervorzuhebenden Teil gehören (vgl. DIN, 2011, S. 19). Wählen Sie die Farben passend zum Corporate Design und nutzen Sie Farben, um die Wortaussage zu verstärken (z. B. „Sale" in roter Farbe, „gesunde Ernährung" in grüner Farbe)

Zu den starken Hervorhebungen gehören die Einrückung und das Zentrieren, die innerhalb einer Textseite nur einmal verwendet werden sollten. Eingerückte und zentrierte Textteile werden vom vorausgehenden und vom folgenden Text durch je eine Leerzeile abgesetzt. Unterstreichungen sollten Sie vermeiden, da die Unterlängen weder gestreift noch geschnitten werden sollten (vgl. DIN 2011, S. 19).

Benutzen Sie in einem Text keine ähnlichen Schriften (Arial und Helvetica oder Garamond und Times), sondern gestalten Sie ihn mit klar unterscheidbaren Schriften (Arial mit Times). Bei größeren Textmengen (die auch gelesen werden sollen, also ab einer Seite) sollten Sie Serifenschriften verwenden (Garamond, Times), bei geringeren Textmengen (Visitenkarten, Zeitungsanzeigen, Plakaten) sind serifenlose (Arial, Helvetica) oft sinnvoll, die aber im Grundsatz schlechter lesbar sind.

Nutzen Sie Ihren Platz nicht bis zum Letzten! Lassen Sie Raum! Oft ist ein Text mit kleinerer Schrift, aber größerem Zeilenabstand besser lesbar. Eine freie, unbedruckte Fläche unterstreicht Ihre Botschaft besser, als marktschreierischer Fett- und Riesendruck. Das Layout (Text und Grafiken) sollte über das ganze Blatt reichen – auf keinen Fall das untere Drittel oder sogar die Hälfte des Blattes freilassen.

Gliedern Sie Texte in sinngemäße Absätze und verschaffen Sie dem Leser einen raschen Überblick durch Teilüberschriften. Formulieren Sie die Überschriften prägnant und Interesse weckend. Der Text wird immer ein Drittel kleiner geschrieben als die Überschrift (also Schriftgrad 12/18 oder 16/24). Umfangreiche Texte können in Spalten aufgeteilt werden, um den Augen das Lesen zu erleichtern. Bilder und Grafiken müssen zu den Inhalten passen (vgl. Brämer & Blesius, 2011, S. 96). Zur Unterstützung des Textverständnisses sind Bilder bzw. grafische Mittel ein unentbehrliches Hilfsmittel.

Bilder sagen mehr als Tausend Worte

Lernfeld: Multifunktionale Arbeitsplätze effizient organisieren

Referate halten

Referate vorbereiten, durchführen und nachbereiten

Ein Referat schreiben ist spannend und zugleich anspruchsvoll. Hierzu benötigen Sie **ressourcenbezogene** und **kognitive Lernstrategien**. Einerseits sind die inhaltlichen (Lesen, Exzerpieren, Zitieren …) und andererseits die arbeitsökonomischen Aspekte (Wie mache ich was und in welcher Reihenfolge?) zu beachten.

Im ersten Schritt erstellen Sie einen Arbeits- bzw. Zeitplan mit den notwendigen Schritten und deren sinnvoller zeitlicher Abfolge. Im zweiten Schritt beschaffen Sie sich Informationen (Schulbücher, Lexika, Fachbücher, Zeitschriften, Zeitungen …). Lesen, unterstreichen und exzerpieren Sie die Literatur. Wählen Sie die wesentlichen Informationen aus und bringen Sie die ausgewählten Informationen/Inhalte in eine schlüssige Reihenfolge. Schreiben Sie eine Gliederung Ihres Referats und skizzieren Sie eine Einleitung.

Im dritten Schritt erstellen Sie den Hauptteil des Referats. Beachten Sie den roten Faden in Ihrem eigenen Argumentationsgang und die angemessene sowie korrekte Verwendung der Quellenangaben (Zitieren) der zu berücksichtigenden Literatur. Überprüfen Sie noch einmal Ihre Gliederung und erstellen Sie die Endfassung der Einleitung. Für den Referatsschluss wählen Sie eine Zusammenfassung oder persönliche Bemerkungen, Bewertungen oder konkrete Möglichkeiten der Anwendung. Im vierten Schritt überarbeiten Sie Ihr Konzept nach inhaltlichen, sprachlichen und formalen Aspekten. Stellen Sie Ihr Referat mit Deckblatt, Gliederung, darstellendem Text und Literaturverzeichnis fertig. Überprüfen Sie die Textgestaltung nach Layout und **Typografie**.

Im fünften Schritt bereiten Sie sich auf die Präsentation vor. Erstellen Sie einen Stichwortzettel für den Vortrag, welcher max. fünfzehn bis zwanzig Minuten dauern sollte. Fassen Sie die wesentlichen Aussagen schriftlich in einem Handout für Ihre Mitschüler(innen) zusammen. Entwerfen Sie eine zusätzliche Aufgabe, die Ihre Mitschüler(innen) nach Ihrem Referat lösen müssen (Fragebogen, Kreuzworträtsel o. Ä.).

Während des Vortrags sprechen Sie laut und deutlich und möglichst frei. Verwenden Sie bei Bedarf Ihre Stichwortzettel. Formulieren Sie kurze und verständliche Sätze, machen Sie kurze Pausen, wenn ein Gedanke abgeschlossen ist. Schauen Sie die Zuhörerinnen und Zuhörer an. Veranschaulichen Sie Ihre Ausführungen mithilfe der verfügbaren Medien (OHP/Folie, Tafel, Plakate, Wandzeitungen, Bilder …). Nach dem Vortrag lassen Sie sich von den Zuhörerinnen und Zuhörern ein Feedback geben in Bezug auf Stärken und Schwächen hinsichtlich der Inhalte und der Art des Vortrags.

Referaten zuhören

Stimmen Sie sich auf das Referat ein. Nehmen Sie sich vor, zuhören zu wollen. Inneres Sprechen kann diesen Vorgang unterstützen („Ich höre zu!"). Hören Sie genau zu. Achten Sie auf Hinweiswörter (z. B. Hervorzuheben ist, …) auf Literaturhinweise, schriftlich präsentierte Informationen und auf Betonungen, Wiederholungen und Hervorhebungen. Schauen Sie auf die Referentin bzw. den Referenten. Achten Sie auf Gestik, Mimik und Körperhaltung der bzw. des Vortragenden. Sie erhalten so zusätzliche Hinweise, was als wichtig erachtet wird. Schreiben Sie Wesentliches stichwortartig mit. Fangen Sie bei jedem neuen Gedanken einen neuen Absatz an. Stellen Sie Fragen. Erbitten Sie zusätzliche Erläuterungen. Ersuchen Sie um Begriffserklärungen. Reflektieren Sie das gehörte

Referat. Erstellen Sie eine systematische Übersicht mit Stichwörtern und Diagrammen. Fragen Sie sich: Was habe ich gelernt? Wurden meine Erwartungen erfüllt? Gibt es weiterführende Fragen oder ist nun der Vorgang abgeschlossen?

Kreativitätstechniken einsetzen

Brainstorming organisieren

Das Brainstorming ist der Klassiker unter den Kreativitätsmethoden. Es eignet sich zum Finden möglichst vieler Ideen – zu einem vorgegebenen Thema oder zur Lösung eines vorgegebenen Problems. Moderatoren überwachen die Einhaltung der Regeln und dokumentieren die Ideen. Sie geben Impulse bzw. stellen Fragen. Eine kreisförmige oder quadratische Sitzordnung wird als sinnvoll angesehen.

© Oleksandr – stock.adobe.com

Vor dem Brainstorming

Der Brainstorming-Sitzung sollte eine Problemanalyse durch den Moderator (evtl. unter Hinzuziehung von Experten) vorausgehen. Wird dabei erkannt, dass es sich um ein sehr komplexes Problem handelt, so sollte dieses in übersichtlichere Teilprobleme untergliedert werden. Zum Beginn der Brainstorming-Sitzung wird dann die zu behandelnde Fragestellung allen Teilnehmern dargestellt, damit alle wissen, um was es geht. Gleichzeitig werden die Spielregeln des Brainstormings bekannt gegeben. Auf deren Einhaltung muss der Leiter achten. Grundregeln:

- Jede auch noch so ausgefallene Idee ist willkommen: „Je ausgefallener, desto besser."
- Ideen werden knapp und kurz formuliert.
- Ideen anderer können/sollten aufgegriffen und ausgebaut werden.
- Keine Bewertung der anderen Beiträge.

Durchführung des Brainstormings

Während der Brainstorming-Sitzung hat der Moderator die Aufgabe, die Gruppe zur Erarbeitung und Darstellung ihrer Vorschläge zu motivieren, zu stimulieren und zu ermutigen. Er sollte unsichere oder zögernde Teilnehmer unterstützen und darauf achten, dass jeder in der Gruppe zu Wort kommt.

- Äußerungen sind in beliebiger Reihenfolge möglich.
- Alle Ideen werden für alle sichtbar stichwortartig festgehalten (z. B. auf Karten an der Pinnwand oder auf dem Fußboden = Brainpool).
- Das Aufschreiben der Ideen darf den Ideenfluss nicht hemmen.
- Denkpausen sind notwendig und zulässig.

Befindet sich die Gruppe in einer festgefahrenen Situation, so ist es Aufgabe des Moderators, diese wieder aufzubrechen. Dies kann zum Beispiel durch einen Wechsel der Perspektive geschehen: Das Problem wird umformuliert, vergrößert, verkleinert oder mit anderen Fragestellungen in Verbindung gebracht. Der Moderator sollte auch dafür

Lernfeld: Multifunktionale Arbeitsplätze effizient organisieren

sorgen, dass man sich nicht schon zu Anfang in Detailfragen verliert, sondern zunächst aus einer breitangelegten Sichtweise heraus auf das Problem eingeht. Und schließlich sollte der Moderator auch die Ideen ordnen, auswerten und in eigenen Worten zusammenfassen.

Kartenabfrage arrangieren

Bei der Kartenabfrage schreiben die Teilnehmer(innen) ihre Äußerungen auf Karten, die anschließend an der Pinnwand nach Ähnlichkeit sortiert werden. Hierdurch entsteht eine Sammlung verschiedenster Informationen zu einem Thema. Gleichzeitig sind alle Teilnehmer(innen) an dem Prozess beteiligt. Für diese Methode incl. Auswertung sollten ca. dreißig Minuten eingeplant werden.

- Visualisierung der Frage-/Problemstellung
- Problemstellung nicht zu komplex anlegen

© Sport Moments – stock.adobe.com

Das Moderatorenteam gibt ein Problem vor und schreibt dieses als Überschrift auf ein großes Blatt Papier. An die Teilnehmer(innen) werden Karten verteilt, worauf sie spontan ihre Gedanken zur Ausgangsfrage notieren sollen. Jede Karte sollte nur mit einem Gedanken stichwortartig beschrieben werden. Am besten eignet sich die Druckschrift in ca. fünf Zentimeter Höhe.

Das Moderatorenteam sammelt die Karten ein und sortiert sie gemeinsam mit der Gruppe auf dem vorbereiteten Plakat. Das kann auf dem Boden (im Sitzkreis) oder mit Klebestreifen an einer Stellwand geschehen. Kommentare sind nur den Kartenverfassern gestattet. Alternativ können die Lernenden die Karten einzeln an die Pinnwand heften und den Gedanken entsprechend kommentieren. Mehrfach genannte Begriffe werden übereinandergepinnt, um alle Beiträge zu honorieren und die Wichtigkeit eines Themas/Problems darzustellen.

Zwangsläufig zeichnen sich hierbei deutlich Sortierkriterien ab. Diese eigenen Problembereiche werden mit Überschriften versehen, durchnummeriert, mit einem dicken Filzstift umrandet und dadurch abgeschlossen.

Diese Sinneinheiten können für eine Gruppeneinteilung oder generell für die weitere Arbeit genutzt werden. Kriterien für die Zuordnung:

- Was lässt sich gemeinsam bearbeiten?
- Wofür sind ähnliche Lösungen denkbar?

9. Manual: Arbeitstechniken und Methoden

Clustering im Team durchführen

- Methode zur Ideenentwicklung und um die Verbindungen zu verdeutlichen
- Geeignet für Gruppen von drei bis fünf Personen
- Flipchart-Papier/Folie und Filz- bzw. Folienstifte

Visualisierung der Frage-/Problemstellung

- Den Kernbegriff, von dem das Clustering ausgehen soll, in die Mitte der Folie/Papier schreiben
- Um den Kernbegriff ein Rechteck zeichnen

Grundregeln des Clusterings

- Das Team schließt eine Minute die Augen, um sich auf seine Assoziationen zum Kernbegriff konzentrieren zu können.
- Das erste Teammitglied notiert einen Einfall auf das Papier/Folie, setzt ihn in einen ovalen Rahmen und verbindet ihn mit dem Kernbegriff.
- Die Folie wird an den rechten Partner weitergereicht.
- Das zweite Teammitglied notiert seinen Einfall genauso wie sein Vorgänger – wenn sich sein Einfall aber irgendwie besser an den Einfall des Vorgängers anknüpfen lässt, verbindet er seinen eigenen Einfall nicht mit dem Kernbegriff in der Mitte, sondern nur mit dem seines Vorgängers.
- Sollte ein Begriff nicht an andere anzuknüpfen sein, so bleibt er freischwebend ohne Verbindung.
- Das Clustering wird entweder nach einer bestimmten Zeitvorgabe weitergereicht oder so lange, bis keine Ideen mehr kommen.
- Es darf weder verbal noch mit Mimik und Gestik kommuniziert werden.

Auswertung des Clusterings

- Erläuterung der Ideen und Zusammenhänge
- Auswertung nach Erfordernissen und Zielen

Lernfeld: Multifunktionale Arbeitsplätze effizient organisieren

Placemat

Die Methode Placemat eignet sich zum Austauschen von Ideen, zur Verbesserung der Kommunikation, um Konsens zu entwickeln und um Ideen zu strukturieren.

Es werden Dreier- oder Vierergruppen gebildet. Auf Flip-Chart-Papier oder DIN-A3-Papier erhält jeder sein eigenes Schreibfeld. In der Mitte wird ein Kreis oder ein Viereck für die Zusammenfassung gezeichnet. Optimal ist, wenn das mittlere Feld leicht vom Placemat zu entfernen ist (Folie oder zusätzliches Papierblatt), damit es für die Präsentation separat zur Verfügung steht.

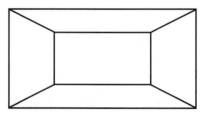

1. Phase

Nachdem das Thema bzw. die Fragestellung bekannt ist, schreiben die Teammitglieder zwei bis drei Minuten Ihre Ideen auf. Es können jedoch auch Fragen, Unklarheiten, Widersprüche oder Querverweise festgehalten werden. Während dieser Zeit wird nicht gesprochen (vgl. Green & Green, 2010, S. 136).

2. Phase

Nach der Stillarbeit diskutieren Sie im Team dann über alle Ideen. Sie einigen sich – berücksichtigen Sie dabei die Ideen der Teammitglieder – und notieren das Gruppenergebnis (Antworten bzw. Aussagen) in die Mitte.

3. Phase

In der dritten Phase werden nun die Ergebnisse aus den Teams im Plenum präsentiert. Als Hilfestellung dient hierzu das Feld aus der Mitte des Placemats, auf dem zuvor in der Gruppenarbeitsphase die zentralen Ergebnisse der Diskussion festgehalten wurden (vgl. Brüning & Saum, 2008, S. 25).

Abwandlung

Nach der Stillarbeit wird das Placemat im Uhrzeigersinn gedreht, sodass Sie die Notizen im Segment eines anderen Gruppenmitgliedes lesen können. Tauschen Sie sich nur bei Verständnisproblemen aus (stummes Vergleichen). Wiederholen Sie den Vorgang. Anschließend diskutieren Sie, welche Hauptthemen in die Blattmitte geschrieben werden.

Medien gestalten

Plakate gestalten

Flipcharts und Plakate stehen während der gesamten Stunde bzw. Unterrichtseinheit zur Verfügung. Sie sind ein Dauermedium – also als Ankerpunkt für das Auge anzusehen. Sie eignen sich für Regeln, Übersichten oder als Leitfaden. Sie können vorbereitet oder während des Vortrages entwickelt werden.

Regeln für die Plakatgestaltung

- Flipcharts sind nur bis zu einem Abstand von sechs Metern lesbar.
- Die Schriftgröße muss mindestens fünf Zentimeter betragen.
- Verschiedene Farben (max. vier) verwenden: eine Grundfarbe und die restlichen Farben für Betonungen.
- Spezielle Flipchartstifte verwenden.
- Auf dem Flipchart wird immer mit dicken Stiften geschrieben.
- Druckschrift verwenden, da sie am besten lesbar ist.
- Das Flipchart darf nicht voll beschrieben sein. Es sollen unbeschriebene Flächen auf dem Plakat erhalten bleiben.
- Flipcharts sollen so knapp wie möglich gehalten werden. Sie sollen eine klare, erkennbare Struktur aufweisen. Die Zusammenhänge sind durch Über- und Unterordnungen klar erkennbar zu machen.
- Besonders gut bleiben Flipcharts im Gedächtnis, wenn sie Merk-Anker und optische Auflockerungen enthalten:
  - Skalen (um die Einschätzungen sichtbar zu machen)
  - Koordinaten-Einschätzungen durch einen Punkt
  - Listen (Ideen- und Problemsammlung gewichten)
  - Tabellen (Beziehungen und Verknüpfungen herstellen)
  - Bäume (Über- und Unterordnung)
  - Netze (komplexe Zusammenhänge überschaubar machen)

Einsatzmöglichkeiten

- Unterstützung eines Vortrags durch Notizen
- Präsentation von vorbereiteten Texten
- Dokumentation von Beiträgen und Fragen von Teilnehmenden
- Dokumentation der Arbeitsergebnisse von Kleingruppen
- Aufreihung der Flipcharts an der Wand, um den Seminarablauf zu dokumentieren

Lernfeld: Multifunktionale Arbeitsplätze effizient organisieren

Dokumente gestalten und projizieren

Vor der Präsentation sollten Sie die Funktionstüchtigkeit der Dokumentenkamera oder des Overheadprojektors ausprobieren. Standort: Das Gerät nicht in der Mitte des Raumes platzieren, sondern in der fensterfernen Ecke des Raumes. Neben dem Projektor sollen Ablageflächen für die Unterlagen des Referenten vorgesehen sein. Eine Verdunkelung des Raumes ist nicht erforderlich.

Regeln für die Dokumentengestaltung

- Die Zuhörer benötigen einige Zeit (ca. zehn Sekunden), um das Dokument bzw. die Folie zu betrachten. Während dieser Zeit hören sie nicht zu. Für die Erklärung benötigen Sie aber die Aufmerksamkeit der Zuhörer. Aus diesem Grund wird erst dann weitergesprochen, wenn sie das Dokument bzw. die Folie gelesen haben. Der Text soll nicht wortwörtlich vorgelesen werden, da jeder Zuhörer selbst lesen kann.

- Die Zuhörer sollen die Inhalte nicht abschreiben. Nach dem Vortrag bekommen sie die zusammengefasste Präsentation als Unterlage.

- Ihre Mitschüler(innen) betrachten die Präsentation wesentlich länger, als sie über die gesprochenen Sätze nachdenken. Daher wiegen Fehler bei den schriftlichen Dokumenten wesentlich schwerer.

- Weniger ist mehr. Es sollen nur wenige Seiten verwendet werden. Nur die wichtigsten Aussagen werden visualisiert.

Auch für diese Dokumente selbst gilt „Weniger ist mehr". Die einzelnen Seiten enthalten nur wenige Aussagen, sie müssen aber übersichtlich gestaltet und gut lesbar sein. Die Darstellung soll das Verstehen der Inhalte erleichtern und nicht selbst Erklärungsbedarf benötigen.

- **Bild schlägt Text.** Wie schon erwähnt, sagt ein Bild mehr als tausend Worte. Die verwendeten Bilder müssen aber mit den Aussagen des Dokuments im Zusammenhang stehen.

- **Farben beleben.** Die Verwendung von Dokumenten, die nur mit einer Farbe beschriftet sind, ist zu vermeiden. Für identische Aussagen sollen immer die gleichen Farben verwendet werden. Mehr als fünf Farben sollten aber nicht benutzt werden (Schwarz und Weiß zählen als Farben mit).

- **Schriftgröße.** Für gleiche Textarten immer die gleiche Schriftgröße verwenden (Überschrift, Zwischenüberschrift, Unterpunkte, Text …).

9. Manual: Arbeitstechniken und Methoden

Professionell präsentieren

Präsentation planen

Die Planung einer Präsentation beginnt mit der Vorgabe oder der Wahl eines Themas. Mit den folgenden vier bewährten Schritten (Planen, Vorbereiten, Üben und Präsentieren) erleichtern Sie sich das Erstellen einer Präsentation und werden mit Ihrem Auftreten und Ihren Aussagen einen bleibenden Eindruck beim Publikum hinterlassen.

Ziel. Sie möchten Ihr Anliegen, Ihre Thesen, Ihre Ideen, Ihre Gefühle dem Besucher mitteilen und visuell die wichtigsten Elemente zeigen/aufzeichnen, sodass er am Schluss des Vortrags positiv beeindruckt den Raum verlässt.

Zeitaufwand. Bei der Planung der Präsentation muss das Auftrittsdatum als Endmeilenstein festgelegt werden. Ab diesem Datum sollten Sie nichts mehr an der Präsentation ändern, denn Sie haben den Vortrag geübt und können den Ablauf „fast" auswendig. Alle Änderungen, die Sie noch vornehmen, werden den reibungslosen Ablauf stören, und Sie treten nicht als der/die souveräne Präsentator(in) auf und gehen das Risiko ein, dass die Zuhörer Ihren Vortrag als improvisiert empfinden.

Die Länge von Vorträgen ist selten kürzer als fünfzehn Minuten. Es wird zwischen Sachvortrag (nach max. fünfundvierzig Minuten eine Pause) und einer Präsentation (nach max. zwanzig Minuten eine Pause), mit dem Ziel, zu verkaufen, zu überzeugen, zu beeinflussen oder zu werben, unterschieden. Das lange Zuhören, Zusehen und Verarbeiten des Gehörten verlangt von den Teilnehmern eine große Aufmerksamkeit. Um dem Rechnung zu tragen, sollten Sie öfter (themenabhängig) eine Pause einplanen (vgl. Widmer, 2007).

Sender und Empfänger. Präsentieren bedeutet, auf einer Veranstaltung ein Produkt vorzuzeigen oder Neuigkeiten mitzuteilen. Zwischen dem Publikum und der Präsentation findet permanent ein Wechsel von verschiedenen Aktivitäten statt. Diese Aktivität nennt man auch Interaktion. Der Präsentator (Sender) kann spüren, ob das Publikum angespannt zuhört, ob es mitgerissen wird oder aber, ob es sich langweilt. Auf der anderen Seite spürt das Publikum (Empfänger), ob der Vortragende das Thema beherrscht oder nicht; improvisiert er, hat der Vortrag einen roten Faden, steht der Vortragende hinter dem, was er mitteilt, oder wirkt er gelangweilt. Die Nachricht sollte auf die Empfänger abgestimmt werden. Die Sprache sollte von allen verstanden werden. Der Empfänger formt die Informationen, die er erhalten hat, für sich selber um – Betrachtungsweise durch seine Brille. Er hört nur die Informationen, die im Moment seinen Bedürfnissen entsprechen und für die er empfänglich ist.

Damit der Sender das Optimum an die Empfänger weitergeben kann, sollten Sie einige Merkpunkte beachten:

- Inhaltlich klare Informationen (kein Springen zwischen den verschiedenen Themen)
- Erkennbares Ziel der Präsentation
- Strukturierte Aufbereitung der Daten
- Richtige Dosierung der Informationsabgabe
- Sinnvolle Zusammenfassung des Vortrags
- Überprüfung, ob die Botschaft des Vortrags beim Empfänger auch richtig angekommen ist und verstanden wurde

© Verlag Europa-Lehrmittel

Lernfeld: Multifunktionale Arbeitsplätze effizient organisieren

Wer sitzt im Publikum

Oft wird vergessen, das Publikum zu analysieren und zu hinterfragen, zu welchem Zweck Sie Ihren Vortrag halten. Es passiert immer wieder, dass der Vortrag nicht dem Publikum entspricht, oder es sitzt das falsche Publikum im Vortrag. Es darf nicht sein, dass das Publikum nach dem Vortrag mit Fragen, Unwahrheiten oder mit der Aussage: „schade um die verlorene Zeit, hätte sie besser nutzen können" den Raum verlässt. Klären Sie vorher ab, welche Besucher Sie zu erwarten haben: Sind es Jugendliche, Erwachsene, Freunde, Laufpublikum oder handelt es sich um ein Fachpublikum (Fachspezialisten wie Techniker, Kaufleute oder Ärzte). Je nachdem, wie Sie dieses Zielpublikum analysiert haben, können Sie mit Bildern, Tabellen, Zahlen, Musik, Videos, Grafiken, Farben usw. den Vortrag unterschiedlich aufbauen.

Folgende Fragen helfen Ihnen bei der Publikumsanalyse/Zielgruppenanalyse weiter:

- Wer sind die Teilnehmer?
- Was erwarten die Teilnehmer?
- Welches Vorwissen haben die Teilnehmer?
- Welche Haltung haben die Teilnehmer zum Thema?
- Welche Fragen sind zu erwarten?
- Welche Widerstände sind zu erwarten?
- Welche Besonderheiten bestehen?

Sie wissen nun, welche Leute Sie bei Ihrem Vortrag zu erwarten haben. Aus diesem Grund überlegen Sie sich nun den Zweck des Vortrags und welchen „Auslöser" Sie beim Publikum erreichen wollen. Wollen Sie informieren, überzeugen, zum Handeln motivieren, verkaufen, unterrichten oder ausbilden? Im Großen und Ganzen werden zwei Ziele unterschieden: Informieren oder Überzeugen.

© Rawpixel.com – stock.adobe.com

Informierende Präsentation. Es werden nur Fakten (Bericht, Fortschritt eines Projekts usw.) im Vortrag eingesetzt. Es wird keine Beeinflussung oder Meinungsänderung des Teilnehmers angestrebt.

Überzeugende Präsentation. Sie versuchen bewusst, die Teilnehmer zu beeinflussen, sodass es zu einer Meinungsänderung kommt (vgl. Widmer, 2007).

9. Manual: Arbeitstechniken und Methoden

Inhalte gekonnt aufbereiten

Informationen sammeln. Wenn Sie eine Präsentation planen, sollten Sie zunächst aktuelle Daten und Materialien sammeln. Doch welche Daten sind wirklich relevant und welche Informationen sind geeignet? Antwort: Jene, die zum Thema gehören, die verstanden werden können, die Ihre Teilnehmer interessieren und die gleichzeitig zu den vorab definierten Zielen führen.

Selektieren. Sie sammeln alle brauchbaren Materialien. Anschließend selektieren Sie, welche am nützlichsten sind, um die Präsentationsziele zu erreichen. Setzen Sie noch einmal Prioritäten. Bewerten Sie die gesammelten Materialien und sondern Sie gründlich aus.

Komprimieren. Während sich die Informationen für Ihre Präsentation zunehmend verdichten, können Sie mit dem Entwurf eines Ablaufplans beginnen. Welche Inhalte sollen in die Eröffnung, welche in den Hauptteil und welche in den Schluss der Präsentation? Erarbeiten Sie einen „roten Faden". Entfernen Sie überflüssiges Datenmaterial und fügen Sie gegebenenfalls neues ein.

Sie komprimieren das Material. Nur die wichtigsten Informationen bleiben übrig. Denn Ihre Präsentationszeit ist meistens kurz bemessen. Und Ihr Publikum ist begrenzt aufnahmefähig. Bei Präsentationen gilt die Regel: „Weniger ist mehr".

Visualisieren. Danach können Sie die Visualisierung entwickeln.

Präsentation gestalten

Sind die Vorbereitungen abgeschlossen, wird ein präziser Ablaufplan („Drehbuch") für die Präsentation erstellt. In diesem Ablaufplan sind die einzelnen Schritte bezüglich der Inhalte, des Medieneinsatzes und der Zeitvorgaben enthalten. Jeder Ablaufplan einer Präsentation besteht aus den drei Teilen: Einstieg, Hauptteil und Schluss. Zusätzlich sollten Sie sich einen Plan für die Action Items (Aktionspunkte) erstellen, z. B. den Programmablauf visualisieren.

Der Einstieg. In der Einstiegsphase nehmen Sie das erste Mal Kontakt zum Zuhörerkreis auf. Dies kann in einer sachlichen oder auch persönlichen Art und Weise geschehen. Im nächsten Schritt werden Ziel und konkretes Thema der Präsentation genannt. Schließlich erfolgt die Information der Teilnehmer über den geplanten Verlauf der Veranstaltung. Dazu gehören die Hauptgliederungspunkte des Vortrags, der zeitliche Ablauf und die Pausenregelungen. In der letzten Phase des Einstiegs werden Sie Ihre Mitschüler(innen) auf das Thema der Präsentation einstimmen. Diese Einstimmung soll Interesse und Emotionen für die folgende Präsentation wecken.

Der Hauptteil. Jetzt wird das Thema den Zuhörern systematisch vorgetragen. Dazu sollte ein Blickkontakt zu ihnen hergestellt werden. Außerdem ist es erforderlich, klar und verständlich zu sprechen. Die Präsentation sollte durch Teilzusammenfassungen gegliedert werden. Für Rückfragen und Wortmeldungen der Teilnehmer muss ausreichend Zeit vorhanden sein. Schließlich sollten Sie die Reaktionen der Zuhörer beachten, um zu überprüfen, ob Ihr Ablaufplan den tatsächlichen Erwartungen entspricht oder verändert werden muss.

Lernfeld: Multifunktionale Arbeitsplätze effizient organisieren

Der Abschluss. Der Abschluss ist ein wichtiger Bestandteil der Präsentation. Seine Durchführung ist abhängig von den angestrebten Zielen. Es ist üblich, zunächst eine Zusammenfassung der wichtigsten Aspekte der Präsentation durchzuführen. War es z. B. das Ziel der Veranstaltung, über ein Fachgebiet zu informieren, ist es an dieser Stelle angebracht, Verständnisfragen zu klären und eine Diskussion zu führen. Auf diese Diskussion müssen Sie vorbereitet sein (vgl. Manthei et al., 2007).

Unterstützen Sie mit Schrift, Farbe und Layout

Nicht jeder, der vorträgt, ist auch ein guter Redner, der das Publikum in seinen Bann zieht. Umso wichtiger ist es, dass Präsentationen nicht überladen, unübersichtlich oder gar unstrukturiert sind. Die wesentlichen Aufgaben beim Konzipieren einer Präsentation sind inhaltliche Klarheit und erkennbare Zielrichtung, strukturierte Aufbereitung und richtige Dosierung der Informationsmengen sowie sinnvolle Zusammenfassung der Hauptinhalte.

© womue – stock.adobe.com

Seien Sie sich stets bewusst, dass ein Vortrag immer ein Lernprozess ist. Die unbedingte Orientierung auf das Publikum ist und bleibt die zentrale Herausforderung für alle, die vortragen. Inhalt und Gestaltung müssen sich an den Teilnehmern orientieren, an deren Wissensstand, Aufnahmebereitschaft und -fähigkeit. Unterstützen Sie Ihren Vortrag bewusst mit den Mitteln der Gestaltung – und dazu gehören in erster Linie Schrift, Farbe und Layout (vgl. Schiecke et al., 2006, S. 27).

- Lenken Sie mit farbigen Flächen, mit Bildern, Rahmen, Aufzählungspunkten und Symbolen den Blick und die Aufmerksamkeit der Zuschauer.
- Verwenden Sie auf jeder Folie eine Überschrift, stets an gleicher Stelle.
- Ordnen Sie die Aufzählungstexte, Bilder und Diagramme so an, dass sie immer an der gleichen Position links oben beginnen.
- Ordnen Sie alle Informationselemente unterhalb der Überschrift an einem (unsichtbaren) Raster an.
- Verwenden Sie dazu die Führungslinien des Präsentationsprogramms oder arbeiten Sie mit einem Gitternetz.
- Achten Sie auf ausreichende Leerfläche auf der Folie und lassen Sie mindestens 30 Prozent der Fläche frei.
- Verwenden Sie für gleiche Sachverhalte gleiche Gestaltungsmerkmale (Formen, Farben, Symbole usw.). Ein Vortrag, der vorwiegend aus Text besteht, kann schnell langweilig wirken. „Beleben" Sie daher Ihre Folien mit Diagrammen, Schaubildern, kleinen Fotos und haben Sie Mut zu kreativen Darstellungen (vgl. Schiecke et al. 2006, S. 34–35).

9. Manual: Arbeitstechniken und Methoden

Aus Texten mehr machen

Die Teilnehmer einer Präsentation müssen gleichzeitig den Worten des Vortragenden folgen und den Inhalt der Folie verarbeiten. Die Textfolien müssen übersichtlich gestaltet sein, damit sie vom Publikum auf einen Blick zu erfassen sind. Das Publikum soll dem Vortragenden zuhören und auf den Folien wirklich nur die Kernaussagen sehen als visuelle Begleitung des gesprochenen Wortes und nicht als dessen Ersatz. Je weniger auf der Folie steht, umso weniger ist der Vortragende versucht, Folien vorzulesen. Und das Publikum seinerseits wird sich viel stärker auf den Vortragenden konzentrieren und ihn auch eindeutig als den Mittelpunkt des Vortrags erkennen und anerkennen.

Die Reduktion der Inhalte ist nicht immer leicht, aber der Nutzen rechtfertigt den Aufwand. Das Komprimieren teilweise langatmiger Inhalte auf einen Begriff bietet für beide Seiten, Publikum und Vortragenden, Vorteile: Das Publikum kann dem Vortragenden konzentriert zuhören und nimmt das eine Wort als zusätzlichen visuellen „Anker" auf. Der Vortragende erhält ein Stichwort, um den nächsten Gedanken auszuformulieren, erhält gleichzeitig den roten Faden und kommt definitiv nicht mehr in Versuchung, die Folieninhalte einfach abzulesen.

Verwenden Sie nur einzeilige Überschriften und halten Sie den gleichen Schriftgrad bei. Formulieren Sie schlag- und stichwortartig statt in vollständigen Sätzen. Pro Aufzählungspunkt formulieren Sie max. zwei Zeilen Text. Vermeiden Sie bei zweizeiligen Texten sinnentstellende Trennungen.

Gliedern Sie normgerecht – vermeiden Sie einzelne Unterpunkte, wenn Sie mehrere Textebenen einsetzen. Verwenden Sie nur so viele Aufzählungspunkte, wie Sie ohne Reduzierung des Schriftgrads unterbringen können – ggf. arbeiten Sie zweispaltig oder verwenden eine zweite Seite. Als Aufzählungszeichen eignen sich auch Bilder. Diese transportieren neben ihrer gestalterischen Wirkung auch inhaltliche Aussagen. Pfeile, die in verschiedene Richtungen gehen, unterstreichen wirkungsvoll die Aussage (nach oben – positiv, nach rechts – neutral, nach unten – negativ), oder Smilies verdeutlichen die Stimmung. Sind nur wenige Aussagen vorhanden, kann jede von ihnen durch ein passendes Bild als „Bullet" aufgewertet werden.

Nicht jeder Text lässt sich in Aufzählungspunkte zerlegen, beispielsweise Fließtexte wie Firmenphilosophie, Zitate oder Kurzbeschreibungen eines Produkts. Diese sollten vom üblichen Layout abweichen und den Text vor einem farbigen Hintergrund oder vor einem Hintergrundmotiv zeigen (vgl. Schiecke et al., 2006, S 40–49).

Ein besonderes Augenmerk sollte dem Beamer gelten. In der Regel treffen Sie ältere Geräte an. Das bedeutet, dass der Raum relativ dunkel sein muss, um ein optimales Bild anzeigen zu können. Die Geräte sind nicht auf Tageslicht oder Halbdunkel ausgelegt. Die Lichtstärke der Geräte ist zu schwach.

Je düsterer der Raum ist, um so weniger haben Sie Blickkontakt mit den Zuhörern. Die Leute sind nur noch auf die Projektion fixiert und hören Ihnen nicht so genau zu (vgl. Widmer, 2007).

© RAM – stock.adobe.com

Lernfeld: Multifunktionale Arbeitsplätze effizient organisieren

Gestaltungsregeln für digitale Präsentationen

1. Passender Folieninhalt

Beim Erstellen von digitalen Präsentationen ist es wichtig, dass der Folientitel zum Inhalt der Folie passt. Der Folientitel sollte nur eine Zeile umfassen. Sehr ansprechend ist es, wenn Sie für den Folientitel einen einheitlichen Sprachstil wählen, z. B. immer als Frage.

2. Nichts überladen

Sehr komplexe, umfangreiche Inhalte müssen auf mehrere Folien verteilt werden. Auf keinen Fall dürfen sie in kleiner Schrift zusammengedrängt auf einer Seite vorgestellt werden. Der schlimmste Fehler: eine DIN-A4-Textseite, eng beschrieben, an die Wand projizieren. Das finden zwar viele Redner prima, denn so haben sie ständig ihr Manuskript vor Augen und brauchen nur von der Wand abzulesen, die Zuschauer aber finden das grausam!

3. Wenig Text, viel Bild

Wozu haben Sie eine Präsentationssoftware, wenn Sie nur Texte präsentieren? Ein paar mündliche Informationen und die Sache wird lebendig. Komplexe und abstrakte Themen sollten durch Zeichnungen oder Strukturbilder veranschaulicht werden. Grafiken und Diagramme vereinfachen die Informationsaufnahme. Gut gestaltete Texte und Listen sind optimal lesbar, übersichtlich und verständlich. Ein Bild sagt mehr als tausend Worte. Daher sollten Sie an geeigneter Stelle Bilder einfügen, um die Aufmerksamkeit auf den richtigen Punkt zu lenken. Objekte werden so verteilt, dass der zu Verfügung stehende Raum genutzt wird.

4. Übersichtlich gestalten

Beim Text ist zu beachten, dass nur wichtige Kernaussagen geschrieben und diese einfach und klar formuliert werden (keine ausformulierten Sätze, keine Schachtelsätze). Die Schriftgröße sollte mindestens 16 pt und der Zeilenabstand mindestens 1,5-zeilig sein. Es sind maximal drei Schriftarten und drei Schriftgrößen zu verwenden. Die Schriftart ist entscheidend! Die geeignetste Schriftart ist Arial. Die Folien werden nicht bis zum Rand beschriftet. Bei Aufzählungen sollte der Textumfang auf maximal sieben Infopunkte begrenzt sein. Es sollten höchstens sechs Wörter in einer Zeile stehen.

5. Professionell arbeiten

Interaktive Schaltflächen erleichtern die Navigation innerhalb einer Bildschirmshow. Hyperlinks und interaktive Schaltflächen lösen Aktionen aus. Sie können sie mit Auto-Formen, Grafiken, Tabellen, Texten oder Audio- und Videosequenzen verbinden. Mit ihrer Hilfe gelangen Sie blitzschnell an jede beliebige Stelle in der aktuellen oder in einer anderen Präsentation, zu einer E-Mail-Adresse oder ins Internet.

9. Manual: Arbeitstechniken und Methoden

6. Aufsehen erregen

Zuschauer sollten den Blick nicht mit Grauen von Ihrem Chart abwenden, sondern aufsehen und hinsehen, also den Blick auf das richten, was Sie ihnen angerichtet und zubereitet haben. Die Zuhörer möchten bei Vorträgen, Reden und Präsentationen beeindruckt, unterhalten, angeregt und informiert werden. Also überlegen Sie, was Ihr Publikum beeindrucken könnte! Wenn die Zuschauer hin- und aufsehen sollen, müssen Sie Aufsehen erregen! Aber mit Animationen sollten Sie sparsam umgehen!

7. Vorlesen verboten

Das, was der Zuschauer sieht, und das, was er hört, darf nicht dasselbe sein. Sonst ist es nicht spannend! Also niemals wörtlich vorlesen, was auf der Folie steht. Lautet der Folientext zum Beispiel „Umsätze 1. Quartal" sagen Sie: „Jetzt zu den Umsätzen vom ersten Quartal".

8. Mut zum Humor

Eine witzige Karikatur aus der Morgenzeitung vom Tag, kurz eingescannt und in die Präsentationssoftware eingebaut – schon haben Sie die Lacher auf Ihrer Seite. Entspannte Mienen danken es Ihnen.

9. Mut zur Variation

Sprechen Sie grundsätzlich um die Hälfte lauter und an besonders geeigneten Stellen doppelt so laut wie sonst. Dann klingt Ihre Stimme enthusiastischer und gleichzeitig sicherer. Das überträgt sich auf das Publikum. Und Ihr Körper baut Spannungen ab. Variieren Sie: Betonen Sie unterschiedlich, als ob Sie das, was Sie zu sagen haben, ganz ohne die Präsentationssoftware vor lauter Blinden erklären müssten.

10. Frei sprechen

Die Folien sind tolle Gedächtnisstützen. Ganz Sicherheitsbewusste können zu jeder Folie Kommentare eingeben, die bei der Präsentation auf dem eigenen Bildschirm erscheinen, für die Zuschauer aber unsichtbar bleiben.

11. Keine „Folienschleuder"

Jede Minute eine Folie, das hält kein Publikum aus. Die Folien (Charts) sollen visualisieren und Ihren Vortrag ergänzen, sie sollen ihn nicht ersetzen (vgl. Redenwelt.de, 2008).

© wavebreak3 – stock.adobe.com

Lernfeld: Multifunktionale Arbeitsplätze effizient organisieren

Präsentationsmöglichkeiten nutzen

Sprache

Bei Ihren Präsentationen gehört die Sprache zu Ihrem Hauptmedium. Die Sprache besitzt einen wunderbaren Fundus an Wendungen und Bildern (Metaphern). Bauen Sie Spannung mit einer Metapher auf, um Besonderheiten hervorzuheben. Belegen Sie, was Sie zu sagen haben, mit Beispielen, damit eine lebendige Präsentation gelingt. Helfen Sie sich, indem Sie für die Präsentation einen A6-Handzettel erstellen, auf dem Sie stichwortartig Ihren Vortrag notieren.

Körpersprache

© Franz Pfluegl – stock.adobe.com

Setzen Sie Ihre Mimik, Gestik und Körperhaltung bewusst ein. Ein freundlicher, offener Blick stimmt den Zuschauer positiv. Auch Gesten, die in Höhe der Taille ablaufen, werden positiver gewertet als jene, die sich unterhalb der Taille abspielen.

Hände sollten sichtbar bleiben. Sie sollten freundliche und öffnende Gesten zeigen, aber nicht übertreiben. Eine aufrechte Körperhaltung signalisiert, dass Sie hinter dem Gesagten stehen und sich Ihrer Argumente sicher sind.

Anschauungsmaterial

Neben der Sprache bringen Sie durch alltägliche Gegenstände (z. B. Hüte, Sportgeräte, Pflanzen, Musikinstrumente) die nötige Würze in Ihre Präsentation. Wenn Sie reale Gegenstände verwenden, um abstrakte Sachverhalte zu verdeutlichen, dann fällt Ihren Teilnehmern das Zuhören leichter. Die Präsentation wird anschaulich und lebendig.

Durch den Einsatz von derartigem Anschauungsmaterial wird nicht nur das Interesse der Zuschauer geweckt, es wird auch ein unmittelbarer Bezug zur Realität hergestellt, und dadurch bleibt das Gesagte in Erinnerung. Sie sollten allerdings darauf achten, dass der Gegenstand groß genug und so für alle Anwesenden im Raum gut erkennbar ist.

Auf gar keinen Fall sollten Sie aber bestimmte Gegenstände nach Ihrem Einsatz im Publikum herumreichen. Das schafft nur Unruhe und lenkt von Ihrer weiteren Präsentation ab. Sie können aber einen Gegenstand, insbesondere wenn er außergewöhnlich und spektakulär ist, wirkungsvoll platzieren.

Bühnenbild

In einem weiteren Punkt unterscheidet sich die Präsentation besonders klar vom Vortrag: Sie kann auch als ein Schauspiel verstanden werden, als eine Aufführung, die eine Inszenierung durchlaufen hat und auf einer Bühne mit einem wechselnden Bühnenbild – der Projektion – stattfindet (Lobin, 2011).

Sie als Präsentator reden auf dieser medialen Bühne frei und können sich mit Gestik oder raumgreifenden Bewegungen in Szene setzen. Bedenken Sie, dass es neben der Vermittlung von Inhalten dabei um Ihre Selbstpräsentation geht.

9. Manual: Arbeitstechniken und Methoden

Präsentation vorbereiten

So aktivieren Sie Ihr Publikum. Erinnern Sie sich, wann ein Redner Sie das letzte Mal so richtig begeistert und gedanklich gefesselt hat? Genau, als er Sie zum Mitdenken anregte, Sie mitnahm auf seine gedankliche Reise, als er Sie provozierte und geistig forderte. Es gibt viele Elemente, die aus Ihnen im Handumdrehen einen aktivierenden und faszinierenden Redner machen.

Setzen Sie visuelle Anker. Bringen Sie reale Gegenstände mit in Ihre Präsentation und stellen Sie so Bezüge zu Ihrem Thema her: Zeigen Sie einen echten roten Faden, setzen Sie Handpuppen ein, nutzen Sie einen Staffelstab oder halten Sie alte Schuhe hoch. Geben Sie Ihren Zuhörern auch ein „Give-away" (z. B. eine Glasmurmel, einen Würfel) als Begleiter für die Hosentasche mit. Dann erinnert sich jeder Einzelne an Ihren fesselnden Vortrag noch Wochen später.

Lassen Sie Ihre Zuhörer murmeln. Fordern Sie nach einem zehn- bis fünfzehnminütigen Input Ihre Zuhörer auf, mit dem Sitznachbarn zu einer provozierenden Frage (mit Themenbezug) zu reden. Ein Murmeln wird im Raum hörbar. Stellen Sie anschließend eine zweite, weiterführende Frage ins Plenum. Sie werden von der Beteiligung begeistert sein!

Erschrecken Sie Ihre Zuhörer. Wechseln Sie Ihre Position im Raum. Setzen Sie sich ins Publikum. Sie erschrecken damit, machen munter, zeigen, dass Sie „einer von ihnen" sind und zu Diskussionen und Fragen einladen.

Provozieren Sie Ihre Teilnehmer. Übertreiben Sie hin und wieder mal. Setzen Sie in der entscheidenden Phase einen Hut auf oder lassen Sie sich ein T-Shirt mit einem Motto bedrucken und ziehen Sie es sich im entsprechenden Moment über. All das sind „Hingucker", die Ihnen die Augen und Ohren Ihrer Zuhörer öffnen und auch offen halten!

Gestalten Sie die Pause. Legen Sie eine Karibik-CD ein, das bringt Bewegung in den Raum. Verteilen Sie in der Pause Knobelspiele, Kopfnüsse (Rätsel) oder Spielzeug (Bälle). Sie werden erstaunt sein, wie begeistert Ihre Zuhörer dies annehmen und versuchen zu jonglieren oder das Rätsel zu lösen.

Aufmerksamkeit wecken. Wenn Sie mit einer Präsentations-Software präsentieren und die Aufmerksamkeit von den Folien auf Ihren Vortrag lenken wollen, schalten Sie einfach zwischendurch den Bildschirm ab. Dazu drücken Sie auf den Punkt [.]. Sofort wird der Bildschirm schwarz und nichts lenkt die Zuhörer mehr von Ihnen ab. Ein weiterer Druck auf [.] schaltet den Schirm wieder ein.

Lernfeld: Multifunktionale Arbeitsplätze effizient organisieren

Nonverbale Kommunikation

© Kzenon – stock.adobe.com

Mimik. Ein Lächeln ist die kürzeste Entfernung zwischen Menschen. Diese alte Weisheit lässt die Bedeutung der Mimik bei der Kommunikation erahnen. Wer lächelt, hat eine positivere Ausstrahlung. Vermieden werden sollte aber auf jeden Fall, bewusst die Mimik zu verändern – dies würde gekünstelt und damit unecht wirken. Ein freundlicher, offener Blick stimmt den Zuschauer positiv. Wer den anderen „keines Blickes würdigt", wirkt arrogant, abweisend oder gar unsicher. Tatsächlich ist der Blick die wichtigste Möglichkeit, ohne körperliche Berührung Kontakt zu anderen Menschen aufzunehmen. Dabei ist aber nicht das Fixieren eines Einzelnen gemeint. Dies grenzt den Rest der Zuschauer aus und man verliert deren Aufmerksamkeit. Während einer Argumentation sollte der Redner versuchen, einen Blick der Neugierde aufzusetzen, und zwar Neugierde auf die Reaktion des Publikums. Oft reagieren Zuhörer darauf mit Kopfnicken im Sinne der Zustimmung. Dies gibt jedem Redner mehr Selbstbewusstsein und Sicherheit.

Gestik. Als Gestik bezeichnet man die Bewegung der Hände und Arme beim Sprechen. Diese ist stark von der Mentalität und dem Temperament des Einzelnen abhängig. Gesten, die in Höhe der Taille ablaufen, werden positiver gewertet als jene, die sich unterhalb der Taille abspielen. Hände sollten sichtbar bleiben. Versteckte Hände, z. B. in den Hosentaschen oder auf dem Rücken, werden als negativ gewertet. Hände sollten vielmehr freundliche und öffnende Gesten zeigen. Das leidige Problem „Wohin mit meinen Händen?" kann z. B. durch den Einsatz von Stichwortkarten teilweise gelöst werden. Gekreuzte Arme drücken Ablehnung aus. Schulterzucken lässt auf Hilflosigkeit und Unterwerfung schließen. Beides führt nicht zu einer positiven Atmosphäre bei einer Präsentation. Hektisches Fuchteln mit den Armen irritiert den Zuschauer. Gesten sollten grundsätzlich harmonisch und nicht übertrieben sein.

Standpunkt. Ein schlechter Redner stresst seine Zuhörer mit ständigem Herumzappeln, hektischem Nesteln in den Unterlagen. Nicht von einem Bein auf das andere treten! Ein gezieltes, selbstbewusstes Schreiten zu dem Standort, auf welchem man ruhig und aufrecht verweilt, bringt Aufmerksamkeit und Ruhe in den Raum.

Haltung. Eine aufrechte Körperhaltung signalisiert, dass man hinter dem Gesagten steht und sich seiner Argumente sicher ist. Eine gebeugte Haltung wirkt unsicher und wenig selbstbewusst. Wie sollte da das Publikum von dem Gesagten beeindruckt sein?

Bewegung. Ein Redner, der hektisch durch den Raum eilt oder zappelnd vor der Metaplan-Wand oder der Tafel steht, verhindert, dass sich das Publikum auf den Inhalt konzentrieren kann. Die Bewegungen und der Gang sollten immer ruhig und überlegt sein (vgl. Braun 2008).

9. Manual: Arbeitstechniken und Methoden

Stimme

Auch unsere Stimme hat ganz enormen Anteil an der Kommunikation. Ist Ihnen schon mal aufgefallen, wie sich die Stimme verändert, je nachdem wie wir uns fühlen? Wenn wir aufgeregt sind, dann zittert sie.

Wenn wir traurig sind, dann bringt man fast keinen Ton zustande. Wenn wir froh sind, dann überschlägt sie sich manchmal. Für unsere Stimme sind ebenfalls fast 50 Muskeln verantwortlich. So benutzten wir 43 Muskeln, um zu lächeln. Das gesprochene Wort gewinnt erst an Bedeutung durch den Ausdruck unserer Stimme.

Man kann mit den gleichen Worten unzählige verschiedene Dinge ausdrücken. Zum Beispiel die Aussage: „Heute siehst du aber gut aus!" Wenn Sie dies freundlich formulieren und mit einem Lächeln sagen, bedeutet dies etwas ganz anderes, als wenn Sie einen abwertenden Tonfall anschlagen.

Wenn Sie erschrecken und in Panik geraten, klingt Ihre Stimme automatisch höher. Sprechen Sie aus einer entspannten Position heraus, wird sie tiefer klingen.

Andere optische Zeichen

Haben Sie schon mal Ihre Stars beim Konzert oder in einer Talkshow erlebt? Dann werden Sie schnell zahlreiche Bilder vor Augen haben. Diese Bilder bzw. Bewegungen kann man auch bei nicht prominenten Menschen beobachten. Je nachdem, wie Sie körperlich in Erscheinung treten, erzeugen Sie eine Wirkung auf Ihre Umgebung und diese muss Ihr Erscheinen interpretieren. Wenn Sie aufrecht und stolz mit geradem Rücken einen Raum betreten, wird man vermuten, dass es Ihnen gut geht und Sie selbstbewusst sind. Betreten Sie hingegen den Raum mit hängenden Schultern und gekrümmtem Rücken, so erzeugen Sie die Vermutung, dass Sie traurig sind. Eine aufrechte und straffe Körperhaltung macht frei von Blockaden, ermöglicht eine optimale Konzentration. Sie zeigen sich entgegenkommend, wach und interessiert, was Sie darüber hinaus durch einen offenen Blick nach außen transportieren.

Das schlaffe, in sich zusammengesunkene Sitzen auf einem Stuhl signalisiert Müdigkeit oder Desinteresse. Man könnte auch interpretieren, dass Sie nicht belastbar sind. Nehmen Sie hingegen eine straffe Körperhaltung ein, so setzen Sie Energie frei, sie können sich besser konzentrieren und erzeugen Selbstbewusstsein. Eine überstraffe Körperhaltung signalisiert wiederum Verteidigungsposition. Sie zeigen, dass Sie sich ärgern und signalisieren Ihrem Gegenüber: Vorsicht! Bis hierher und nicht weiter.

Stehen Sie mit beiden Füßen locker auf dem Boden, signalisieren Sie Bodenständigkeit und Selbstbewusstsein. Sobald Sie die Füße nach innen verdrehen oder eng zusammenstellen, verlassen Sie Ihre sichere Position und drücken aus: Ich stehe nicht fest im Leben. Sie machen sich klein und man könnte glauben, Sie seien nicht belastbar. Die Art und Weise, wie Sie gehen, stehen, sitzen, gibt Auskunft darüber, wie Ihre momentane Gefühlslage ist. Dies können Sie nicht verhindern, aber beeinflussen.

Die verschiedenen Facetten der Körpersprache können nie isoliert voneinander eingesetzt werden. Mimik ist immer verbunden mit Gestik und anderen optischen Zeichen. Auch der Ausdruck unserer Stimme variiert in zahlreichen Facetten und kann nie losgelöst von den anderen Anteilen betrachtet werden.

Lernfeld: Multifunktionale Arbeitsplätze effizient organisieren

Präsentation durchführen

Sei immer du selbst

Entscheidend ist, dass die Präsentation immer im Einklang mit der präsentierenden Person ist. Sprache, Körpersprache, Mimik und Gestik müssen echt sein – es soll Stimmigkeit mit der eigenen Persönlichkeit herrschen.

Nur dann, wenn der Präsentator wirklich er selbst sein kann, wird er sich bei seiner Präsentation auch wohlfühlen – und für das Gelingen einer guten Präsentation ist letztendlich immer der durchführende Mensch verantwortlich.

Für die Vortragssprache ist das Wichtigste, dass sie verständlich ist. Zu viel Aufmerksamkeit auf die Rhetorik und Sprechweise zu richten ist eher hinderlich und bringt zusätzliche Nervosität. Zu beachten sind: Intonationswechsel, variierende Geschwindigkeit und Lautstärke der Stimme sowie Sprechpausen.

Vor allem zu vermeiden ist ein monotoner Tonfall, da dadurch das Gesagte wie ein Schlafmittel wirkt. Die Stimme sollte lebendig wirken, dies kann durch körperliche Lockerungsübungen – Bewegung der Arme und Beine – erreicht werden. Eine weitere Möglichkeit, einen monotonen Tonfall zu bekämpfen ist, laut von eins bis zehn zu zählen, wobei man ganz leise beginnt und so laut wie möglich endet.

Mit der Lautstärke der Stimme kann man über längere Zeit die Aufmerksamkeit der Zuhörer an sich binden (Versuch, mit der Stimme zu spielen – leiser werden, bis man kaum mehr verständlich ist – dann laut werden – und normal weitersprechen).

Ein großes Problem kann die Sprechgeschwindigkeit sein. Die normale Sprechgeschwindigkeit liegt bei ca. einhundertzwanzig Wörtern pro Minute, die sich jedoch durch Nervosität erheblich steigert. Sprechpausen bewusst einschalten, z. B. nach wichtigen Aussagen bis fünf zählen, dann erst weiterreden; dadurch wird einerseits die Sprechgeschwindigkeit verringert, andererseits ermöglicht die Pause dem Zuhörer, die Aussage zu verarbeiten.

Versprecher sind kein Problem

Die Zuhörer sind wegen des Themas hier und nicht, um die „ähs" des Vortragenden zu zählen. Sie achten wesentlich weniger auf Versprecher und Füllwörter als der Präsentator selbst.

Man muss Hänger und Blackouts den Zuhörern nicht auf die Nase binden; meist fallen sie den Zuhörern gar nicht auf – wenn doch, tief durchatmen, die letzten Punkte wiederholen und weitersprechen. Gut hilft der rote Faden auf einem Plakat. (Der rote Faden ist der klar erkennbare Aufbau des Vortrags.) Die Präsentation soll kein Irrgarten sein, sondern der Zuhörer soll der Grundstruktur des Vortrags folgen können (vgl. Mayer, 2008).

9. Manual: Arbeitstechniken und Methoden

Ohne Lampenfieber geht es nicht

Vor lauter Aufregung eine zittrige Stimme oder gar den Faden verloren? Für dieses Phänomen gibt es in der deutschen Sprache den treffenden Begriff des Lampenfiebers. Wie können wir das Lampenfieber vom Feind zum Freund wandeln?

1. Lampenfieber ist keine Angst vor dem Reden, sondern eine Angst vor den Menschen: sich zu blamieren, steckenzubleiben, sich lächerlich zu machen.

2. Trainieren Sie das Reden vor einem Publikum, das Ihnen „wohlgesonnen" ist.

3. Lampenfieber ist ein Angstgefühl. Ersetzen Sie dieses Gefühl durch Sicherheit. Sprechen Sie über Themen, bei denen Sie „sattelfest" sind. Das Lampenfieber wird einer wohltuenden Sicherheit Platz machen, wenn Sie gut vorbereitet und vom Gegenstand Ihres Vortrags überzeugt sind.

4. Lassen Sie sich nicht durch Versprecher, grammatikalische Fehler oder den verlorenen Faden irritieren. Oft werden Ihre Zuhörer das Manko gar nicht bemerken. Und wenn Ihre Teilnehmer etwas merken, werden Sie feststellen, dass sie oft viel toleranter mit Ihnen sind als Sie selbst. Perfektion weckt Aggression. Überzeugen Sie also nicht durch Perfektion, sondern lieber durch Ehrlichkeit, Glaubwürdigkeit und Authentizität.

5. Gewinnen Sie durch Üben Sicherheit im Formulieren Ihres Vortrags. Ihre schriftliche Vorbereitung sollte sich auf die Niederschrift von Stichworten beschränken. Lesen Sie nie ein fertiges Manuskript oder Dokumenteninhalte vor. Erst das Ausformulieren im laufenden Vortrag gibt Ihrem Auftritt die nötige Würze.

6. Reden Sie mit den Händen. Überwinden Sie Ihr Vorurteil gegen körperlichen Einsatz zur Unterstreichung Ihrer Worte. Mit richtig eingesetzter Gestik gewinnen Ihre Worte an Klarheit. Können Sie sich vorstellen, dass ein stocksteif dastehender Mensch interessant wirkt?

7. Entspannen Sie sich vor Ihrer Rede. Beschäftigen Sie sich eine Stunde vor Ihrem Einsatz nicht mehr mit Ihrem Vortrag. Stellen Sie sich vor, wie schön es klingt, Beifall zu bekommen.

8. Haben Sie keine Angst vor Fragen. Fragen zeigen Ihnen, dass die Zuhörer Ihren Ausführungen interessiert folgen. Sollten Sie einmal keine Antwort aus dem Stand finden, bieten Sie dem Frager eine Klärung nach dem Vortrag an (vgl. Adler, 2008).

Den Auftritt vorbereiten

Ein gut gestaltetes Manuskript ist laut Dedecek (2008) der Schlüssel für eine erfolgreiche Präsentation! Sie sollten keine Mühen scheuen, Ihr Manuskript sorgfältig und übersichtlich zu erstellen. Gestalten Sie es so, dass Sie jederzeit auf die gerade benötigten Informationen Zugriff haben. Mithilfe von Karten im DIN-A5-Querformat können Sie gut Ihre Nervosität verbergen. Hier gelten folgende Regeln:

1. Nur einseitig ausfüllen (bessere Orientierung) und mit großer Schrift beschriften (Hand – Augenabstand)

2. Mit verschiedenen Farben arbeiten (bessere Übersichtlichkeit)

3. Viel Freifläche einbauen, damit Sie schnell Text und Stichwörter finden, auch hier nichts durchstreichen
4. Karten durchnummerieren (könnten herunterfallen)
5. Den ersten Satz wörtlich ausformulieren, das bietet die nötige Sicherheit
6. Den letzten Satz immer wörtlich formulieren und ihn auch so vortragen (das ist wesentlich für den Erfolg Ihrer Präsentation)
7. Wichtige Schlussfolgerungen ausführlich formulieren (evtl. andere Farbe)
8. Regiehilfen einbauen (Querverweise, Erinnerung zum langsamen Sprechen, Pausenzeichen, Verweis auf Schaubilder ...)

Präsentation nachbereiten

Reflexion des Vortragenden

Die Auswertung einer Präsentation bietet die Chance, Stärken und Schwächen herauszustellen und das eigene Präsentationsverhalten zu verbessern. Zunächst sollte überdacht werden, was während der Präsentation gut gelaufen ist, damit sie für künftige Präsentationen nicht verloren gehen können. Machen Sie sich Gedanken über den Ablauf der Präsentation, die Ziele der Präsentation (erreicht oder nicht?), die Beziehung zum Publikum, die Beteiligung des Publikums und über die eigene Reaktionen auf Interesselosigkeit, Angriffe, Fragestellungen oder konträre Positionen des Publikums.

Anschließend ist zu überlegen, was während der Präsentation zu den obengenannten Aspekten schlecht gelaufen ist. Diese Punkte sollten unbedingt verbessert werden. Es gilt zum einen, eine Lösung oder einen neuen Weg zu finden, und zum anderen darum, neue Punkte und Informationen in die Präsentation miteinzubauen. Schwachstellen machen sich während der Präsentation häufig z. B. durch Unruhe, mangelnde Konzentration oder Fragen des Publikums bemerkbar.

Eine Alternative besteht allerdings auch im Fallenlassen ähnlicher Punkte, wenn diese bei den Zuhörern schlecht ankommen könnten. Keiner wird dazu gezwungen, alles preiszugeben, wenn dadurch das Ziel verfehlt wird.

Reflexion der Teilnehmer

Besteht neben der Eigenanalyse auch die Möglichkeit, ein Feedback eines Teilnehmers der Präsentation zu bekommen, ist dies ganz besonders wertvoll, da sich die Nachbereitung im Wesentlichen am Publikum orientieren soll. Eine Meinung eines Teilnehmers dient somit mehr der Intention der Nachbearbeitung als eine alleinige ich-bezogene Analyse. Neben dem Aspekt der persönlichen Verbesserung und der Verbesserung der Präsentation gibt es einen weiteren Punkt, der in der Nachbereitung bearbeitet werden muss. Dieser besteht in der Abarbeitung der während der Präsentation definierten Arbeitspakete, den sogenannten Action Items (Aktionspunkte):

- Vereinbarungen visualisieren
- Präsentationsmaterial an alle Teilnehmer verteilen
- Noch ausstehende Fragen beantworten

9. Manual: Arbeitstechniken und Methoden

- Informationsmaterial austeilen
- Neue Visitenkarten in Datenbank aufnehmen
- Persönliche Kontaktaufnahme im Sinne des Networking planen

Natürlich erfordert eine intensive Nachbereitung einer Präsentation eine Menge Zeit, insbesondere, wenn man diese zum ersten Mal auf diese ausführliche Art durchführt. Jedoch fördert sie auch neben der allgemeinen Verbesserung die Routine der nächsten Präsentationen, sodass die Vorbereitungen sowie auch die Präsentationen selber deutlich leichter von der Hand gehen als zuvor.

Lernfortschritt kontrollieren

Lernzuwachs reflektieren

Sie haben schon Erfahrung mit Kontrollen, sei es in Hausaufgaben oder Prüfungen. Doch die Kontrollen sollten nicht immer von einer anderen Person durchgeführt werden. Zum selbstständigen Lernen ist es wichtig, sich selbst zu kontrollieren und noch einmal über alles nachzudenken. Nachdenken ist quasi die Vorstufe zum Reflektieren. Es ist etwas Alltägliches und jeder Mensch tut es unbewusst. Reflektieren jedoch sollten Sie bewusst und zwar mit Abstand zu der Sache (d. h.: vor bzw. nach dem Geschehen sich bewusst einige Dinge klarmachen).

Sie können in verschiedenen Ebenen reflektieren: Im Dialog, alleine oder auch, indem Sie es nochmals auf Papier bringen. Es gibt viele Dinge, die Sie reflektieren können: Erinnerungen, Wissen, Techniken usw.

Beim Reflektieren können Sie nochmals über sich selbst und das Erlernte nachdenken. Sie können Ihre eigenen Stärken und Schwächen reflektieren. Es hilft dabei, Fehler zu erkennen, um sie beim nächsten Mal zu vermeiden. Über das Erlernte noch einmal nachzudenken kann auch helfen, sich das Wissen noch einmal einzuprägen bzw. zu vertiefen. Manchmal erkennen Sie erst beim Reflektieren, dass Sie doch etwas nicht verstanden haben, und können sich dann wieder neues Wissen aneignen. Stellen sich also für die Reflexion nachfolgende Fragen:

- Welche neuen Fachkompetenzen habe ich in dieser Lernsituation erweitert?
- Welche persönlichen Erfahrungen oder Einsichten habe ich gewonnen?
- Welche Methoden, Arbeitstechniken oder Lernstrategien habe ich vertieft?
- Was hat mich beim Lernen behindert?
- Welche Emotionen habe ich in dieser Lernsituation empfunden?
- Wie bewerte ich die Lernsituation?
- Welche inneren Zustände habe ich empfunden?
- Welche Erwartungen resultieren aus dem neuen Kompetenzerwerb?
- Welche Ziele setze ich mir für die Zukunft?

Lernfeld: Multifunktionale Arbeitsplätze effizient organisieren

Lernprozess planen

Jedoch bedeutet Reflektieren nicht nur, über Geschehenes nachzudenken, sondern auch den ganzen Lernprozess von Anfang bis Ende zu lenken. Vor dem Beginn der Aufgabe sollten Sie sich überlegen, wie Sie sich in einer Lernsituation verhalten wollen. Dieser Prozess wird in drei Schritte unterteilt:

- Erst einmal denken Sie über die Lernsituation nach und machen sich klar, um was es überhaupt geht.
- Als Zweites überlegen Sie, welche Strategien Sie zum Bewältigen dieser Aufgabe anwenden können.
- Zum Schluss wählen Sie ein bestimmtes Vorgehen für diese Lernsituation aus.

Portfolio erstellen

Um Ihren Lernprozess systematisch zu steuern, sollten Sie regelmäßig Reflexionen durchführen, aber auch Ihre erstellten Handlungsprodukte (abgeschlossene Arbeitsergebnisse, z. B. Checkliste, MindMap, Aufzeichnung des szenischen Spiels usw.) in einer Mappe chronologisch abheften. Diese Mappe zeigt Ihren Kompetenzzuwachs, sowohl im Fachlichen als auch in Ihrer Persönlichkeit, und wird als Portfolio bezeichnet.

9. Manual: Arbeitstechniken und Methoden

Methoden

Leittextmethode

Die Leittextmethode bietet vielfältige Möglichkeiten, Sie zu selbstorganisiertem Lernen anzuregen. Leittexte sind meist schriftliche, arbeitsbegleitende Materialsammlungen, die zu Beginn einer Unterrichtsstunde von der Lehrkraft ausgeteilt werden. Sie strukturieren den Lernprozess vor, geben jedoch nicht alle Informationen, die zur Bewältigung der Aufgabe nötig sind. Vorgegeben werden nur solche, die für Sie nicht direkt zugänglich sind oder in den Begleitmaterialien als zu umständlich empfunden wurden. Leittexte sollen Sie zum eigenen Lernen anregen.

Die Leittextmethode basiert auf dem Modell der vollständigen Handlung, das die folgenden Schritte umfasst: Sechs Phasen der vollständigen Handlung

1. **Informieren und Analysieren** *(Beschaffen und Verarbeiten von Informationen)*
2. **Planen** *(Planen von Lösungswegen für Aufgaben und Problemstellungen)*
3. **Entscheiden** *(Gestalten von Entscheidungsprozessen)*
4. **Ausführen** *(Ausführung der Planung)*
5. **Kontrollieren** *(Kontrollieren und Bewerten von Arbeitsergebnissen)*
6. **Auswerten/Bewerten** *(Auswerten und Bewerten des Lernprozesses)*

Bei der Leittextmethode führen Sie selbstständig die genannten Schritte aus. Sie erhalten dadurch eine möglichst genaue Vorstellung des Ziels Ihrer Tätigkeit und der möglichen Wege zur Erreichung dieses Ziels. Sie kontrollieren Ihre Vorstellungen und Wege selbst, sollten aber auch der Lehrkraft eine konkrete Rückmeldung zu Ihrer Arbeit geben (vgl. BBS 1 Hannover).

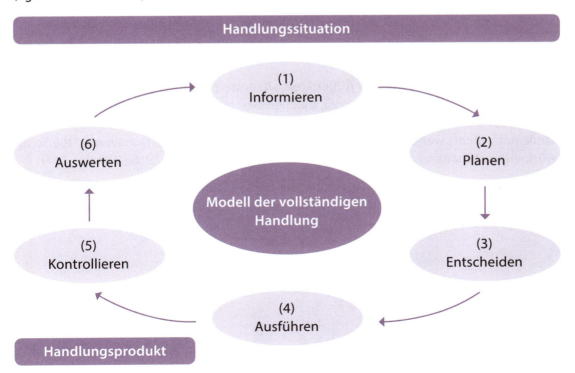

Lernfeld: Multifunktionale Arbeitsplätze effizient organisieren

Zielsetzung der Methode

Mit dem Einsatz der Leittextmethode sollen folgende Kompetenzen vermittelt und geübt werden:

Methodenkompetenz: Sie werden durch die Leittexte zum selbstorganisierten Lernen geführt. Sie lernen unterschiedliche Wege des Wissenserwerbs kennen und Sie lernen kreativ und problemlösend zu denken.

Fachliche Kompetenz: Durch die höhere Methodenkompetenz und die damit verbundene höhere Selbstständigkeit und Selbstsicherheit steigt auch Ihre fachliche Kompetenz. Sie lernen, Probleme eigenständig zu lösen, und können dadurch Ihr Wissen auch in neuen Situationen anwenden und in unvorhersehbaren Situationen angemessen reagieren.

Sozialkompetenz: Beim Erarbeiten der Leittexte in Gruppen wird die Teamfähigkeit der Lernenden gefördert. Sie tragen die Verantwortung für Ihr Lernen und erleben Fortschritte, aber auch Rückschläge und Probleme unmittelbar.

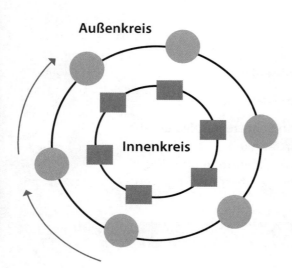

Kugellager

Die Intention des Kugellagers ist, dass Sie Ihren Zufallspartnern gegenüber in freier Rede über ein eng abgestecktes Thema berichten, und zwar so, dass jeweils die Hälfte der Klasse für kurze Zeit spricht. Sie sollen durch mehrfachen Partnerwechsel Gelegenheit erhalten, sich zum anstehenden Thema richtiggehend „warmzureden", sprachliche Sicherheit zu gewinnen und Selbstvertrauen zu tanken.

Zuvor bereiten Sie sich in einer kurzen Besinnungsphase auf Ihre themenzentrierten Ausführungen vor. Dann setzen oder stellen Sie sich in Kreisform paarweise gegenüber, sodass ein Innenkreis und ein Außenkreis entstehen (evtl. stehen dazwischen Tische).

Nun erläutern zunächst alle im Außenkreis sitzenden Schüler(innen) ihr Thema. Ihre jeweiligen Gesprächspartner hören zu, machen sich Notizen und fragen eventuell nach. Anschließend rücken die im Innenkreis sitzenden Schülerinnen bzw. Schüler z. B. zwei Stühle nach rechts weiter, sodass neue Gesprächspaare entstehen. Nun werden die Schüler(innen) im Innenkreis aktiv und berichten ihrerseits über das gleiche Thema.

Alsdann rücken die Innenkreis-Vertreter erneut zwei Stühle weiter etc. Diese gegenläufige Bewegung von Innen- und Außenkreis gleicht einer Kugellager-Bewegung, deshalb Kugellager-Methode.

9. Manual: Arbeitstechniken und Methoden

Gruppenpuzzle

Das Gruppenpuzzle ist eine Form von Gruppenunterricht. Sie erarbeiten einen Teil des Themas mit Selbststudienmaterial.

1. Stammgruppe – Informationsmaterial

Die Lerninhalte werden in mehrere Gebiete aufgeteilt. Jedes Gruppenmitglied bekommt ein Gebiet. Nach einiger Erfahrung können Sie die Themen auch wählen lassen. Danach gehen Sie in Ihre Expertengruppe.

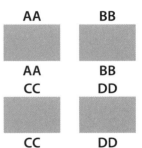

2. Expertengruppe

Selbststudium

Sie bearbeiten nun in Einzelarbeit Ihren Teil des Themas. Sie strukturieren Ihre Informationen auf einem Spickzettel oder mit einer MindMap. Es ist wichtig, dass Sie Ihr Thema verstanden haben, um Ihre Informationen korrekt und vollständig an Ihre Mitschüler(innen) weitergeben zu können. Deshalb folgt nach dem Selbststudium die Expertenrunde.

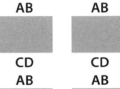

Kontrolle

Nun tauschen Sie sich mit Ihrer Expertengruppe – Mitschüler(innen) mit demselben Thema – aus. Hier besprechen Sie das zuvor Gelernte. Sie beantworten sich gegenseitig offene Fragen. Sie helfen einander, sich zu Experten zu machen.

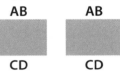

Vorbereitung

Danach besprechen Sie, wie Sie Ihr Wissen am wirkungsvollsten vermitteln, welche Hilfsmittel Sie einsetzen und wie Sie die Zeit einteilen. Die Lerninhalte sind bekannt. Schließlich überlegen Sie gemeinsam einige Aufgaben, mit denen Sie Ihre Mitschüler(innen) überprüfen wollen.

3. Stammgruppe

Sie gehen in Ihre Stammgruppe zurück. Reihum erläutern Sie Ihren Mitschüler(innen) Ihr vorbereitetes Thema und kontrollieren den Wissensstand. Nun sollten Sie optimal vorbereitet sein, um das in der Lernaufgabe gestellte Problem zu lösen.

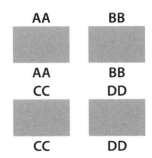

Lernfeld: Multifunktionale Arbeitsplätze effizient organisieren

Dokument vorbereiten

Startbildschirm

1. Menüband
2. Registerkarte Start
3. Aktuelle Folie
4. Titelleiste
5. Statuszeile – Ansicht-Schaltflächen/Zoom
6. Statuszeile – Seitenzahl
7. Symbolleiste für den Schnellzugriff

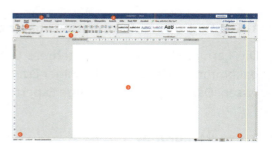

Menüband

1. Aktive Registerkarte (unterstrichen)
2. Befehlsgruppen (Zwischenablage – Schriftart – Absatz)
3. Startprogramm für ein Dialogfeld (Pfeil links von der Befehlsgruppe)

Das Menüband passt sich der Bildschirmbreite an – je nachdem werden große oder kleine Schaltflächen angezeigt.

Backstage-Ansicht

Die Registerkarte Datei öffnet die Backstage-Ansicht.

Hier befinden sich die allgemeinen Befehle für die Dateiverwaltung.

Ganz links werden die Befehle angezeigt.

Um zum Dokument zurückzukehren, klicken Sie oben links auf den Pfeil (Zurück).

10. Manual: Word-Funktionen

Statuszeile

Am unteren Rand des Fensters befindet sich die Statusleiste, in der Informationen über die aktuelle Datei angezeigt werden. Diese kann konfiguriert werden, indem Sie einen Haken vor dem Befehl setzen oder wieder löschen.

Symbolleiste für den Schnellzugriff

In der Symbolleiste für den Schnellzugriff befinden sich standardmäßig die Schaltflächen Speichern, Rückgängig und Wiederholen.

Sie können weitere Befehle einfügen, um einfacher zu navigieren.

Klicken Sie auf den rechten Pfeil und suchen Sie sich Ihre Wunschbefehle aus. Unter weitere Befehle finden Sie aus den verschiedenen Menübändern die Befehle.

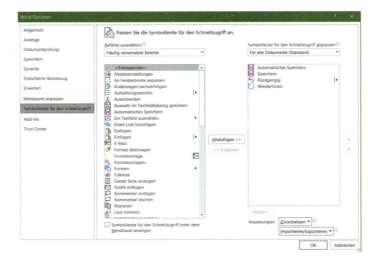

© Verlag Europa-Lehrmittel

Lernfeld: Multifunktionale Arbeitsplätze effizient organisieren

Seite einrichten

Informationsblätter, Bewerbungen oder Geschäftsbriefe werden mit nachfolgenden Seitenrändern eingestellt:

Oben: 5,08 cm
Unten: 2 cm
Links: 2,5 cm
Rechts: 2,5 cm

Um die Seitenränder oder das Papierformat zu verändern, gehen Sie auf die Registerkarte Layout – Befehlsgruppe Seite einrichten.

Klicken Sie auf den Pfeil (Dialogfeld) in der rechten unteren Ecke. Nun öffnet sich das nebenstehende Dialogfeld. Im Register Seitenränder geben Sie die neuen Maße ein. Wollen Sie die Maße für alle Dokumente verwenden, klicken Sie Standard an. Die Abfrage beantworten Sie mit ja.

In diesem Register können Sie auch zwischen Hochformat und Querformat wählen.

Rechtschreibprogramm

Aktivieren Sie die automatische Rechtschreibprüfung (F7). Dann können Sie sich während der Eingabe sicherer sein, dass Sie bei der Fertigstellung des Dokuments nicht noch viele Rechtschreibfehler korrigieren müssen. Falsch geschriebene Wörter werden während der Arbeit mit einer farbigen Wellenlinie gekennzeichnet, sodass Sie sie leicht entdecken können.

Markieren Sie das Wort und klicken mit der rechten Maustaste, dann werden im Kontextfeld Korrekturvorschläge angeboten.

10. Manual: Word-Funktionen

Silbentrennung aktivieren

Sie sollten grundsätzlich die Silbentrennung aktivieren, damit am rechten Rand in linksbündigen Texten die Zeilen nicht zu unregelmäßig umgebrochen werden oder im Blocksatz zu große Leerräume zwischen den Wörtern eingefügt werden. Überprüfen Sie die Trennungen immer, da sich manchmal falsche Trennungen einschleichen. Wenn Sie eine Wortkopplung wie MS-Word nie am Zeilenende trennen möchten, drücken Sie die Tastenkombination Strg + – (Bindestrich).

Gehen sie auf die Registerkarte Layout – Gruppe Seite einrichten – Schaltfläche Silbentrennung und aktivieren Sie Automatisch.

Bestimmen Sie im Dialogfeld Silbentrennung die Position am rechten Rand und geben Sie an, wie viele aufeinanderfolgende Zeilen mit einem Trennungsstrich enden dürfen.

Absatzkontrolle aktivieren

Vermeiden Sie sog. „Hurenkinder" (die letzte Zeile vom Absatz rutscht auf die neue Seite) und „Schusterjungen" (ein Absatz wird direkt nach der ersten Zeile auf eine neue Seite umgebrochen), indem Sie in Ihrem Programm die Absatzkontrolle einstellen.

Gehen sie auf die Registerkarte Start – Gruppe Absatz – Registerkarte Zeilen- und Seitenumbruch – Absatzkontrolle aktivieren.

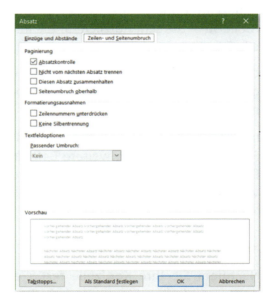

Lernfeld: Multifunktionale Arbeitsplätze effizient organisieren

Kopf- und Fußzeilen gestalten

Die Kopf- und Fußzeilen werden auf jeder Folgeseite wiederholt, wenn keine weiteren Einstellungen vorgenommen werden. Die Bewerbungsunterlagen bzw. Unternehmensdokumente z. B. werden in einem einheitlichen Design gestaltet. Das Design sollte dem Corporate Design des Unternehmens bzw. bei privaten Dokumenten zu Ihnen passen.

In die Kopfzeile kommen die Absenderangaben und Kontaktdaten. Sie können aber auch die Absenderangaben in die Kopfzeile und die Kommunikationsdaten (Telefon, Handynummer bzw. E-Mail) in die Fußzeile setzen. Bei mehreren Seiten fügen Sie in die Fußzeile auch die Seitennummerierung ein.

Sie finden die Befehle in der Registerkarte Einfügen – Befehlsgruppe Kopf- und Fußzeile. Klicken Sie auf den gewünschten Befehl. Wählen Sie ein Layout aus. Die Einfügemarke befindet sich im Kopfzeilenbereich und die Kopf- und Fußzeilentools – Entwurf werden angezeigt. Außerdem erscheint die Zeichentoolleiste – die sehr nützlich für die individuelle Gestaltung ist.

Geben Sie im Kopfzeilenbereich den gewünschten Text ein, den Sie beliebig formatieren können.

In der Registerkarte Entwurf der Kopf- und Fußzeile stehen Ihnen weitere Befehle (Einfügen von Bildern, Seitenzahlen etc.) zur Verfügung.

Kopf- und Fußzeilen schließen

Nachdem Sie Ihre Kopfzeile fertig erstellt haben, schließen Sie sie, indem Sie einen Doppelklick in das Textfeld vornehmen.

10. Manual: Word-Funktionen

Kopf- und Fußzeilen bearbeiten

Wollen Sie bereits bestehende Kopf- und Fußzeilen weiterbearbeiten, müssen Sie diesen Bereich erneut aktivieren. Doppelklicken Sie dazu im Kopf- bzw. Fußzeilenbereich. Die Überarbeitung findet über die kontextbezogene Registerkarte Kopf- und Fußzeilentools/ Entwurf statt.

Absender in der Kopfzeile gestalten

Fügen Sie in die Kopfzeile Ihren Absender und formatieren Sie Ihn nach Ihren Vorstellungen. Probieren Sie mehrere Möglichkeiten aus, bis Sie sich endgültig entscheiden bzw. gestalten Sie den Absender des Unternehmens.

Möchten Sie einen waagerechten Strich hinzufügen, so gehen Sie auf die Registerkarte Einfügen – Formen. Wählen Sie die gerade Linie aus und ziehen Sie diese waagerecht zwischen Name und Straße. Markieren Sie die Linie und klicken Sie auf die rechte Maustaste und formatieren Sie anschließend die Linie in Ihrer gewünschen Farbe und Strichstärke oder -form.

Symbole einfügen

Für die Absenderangaben können Sie auch entsprechende Symbole verwenden.

Unter der Registerkarte Einfügen – Symbole – Symbol wählen Sie das gewünschte Zeichen.

Durch Schriftartwechsel z. B. Wingdings werden andere Symbole angezeigt.

Ander Symbole finden Sie unter der Registerkarte Einfügen – Illustrationen – Piktogramme wählen Sie das gewünschte Symbol.

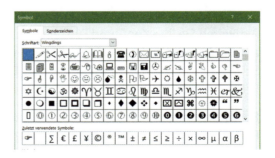

© Verlag Europa-Lehrmittel

Lernfeld: Multifunktionale Arbeitsplätze effizient organisieren

Kopf- und Fußzeilen in Abschnitte einteilen

In Referaten, Projektarbeiten oder sonstigen umfangreichen Dokumenten sollen die Kopfzeilen mit den entsprechenden Abschnittsüberschriften formatiert sein. Dafür müssen Sie für jedes neue Kapitel einen Abschnittswechsel vornehmen.

Setzen Sie die Einfügemarke an die Position, an der Sie den Abschnittswechsel vornehmen möchten.

Klicken Sie auf der Registerkarte Layout in der Befehlsgruppe Seite einrichten auf die Schaltfläche Umbrüche. Wählen Sie Ihren gewünschten Abschnittswechsel (Fortlaufend = wenn keine neue Seite angelegt werden soll; Nächste Seite = wenn Sie einen Seitenumbruch wünschen).

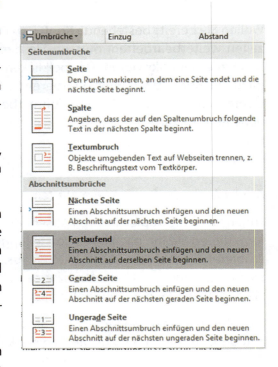

Gehen Sie zum gewünschten Abschnitt in Ihrem Dokument und doppelklicken Sie in den Kopf- und Fußzeilenbereich.

Klicken Sie auf die Befehlsgruppe Navigation – Mit vorheriger verknüpfen, um die Verknüpfung zur Kopf- und Fußzeile des vorherigen Abschnitts aufzuheben. Wenn Sie erneut klicken, wird die Verknüpfung wiederhergestellt.

Erstellen Sie nun für den neuen Abschnitt eine neue Kopf- und Fußzeile.

Aktuelle Abschnittsüberschriften anzeigen

Aktivieren Sie Ihre Kopf- und Fußzeile, gehen Sie auf die Befehlsgruppe Einfügen – Schaltfläche Schnellbausteine und wählen Sie den Eintrag Feld – Kategorie Verknüpfungen und Verweise.

Bevor Sie mit der Formatierung der Kopf- und Fußzeile beginnen, müssen Sie für Ihre Überschriften die Formatvorlage Überschrift 1 zugewiesen haben, ansonsten wird sie unter den Formatvorlagenamen nicht angezeigt.

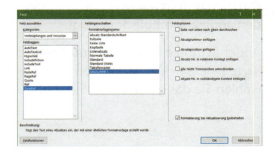

Klicken Sie im Listenfeld auf den Feldnamen StyleRef und markieren Sie im Listenfeld den Eintrag Überschrift 1, um die Überschrift der höchsten Hierarchie-Ebene in der Kopfzeile wiederzugeben. Deaktivieren Sie das Kontrollfeld und schließen Sie das Dialogfeld mit OK.

10. Manual: Word-Funktionen

Dokumentvorlagen erstellen

Das Layout z. B. für Ihre Bewerbungsunterlagen oder Ihres Informationsblattes haben Sie erstellt. Speichern Sie sie nun in eine eigene Dokumentvorlage unter einem aussagekräftigen Dateinamen ab. Auf diese Dokumentvorlage können Sie dann immer wieder zurückgreifen.

Speichern

Um eine neu erstellte Vorlage zu speichern, muss unter der Registerkarte Datei – Speichern unter wie gewohnt der Dateiname angegeben und zusätzlich der Dateityp Word-Vorlage (.dotx) ausgewählt werden.

Hauser & Schule.dotx

Maria Mustermann.dotx

Telefonnotiz.docx

Achten Sie darauf, dass die Dokumentvorlage im Benutzerdefinierte-Office-Vorlagen abgespeichert wird, damit sie unter Neu unter Persönlich erscheint.

Der Dateibutton erhält einen blauen Balken (normales Dokument = kein Balken). Word vergibt die Datei-Endung *.dotx.

Öffnen

Die so gespeicherte Vorlage finden Sie unter der Registerkarte Datei – Neu – Persönlich wieder. Sie können Ihre Vorlage nun nicht mehr versehentlich ändern.

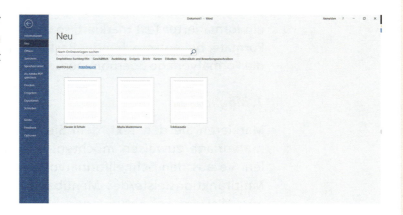

© Verlag Europa-Lehrmittel

Lernfeld: Multifunktionale Arbeitsplätze effizient organisieren

Formatvorlagen einrichten

Gerade bei umfangreichen schriftlichen Arbeiten bietet der professionelle Umgang mit Formatvorlagen eine schnelle und einheitliche Formatierung. Legen Sie für Überschriften, Texte, Aufzählungen, Erläuterungstexte, Fußnoten etc. Ihre entsprechende Formatvorlage an. Die Formatvorlagen werden mit dem jeweiligen Dokument bzw. mit der aktuellen Dokumentvorlage verbunden.

Wird eine definierte Formatvorlage später einem markierten Text oder einem Absatz zugewiesen, so wendet Word alle in der Formatvorlage zusammengefassten Formatierungsanweisungen mit einem einzigen Befehl auf den Text an. Word kennt verschiedene Typen von Formatvorlagen.

Der Formatvorlagentyp Absatz beinhaltet Formatierungsanweisungen, die ganzen Absätzen zugewiesen werden; er kann beliebige Formatierungsanweisungen enthalten.

Der Formatvorlagentyp Zeichen wird markierten Texten zugewiesen und kann ausschließlich Formate aus dem Bereich Zeichen und Sprache (Wörterbücher) aufnehmen. Die Definition erfolgt auf die gleiche Weise wie die Formatierung über das Befehlsmenü. Wird ein formatierter Text markiert, so werden die Formate, bei entsprechender Bestätigung, in die Formatvorlage übernommen.

1. Möglichkeit

Markieren Sie den Text, dem Sie eine Formatvorlage zuweisen möchten, und wählen Sie aus den Schnellformatvorlagen der Multifunktionsleiste/des Menübandes eine aus. Weitere Formatvorlagensätze finden Sie unter der Schaltfläche Formatvorlagen ändern – Formatvorlagensatz/Stil-Set.

2. Möglichkeit

Gehen Sie auf die Registerkarte Start – Gruppe Formatvorlagen – Startprogramm für ein Dialogfeld, um den Aufgabenbereich Formatvorlagen einzublenden.

10. Manual: Word-Funktionen

Aktivieren Sie das Kontrollkästchen Vorschau anzeigen, um die Liveschau prüfen zu können. Klicken Sie im Aufgabenbereich auf die gewünschte Formatvorlage.

Unter bestimmten Umständen kann es jedoch sinnvoll sein, die Attribute einer Formatvorlage in den Schnellformatvorlagen zu ändern.

Eine Formatvorlage kann jederzeit verändert werden. Sie gehen in die Befehlsgruppe Formatvorlagen auf das Startprogramm, um das Dialogfeld Formatvorlagen zu öffnen. Sie wählen die entsprechende Formatvorlage aus (z. B. Überschrift 2), klicken rechts mit der Maus auf den Pfeil – Befehl Ändern.

Formatvorlagen zuweisen

Es öffnet sich das Dialogfeld Formatvorlagen ändern. Hier können Sie nun die gewünschten Änderungen vornehmen. Weitere Befehle finden Sie in der linken unteren Ecke unter Format. In der Schnellformatvorlage erscheinen direkt die Veränderungen.

Formatvorlagen anzeigen

Um innerhalb von Dokumenten mehr Übersicht über die Formatvorlagen zu behalten, schalten Sie im Aufgabenbereich „Formatvorlage" ganz unten unter Anzeigen Benutzte Formatierungen ein. Unter Verfügbare Formatierungen erhalten Sie die Gesamtübersicht.

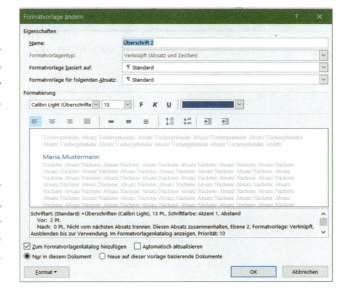

Lernfeld: Multifunktionale Arbeitsplätze effizient organisieren

Neue Formatvorlagen anlegen

Unabhängig von den angelegten Formatvorlagen können Sie auch eigene Formatvorlagen erstellen. Dazu gehen Sie auf das Startprogramm für das Dialogfeld Formatvorlagen. Unten in der linken Ecke befindet sich der Befehl Neue Formatvorlage.

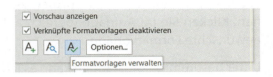

Unter Name tragen Sie einen aussagekräftigen Namen ein, bestimmen den Formatvorlagentyp und stellen dann die entsprechenden Formatierungen ein.

Formatvorlagen verwalten

Es ist wichtig, dass Sie den Überblick über Ihre Formatvorlagen behalten. Klicken Sie im Aufgabenbereich „Formatvorlagen" rechts auf Optionen und legen Sie hier zum Beispiel fest, dass nur die verwendeten Formatvorlagen angezeigt werden.

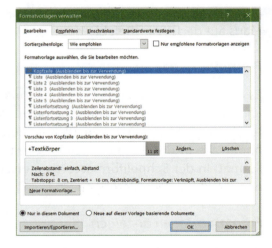

10. Manual: Word-Funktionen

Seitenzahl einfügen

Diesen Befehl finden Sie unter der Gruppe Kopf- und Fußzeile – Seitenzahl – Seitenzahlen.

Klicken Sie auf den Eintrag Seitenende, wählen Sie im Untermenü den Eintrag Einfache Zahl.

Klicken Sie auf die Schaltfläche Kopf- und Fußzeile schließen – oder klicken Sie doppelt in den Textbereich.

Datei speichern

Wenn Sie einen Text schreiben, befindet er sich zunächst im Arbeitsspeicher, der nach jedem Ausschalten des Rechners gelöscht wird. Damit Ihr Text nicht verloren geht, müssen Sie ihn vorher speichern, z. B. auf die Festplatte oder auf den USB-Stick.

Den Speicherbefehl erreichen Sie auf der Registerkarte Datei. Klicken Sie dann auf Speichern unter oder benutzen Sie die Funktionstaste F12. Nun öffnet sich ein Dialogfenster. Hier können Sie den Speicherort bestimmen (z. B. Festplatte C:, Wechselträger E:) und Ihrer Datei einen Namen geben.

Ihr Dokument können Sie direkt in ein anderes Format (z. B. **PDF-Datei**) abspeichern. Dazu gehen Sie auf Dateityp und klicken auf Ihr gewünschtes Format. Nachdem Sie alle Einstellungen vorgenommen haben, gehen Sie auf Speichern.

Zwischenspeichern

Speichern Sie Ihren Text nicht erst nach Fertigstellung ab. Durch „Abstürzen" des Rechners oder durch Stromausfall wäre Ihre Arbeit verloren. Sichern Sie deshalb Ihre Arbeit zwischendurch ab. Hier können Sie das Tastenkürzel STRG + S oder das Symbol Speichern in der Symbolleiste für den Schnellzugriff verwenden.

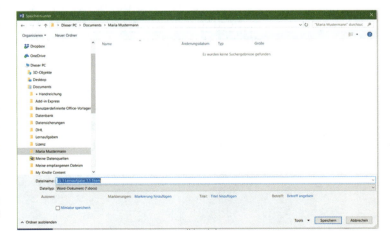

Lernfeld: Multifunktionale Arbeitsplätze effizient organisieren

Text erfassen

Beginnen Sie nun, Ihren Text einzugeben. Schreiben Sie den Text fortlaufend. Achten Sie darauf, dass Sie nach einem Absatz eine Leerzeile lassen.

Neue Seite einfügen

Wenn Sie eine neue Seite einfügen möchten, drücken Sie die Tastenkombination Strg + Return.

Neuer Abschnitt

Für jedes neue Kapitel sollten Sie einen Abschnittswechsel vornehmen. Setzen Sie die Einfügemarke an die Position, an der Sie den Abschnittswechsel vornehmen möchten.

Klicken Sie auf der Registerkarte Layout in der Gruppe Seite einrichten auf die Schaltfläche Umbrüche. Wählen Sie Ihren gewünschten Abschnittswechsel (Fortlaufend = wenn keine neue Seite angelegt werden soll; Nächste Seite = wenn Sie einen Seitenumbruch wünschen).

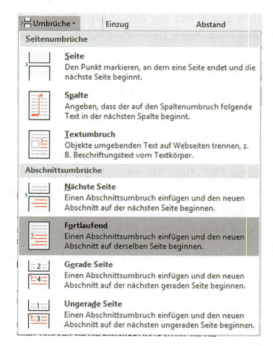

Befehle rückgängig machen

Da Word sämtliche Bearbeitungs- und Formatierungsschritte registriert, besteht für Sie die Möglichkeit, mehrere Befehle bzw. den zuletzt ausgeführten wieder rückgängig zu machen.

Klicken Sie in der Symbolleiste für den Schnellzugriff auf die Schaltfläche Rückgängig oder die Tastenkombination STRG + Z; zum Wiederherstellen benutzen Sie STRG + Y oder die entsprechende Schaltfläche.

Ausschneiden von Texten

Den Textteil markieren und über

- Registerkarte Start – Gruppe Zwischenablage – Befehl Ausschneiden oder
- Shortcut Strg + x oder
- Kontextmenü (rechte Maustaste) Ausschneiden

den Inhalt in den Zwischenspeicher speichern.

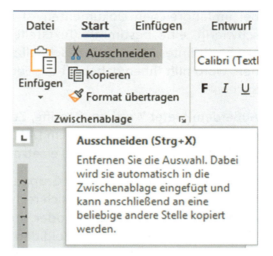

Kopieren von Texten

Den Textteil markieren und über

- Registerkarte Start – Gruppe Zwischenablage – Befehl Kopieren oder
- Shortcut Strg + c oder
- Kontextmenü (rechte Maustaste) Kopieren

den Inhalt in den Zwischenspeicher speichern.

Einfügen von Texten

Den Cursor an die vorgesehene Stelle bringen und den ausgeschnittenen bzw. kopierten Textteil über die

- Registerkarte Start – Gruppe Zwischenablage – Befehl Einfügen oder
- Shortcut Strg + v oder
- Kontextmenü (rechte Maustaste) Einfügen

den Inhalt des Zwischenspeichers einfügen.

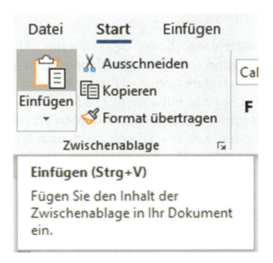

Lernfeld: Multifunktionale Arbeitsplätze effizient organisieren

Text suchen

Bei umfangreichen Dokumenten ist es oft schwierig, eine bestimmte Textstelle oder ein bestimmtes Wort im Text schnell zu finden. Word hilft Ihnen dabei mit der Funktion Suchen.

Außerdem bietet Word an, Begriffe, Zeichen oder Sonderzeichen, die in einem Dokument häufiger vorkommen, gezielt zu ersetzen.

Über die Registerkarte Start – Gruppe Bearbeiten – Befehl Suchen öffnet sich rechts der Aufgabenbereich Navigation oder drücken Sie Strg + F. Geben Sie im Textfeld den Suchbegriff ein. Word durchsucht das gesamte Dokument und listet alle Fundstellen im Aufgabenbereich auf.

Klicken Sie auf den nach unten bzw. auf den nach oben zeigenden Pfeil, um zu den jeweiligen Fundstellen zu kommen. Sie bekommen die Textstellen sowohl im Aufgabenbereich angezeigt als auch rechts im Dokument selbst.

Weitere Suchmöglichkeiten

Klicken Sie im Aufgabenbereich Navigation auf den rechten Pfeil und öffnen Sie das Dialogfeld Suchoptionen.

Aktivieren bzw. deaktivieren Sie die gewünschten Optionen. Eine recht häufig verwendete Option ist Platzhalter verwenden. Sie können mit einem „?" oder „*" alle Suchbegriffe mit einem bestimmten Wortstamm finden, z. B. bei „leben*" wird auch lebendig gefunden.

Texte ersetzen

Über die Registerkarte Start – Gruppe Bearbeiten – Befehl Ersetzen erreichen Sie das Dialogfeld Ersetzen.

Geben Sie im Dialogfeld Ersetzen im Listenfeld das Suchwort (= zu ersetzender Begriff) und das Ersatzwort ein. Durch Anklicken der Schaltfläche Erweitern können Sie weitere Kriterien festlegen. Mit der Schaltfläche Weitersuchen starten Sie die Suche. Stoppt die Suche an einer Fundstelle, haben Sie folgende Möglichkeiten:

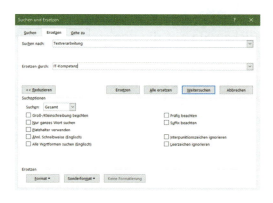

- Bestätigen Sie das Ersetzen des ursprünglichen Begriffs durch den neuen Begriff mit Ersetzen.

- Mit Alle Ersetzen wird der Suchbegriff an jeder Fundstelle ohne Rückfrage ersetzt.

- Durch erneutes Anklicken der Schaltfläche Weitersuchen gelangen Sie ohne Änderungen zur nächsten Textstelle.

- In der erweiterten Anzeige des Dialogfeldes Suchen und Ersetzen können Sie über die Schaltflächen Format und Sonstiges Formatierungen und Sonderzeichen suchen und ersetzen lassen, z. B. geschützte Leerschritte können hinterher eingefügt werden.

- Mit der Schaltfläche Keine Formatierungen können Sie die gewählten Suchoptionen im Dialogfeld komplett deaktivieren.

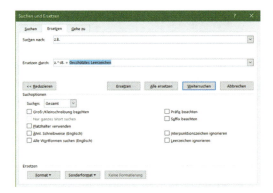

Lernfeld: Multifunktionale Arbeitsplätze effizient organisieren

Mathematische Formeln einfügen

Klicken Sie auf die Registerkarte Einfügen – Gruppe Symbol – Schaltfläche Formel.

Wählen Sie aus dem Bereich des Listenfelds die vorgefertigte Formel oder klicken Sie auf den Eintrag Neue Formel einfügen, um eine leere Formel zu erzeugen. Das entsprechende Inhaltselement wird eingeblendet.

Klicken Sie in die Formel, um sie zu bearbeiten. Geben Sie die Formel ein. In der Gruppe Symbole können Sie dabei weitere Symbole auswählen und der Formel hinzufügen.

In der Gruppe Strukturen können Sie weitere Formelbestandteile auswählen. Klicken Sie nach Fertigstellung der Formel auf einen freien Bereich außerhalb des Inhaltssteuerelements.

Formatieren Sie Ihre Formel. Die Standardeinstellung ist Professionell. Ansonsten können Sie zwischen Linear oder Normaler Text wählen.

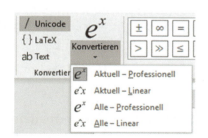

Verschieben oder löschen

Klicken Sie mit der Maus links auf das Symbol Ihrer Formel und ziehen Sie sie an die gewünschte Position. Klicken Sie mit der Maus links auf das Symbol Ihrer Formel. Drücken Sie Entf-Taste.

10. Manual: Word-Funktionen

Zeichenformatierung

Markierte Textteile können Sie schnell über die Registerkarte Start – Gruppe Schriftart gestalten.

Alle zur Verfügung stehenden Zeichenformatierungen finden Sie unter dem Dialogfeld Schriftart. Dieses wird mit STRG + D geöffnet oder Sie klicken rechts unten auf das Startprogramm.

Unter der Registerkarte Zeichenabstand können Sie die Wörter sperren, indem Sie die Laufweite um eine entsprechende pt-Zahl erweitern.

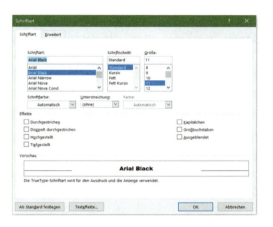

Absatzformatierung

Markierte Textobjekte können Sie auch mit Absatzattributen gestalten. Direkt sind sie über die Registerkarte Start – Gruppe Absatz zu erreichen.

Alle Absatzformatierungen finden Sie rechts unten unter dem Startprogramm Absatz. Die Absatzattribute (Einzug rechts oder links, Zeilenabstand, Absatzabstand) beziehen sich immer auf einen oder mehrere Absätze, also den Textbereich zwischen zwei Absatzschaltungen.

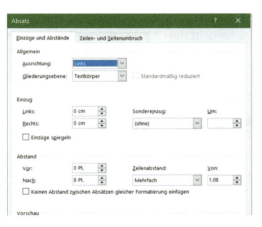

Spaltenformatierung

Markieren Sie den Text, der in mehrere Spalten angeordnet werden soll. Über die Registerkarte Seitenlayout – Gruppe Seite einrichten – Befehl Spalte – Weitere Spalten erreichen Sie das Dialogfeld Spalten.

Tipp: Damit die Spalten gleich lang werden, markieren Sie hinter dem Text nicht die Zeilenschaltung.

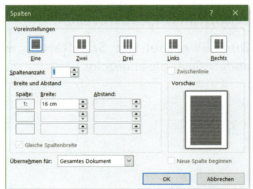

© Verlag Europa-Lehrmittel

Lernfeld: Multifunktionale Arbeitsplätze effizient organisieren

Format übertragen

Wenn mehrere Textstellen gleich formatiert werden, arbeitet man rationell mit dem Befehl Format übertragen. Diesen finden Sie in der Registerkarte Start – Gruppe Zwischenablage – Befehl Format übertragen.

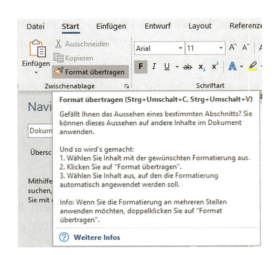

Dazu markiert man die richtig formatierte Textstelle und klickt mit der Maus das Symbol Format übertragen an. Der Mauszeiger wird zu einem Pinsel. Mit diesem Pinsel kann nun die gewünschte Textstelle formatiert werden.

TIPP: Wenn mehrere Textstellen mit diesem Format gestaltet werden sollen, müssen Sie auf das Symbol Format übertragen **doppelt** klicken.

Initial einfügen

Repräsentative Texte werden gerne mit Initialen gestaltet. Über die Registerkarte Einfügen – Gruppe Text – Befehl Initial – Initialoptionen wird das Dialogfeld Initial aufgerufen.

Hier können Sie die Position, Schriftart, Initialhöhe und den Abstand vom Text angeben.

Symbole einfügen

In der Registerkarte Einfügen – Gruppe Symbole – Befehl Symbol – Weitere Symbole finden Sie das Dialogfeld Symbol. Hier können Sie unter der Registerkarte Symbol Zeichen auswählen. Markieren Sie das gewünschte Zeichen und fügen Sie es ein.

Durch Wechsel der Schriftarten werden andere Symbole angezeigt.

Schattierung einstellen

Auf der Registerkarte Start – Gruppe Absatz – Befehl Schattierung können Sie das Dialogfeld Designfarben öffnen.

Hier wählen Sie die entsprechende Farbschattierung aus. Möchte man andere Farbnuancen, so geht man auf Weitere Farben. Möchte man die Schattierung entfernen, so wird die Textstelle markiert und im Dialogfeld Keine Farbe angeklickt.

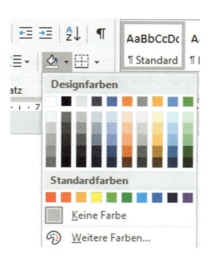

Schattierung einstellen

Auf der Registerkarte Start – Gruppe Absatz – Befehl Rahmen – (ganz unten) Rahmen und Schattierung können Sie das Dialogfeld Rahmen und Schattierung öffnen.

Nun wählen Sie die Linienart, Farbe und Breite aus und unter Übernehmen für: den Bereich des Rahmens. In der Vorschau können einzelne Linien angeklickt werden.

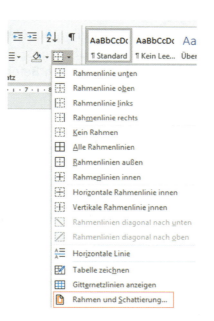

Seitenrand gestalten

Wählen Sie von dem Dialogfeld Rahmen und Schattierung die Registerkarte Seitenrand aus. Hier können Sie für die ganze Seite Ränder mit und ohne Effekte einfügen und rechts unten unter Übernehmen für: den Bereich des Seitenrandes auswählen.

Tipp: Wird beim Ausdruck ein Linienrand nicht angezeigt, kann unter Optionen – gemessen von der Abstand vom Text eingestellt werden.

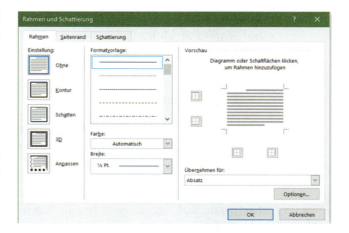

Lernfeld: Multifunktionale Arbeitsplätze effizient organisieren

Aufzählung bzw. Nummerierung einfügen

Zur besseren Übersicht sollten Sie z. B. in Ihren Dokumenten wie z. B. im Lebenslauf die Tätigkeiten mit Aufzählungen bzw. Nummerierungen auflisten. Dazu markieren Sie Ihren Text.

Wählen Sie in der Registerkarte Start – Befehlsgruppe Absatz – entweder den Befehl Aufzählung oder Nummerierung aus.

Ist das Gewünschte eingestellt, so können Sie sehr schnell über das Symbol – auf den rechten Pfeil klicken – Ihre Aufzählung oder Nummerierung aktivieren.

Wünschen Sie für die Nummerierung oder Aufzählung ein anderes Zahlenformat oder ein anderes Symbol, so gehen Sie über den Befehl Nummerierung auf Neues Zahlenformat definieren oder über den Befehl Aufzählung auf Neues Aufzählungszeichen definieren.

DIN 1421

Nach der DIN 1421 steht die Aufzählung/Nummerierung links an der Fluchtlinie, und Beginn und Ende sind vom folgenden Text jeweils durch eine Leerzeile zu trennen.

Sie setzen eine Leerzeile zwischen die Aufzählungsglieder, indem Sie eine geschützte Zeilenschaltung SHIFT + Return vornehmen.

Klicken Sie mit der rechten Maustaste im Kontextmenü bzw. in der Befehlsgruppe Absatz auf Einzug verkleinern.

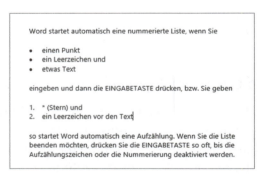

Liste neu nummerieren

Klicken Sie mit der rechten Maustaste auf den Listeneintrag, ab dem neu nummeriert werden soll.

Klicken Sie mit der rechten Maustaste im Kontextmenü auf Neu beginnen mit 1 oder wählen Sie eine andere gewünschte Option aus.

Liste mit mehreren Ebenen

Eine Gliederung besteht aus mehreren Ebenen, die individuell eingestellt werden können. Unter Position wird die Ausrichtung eingestellt, die im Vorschaufenster angezeigt wird.

Zunächst markieren Sie Ihren Text und wählen dann auf der Registerkarte Start – Gruppe Absatz – Befehl Liste mit mehreren Ebenen. Hier suchen Sie sich die gewünschte Gliederung aus bzw. Sie gehen über Neue Liste mit mehreren Ebenen definieren.

Gemäß DIN 1421 beginnen alle Abschnittsnummern an derselben Fluchtlinie. Nach einer Abschnittsnummer folgt der Abstand von mindestens zwei Leerzeichen. Am Ende einer Abschnittsnummer steht kein Punkt.

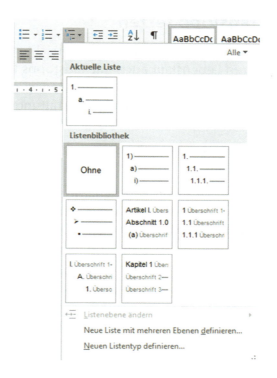

Um diese Regeln einzuhalten, wird die Ausrichtung auf 0 cm eingestellt, der Texteinzug entsprechend erweitert (z. B. bei drei Ebenen auf 2 cm) und der letzte Punkt unter Formatierung für Zahl eingeben entfernt. Möchten Sie alle Ebenen auf einmal verändern, gehen Sie auf Für alle Ebenen festlegen und stellen dort Ihre Werte ein.

Ebenen einstellen

Während der Texteingabe oder später erstellen Sie die verschiedenen Ebenen über die Symbole Einzug verkleinern – Einzug vergrößern.

- Klicken Sie auf Einzug vergrößern, um von der Ebene 1 auf die Ebene 1.1 zu gelangen.

- Klicken Sie auf Einzug verkleinern, um auf den Gliederungspunkt 2 zu gelangen.

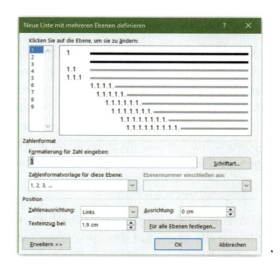

Dokument erstellen

Tabstopp setzen

Natürlich können Sie z. B. Übersichten oder Ihren Lebenslauf auch mit Tabstopps formatieren. Dies ist allerdings umständlicher, und es gibt nicht so vielseitige Gestaltungsmöglichkeiten wie mit der Tabellenfunktion.

Dazu setzen Sie die Tabtaste an Ihre gewünschte Position.

Gehen Sie auf die Registerkarte Start – Gruppe Absatz unten rechts auf das Startprogramm – Tabstopps und geben Sie im Dialogfeld Tabstopps die gewünschte Tabstopp-Position ein.

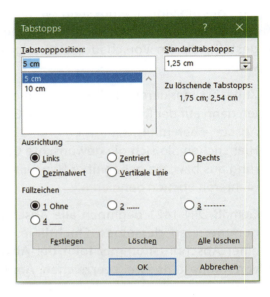

Weiterhin ist die gewünschte Ausrichtung (links, zentriert, rechts, dezimal) anzugeben und ob Sie den Zwischenraum zwischen den Wort- oder Zahlenkolonnen mit Punkten, Strichen oder einer Linie auffüllen wollen. Bestätigen Sie Ihre Auswahl mit der Schaltfläche Festlegen.

Die Standard-Tabstopps im Abstand von 1,25 cm erscheinen im Zeilenlineal als senkrechte hellgraue Linien.

Arbeiten Sie rationell

Über das Zeilenlineal können Sie die Tabstopps sehr schnell setzen. Klicken Sie am linken Linealende die Schaltfläche an, um die gewünschte Ausrichtung des Tabulatorstopps festzulegen. Setzen Sie anschließend den Mausanzeiger an die gewünschte Position im Zeilenlineal und bestätigen Sie die Position mit der linken Maustaste.

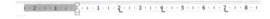

Tabstopp verschieben

Um einen Tabstopp zu verschieben, klicken Sie mit der Maus auf den gesetzten Tabstopp und ziehen ihn anschließend mit gedrückter Maustaste an die gewünschte Position. Um einen Tabstopp millimetergenau zu setzen oder zu verschieben, muss zusätzlich zum Mausanzeiger die Alt-Taste gedrückt werden.

Ein Tabstopp im Zeilenlineal lässt sich einfach löschen, indem man mit dem Mauszeiger auf den Tabstopp klickt und mit gedrückter Maustaste den Tabstopp aus dem Lineal herauszieht und die Taste loslässt.

10. Manual: Word-Funktionen

Tabellen gestalten

Mit dieser Tabellenfunktion formatieren Sie übersichtlicher und strukturierter. Word bietet eine Vielzahl von Möglichkeiten, Ihre Tabellen zu optischen Anziehungspunkten zu gestalten.

Auf der Registerkarte Einfügen – Befehlsgruppe Tabelle – Schaltfläche Tabelle können mit der Maus die gewünschten Zeilen und Spalten aufgerufen werden. Ist die Tabelle erstellt und mit dem Cursor aktiviert, so öffnet sich die Registerkarte Tabellentools für den Entwurf und das Layout. Diese Tools bieten sehr übersichtlich viele Gestaltungsmöglichkeiten.

Mit der Registerkarte Tabellentool – Entwurf können Sie viele Tabellen-Formatvorlagen nutzen. Sie müssen einfach nur eine Formatvorlage aussuchen. Die Gruppe Optionen für Tabellenformat ermöglicht es Ihnen, in manchen Fällen die Tabellen lesefreundlicher zu gestalten.

Die Gruppe Rahmenlinien zeichnen ermöglicht, Linien, Linienstärke und Farbe auszusuchen. Mit dem Radierer können Linien entfernt werden. Sie können auch eine komplexe Tabelle zeichnen, die unterschiedliche Zeilen oder unterschiedlich viele Spalten pro Zeile enthält. Wenn Sie auf den rechten unteren Pfeil klicken, so öffnet sich das Dialogfeld Rahmen und Schattierung.

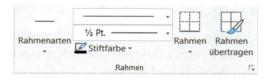

Mit der Registerkarte Tabellentool – Layout stellt Word Ihnen viele Werkzeuge zur Tabellengestaltung zur Verfügung.

Die Gruppe Zeilen und Spalten ermöglicht, Zeilen und Spalten einzufügen und zu löschen.

Eine Tabelle, in der die Zeilen unterschiedlich hoch sind, wirkt sehr unruhig auf den Leser. Hier bietet die Gruppe Zellengröße an, Zeilen und Spalten gleichmäßig zu verteilen, um Zeilenhöhe und Spaltenbreite einander anzupassen.

Die Gruppe Ausrichtung ermöglicht, den Text in der Zelle an entsprechende Positionen zu bringen. Außerdem kann der Text in verschiedene Richtungen fließen.

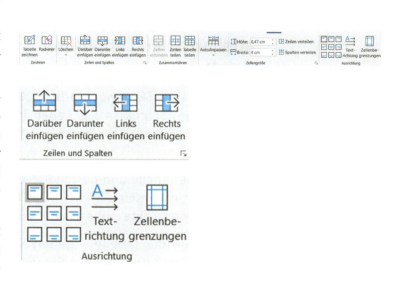

Die Gruppe Zusammenführen bietet Befehle, um Zellen zu verbinden, Zellen zu teilen bzw. die Tabelle zu teilen. Sie können in derselben Zeile bzw. Spalte zwei oder mehrere Zellen zu einer einzigen Zelle verbinden.

Lernfeld: Multifunktionale Arbeitsplätze effizient organisieren

Tabelle positionieren

Zum Anpassen des Tabellenlayouts stehen noch zahlreiche weitere Möglichkeiten zur Verfügung. Um eine ganze Tabelle, bezogen auf die Seitenränder auszurichten, markieren Sie zuerst die gesamte Tabelle und verwenden in der Gruppe Ausrichtung – den Befehl Zellenbegrenzung.

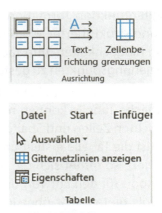

Die Ausrichtung, einen linken Einzug und den Textumbruch um eine Tabelle, können Sie in der Gruppe Tabelle – Befehl – Tabelleneigenschaften festlegen.

Möchten Sie eine Tabelle an eine bestimmte Position bringen, so aktivieren Sie unter dem Befehl Tabelleneigenschaften – Textumbruch Umgebend und klicken nun auf das Feld Positionierung.

Hier stellen Sie nun Ihre gewünschten Werte ein, z. B. für den Geschäftsbrief mit Bezugzeichenzeile – Form B – die vertikale Position 9,74 cm, gemessen von der ganze Seite.

Um den Text innerhalb einer Tabellenzelle auszurichten, markieren Sie den entsprechenden Bereich und klicken in der Gruppe Ausrichtung auf die gewünschte Zellenausrichtung. Hier können Sie auch den Text vertikal und horizontal ausrichten.

Tabellarischen Lebenslauf gestalten

Öffnen Sie Ihre Dokumentvorlage „Bewerbungsvorlage". Schreiben Sie „Lebenslauf" in einem etwas größeren Schriftgrad (z. B. 16 pt).

Fügen Sie eine dreispaltige Tabelle ein, markieren Sie die Tabelle und gestalten Sie Ihren Tabellenrahmen – Kein Rahmen. Das Gitternetz/Rasterlinien sollte eingeschaltet sein.

Markieren Sie die Tabelle – gehen Sie auf Tabelleneigenschaften. Stellen Sie unter der Registerkarte Spalte – Bevorzugte Breite auf 7 cm, die zweite Spalte auf 1,25 cm und die dritte Spalte auf 8 cm. Anschließend stellen Sie unter Registerkarte Zelle – Höhe definieren auf 0,8 cm. Stellen Sie die Zellenausrichtung auf links zentriert. Verwenden Sie für

Lebenslauf

Meine persönlichen Daten		
Geburtstag		14. April 19..
Geburtsort		Trier
Schulbildung		
Von September 20.. bis		

Lebenslauf

Meine persönlichen Daten		
Geburtstag		14. April 19..
Geburtsort		Trier
Schulbildung		
Von September 20.. bis		

jedes Leitwort eine neue Zeile. Mit der Tab-taste erstellen Sie eine neue Zeile.

Gestalten Sie Ihren Lebenslauf individuell. Formatieren Sie Ihren Lebenslauf so, dass die Schwerpunkte hervorgehoben werden. Dazu bietet das Textverarbeitungsprogramm vielseitige Möglichkeiten.

Lebenslauf mit mehreren Seiten

Benötigen Sie für den Lebenslauf mehrere Seiten, so teilen Sie am besten die Tabelle an der Stelle, die auf die neue Seite soll. Stellen Sie den Cusor in die erste Zelle der Zeile, die auf die nächste Seite soll.

Gehen Sie über die Registerkarte Tabellentools – Layout – Gruppe Zusammenführen – Tabelle teilen.

Sprachkenntnisse	
Englisch	Verhandlungsicher
Fransösisch	Basiskentnisse
IT-Kompetenz	
Word	–

Freizeitaktivitäten	
	Wandern ...

Neue Seite einfügen

Für eine neue Seite drücken Sie die Tastenkombination Strg + Return.

Formulare gestalten

Gehen Sie auf die Registerkarte Entwicklertools. Sollte diese nicht angezeigt werden, müssen Sie über die Registerkarte Datei – Word-Optionen – Menüband anpassen – Entwicklertools aktivieren.

Ein Formular wird grundsätzlich in ein Tabellenraster eingefügt. Jedes Textfeld, Kontrollkästchen oder Dropdown-Formularfeld erhält eine eigene Zelle. Die Linien der Tabelle können ohne Rand gestaltet werden. Wichtig ist, dass das Formular übersichtlich, klar gegliedert und ablaufgerecht konzipiert wird.

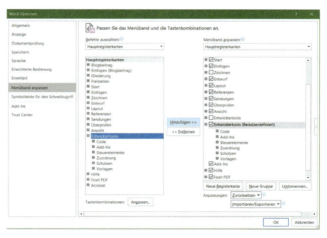

Wenn Sie eines der Steuerelemente einfügen, bekommen Sie einen Text vorgegeben, den der User als Eingabeaufforderung sehen kann. Diesen Text können Sie verändern, wenn Sie den Entwurfsmodus einschalten.

Beim Klicken auf die Vorversionstools öffnet sich eine Auswahl von Formular-Steuerelementen aus Vorversionen (Formularsymbolleiste).

Lernfeld: Multifunktionale Arbeitsplätze effizient organisieren

Für einfache Texte wählen Sie das Textfeld (Formularsteuerelement). Für Entscheidungsfragen wählen Sie das Kontrollkästchen. Für Auswahlmöglichkeiten bietet sich das Dropdown-Formularfeld an. Für die Auswahl anderer Daten (Datum und Uhrzeit) klicken Sie auf das entsprechende Steuerelement.

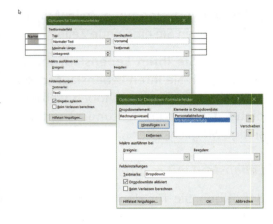

Mit einem Doppelklick auf das Dropdown-Formularfeld erreichen Sie die Optionen. Hier werden die Auswahlbegriffe ins Dropdownelement geschrieben und hinzugefügt. Bedenken Sie, dass später nur in den Formularfeldern geschrieben werden kann. Mit der Tabtaste erreichen Sie die einzelnen Felder.

Damit das Formular ausgefüllt werden kann, muss es nach Fertigstellung geschützt werden. Achten Sie darauf, dass der Entwurfsmodus ausgeschaltet ist. Wenn Sie auf die Gruppe Schützen – Bearbeitung einschränken klicken, öffnet sich der Arbeitsbereich Bearbeitung einschränken. Hier klicken Sie unter 2. Bearbeitungseinschränkungen – Nur diese Bearbeitungen im Dokument zulassen: Ausfüllen von Formularen und Ja, Schutz jetzt anwenden an. Geben Sie ein Passwort an. Testen Sie Ihr Formular.

Loch- und Falzmarke einfügen

Falt- und Lochmarken dienen dazu, den fertigen Brief an der richtigen Stelle zu falten bzw. zu lochen. Die Faltmarken werden innerhalb des Kopfzeilenfensters eingesetzt und dann an den linken Rand verschoben. Die genaue Position und Größe der Marken sind in der DIN festgelegt. Gehen Sie schrittweise für den Geschäftsbrief Form B vor:

Schritt 1: Faltmarke 1 – einfügen

- Aktivieren Sie die Kopfzeile.
- Klicken Sie das Symbol Linie an und ziehen Sie bei gedrückter Maus eine waagerechte Linie – Registerkarte Einfügen – Illustrationen – Formen

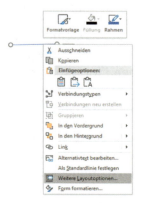

10. Manual: Word-Funktionen

Schritt 2: Faltmarke 1 – formatieren

- Klicken Sie die Linie an.
- Öffnen Sie mit der rechten Maustaste das Kontextmenü – Weitere Layoutoptionen.
- Geben Sie in der Registerkarte Größe die Breite für die Faltmarke mit 0,6 cm an.
- Geben Sie in der Registerkarte Layout/Position die in der Abbildung rechts angegebenen Positionen und Bezugsstellen ein.
- Verankern Sie die Marke.

Schritt 3: Faltmarke 2 einfügen – formatieren

- Wiederholen Sie Schritt 1.
- Formatieren Sie die zweite Faltmarke mit einer Breite von 0,6 cm .
- Platzieren Sie die zweite Faltmarke bei 0,6 cm. „rechts von" Seite und bei 21 cm „unterhalb" Seite.
- Verankern Sie die Marke.

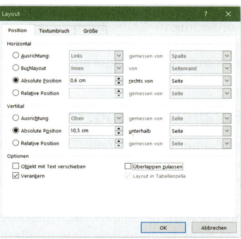

Schritt 4: Lochmarke einfügen – formatieren

- Wiederholen Sie Schritt 1
- Formatieren Sie die Breite mit 0,75 cm
- Platzieren Sie die Lochmarke bei 0,6 cm „rechts von" Seite und bei 14,85 cm „unterhalb" Seite
- Verankern Sie die Marke.

Lernfeld: Multifunktionale Arbeitsplätze effizient organisieren

Grafiken und Bilder einfügen

Rechts oben im Lebenslauf oder auf das Deckblatt fügen Sie ein ansprechendes Foto ein.

Auf der Registerkarte Einfügen – Gruppe Illustrationen finden Sie verschiedene Elemente zum Einfügen. Klicken Sie auf das Symbol Grafik, so öffnet sich der Dateimanager, Sie wählen das entsprechende Laufwerk/Verzeichnis und fügen Ihr gewünschtes Bild ein.

Innerhalb des Textes gibt es mehrere Möglichkeiten, Grafiken zu positionieren. Sehr rationell geht es über die Schaltfläche Textfluss in der Symbolleiste Grafik oder über das Kontextmenü Grafik formatieren – Layout. Markieren Sie die Grafik oder das Bild und verändern Sie den Textfluss auf Oben und unten.

Bildgröße verändern

Markieren Sie Ihre Grafik. Zeigen Sie mit der Maus auf die Ziehpunkte. Der Mauszeiger verändert sich in einen Doppelpfeil. Ziehen Sie mit gedrückter Maustaste einen der Ziehpunkte nach innen bzw. nach außen, um das Bild zu verkleinern bzw. zu vergrößern. Beim Ziehen wird der Mauszeiger als Pluszeichen angezeigt. Lassen Sie die Maustaste los, wenn die gewünschte Größe erreicht ist.

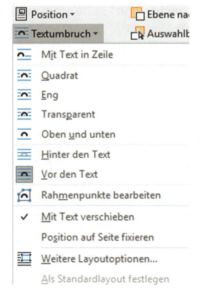

Screenshot erstellen

Bei einem Screenshot handelt es sich um ein Bild, welches den vollständigen Bildschirminhalt enthält, der zum Zeitpunkt der Aufnahme angezeigt wurde.

Die Funktion unter der Registerkarte Einfügen – Gruppe Illustrationen – Screenshot. Dort stehen alle geöffneten Dateien zur Verfügung.

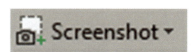

10. Manual: Word-Funktionen

Fußnoten anlegen

In Informationsblätter bzw. Facharbeiten nehmen Fußnoten u. a. zusätzliche Informationen auf, z. B. Definitionen von Fachwörtern. Die Anmerkungen sollten sich aber auf solche Informationen beschränken, die im Fließtext den Gedankenfluss stören würden, die aber trotzdem für erwähnenswert gehalten werden. Anmerkungen sollten aber keine wesentlichen Informationen enthalten.

Fußnoten werden direkt hinter dem jeweiligen Begriff durch hochgestellte Fußnotenzeichen dargestellt und am Ende der Seite aufgelistet.

Positionieren Sie den Cursor an den gewünschten Begriff und drücken Sie Strg + Alt + F bzw. über Registerkarte Referenzen – Fußnoten – Fußnoten einfügen.

Gehen Sie auf das Startprogramm, um die Nummerierung und sonstige Fußnoteneinstellungen zu ändern.

Lernfeld: Multifunktionale Arbeitsplätze effizient organisieren

Schaubilder erstellen

In Word, aber auch in PowerPoint lassen sich sehr einfach ansprechende Schaubilder erstellen. Es stehen Ihnen vielfältige Illustrationen zur Verfügung.

Klicken Sie auf die Registerkarte Einfügen – Gruppe Illustrationen – Schaltfläche Formen. Suchen Sie sich im Katalog die gewünschte Form aus, klicken Sie mit der linken Maustaste an und ziehen Sie in entsprechender Größe in Ihren Textbereich.

Die Formen lassen sich beschriften, indem Sie mit der rechten Maustaste das Kontextmenü öffnen und auf Text hinzufügen gehen.

Es öffnet sich nun zusätzlich die Registerkarte Format. Damit können Sie nun das Erscheinungsbild (Farben, Strichstärken, Schattierungen) der Form verändern.

Die SmartArt-Grafik bietet viele Möglichkeiten, ein Thema visuell darzustellen, sei es die Befehlsstruktur am Arbeitsplatz oder ein Flussdiagramm eines Projektes.

Klicken Sie auf die Registerkarte Einfügen – Gruppe Illustrationen – SmartArt. Wählen Sie den gewünschten Typ aus. Klicken Sie auf die Kategorie, lesen Sie die Beschreibung und klicken Sie auf OK.

Klicken Sie links auf das erste Element im Textbereich und geben Sie den Text ein.

Wird der Textbereich nicht angezeigt, klicken Sie unter der Registerkarte SmartArt-Tools auf die Registerkarte Entwurf – Textbereich. Drücken Sie die Tab-Taste oder den Pfeil nach unten, um zum nächsten Element zu wechseln. Mithilfe der Registerkarte Entwurf können Sie die Optik und den Aufbau verändern.

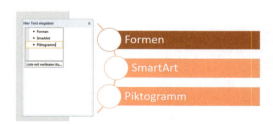

Ganz rechts in der Multifunktionsleiste bzw. im Menüband können Sie auf die Schaltfläche Grafik zurücksetzen klicken, um alle Änderungen rückgängig zu machen.

Abbildungen einfügen

In Fachtexten werden Sie zum besseren Verständnis sicherlich Diagramme, Grafiken bzw. Tabellen einfügen. Word verfügt über verschiedene Möglichkeiten zum Einfügen von Objekten in ein Dokument. Sie können beispielsweise ein Objekt, ein Diagramm oder eine Tabelle auf einfache Weise kopieren.

Sie können eine Tabelle auch als Objekt einfügen oder verknüpfen. Verknüpfen und Einfügen unterscheiden sich im Ort, an dem die Daten gespeichert werden, und in der Art der Aktualisierung nach dem Einfügen in das Dokument.

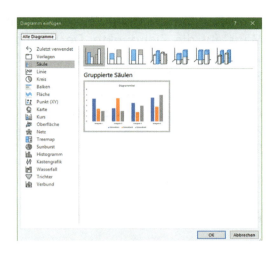

Bei der Verknüpfung enthält das Word-Dokument lediglich einen Verweis auf die Originaldaten (z. B. einer Excel-Tabelle). Die Verknüpfung ist eine Pfadangabe, die festhält, wo die Datei eines Objektes zu finden ist und welche eingefügt wurde.

Der Vorteil einer Verknüpfung ist zunächst, dass z. B. die Excel-Tabelle, welche in ein Word-Dokument eingefügt wird, dort automatisch aktualisiert wird, wenn sich Änderungen in der Quelldatei ergeben. Ein weiterer Vorteil ist, dass eine Pfadangabe platzsparender ist als die sogenannte Einfügung. Allerdings darf die Quelldatei nicht gelöscht oder zerstört werden.

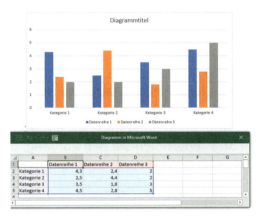

Datei einfügen

Gehen Sie auf die Registerkarte Einfügen – Ordner Text – Befehl Objekt. Hier öffnen Sie das Registerblatt Aus Datei erstellen und suchen Ihre entsprechende Excel-Datei mit einem Doppelklick aus.

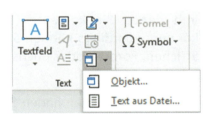

Objekt einfügen

Gehen Sie auf die Registerkarte Einfügen – Ordner Text – Befehl Objekt. Hier öffnen Sie das Registerblatt Aus Datei erstellen und suchen Ihre entsprechende Excel-Datei mit einem Doppelklick aus.

Aktivieren Sie Verknüpfen und klicken auf OK.

© Verlag Europa-Lehrmittel

Lernfeld: Multifunktionale Arbeitsplätze effizient organisieren

Bildgröße verändern

Markieren Sie Ihre Grafik. Zeigen Sie mit der Maus auf die Ziehpunkte. Der Mauszeiger verändert sich in einen Doppelpfeil. Ziehen Sie mit gedrückter Maustaste einen der Ziehpunkte nach innen bzw. nach außen, um das Bild zu verkleinern bzw. zu vergrößern. Beim Ziehen wird der Mauszeiger als Pluszeichen angezeigt. Lassen Sie die Maustaste los, wenn die gewünschte Größe erreicht ist.

Abbildungen beschriften

Klicken Sie auf die rechte Maustaste und wählen Sie Beschriftung einfügen. Ergänzen Sie die Beschriftung – wählen Sie die Bezeichnung und die Position Über dem ausgewählten Element. Möchten Sie eine andere Bezeichnung bzw. die Abkürzung von Abbildungen verwenden, so fügen Sie unter Bezeichnung Ihren Text hinzu und positionieren den Titel der Abbildung unter dem ausgewählten Element. Wiederholen Sie den Vorgang, um die Quelle anzugeben und sie unter dem ausgewählten Element zu positionieren.

Logo erstellen

Im Internet gibt es mittlerweile einige Programme mit denen Sie kostenlos Logos erstellen können. Allerdings können Sie mit wenigen Strichen, Formen oder Buchstaben Ihr eigenes Logo gestalten.

Unter Einfügen – Illustrationen finden Sie die Formen. Stellen Sie ein Logo zusammen. Markieren Sie die Formen, Striche oder Buchstaben. Klicken Sie auf die rechte Maustaste und gruppieren Sie alles. Fügen Sie anschließend die Grafik z. B. unter Windows-Zubehör in Paint ein und speichern Sie Ihr Logo unter *.jpg ab. Nun können Sie unter Einfügen – Grafik Ihr Logo einfügen. Nun können Sie an den Seiten diagonal ziehen, um es in die richtige Größe zu bringen.

Bevor Sie damit beginnen, sollten Sie sich Gedanken über die Farbgestaltung machen. Für ein Unternehmen, das mit Pflanzen handelt, würde sich sehr gut Grün eignen, dagegen für eine Feuerlöscherfirma eher Rot. Auch sollte darauf geachtet werden, dass auch eine Schwarz-Weiß-Wiedergabe (Darstellung in Graustufen) möglich ist.

Gliederung erstellen

Gliederung in der Gliederungsansicht erstellen

Erstellen Sie zunächst die Gliederung für Ihr Dokument im Gliederungsmodus.

Voraussetzung dafür ist allerdings, dass Sie Ihren Überschriften die entsprechenden Ebenen zuweisen (Ebene 1 bis Ebene 3 – wenn Sie mit weiteren Ebenen arbeiten, wird Ihre Arbeit unübersichtlich).

Bei der Zuweisung der Ebenen werden automatisch die Formatvorlagen (Überschrift 1 bis Überschrift 3) zugeordnet. Alle anderen Elemente werden als Textkörper behandelt und somit auch der Formatvorlage Standard zugewiesen.

Klicken Sie in der Statuszeile auf die Gliederungsansicht. Gehen Sie im Gliederungsmodus folgendermaßen vor:

1. Beginnen Sie mit Ihrer Überschrift und ordnen dieser die erste Ebene zu.

2. Nach dem Schalten bleiben Sie in der Ebene 1. Wenn Sie Ihre Überschrift tiefer stufen möchten, wählen Sie entweder Ebene 2 aus oder gehen mit der rechten Pfeiltaste eine Stufe tiefer.

3. Mit der linken Pfeiltaste stufen Sie Ihre Ebenen wieder höher.

4. Nachdem Sie Ihre Gliederung fertiggestellt haben, klicken Sie über die Registerkarte Start das Symbol Liste mit mehreren Ebenen an.

5. Wählen Sie aus der Listenbibliothek die gewünschte Liste aus und passen Sie diese der DIN 1421 an (siehe Liste mit Ebenen erstellen).

Lernfeld: Multifunktionale Arbeitsplätze effizient organisieren

6. Kehren Sie zurück zum (Seiten-)Layout und füllen Sie Ihre Gliederung mit Leben.

Bausteine erstellen

Wenn Sie dasselbe Wort oder dieselbe Wendung wieder und wieder eingeben, sparen Sie eine Menge Zeit, wenn Sie den Eintrag als Schnellbaustein speichern. Er bekommt einen kurzen Namen, mit mindestens vier Buchstaben. Sie tippen nur den Kurznamen ein und rufen den Baustein dann aus dem Speicher ab.

Die Funktion ist nicht auf Text beschränkt, sondern nimmt alles auf, was auch im Dokument Platz findet – Tabellen, Bilder oder komplette Seiten. Bausteine werden in verschiedenen Katalogen gespeichert, die jeweils in mehrere Kategorien geteilt werden können.

Textbausteine definieren

Markieren Sie im Dokument die Information, die Sie als Schnell- bzw. Textbaustein speichern möchten.

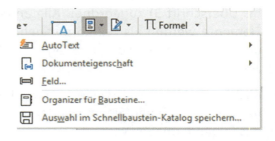

Klicken Sie auf die Registerkarte Einfügen – Befehlsgruppe Text – Schnellbausteine und dann auf Auswahl im Schnellbaustein-Katalog speichern (oder drücken Sie Alt + F3), um das Dialogfeld Neuen Baustein erstellen zu öffnen. Übernehmen Sie den vorgeschlagenen Namen oder geben Sie einen neuen ein.

Wenn das Element zukünftig angezeigt werden soll, wählen Sie Schnellbausteine in der Liste Katalog aus. Wählen Sie eine Kategorie aus oder klicken Sie auf Neue Kategorie und legen z. B. eine Kategorie Mahnung an.

Legen Sie den Speicherort des Eintrags fest – die aktuelle Vorlage oder eine der globalen Vorlagen Normal oder Building Blocks.

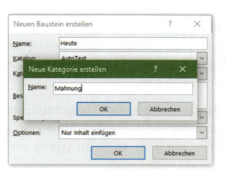

Die Schnellbausteine der globalen Vorlage Building Blocks stehen immer zur Verfügung, egal mit welcher Dokumentvorlage Sie arbeiten. Geben Sie an, auf welche Art der Eintrag eingefügt werden soll und klicken Sie auf OK.

10. Manual: Word-Funktionen

Schnellbausteine einfügen

1. Möglichkeit: Setzen Sie die Einfügemarke an die Stelle, an der Sie den Baustein einfügen möchten, geben Sie den Namen ein und drücken Sie F3.

2. Möglichkeit: Klicken Sie auf die Registerkarte Einfügen Befehlsgruppe Text – AutoText. Scrollen Sie ggf. in der Liste, um den gesuchten Eintrag zu finden und führen Sie einen dieser Schritte aus:

- Klicken Sie auf den Eintrag, um ihn an der Einfügemarke im Dokument einzufügen.

- Klicken Sie mit der rechten Maustaste auf den Eintrag und wählen Sie die Einfügeposition.

Bausteine organisieren

Word stellt vielseitige Bausteine für AutoTexte, Deckblätter, Kopf- und Fußzeilen usw. zur Verfügung. Alle Bausteine, die Sie in Ihre Dokumente einfügen können, werden an einer zentralen Stelle, dem sogenannten Organizer für Bausteine verwaltet.

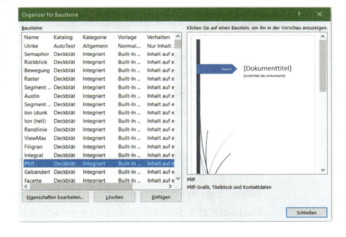

Lernfeld: Multifunktionale Arbeitsplätze effizient organisieren

Seriendruck

Erstellen Sie den Brief (Hauptdokument) wie üblich, aber lassen Sie die Stellen frei, an denen Daten aus einer Adressliste eingesetzt werden. Speichern Sie den Brief.

Klicken Sie in der Registerkarte Sendungen – Gruppe Seriendruck starten – Seriendruck starten und im Dropdown-Menü auf Briefe. Anschließend klicken Sie auf die Schaltfläche Empfänger auswählen.

Neue Datenquelle erstellen

Wenn Sie bisher noch keine Datenquelle erstellt haben, die Sie für den Seriendruck verwenden wollen, dann wählen Sie die Option Neue Liste eingeben. Word zeigt daraufhin ein Formular an, in dem Sie die Adressdaten eingeben können.

Klicken Sie zunächst auf Spalten anpassen und geben Sie entsprechend Ihrer Datenquelle die Feldnamen ein. Dazu löschen Sie die unnötigen und ergänzen die fehlenden Feldnamen. Berücksichtigen Sie für das rationelle Arbeiten die richtige Reihenfolge der Datenbank.

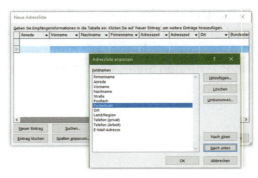

Um einen weiteren Listeneintrag zu erstellen, klicken Sie die Schaltfläche Neuer Eintrag an. Wenn Sie im Formular auf OK klicken, wird das Dialogfeld Adressliste speichern angezeigt.

Geben Sie dort einen aussagekräftigen Namen für die Liste ein. Achten Sie unbedingt darauf, an welcher Stelle/Speicherort Sie die Datei ablegen und klicken Sie dann auf Speichern.

Vorhandene Datenquelle öffnen

Wählen Sie unter der Registerkarte Sendungen – Gruppe – Seriendruck starten – Empfänger auswählen die Option Vorhandene Liste verwenden aus. Öffnen Sie Ihre Datenquelle. Klicken Sie auf Empfängerliste bearbeiten. Aktivieren Sie die Kontrollkästchen der Personen, die das Schreiben erhalten sollen.

10. Manual: Word-Funktionen

Adressen aus Outlook

Wenn Sie Ihre Adressen im Kontakte-Ordner von MS Outlook verwalten, klicken Sie die Option Aus Outlook-Kontakten auswählen an. Word zeigt daraufhin das Dialogfeld Kontakte auswählen an, in dem alle Kontaktordner aufgeführt werden, die in Ihrem Outlook-Profil enthalten sind. Klicken Sie in der Liste zuerst die Kontakte an, die Sie verwenden wollen, und dann auf OK.

Klicken Sie nun im Dokument auf die Stelle, an der Daten aus der Datenquelle eingefügt werden sollen.

Gehen Sie auf die Befehlsgruppe Schreib- und Einfügefelder und auf der Schaltfläche Seriendruckfeld einfügen auf den entsprechenden Feldnamen.

Um sich vor dem tatsächlichen Zusammenführen von Hauptdokument und Datenquelle die Ergebnisse auf dem Bildschirm anzusehen und so eventuelle Fehler erkennen und beheben zu können, verwenden Sie die Seriendruckvorschau.

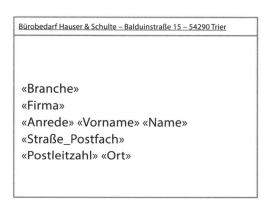

Klicken Sie dafür in der Gruppe Vorschau Ergebnisse auf die gleichnamige Schaltfläche. Nun können Sie mit den Pfeiltasten durch die Datensätze blättern.

Zusammenführen und Drucken

Klicken Sie in der Gruppe Fertig stellen die Schaltfläche Fertig stellen und zusammenführen an. Wählen Sie die Option Dokumente drucken. Hier können Sie die Datensätze auswählen, die zusammengeführt werden.

© Verlag Europa-Lehrmittel

Seriendruck – Bedingungsfeld

Bei der persönlichen Anrede ergibt sich einmal das Problem, dass bei weiblicher Anrede „Sehr geehrte" und bei männlicher Anrede „Sehr geehrter" zu schreiben ist. Zudem werden die männlichen Briefempfänger mit „Herr" angesprochen, in der Datenquelle befindet sich aber in der Regel im Seriendruckfeld „Anrede" der Begriff „Herrn" (im Anschriftfeld erforderlich). Dieses Problem löst das Einfügen eines Bedingungsfeldes.

Positionieren Sie den Cursor an die Stelle, an der das Bedingungsfeld eingefügt werden soll. Wählen Sie über die Registerkarte Sendungen den Ordner Schaltfläche Regeln die Option Wenn … Dann … Sonst …

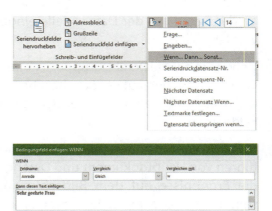

Geben Sie die folgenden Daten ein; achten Sie darauf, dass Sie hinter den Eintragungen kein Leerzeichen setzen! Fügen Sie hinter der Anrede das Seriendruckfeld Nachname – mit einem Leerzeichen abgesetzt – ein. Denken Sie an das Komma nach der Anrede!

Seriendruck – Filtern von Daten

Im Serienbrief kann eine Auswahl bestimmter Empfänger getroffen werden. Wenn Sie z. B. aus der Datenquelle nur die Empfänger aus einer bestimmten Stadt anschreiben möchten, dann wählen Sie …

In der Registerkarte Sendungen – Ordner Seriendruck starten – Schaltfläche Empfängerliste bearbeiten. Markieren Sie unten links die Datenquelle, damit die Funktionen unter Empfängerliste verfeinern aktiviert werden.

Legen Sie nun unter Empfängerliste verfeinern – Option Filtern die Kriterien fest, die für den Filter verwendet werden sollen.

Inhaltsverzeichnis

Word bietet die überaus praktische Funktion, ein Inhaltsverzeichnis automatisch zu erstellen. Voraussetzung dafür ist, dass Sie allen Überschriften die speziellen Formatvorlagen zugewiesen haben und somit eine Gliederungsstruktur des Dokumentes vorhanden ist. Positionieren Sie die Einfügemarke an jener Stelle, an der das Inhaltsverzeichnis eingefügt werden soll.

Inhaltsverzeichnis erstellen

Klicken Sie auf die Registerkarte Referenzen – Befehlsgruppe Inhaltsverzeichnis – Inhaltsverzeichnis – Benutzerdefiniertes Inhaltverzeichnis.

Zunächst legen Sie die Anzahl der Ebenen fest, die in das Inhaltsverzeichnis übernommen werden. Um ein normgerechtes Inhaltsverzeichnis nach DIN 1421 zu erstellen, müssen Sie das Format Von Vorlage nehmen.

Passen Sie über die Schaltfläche Ändern die Formatierung der Formatvorlagen Verzeichnisse 1 bis 3 an. Klicken Sie dazu wiederum auf die Schaltfläche Ändern – Format – Absatz. Den Einzug links setzen Sie auf 0.

Klicken Sie auf OK. Anschließend klicken Sie auf Format – Tabstopp und setzen zwei Tabstopps. (1. Tabstopp 2 cm, Ausrichtung links – 2. Tabstopp z. B. 16 cm, Ausrichtung rechts, Füllzeichen). Ebenso passen Sie die Schriftart Ihrem Text an.

Nach einem Klick auf OK wird das Inhaltsverzeichnis (als Feldfunktion) in das Dokument eingefügt. Drücken Sie die Strg-Taste und klicken Sie auf eine Überschrift im Inhaltsverzeichnis, so wechselt Word zu dieser Stelle im Text.

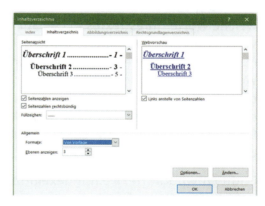

Inhaltsverzeichnis aktualisieren

Aktualisieren Sie zwischendurch Ihr Inhaltsverzeichnis. Klicken Sie zum Aktualisieren in das Inhaltsverzeichnis und drücken Sie F9 oder wählen Sie im Kontextmenü Felder aktualisieren. Entscheiden Sie, ob Sie nur die Seitenzahlen aktualisieren oder das gesamte Inhaltsverzeichnis neu erstellen möchten.

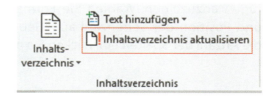

Lernfeld: Multifunktionale Arbeitsplätze effizient organisieren

Abbildungsverzeichnis

Wenn Sie Ihre Abbildungen und Ihre sonstigen Elemente wie Formeln, Tabellen oder Schaubilder einheitlich beschriftet haben, können Sie sehr schnell ein Verzeichnis automatisch erstellen.

Klicken Sie in Ihrem Dokument an die Stelle, wo Sie das Abbildungsverzeichnis einfügen möchten. Gehen Sie auf der Registerkarte Referenzen – Befehlsgruppe Beschriftungen – Schaltfläche Abbildungsverzeichnis einfügen.

Index erstellen

In umfangreichen Dokumenten sind Stichwortverzeichnisse sehr wichtige Hilfsmittel für die Leser. Bei einem gedruckten Dokument wird dadurch das rasche Auffinden einer bestimmten Textstelle wesentlich erleichtert.

Als ersten Schritt müssen Sie bestimmen, welche Wörter Ihres Textes in das Stichwortverzeichnis aufgenommen werden sollen. Markieren Sie dazu ein Wort, oder nur einen Wortteil oder auch mehrere Wörter, und drücken Sie Alt + Shift + X. Der markierte Text erscheint nun unter „Haupteintrag". Ändern Sie eventuell diesen Eintragungstext und klicken Sie auf Festlegen.

Dadurch wird im Text ein Indexeintrag eingefügt. Das Dialogfeld Indexeintrag festlegen bleibt im Vordergrund. Markieren Sie im Text das nächste Stichwort und klicken Sie in das Feld Haupteintrag. Wenn Sie auf Markieren bzw. Alle markieren klicken, wird das Wort/Wörter überall im Text als Stichwort gekennzeichnet.

Klicken Sie auf die Registerkarte Referenzen – Index einfügen, um das Dialogfeld Index einfügen anzuzeigen. Wählen Sie Format, Typ und Position der Seitenzahl aus. Geben Sie die Anzahl der Spalten ein. Klicken Sie auf OK.

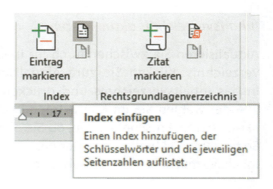

10. Manual: Word-Funktionen

Index aktualisieren

Wenn Sie nachträglich noch Stichwörter festgelegt haben oder durch Bearbeitungen der Seitenumbruch verändert wurde, müssen Sie das Indexverzeichnis aktualisieren. Markieren Sie dazu den Index und drücken Sie F9 oder wählen Sie im Kontextmenü Felder aktualisieren.

Dokumente überprüfen

Ein einziges Dokument wird oft mehrmals von vielen verschiedenen Personen gelesen, überprüft und geändert. Mit der Überarbeitungsfunktion behält man ganz leicht die Übersicht.

Aktivieren Sie auf der Registerkarte Überprüfen – Befehlsgruppe Nachverfolgung die Schaltfläche Änderungen nachverfolgen.

Um die Änderungen anzuzeigen, muss Markups: alle aktiviert sein.

Klicken Sie auf Überarbeitungsbereich, um Ihre Aktionen zu protokollieren.

Bearbeiten Sie den Text. Eingefügter Text wird unterstrichen, gelöschter Text durchgestrichen; verschobener Text wird an der neuen Position doppelt unterstrichen und an der ursprünglichen Position doppelt durchgestrichen.

Klicken Sie auf die Schaltfläche Markups anzeigen – Sprechblasen und legen Sie fest, welcher Inhalt in den Sprechblasen angezeigt wird.

1.	Eingefügter Text wird durch farbliche Kennzeichnung vom restlichen Text unterschieden. Word weist jeder Person, die am Dokument arbeitet, eine andere Farbe zu (bis zu acht Personen/Farben). Damit sehen Sie auf einen Blick, welche Kommentare und Änderungen welcher Person zuzuordnen sind. Wenn Sie den Mauspfeil über dem eingefügten Text ruhen lassen, erscheinen weitere Informationen.
2.	Gelöschter Text wandert in eine farblich gekennzeichnete Kommentarblase an der rechten Seite des Dokuments.
3.	Auch Änderungen des Formats, z. B. der Schriftart, werden in der Kommentarblase erwähnt.

Lernfeld: Multifunktionale Arbeitsplätze effizient organisieren

Kommentar einfügen

Das Einfügen von Kommentaren funktioniert in Word genauso wie mit Papier und Bleistift, wo Sie Ihre Notizen am Rand des Dokuments machen. In Word erscheinen diese Notizen rechts vom Text zusammen mit weiteren Informationen in einer Kommentarblase, die ebenfalls in der persönlichen Farbe der jeweiligen Person gehalten ist.

Wählen Sie den Text aus, den Sie kommentieren möchten, oder klicken Sie ans Ende des betreffenden Textabschnitts. Klicken Sie auf die Registerkarte Überprüfen – Neuer Kommentar. Geben Sie Ihren Kommentar direkt in die Kommentarblase ein.

Änderungen bearbeiten

Nachdem alle Bearbeiter über das betreffende Dokument gegangen sind, können Sie die Änderungen begutachten, akzeptieren oder auch individuell ablehnen.

Öffnen Sie das Dokument mit den Änderungen. Deaktivieren Sie ggf. auf der Registerkarte Überprüfen – Nachverfolgung die Funktion Änderungen nachverfolgen. Klicken Sie auf das Feld Einfaches Markup.

Klicken Sie auf Markup anzeigen und wählen Sie aus, welche Änderungen angezeigt werden sollen. Geben Sie ggf. den Bearbeiter an, dessen Änderungen Sie prüfen möchten.

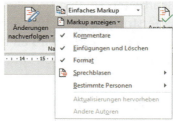

Klicken Sie in der Gruppe Änderungen auf Weiter, um die nächste Änderung anzuzeigen.

Klicken Sie auf Annehmen, um die Änderung zu integrieren, oder auf Ablehnen, um sie zu verwerfen. Um alle Änderungen zu übernehmen, klicken Sie auf den Pfeil der Schaltfläche Annehmen und dann auf Alle Änderungen im Dokument annehmen. Um Änderungen zu verwerfen, klicken Sie auf den Pfeil der Schaltfläche Ablehnen und dann auf Alle Änderungen im Dokument ablehnen.

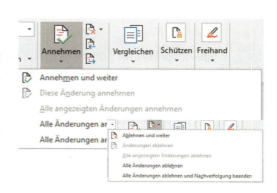

Wechseln Sie zum Schluss zur Ansicht Endgültig/Abgeschlossen, prüfen Sie das Dokument abschließend noch einmal auf Fehler, speichern und schließen Sie es.

10. Manual: Word-Funktionen

Drucken

Klicken Sie auf der Registerkarte Datei auf den Befehl Drucken oder benutzen Sie die Tastenkombination STRG + P.

Wählen Sie den gewünschten Drucker (1).

Danach können Sie die Einstellungen (2) ändern, z. B. Papierformat, Farbdruck usw.

Die Auswahlmöglichkeiten sind druckerspezifisch.

Unter Einstellungen können Sie weitere Druckeinstellungen in der Backstage-Ansicht vornehmen (z. B. Anzahl der zu druckenden Exemplare (3) oder welche Seiten Sie drucken möchten (4).

In der Backstage-Ansicht alle Einstellungsmöglichkeiten für den Drucker und das Drucken gezeigt. Das Dokument können Sie durchblättern (5).

Wenn Sie alle Einstellungen vorgenommen haben, gehen Sie auf Drucken (6), um den Ausdruck zu starten.

PDF-Datei erstellen

Unterlagen, die per E-Mail versandt werden bzw. eine Online-Bewerbung versenden Sie am besten im kilobytesparenden PDF-Format – außerdem ist es schwieriger, sie zu manipulieren. Diese Dateien werden mit dem Acrobat Reader gelesen – dieses Programm befindet sich auf fast allen Rechnern.

Erstellt werden die PDF-Dateien mit einem PDF Creator. Dieses Programme können Sie kostenlos downloaden bzw. sie sind schon standardmäßig installiert.

Speichern Sie Ihre Datei unter dem Dateityp PDF ab.

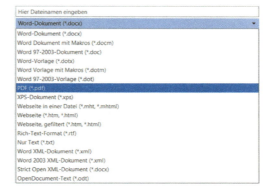

Literaturverzeichnis

Akademie.de (2008). *Wie formuliere ich Ziele bei Projektbeginn*. Gefunden am 22. Juni 2008 unter http://www.akademie.de/fuehrung-organisation/projektmanagement/kurse/projektmanagement-kopie/projektdefinition/projektziele-formulieren.html.
Wie kontrolliere ich Ziele, Termine und Kosten meines Projekts? Gefunden am 25. Juli 2008 unter http://www.akademie.de/fuehrung-organisation/projektmanagement/kurse/projektmanagement-kopie/projektdurchfuehrung/kontrollieren-steuern.html.

Alby, T. (2008). *Projektmanagement: Definitionen, Einführungen und Vorlagen*. Gefunden am 23. Juni 2008 unter http://projektmanagement-definitionen.de/glossar/meilenstein/.

Angele, C. (2014). *Burn-out*. Gefunden am 17.02.2014 unter http://www.hilfe-bei-Burn-out.de/allgemeines/Burn-out-symptome/.

Angemeier, G. (2008). *Projektmagazin*. Gefunden am 15. Mai 2008 unter http://www.projektmagazin.de/magazin/abo/artikel/2000/1500-1.htm.

Barreth, A. et al. (1998). *Simulierte Geschäftskorrespondenz im handlungsorientieren Unterricht*. Darmstadt: Winklers-Verlag.

BBS 11 Hannover (2002). *Mit Methoden lernen*. Ein Angebot für Interessierte.

Benesch, H. (2013) *Zeitmanagement – Alpen-Methode*. Gefunden am 28.05.2013. www.brain-fit.com/html/alpenmethode.html. Wörrishofen.

Beher, T. & Tyll, T. (2001/2002). Logistik und Prozessanalyse. Gefunden am 28. Mai 2008 unter http://www.economics.pil.uni-erlangen.de/bwl/lehrbuch/gst_kap3/logprz/logprz.htm.

Bernecker M. & Eckrich, K. (2003). Handbuch Projektmanagement. München: Oldenbourg Wissenschaftsverlag GmbH.

Bierle, K. (2002). *Grundlagen der Betriebswirtschaftslehre*. Saarbrücken: Alpha-Verlag GmbH.

Bischoff, I. (2007). *Körpersprache und Gestik trainieren*. Weinheim, Beltz-Verlag.

Boeree, C. G. (2006): *Persönlichkeitstheorien*. Gefunden am 15.02.2014. Shippensburg University unter www.social-psychology.de/do/PT_maslow.pdf.

Boos, F. et. al. (1992). *Soziale Netzwerke sind anders*. Gefunden am 11.01.2013. unter www.exnerberatung.at. Wien.

Brämer, U. & Blesius, K. (2010). *Fit für das Projektmanagement – Arbeitsbuch mit Lernarrangements für Planungs- und Organisationskompetenz*. München: SOL-Verlag GmbH.

Brämer, U. & Blesius, K. (2010). *Fit für die Präsentation – Arbeitsbuch mit Lernarrangements für Berufsorientierungs- und Bewerbungskompetenz*. München: SOL-Verlag GmbH.

Brämer, U. & Blesius, K. (2011). *Fit für das wissenschaftliche Arbeiten – Arbeitsbuch mit Lernarrangements für selbst- und Wissenschaftskompetenz*. München: SOL-Verlag GmbH.

Brämer, U. & Blesius, K. (2012). *Fit für die Berufsorientierung – Arbeitsbuch mit Lernarrangements für Selbst- und Wissenschaftskompetenz*. München: SOL-Verlag GmbH.

Brämer U. & Blesius K. (2012). *Fit fürs Büro – Arbeitsbuch mit Lernarrangements für die professionelle Textverarbeitungskompetenz*. Düsseldorf: SOL-Verlag GmbH.

Brämer, U. et al. (2014). Lernfeld: *Büroprozesse gestalten und Arbeitsvorgänge organisieren – Arbeitsbuch mit Lernarrangements für die bürowirtschaftliche Kompetenz*. Düsseldorf: SOL-Verlag GmbH.

Braun, H. (2008). Aspekte zur Körpersprache. Gefunden am 24. Januar 2008. unter www.lehrerfortbildung-bw.de/kompetenzen/projektkompetenz/durchfuehrung/abschlusspraes/koerpersprache/praesentation.htm.

Braun, R. (2007) Die Macht der Rhetorik. München, Piper-Verlag.

Bürohaus Leuchs GmbH (2013). *Büroeinrichtung*. Gefunden am 24.09.2013 unter www.buerohaus-leuchs.de/einrichtung/bueroeinrichtung.

Caritas. (2014). Sucht (Definition). Gefunden am 03.04.2014 unter www.caritas.de/glossare/sucht-definition.

Computeruniverse GmbH (1999–2014). Kaufberatung Kopierer. Gefunden am 15.05.2014 http://www.computeruniverse.net/kaufberatung/186-30000219/kopierer.asp.

Crames, A. (2014). Burn-out-Prävention - Stress als Warnsignal nutzen. Gefunden am 17.02.2014 unter http://www.praxis-alice-crames.de/trier-luxemburg/Burn-out-praevention.php

Literaturverzeichnis

Dedecek, R. (2008). Vorüberlegungen zur Präsentation. Gefunden am 5. Februar 2008. unter www.magic-point.net/fingerzeig/praesentation/praesentation-ausfuehrlich/vorueberlegungen/vorueberlegungen.html; und: Formen des Manuskripts. Gefunden am 8. Februar 2008. unter www.magic-point.net/fingerzeig/praesentation/praesentation-ausfuehrlich/manuskript/manuskript.html.

Deutsche Gesellschaft für Ernährung e.V. (2004). Essen am Arbeitsplatz und in der Kantine. Gefunden am 27. Januar 2013 unter www. dge.de.

Diab, H. (2014). Mobbing, was ist das. Gefunden am 12.02.2014 unter www.Behindertenzentrum-Hessen.de.

DIN Deutsches Institut für Normung e.V. (2013). DIN-Formate. Gefunden am 14. Januar 2013. www.din.de/sixcms_upload/media/2896/DIN_Formate_2.pdf.

DIN e.V. (2013) Normen erarbeiten. Gefunden am 14.01.2013. http://www.din.de.

DIN (2011). *Schreib- und Gestaltungsregeln für die Textverarbeitung – Sonderdruck von DIN 5008:2011 (5. Aufl.)*. Berlin: Beuth Verlag GmbH.

Dokumentenmanagementsysteme. Gefunden am 9. Juli 2018 unter www.netzsieger.de/k/dms-software.

Egle G. (2010). *Prioritäten setzen – ABC-Analyse*. Gefunden am 14.04.2014 unter www.teachsam.de/arb/zeitmanagement/zeitmanag_2_3_3.htm.

Frey, K. (1996). *Der Weg zum bildenden Tun*. Weinheim/Basel: Beltz.

Förderland.de (2018). Corporate Blogs. Gefunden am 18. Aug. 2018 unter www.foerderland.de/managen/marketing/corporate-blogs/

Gabler Wirtschaftslexion (2014). *Termingeschäfte*. Gefunden am 20.02.2014 unter http://wirtschaftslexikon.gabler.de/Definition/termin.

Geisselhart R. & Hofmann, Ch. (2013) *Die besten Tipps und Tricks für eine bessere Konzentration*. Gefunden am 28.05.2013 www.arbeits-abc.de/die-besten-tipps-und-tricks-fuer-eine-bessere-konzentration.

Gerichtsverfassungsgesetz in der Fassung der Bekanntmachung vom 09. 05.1975 (BGBl. I S. 1077), zuletzt geändert durch Artikel 5 Absatz 1 des Gesetzes vom 10.10.2013 (BGBl. I S. 3799).

Geschka, H. & Schwarz-Geschka, M. (2008). *Einführung in die Szenariotechnik*. Gefunden am 16. März 2008 unter http://www.schaude.de/downloads/Download-HP/Szenariotechnik.pdf.

Gollwitzer, M. & Schneider, (2014) *Drucker und Scanner*. C. Chip Digital GmbH: München. Gefunden am 13.05.2014 unter http://www.chip.de/Test-Drucker-Scanner_13658304.html.

Gralki, H. (2010). *Wie gestalte ich meinen Vortrag?*. Gefunden am 04. 06.2010. unter www.staff.uni-marburg.de/~kersting/lehre/gralki98.htm.

Grauert, Dr. (2010) Die Ordnungssysteme. Gefunden am 12.05.2014 unter www.drgrauert.de/organisation/grundlagen/die-ordnungssysteme

d.velopg AG (2018). Aktenplan erstellen: So funktioniert's im digitalen Zeitalter. Gefunden am 13. Aug. 2018 unter www.d-velop.de/blog/prozesse-gestalten/aktenplan-erstellen-so-funktioniert-im-digitalen-zeitalter/

GP Österreich. (2011). Prozessschnittstellen. Gefunden am 27. März 2011 unter http://www.prozesse.at/service/gpexicon/186-gpexicon-m-p.

Jinarek H. et. al. (2007). *Konfliktmanagement. Konflikten vorbeugen, sie erkennen und lösen*. München: Rudolf Haufe Verlag & Co. KG.

Krengel, M. (2014). *Das Pareto-Prinzip*. Gefunden am 13.04.2014 unter www.studienstrategie.de/zeitmanagement/pareto-prinzip .

Krengel, M. (2014). *Das Eisenhower-Prinzip*. Gefunden am 14.04.2014 unter www.studienstrategie.de/zeitmanagement/eisenhower-prinzip.

Lauth, W. & Schlottke, P. F. (2002). Training mit aufmerksamkeitsgestörten Kindern. (5. Aufl.). Weinheim: Beltz.

Mahlmann, R. (2000). *Konflikte managen. Psychologische Grundlagen, Modelle Fallstudien*. Weinheim: Beltz Verlag.

Martin, P. & Rundnagel, R. (2004). *Gute Arbeit im Büro. Hrsg. Industriegewerkschaft Metall, Vorstand*. Frankfurt (Main). Gefunden am 12.03.2014. http://library.fes.de/pdf-files/netzquelle/igm/ah20_bueroarbeit_0015256.pdf.

Martin, P. (2006). *Mobile Büroarbeit – Neue Arbeitsformen human gestalten*. Düsseldorf: Hans Böckler Stiftung.

Literaturverzeichnis

Mattes, W. (2002). *Methoden für den Unterricht*. Paderborn: Schöningh.

Mayer, M. (2000). *Einführung in die Präsentation*. Gefunden am 04.06.2010 unter home.schule.at/teaching/art/Infoblaetter/Präsentation.rtf.

Mayer, L. & Gebley, S. (2001). *Projekt und Präsentation*. Linz: Trauner Verlag.

Merkle, R. Dr. (2014). Stress – Was versteht man darunter. Gefunden am 01.04.2014 unter www.palverlag.de/stress-symptome.html.

Mock, U. (2013). *Motivation*. Gefunden am 26.01.2013 unter: www.lernen-heute.de/motivation.html.

Molcho, S. (2006) *ABC der Körpersprache*. München, Heinrich Hugendubel.

Hellwig, U., Liebing, M. Schultze & M. Wiechmann, D. (2007). Technische Universität Clausthal (Hrsg.). *Ein Projektmanagement-Leitfaden für die Praxis*. Gefunden am 16. Juli 2008 unter http://www.tt.tu-clausthal.de/fileadmin/tt/dokumente/PM-Leitfaden_Januar_2007.pdf.

Hilgenberg, B. (2000). *Der Projektabschluss – Teil 1 (17/2000)*. Gefunden am 7. Mai 2008 unter http://www.projektmagazin.de.

Hilgenberg, B. (2000). Der Projektabschluss – Teil 2 (18/2000). Gefunden am 7. Mai 2008 unter http://www.projektmagazin.de.

ibo Beratung und Training GmbH (2013). Wikis im Unternehmen: Anwendungen, Lösungen und Vorgehen. Gefunden am 7. Juli 2018 unter http://www.produktmanager-blog.de/wikis-im-unternehmen-anwendungen-loesungen-und-vorgehen/

Jungbluth, V. (1998). Projektstart. Gefunden am 12. Juli 2008 unter http://www.managementsoftware.de/msi-pm-fibel/start/kickoff.htm.

Mailjet (2018). Newsletter erfolgreich erstellen. Gefunden am 24. Aug. 2018 unter www.mailjet.de/blog/news/newsletter-erstellen-guide/#definitNetzsieger GmbH (2018).

Newsletter2go GmbH (2018). Warum interne Newsletter nutzen? Gefunden am 16. Aug. 2018 unter www.newsletter2go.de/blog/interne-newsletter

Oberberg, M. (2014). *Die Folgen von Mobbing*. Gefunden am 03.03.2014 unter http://www.mobbing-beenden.de/mobbing-folgen/mobbing-folgen.htm.

Pabst-Wienschenk, M. (2004) *Spielregeln für die gemeinsame Projekt-Arbeit – Team-Vertrag*. Gefunden am 20.06.2008 unter www.uni-duesseldorf.de/muendlichkeit/Projekt-Netz/regeln.htm.

Palandt, Heinrichs : *Bürgerliches Gesetzbuch*: BHB mit Nebengesetzen, insbesondere mit Einführungsgesetz (Auszug) einschließlich Rom I-, Rom II- und Rom III-Verordnungen sowie Haager Unterhaltsprotokoll und EU-Erbrechtsverordnung, Allgemeines Gleichbehandlungsgesetz (Auszug), …, Gewaltschutzgesetz (2014): München: Verlag C. H. Beck OHG.

Peterßen, W. H. (1994). *Wissenschaftliche(s) Arbeiten. Eine Einführung für Schüler und Studenten*. (4. Aufl.). München: Ehrenwirth.

Pabst-Wienschenk, M. (2004) *Spielregeln für die gemeinsame Projekt-Arbeit - Team-Vertrag*. Gefunden am 20. Juni 2008 unter http://www.uni-duesseldorf.de/muendlichkeit/Projekt-Netz/regeln.htm.

Redenwelt (2008). *So gestalten Sie Präsentationen als Blickfang*. Gefunden am 20.02.2008. unter www.redenwelt.de/rede-tipps/medieneinsatz.html.

Ringelsiep, M. (2013). *Normen, DIN & Co. – Sinn und Unsinn der Normung*. Gefunden am 14.01.2013. unter www.planet-wissen.de/politik_geschichte/wirtschaft_und_fnanzen/ geburt_normen.jsp.

Röhn-Götenmeier, M. (2008). *Projektmanagement mit Microsoft Project 2007*. Heidelberg: bhv, Redline GmbH.

Schelle, H. (2007). *Projekte zum Erfolg führen* (5. Aufl.). Nördlingen: Beck-Wirtschaftsberater im dtv.

Schniz, K. (2008). *Prozessanalyse*. Gefunden am 25. Mai 2008 unter http://www.schniz.de/prozessmanagement/prozessanalyse/index.php.

Schramm, A. (2008). *Morphologische Analyse*. Gefunden am 21. April 2008 unter http://www.meport.net.

Schwaibold, B. (2010). *Non-territorial Office*. Gefunden am 20.06.2014 unter www.buero-forum.de/de/buerowelten/formen-der-bueroarbeit/non-territorial-office/.

Literaturverzeichnis

Schiecke, D.; Becker T. & Walter, S. (2006). *Das Ideenbuch für kreative Präsentationen.* Unterschleißheim: Microsoft Press Deutschland.

Schönherr (2004). *Wovon 80 % Ihres Erfolgs bei Präsentationen abhängen.* Gefunden am 29.01.2008. unte www.schoenherr.de/download/pdf-06-tipp_005.php.

Schwoppe, A. (2008). *Eine Präsentation nachbereiten.* Gefunden am 10.01.2008. unter www.selbstmanagen.de/Selbstmanagement/Prasentation/prasentation.html.

Seibert, S. (2000). *Bedeutung und Methoden der Aufwandsschätzung.* Gefunden am 7. April 2008 unter http://siegfried-seibert.de/oldhome/tmbuch/kap121.htm.

Seifert, J. (2000). *Visualisieren Präsentieren Moderieren* (15. Aufl.). Offenbach: Gabal Verlag.

Senftleben, R. (2013), *10 Tipps sich selbst zu motivieren.* Gefunden am 26.01.2013 unter. www.zeitzuleben.de/2044-10-tipps-sich-selbst-zu-motivieren/. Lüneburg: Zeit zu leben Verlags- und Trainingsgesellschaft mbH.

Tiemeyer, E. (2006). Projektmanagement in Lernsituationen (1. Aufl.). Haan-Gruiten: Verlag Europa Lehrmittel.

Tille, B. (2008). *Schlüsselqualifikationen werden im Beruf immer wichtiger.* Gefunden am 07.05.2008 unter www.nlp-trainings-tille.de/nlp/blog/schluesselqualifikationen-werden-im-beruf-immer-wichtiger-397.html.

Ver.di. (2014). *Mobbing.* Gefunden am 03.03.2014 unter http//www.verdi.de/service/fragen-antworten.

Thormann, H. (2014). Kreatives Denken. Gefunden am 16.02.2014 unter www.kreativesdenken.com/tipps/eisenhower-prinzip-abc-analyse-pareto-prinzip.

Treichl, H. (2006). *Kopf frei. Auswege aus Denkblockaden.* Gefunden am 12. März 2008 unter http://www.andersdenken.at/osborn-checkliste-praktisches-beispiel/.

Vertriebsmanager (2018). *Vier Tipps für die richtige Begrüßung am Telefon.* Gefunden am 25.08.2018 unter www.vertriebsmanager.de/ressort/4-tipps-fuer-die-richtige-begruessung-am-telefon-1381783485.

VNR-Redaktion (2008). *Mit der Nutzwertanalyse wäre das nicht passiert.* Gefunden am 3. Juni 2008 unter http://www.vnr.de/b2b/existenzgruendung/objektive-werte-bei-der-nutzwertanalyse.html. *Wissensmanagement: Interne Wikis im Firmennetz.* Gefunden am 30. Juni 2008 unter http://www.vnr.de/b2b/unternehmen-maerkte/trends/wissensmanagement-interne-wikis-im-firmennetz.html. *Projektmanagement: Teambesprechungen zielgerichtet und produktiv gestalten.* Gefunden am 27. Juli 2008 unter http://www.vnr.de/b2b/kommunikation/gespraechsfuehrung/projektmanagement-teambesprechungen-effektiv-gestalten.html.

Wels A. u. a. (2014) *Alpen-Methode.* Gefunden am 14.04.2014 unter www.jobmensa.de/ratgeber/karriere/zeitmanagement/alpen-methode.

Wienemann, E. Dr. (2014). *Suchtprävention im betrieblichen Gesundheitsmanagement.* Gefunden am 03.04.2014 unter www.wa.uni-hannover.de/wa/WIR/.../WienemannGesundheitsman.pdf.

Winter, F. (2004). *Leistungsbewertung.* Eine neue Lernkultur *braucht einen anderen Umgang mit den Schülerleistungen.* Hohengehren: Schneider Verlag.

youngdata (2014). *Cybermobbing – Was ist das?* Gefunden am 03.03.2014 unter www.youngdata.de/cybermobbng/gefahren.

Zell, H. (2007). *Projektmanagement – lernen, lehren und für die Praxis* (2. Aufl.). Norderstedt: Books on Demand GmbH.

Zeller, G. (2007). *Besprechungen sicher und sinnvoll protokollieren.* Kurzprotokoll – Ergebnisprotokoll, Seite 5. Hamburg: Zypern & Verlag Dashöfer GmbH.

Nicht alle Copyrightinhaber konnten ermittelt werden; deren Urheberrechte werden hiermit vorsorglich und ausdrücklich anerkannt.

Index

A

Abbildung 109
Abbildung beschriften 326
ABC-Analyse 32, 33, 39, 148
ABC-Analyse (LA 2.2) 148
Abkürzung 105
Abkürzungen 4, 5
Ablaufplan 227
Ablauf von Projekten 213
Abnahmeprotokoll 244, 246
Absatz 108
Absatzkontrolle 297
Abschluss 278
Phase
   Definition
      Planung
         Durchführung 213
Abschlussbericht 244, 248
Abschlussfeier 250
Abschlusssitzung 246
Abschnittswechsel 300, 306
Absender in der Kopfzeile gestalten 299
Absoluter Fertigstellungsgrad 240
Abweichungen 237, 240, 241, 247
Abweichungsanalyse 244
Abwesenheitszeiten 236
Action Item 277, 288
Agenda einer Abschlusspräsentation 246
Akquisitionsaufwand 233
Aktennotiz 196
Aktionspunkt 277
Aktivitätenplan 222
Aktuelle Abschnittsüberschriften anzeigen 300
Akzentzeichen 104
Alphabetische Ordnung nach der DIN 5007 (LA 3.6) 163
Amtsgericht XV
Analyse-Checkliste 258, 266
Analyse der Ursache 241
Andere optische Zeichen 285
Aneinanderreihung 104
Anführungszeichen 105
Angstgefühl 287
Animation 281
Anpassungen 241
Anschauungsmaterial 282
Anwendersoftware 114
Anwendungsbereich 119
Arbeitsauslastung 243
Arbeitspaket 226
Arbeitspaketbeschreibung 97
Arbeitspakete 230, 236
Arbeitspaketen 230
Arbeitspaketentwicklung 97, 227
Arbeitsplan 268
Arbeitssicherheit im Büro 1, 13, 14
Arbeitssicherheit im Büro (LA 1.3) 183
Arbeitstechnik
   Checklistentechnik 266
   Markieren 262
   MindMap erstellen 264
   Strukturieren 263
   Visualisieren 263
Aufbau einer E-Mail 54, 62, 167
Aufbewahrungsfristen 166
Aufgabenanalyse 253
Auflösung der Projektorganisation 248
Aufmerksamkeit wecken 283
Aufsehen erregen 281
Auftragsbestätigung 182
Auftritt vorbereiten 287
Aufwandsschätzung 227
Aufzählung 108
Aufzählungspunkt 279
Ausgehende elektronische Post 186
Auslassungspunkte 105
Auswertung einer Präsentation 288
Auswertung und Speicherung (DIN 69905) 250
Authentizität 287
Autoresponder des E-Mail-Programms 155

B

Back-up 117
Balkendiagramm 98, 231, 259
Bankverbindung XV
Bedarfsermittlung 232
Befehle wiederherstellen 306
Beobachtung 252
Berichtsart 243
Berichtswesen 243
Besprechung 194
Besprechungen und Sitzungen 194
Besprechungen und Sitzungen (LA 3.1) 194
Bestellung 182
Betrieblichen Datensicherheit 18
Betriebsrat 255
Betriebssysteme 113
Bewegung 284
Beziehungsnetz 263
BIC 106
Bilder einfügen 320
Bildschirmarbeitsplatz 129
Bildschirm schwarz schalten 283
Bottom-up 228
Brainstorming 269
Briefhüllenformat 188
Briefpost 187
Briefprodukte national (LA 3.6) 189
Budgetüberschreitung 241
Bühnenbild 282
Building Blocks 328
Burn-out 138
   Prävention 139
   Rituale 139
   Symptome 138
   Ursachen 138
Burnout 26, 39
Büroarbeitstisch 131
Bürodrehstuhl 131
Büroökologie 133
Büroübliche Applikationen 7
Büroübliche Applikationen (LA 1.2) 113
Business Club (Desksharing) 128

C

Chat- bzw. Instant Messaging 171
Checkliste 258
Checklistentechnik 258
Checklistentechnik (LA 3.1) 266
Cloud 117
Cloud-Computing 116, 118
Controlling 213, 227, 233
Corporate Design 267
Corporate Designs 267
Cybermobbing 143

D

Dateityp 301, 305
Datenschutz-Grundverordnung (DSGVO) 15
Datenschutz und Datensicherheit (LA 1.7) 119
Definition DIN 69901 212
De-Mail (LA 3.7) 192
Deskriptoren 261
Desk-Sharing 128
Diagramm 109
Digitale Aufbereitung von Daten. 41
Digitale Verwaltung (LA 3.2) 157
DIN 1421 314
DIN 5008 108
DIN 69901 212

Index

DIN 69905 217, 246, 250
Dokumentenanalyse 252
Dokumenten-Management-System 156
Dokumenten-Management-System (DMS 43, 44, 46, 48
Dokumenten-Management-System (LA 3.2) 156
Dokumentvorlage 301
Drehbuch 277
Dropdown-Formularfeld 320

E

Eigenanalyse 288
Einflussfaktoren 261
Eingehende elektronische Post 184
Einpersonen-Büro 127
Einrücken 108
Einsatzmittel 233
Einstieg 277
Einzug vergrößern 315
Einzug verkleinern 315
Eisenhower-Prinzip 32, 39
Eisenhower-Prinzip (LA 2.2) 147
Elektronische Speicherung 118
E-Mail 184
E-Mail-Kommunikation 41, 152
E-Mail-Kommunikation (LA 3.1) 152
E-Mail-Postfach effizient verwalten 153
Endabrechnung 248
Ende der Planungsphase 98, 236
Endgültig/Abgeschlossen 336
End-Meilenstein 275
Engpässe 232
Entscheidung 212
Entscheidungs-Matrix 263
Entscheidungssitzung 216
Entscheidungsstrukturen 217
Entspannungsübungen am Arbeitsplatz 135
Entwicklungsportfolio erstellen 290
Entwurfsmodus 319
Ergänzungsstrich 104
Ergebnisziele 214
Erinnerungs-Checkliste 266
Erinnerungs-Checklisten 258
Erläuterungen zum Aufbau 168
Ernährung 136
Ersatzlieferanten 241
Excel-Tabelle verknüpfen 325
Expertengruppe 293
Extranet 115, 199

F

Fachliche Kompetenz 291
Falzarten 188
Farbgestaltung 126
Farbgestaltung am Arbeitsplatz 10
Fehlerhafte Ausführung 241
Feldnamen 330
Fernzugriff - Virtual Network Computing (VNC) 116
Festplatte am eigenen PC 117
Festplatte im Internet 117
Feststellung der Abweichungen 240
Final Event 250
Firmenporträt XV
Flash-Speicher 118
Flipchart 271
　　Einsatzmöglichkeiten 271
　　Regeln 271
Fluchtlinie 314
Flussdiagramm 324
Folgeprojekte 250
Folienschleuder 281
Formatvorlage einrichten 302
Formatvorlagentyp 110, 302
Formatvorlagen verwalten 304
Formatvorlagen verwenden 110
Formel einfügen 310
Formen 324
Formular 112
　　Gestalten 319
　　Konzipieren 112
Formular für Arbeitspaketbeschreibung 97, 229
Formular für Protokoll 239
Formular gestalten 319
Formular konzipieren 112
Freigabe der Projektmitglieder 248
Frei sprechen 281
Frühwarnung 237
Führung des Projektteams 238
Fußnote 13
Fußnoten anlegen 323
Fußstütze 130

G

Gantt-Darstellung 259
Gedankenstrich 104
Gegenmaßnahmen 241
Gegenstand 282
Gegenstand und Ziele (Kapitel 1 DSGVO) 119
Gesamtprojekt 238, 240
Geschäftsführung 255

Geschütztes Leerzeichen 4
Gesellschafter XV
Gesprächsleitung 238
Gestaltung 278
Gestaltungsregeln für digitale Präsentationen 280
Gestaltung von Bildschirm- und Büroarbeitsplätzen 13, 14
Gestaltung von Bildschirm- und Büroarbeitsplatz (LA 1.5 und 1.6)) 129
Gestik 282, 284, 286
Gesundheitsprophylaxe am Bildschirmarbeitsplatz 22
Gesundheitsprophylaxe am Bildschirmarbeitsplatz (LA 1.5) 134
Gewinnzuschlag 234
Glaubwürdigkeit 287
Gleichheitszeichen 105
Gliederung 315
Gliederungsmodus 327
Gliederung von Texten 108
Grafik 320, 324
Grafische Mittel (LA 1.4) 263
Grobkonzept 217
Großraumbüro 127
Gründe zur Aufbewahrung von Schriftgut (LA 3.6) 165
Grundsätze für die Verarbeitung personenbezogener Daten 120
Gruppenbüro 127
Gruppenpuzzle 293
　　Expertengruppe 293
　　Stammgruppe 293
Günstiger Transport 190

H

Haltung 284
Handelsregister XV
Hauptteil 277
Hervorhebung 267
Hierarchie 212, 254, 263
Hilfsmittel für die Terminüberwachung 34, 149
Hilfsmittel für die Terminüberwachung (LA 2.4) 149
Hochformat 296
Hurenkinder 297
Hyperlink 280

I

IBAN 106
Ideen vergleichen 263
Illustrationen 322, 324

Index

Incentive-Veranstaltung 193
Index 335
Informationen sammeln 277
Informationsblätter erstellen (LA 1.1) 2, 267
Informationsquellen 252
Informierende Präsentation 276
Inhalte strukturieren und visualisieren 263
Inhaltsverzeichnis 333
Initialoptionen 312
Innenkreis 292
Innerbetrieblicher Schriftverkehr 196
Interaktive Schaltfläche 280
Interne Kommunikation – E-Mail (LA 3.7) 167
Interne Mitteilung (LA 3.2) 197
Interner Blog 171
Interner Newsletter 170
Internet 115
Interview 251
Intranet 45, 157, 202
Ist-Zustand 254

J

Jour-fixe-Besprechung 97, 98, 226

K

Kapazitäten 233
Kartenabfrage 270, 271
Kernaussagen 280
Kick-off-Meeting 98, 215, 236
Klammer 105
Klima 126
Kombi-Büro (Open Space) 128
Kommentar einfügen 336
Kommunikationsbeziehung 251
Komprimieren 277
Komunikationssystem 202
Konfliktfähigkeit 142
Konfliktmanagement 26, 39, 140
    Entstehung 140
    Konfliktmoderatoren 141
Konfliktmoderator 141
Konsequenzenanalyse 261
Kontrolle der Projektkosten 240
Kontrolle Sachstand 240
Kontrollkästchen 13
Kopf- und Fußzeile 298
Körperhaltung 282
Körpersprache 282, 286
Kosten 215
Kostencontrolling 234
Kostenkontrolle 240

Kosten-Nutzen-Analyse 233, 257
Kostenplanung 233, 234
Kostenüberschreitung 240
Kugellager 292
Kundenorientiertes Verhalten am Telefon (LA 4.6) 208
Kundenverzeichnis XVII

L

Lampenfieber 287
Lärm 125
Lastenheft 217
Lasten- und Pflichtenheft 217
Layout 267
Lebenslauf mit mehreren Seiten 319
Leittextmethode 290
Lenkungsausschuss 220, 222
Lernprozess 278
Lernprozess planen 290
Lernzuwachs reflektieren 289
lessons-learned 250
Licht 125
Lieferantenabhängigkeit 241
Lieferantenverzeichnis XVIII
Linienvorgesetzte 223
Liste 263
Logo erstellen 326

M

Magnetische Speicherung 117
Marketinginstrument 246
Markieren 262
Markups anzeigen 336
Mathematische Formeln einfügen 310
Matrix 263
Medien gestalten 273
Mehrdimensionalen Zielsetzung 257
Mehrpersonenbüro 127
Meilensteine 216
Meilensteine definieren 216
Meilenstein-Meeting 103, 225
Meilensteintermine 241
Meilenstein-Trend-Analyse 241
Meilenstein-Übersichten 244
Meine Vorlagen 301
Messbare Ergebnisse 220
Metapher 282
Methoden der Ist-Aufnahme 254
Methodenkompetenz 291
Mimik 282, 284, 286
MindManager-Software 265
MindMap 263, 264, 265
Mitarbeiterevent 193

Mitarbeiterzufriedenheit 212
Mittlere Hervorhebung 267
Mobbing 142
    Folgen 144
    Prävention 144
Mobbing/Cybermobbing 26, 39
Mobbinghandlung 143
Modell der vollständigen Handlung 290
    Ausführen 290
    Bewerten 290
    Entscheiden 290
    Informieren 290
    Kontrollieren 290
    Planen 290
Moderationsplan 220
Moderatorenteam 270
Morphologische Analyse 260
MS-Projekt 212
Multidimensionale Beziehung 260
Multimomentbeobachtung 252
Mut zum Humor 281
Mut zur Variation 281

N

Nachbesserung 241, 246
Nachbetrachtung 250
Nachkalkulation 240
Navigation 300, 308
Netzplantechnik 231
Netzwerkarbeitsplatz – Client-Server-Netzwerk 113
Non-territoriales Office 128
Normgerechte Gestaltung 108
Normgerechte Gliederung 279
Normgerechte Tabelle 110
Normgerechte Tabellen gestalten (LA 1.1) 110
Nummerierung 108, 314
Nutzwertanalyse 256

O

Ökologische Erfordernisse (LA 1.4) 133
Online-Brief 186
Onlineplattform 244
Optimierung 212
Optimierungsprozess 215
Optische Speicherung 118
Ordnerstruktur 154
Ordnerstruktur im E-Mail-Programm 154
Ordnungssysteme 51
Ordnungssysteme (LA 3.6) 164
Organigramm 263, 324

Index

P
Papierformat 183
Papierformate 187
Pareto-Prinzip (LA 2.1) 30, 146
Personaleinsatzplanung 226
Personalplanung 213
Pflichtenheft 217
Pinnwand 270
Placemat 272
Plakat 273
    Einsatzmöglichkeiten 273
    Gestalten 273
    Regeln 273
Planabweichungen 237
Plantreue 212
Platzhalter 308
Porjektsteuerung 239
Portfolio erstellen 290
Positionierung 318
Postausgang (LA 3.5) 184
Postbearbeitung 183
Posteingang 183
Präsentation gestalten 277
Präsentation nachbereiten 288
Präsentation planen 275
Präsentationsmöglichkeiten nutzen 282
Präsentationsunterlagen 244
Präsentation vorbereiten 283
Programmablauf 277
Projekt 212
Projektablaufplan 231
Projektabnahmeprotokoll 247
Projektabschluss 214
Projektabschlussbericht 213, 248, 249
Projektabschlusspräsentation 103, 246
Projektabschluss-Workshop 101, 250
Projektantrag 217
Projektauftrag 217
Projektbefürworter 255
Projektbegründung 220
Projektberichtsplan 243, 244
Projektbeschreibung 220
Projektbeteiligte 222
Projektcontrolling 99, 240
Projektdaten 220
Projektdokumentation 99, 103, 243
Projekte abschließen 246
Projekte definieren 214
Projekte planen 227
Projektergebnis 246
Projektgesamtziel 220

Projektinformationsmanagementsystem 250
Projektkorrespondenz 244
Projektkostenplanung 233
Projektleiter 217, 222
Projektleitung 103
Projektmanagement 212
Projektmarketing 255
Projektorganisation 213
Projektphasen 213
Projektspezifische Organisation 212
Projektstatusbericht 245
Projektsteuerung 99, 237, 238
Projektsteuerungsgremium 222
Projektstrukturplan 212, 230
Projektteam 223
Projektteilziel 220
Projektziele 214
Projektzyklus 246
Protokoll 47, 239
Protokoll (LA 3.3) 196
Pro und Kontra 263
Provozieren 283
Prozessablauf 263
Prozessanalyse 254
Prozessschnittstellen 235, 236
Prüffragenkatalog 234, 258
Publikum 276
Publikumsanalyse 276

Q
Qualitätsmerkmale 234
Qualitätssicherungsplan 235
Qualitätsziele 234
Querformat 296
Querverweis erstellen 322

R
Rahmenlinien zeichnen 317
Randbemerkung 262
Randkommentar 262
Raumformen 11
Raumformen (LA 1.2) 127
Rechte der betroffenen Personen (Kapitel 3 DSGVO) 121
Rechtschreibprogramm 296
Rechtsform XV
Rechtssicherer Transport 189
Reduktion der Inhalte 279
Redundanzen 237
Referat 268
    Referent/-in 268
Reflektieren 289
Regeln zur alphabetischen Ordnung (LA 3.6) 163

Regeln zur alphabetischen Ordnung 51
Registratur 193
Relativer Fertigstellungsgrad 240
Ressourcenplanung 232
Ressourcenstrukturplan 212
Resümee des Projektablaufs 244, 250
Reviews 225
Risikobetrachtung 235
Risikominimierung 237
Risikoplan 235
Rituale 139
Routineaufgabe 227

S
Sachfortschritt 237
Sachziel 215
Satzzeichen 104
Schnellformatvorlage 302, 303
Schrägstrich 105
Schreibweisen von Wörtern 104
Schriftstücke vervielfältigen (LA 3.3) 199
Schusterjungen 297
Schützen 320
Schwächen 288
Screenshot 322
Sehtraining 135
Sei immer du selbst 286
Seite einrichten 296, 297
Seitenlayout 296, 311
Seitenrand 296
Seitenzahl 305
Selbstpräsentation 282
Selektieren 277
Sender und Empfänger 275
Sendungen 332
Seriendruck 330
    Bedingungsfeld 332
    Feldnamen 330
    Filtern von Daten 332
Seriendruckfeld einfügen 331
Silbentrennung 297
Sitzhaltung 134
Sitzung 194
SmartArt 324
SMART-Prinzip 215
So aktivieren Sie Ihr Publikum 283
Soll 240
Sonderkonditionen 241
Sortierkriterien 270
Sozialkompetenz 291
Spaltenbezeichnung 111
Speichermedien 117

Index

Sprache 275
Sprechgeschwindigkeit 286
Sprechpausen 286
Stakeholder 215
Stakeholderanalyse 255
Stammgruppe 293
Standpunkt 284
Starke Hervorhebung 267
Stärken 288
Start-up-Workshop 224
Steuerelement 319
Stichwortzettel 268
Stimme 282, 285, 287
Störenfriede 28, 39
Strukturieren 263
Stufen der Konfliktlösung 141
Suchoptionen 308
Suchtprävention 24, 137
    Maßnahmen 138
    Suchtprogramme 137
Symbole einfügen 299
Szenariotechnik 261

T

Tabelle 317
Tabelleneigenschaften 318
Tabellenkopf 110
Tabellentool 317
Tabstopp 316
Tabtaste 319
Tabulator setzen 111
Tagesordnung 98, 224
Tagesordnungspunkte 238
Tastatur 130
Teamleiterbesprechung 238
Teilaufgaben 230
Teilprojekte 218, 223, 236
Teilziele 215
Telearbeit (Office at Home) 129
Telefax 181, 193
Telefonanlage 202
Telefonanlage (LA 3.1) 202
Telefonnotiz (LA 3.4) 196
Terminarten 150
Terminplan 216, 225, 231
Terminplanung 37, 150
Terminplanung und Terminarten 37
Terminüberziehung 235
Terminvergabekriterien 37, 151
Terminziele 215
Teststrategien 234
Text markieren 262
Textumbruch 318
Tipps für effiziente Teamsitzungen 99, 238

Tipps zur digitalen Präsentation 280
To-do-Liste 148
Top-down 228
Trendanalysen 244
Trinkverhalten 136
Typografie 109, 267, 268
Typografische Mittel 263
Typografische Regeln 267

U

Überarbeitungsfenster 335
Übersichtlich gestalten 280
Überzeugende Präsentation 276
Umbruch 300, 306
Umfeldanalyse 255
Umweltfaktoren 9, 10, 12
Umweltfaktoren (La 1.1) 125
Umweltlabels 134
Unerwartete Änderungen 241
Unrealistische Planung 241
Unternehmenslandschaft 254
Unternehmensziele 255

V

Verantwortungsbewusstsein 238
Verhalten am Telefon 208
Verhalten am Telefon (LA 2.1) 208
Verknüpfung von Objekten (z. B. Excel) 325
Verständlich formulieren 112
Visualisieren 263, 277
Visuelle Anker 283
Vorgaben 62
Vorgangsbezeichnung 231
Vorgangsliste 231
Vorgehensziele 214
Vorlagenhalter 130
Vorspaltenbezeichnung 110
Vortragssprache 286

W

Was ist ein Projekt? 212
Webinar 193
Wertstufen 51
Wertstufen (LA 3.6) 167
Wiederherstellen 306
Wiki 45, 158
Wirtschaftlichkeitsrechnung 233
Wordfunktionen
    Abbildungen beschriften 326
    Abbildungsverzeichnis 334
    Bilder einfügen 322
    Bildgröße verändern 322
    Dokumentvorlagen erstellen 301

    Formatvorlagen einrichten 302
    Formulare gestalten 319
    Fußnoten anlegen 323
    Fußzeile gestalten 298
    Grafiken einfügen 320
    Inhaltsverzeichnis 333
    Kopfzeile gestalten 298
    Nummerierung 314
    Rechtschreibprogramm 296
    Screenshot erstellen 322
    Seite einrichten 296
    Seitenzahl einfügen 305
    Serienbrief 330
    Serienbrief – Bedingungsfeld 332
    Silbentrennung 297
    SmartArt-Grafik 324
Workshop 224
Wortzusammensetzung 104

Z

Zeichen für „Et" 105
Zeichen für „gegen" 105
Zeilenlineal 316
Zeitaufwand 275
Zeitdiebe 28
Zeitmanagement 145
Zeitplan 268
Zeitplanung 236
Zeitrahmen 238
Zeitschätzwert 227
Zeit- und Terminplanung 231
Zellausrichtung 318
Zellenbegrenzung 111, 318
Zellengröße 317
Zellen verbinden 317
Zentrieren 108
Ziele definieren 214
Zielerreichungsgrad 256
Ziele strukturieren 214
Zielformulierung 215
Zielgruppenanalyse 276
Zielgruppenorientiert gestalten 112
Zielkomponenten 215
Zielkonflikt 215
Zielverträglichkeit 215
Zuhörer murmeln 283
Zwischenfragen 251
Zwischenräume 104
Zwischenspeichern 305
Zwischenziele 216

Symbole

(Enterprise Resource Planning) 115